DAS KAPITAL

国家出版基金项目

&
Contemporary
Social Development
Studies

《资本论》与当代社会发展研究丛书

《资本论》的哲学思想
及其当代效应研究

孙乐强 著

北京师范大学出版集团
BEIJING NORMAL UNIVERSITY PUBLISHING GROUP
北京师范大学出版社

国家社科基金项目 "《资本论》及其手稿中的历史唯物主义思想再研究"（12CZX002）
全国优秀博士学位论文作者专项资金资助项目"《资本论》的哲学思想及其当代效应研究"（201401）

目 录

导论　政治经济学批判的形成过程、科学内涵及其哲学意蕴

回顾整个马克思主义发展史，可以发现，不论赞同与否，我们都无法否认，《资本论》已成为当代整个人类思想发展的精神宝库。因此，如何站在时代和理论发展的制高点上，重新理解《资本论》的历史地位，全面总结和继承《资本论》的理论遗产，系统挖掘这一著作的当代价值，已成为我们这个时代无法回避的重大课题。而当马克思选择用"资本论"和"政治经济学批判"作为这部"鸿篇巨著"的正副标题时，已经彰显了他的理论目标和实践旨趣。因此，若要准确把握《资本论》的历史贡献及其当代价值，就必须弄清楚什么是政治经济学批判？马克思为什么会用政治经济学批判来定位自己的著作？它体现了一种什么样的批判精神？而要解答这些问题，就必须回到思想史的语境

中去，从根本上澄清政治经济学批判的理论渊源、形成过程、内在精髓及其哲学意义。

一、古典政治经济学与社会认识论的转型

作为一种理论学说，政治经济学的兴起意味着什么呢？要回答这一问题，首先必须澄清政治经济学产生的历史背景。

在农业社会中，人首先被固定在自然的土地上，然后被束缚在固定的群体中，在这里，人毫无自由可言。无论是生产资料还是生产过程本身，都直接依赖于自然界，人们所面对的对象基本上都是预先存在的自然物质。此时，人们视野中的存在主要是与人相对的自然存在，而人类的生产活动也主要是对自然材料加工的过程，自然就像一个巨大的磐石一样屹立于人之外，构成了人类不可撼动的"主人"。在这种条件下，人们所形成的认识方式，更多的是一种理论直观或想象，根本谈不上科学抽象；而所谓的财富则直接表现为满足生存需要的物质财富，使用价值构成了整个社会生产的根本目的。从这个角度而言，自然唯物主义恰恰是与农业文明相对应的理论范式。

15 世纪以来，工商业的发展逐渐打破了自然经济的主导模式，开启了一种全新的世界图景和理论范式。它首先切断了人与自然的脐带，把人从自然和人身依附中解放出来，赋予了个人追求自由、平等的法权。这种个人主体的形成，构成了古代和近代的分隔点，"主体的**特殊性**求获自我满足的这种法，或者这样说也一样，**主观自由**的法，是划分

古代和近代的转折点和中心点"①。另一方面，随着个人主体的形成，社会也改变了原来的形态，转变为近代社会。由于每个个体都成为一个具体的利益主体，为了自身利益的最大化，他们不断地在市场活动中"争斗"，从而形成了一种不以人的意志为转移的"结合体"。它既不同于早期由人的自然血缘组成的原始共同体，也不同于由政治依附关系构成的宗法式群体，经济学家和哲学家们将其称为"市民社会"（Bürgerliche Gesellschaft）。因此，如何从理论上反思和认识这种新型的社会存在，揭示市民社会的发展机制，就成为当时理论家们不得不面对的重要课题。也是在此背景下，政治经济学逐渐萌芽、形成和发展了起来。

从词源来看，这一概念首先是由法国重商主义经济学家蒙克莱田提出来的。在 1615 年出版的《献给国王和王太后的政治经济学》中，他最先使用了这一概念，用以指称一种与以往家庭经济学不同的社会经济学或国民经济学。经过晚期重商主义、威廉·配第、布阿吉尔贝尔、重农学派等的发展，直到亚当·斯密和李嘉图那里，政治经济学才真正成为"一门独立的科学"②。在那里，经济不再是家庭或私人的事务，而是转化为整个社会的基础。这就意味着，再去固守传统的政治、宗教或道德的解释框架，已无法适应近代社会的发展特征，更无法科学解剖市民社会。而要完成这一任务，"只有把经济学内容包括到这种理论中去，才能向前迈进一步"③。而政治经济学无疑实现了这一跨越，开创了一种全新的社会认识论和哲学范式。

---

① ［德］黑格尔：《法哲学原理》，范扬等译，商务印书馆 1961 年版，第 126 页。

② 《马克思恩格斯全集》，中文 2 版，第 44 卷，人民出版社 2001 年版，第 422 页。

③ 《马克思恩格斯全集》，中文 1 版，第 3 卷，人民出版社 1960 年版，第 483 页。

首先，它提供了一把打开"市民社会"大门的钥匙。政治经济学思考的起点，不再是神圣的天国（宗教或政治），也不是客观的自然界，而是世俗的市民社会。其中，最为根本的一个问题，就是如何理解财富的来源和性质。早期重商主义把各国之间用于流通的货币，视为财富的来源；与此相比，晚期重商主义则前进了一步，"把财富的源泉从对象转到主体的活动——商业劳动和工业劳动"①上。不过，它们在整体逻辑上并没有摆脱流通决定论的谬误。而重农主义首先迈出了重要一步，把财富的源泉由流通转移到生产领域。也正基于此，马克思把重农学派誉为"现代政治经济学的真正鼻祖"②，是"标志着科学新阶段的体系"③。然而，由于社会条件的限制，他们的这种进步又是不彻底的：他们所理解的"生产"既不是抽去一切劳动特殊性的"生产一般"，也不是特殊的商业或工业生产，而是特指农业生产。在此之后，斯密从分工入手，抛开了劳动的特殊形式，从中抽象出"劳动一般"范畴，实现了理论逻辑的重大飞跃。在此基础上，他从商品交换中抽象出交换价值，将其与商品的使用价值区分开来，第一次确证了劳动价值论的一般原则，为整个政治经济学奠定了理论基础。然而，由于斯密所处的时代限制，使得他的劳动价值论还存在庸俗之处，而李嘉图则斩断了这一外在尺度，将劳动价值论发展到了一个新的高度。由此来看，不论是从农业生产还是从劳动价值论入手，古典政治经济学始终强调从客观现实出发来理解社会，而

① 《马克思恩格斯全集》，中文2版，第30卷，人民出版社1995年版，第45页。
② 《马克思恩格斯全集》，中文1版，第26卷第1册，人民出版社1972年版，第15页。
③ 同上书，第24页。

不是从所谓的上帝或观念，这一思路无疑为我们解剖资产阶级社会的生理机制提供了客观依据，与过去的唯心主义和自然唯物主义相比，是一个重大的理论突破。

其次，古典政治经济学实现了对社会发展机制的唯物主义诠释。旧唯物主义在自然观上是唯物主义的，但一旦进入社会和历史领域，就又重新陷入唯心主义的旋涡之中。而政治经济学从生产和劳动价值论入手，实现了对社会发展机制的唯物主义解释。在重农学派看来，人类社会的发展规律既不根源于上帝，也不以"人为秩序"为基础，而是根源于生产本身的自然必然性，从而将社会发展过程理解为不以人的意志为转移的、遵循"自然秩序"的客观过程。而斯密则从分工和劳动一般入手，得出了"看不见的手"的结论，明确指认了现代社会的经济过程是一种不依赖于任何个体的客观过程。然而，这种指认还不够彻底，由于斯密是基于分工和交换来认识市民社会的，因此，他虽然看到了现代社会的三大阶级（工人阶级、资产阶级和土地所有者），但并没有揭示三者之间的对立关系，而是将他们诠释为三个平等的交换主体，于是，在斯密看来，市民社会在本质上不过是为了满足人的需要而建构起来的经济交换王国。在这一点上，李嘉图走得更远，他站在产业资本家的立场之上，将资本主义生产过程视为无限制的资本增殖过程，在这里，人已经不再是人了，而是"同机器、驮畜或商品一样"的东西，人的主体性已经被彻底消灭了，斯密那里的独立主体，现在已经变成了"帽子"。整个社会已经沦为一种"见物不见人"的经济物化王国，成为一种类似于自然史的发展过程，从而以一种"铁的必然性"确证了资产阶级社会发展的客观性。这些观点虽然还存在一定缺陷，但与过去上帝创世论、英雄史观及自然唯物主义相比，是一个重大进步，它开创了一条独特的社会认识论，确证了社会发展的唯物主义特质。也正基于此，张一兵教授将其命名为"社会唯物主义"①，以区别于自然唯物主义和马克思的历史唯物主义。就此而言，古典经济学对自然唯物主义的超越，在本质上代表着工商业文明对农业文明的超越，是社会唯物主义对自然唯物主义的超越。

再次，古典政治经济学开创了一种全新的认识方法，即科学抽象。政治经济学在思考的起点上已经远远超过了自然唯物主义，当后者在思考自然对象、把实体性的"自然存在"当作世界本原的时候，政治经济学已经在思考由人类活动所建构的非实体性的"市民社会"的内在本质了。这就意味着，再像以前那样，单纯地依靠直观或经验方法，已无法把握这种存在的真实本质，这必然从根本上催生一种新的认识方法，而古典政治经济学恰恰顺应了时代发展的要求，形成了一种独特的思维方法，即科学抽象。在传统框架中，人们经常认为，以斯密和李嘉图为代表的古典政治经济学的方法论基础是英国传统的经验论，即使在他们那里也存在着抽象，本质上也只不过是一种经验抽象。实际上，这一观点是值得商榷的。马克思曾明确指出，在斯密那里，存在"两种理解方法，一种是深入研究资产阶级制度的内在联系，可以说是深入研究资产阶级制度的生理学，另一种则只是把生活过程中外部表现出来的东西，按照它表现出来的样子加以描写、分类、叙述并归入简单概括的概念规定之中"②。如果说后一种方法是典型的经验主义，那么，前一种方法是不

---

① 张一兵：《回到马克思》，江苏人民出版社 1999 年版，第 47 页。

② 《马克思恩格斯全集》，中文 1 版，第 26 卷第 2 册，人民出版社 1973 年版，第 182 页。

可能用这个范畴来概括得了的，因为它凸显了一种全新的认识范式，即透过外在现象来把握事物的内在本质，这是一种科学抽象方法。它既不同于经验科学的归纳抽象，也不同于唯心主义的思辨抽象，而是建立在对市民社会生理机制科学把握之上的本质抽象，是一种客观的、现实的历史抽象。然而，令人遗憾的是，他并没有将这种科学抽象贯彻到底，而是在两种方法之间摇摆不定，致使他的劳动价值论还拖着一条庸俗的尾巴。李嘉图则斩断了这条尾巴，将科学抽象提升到一个新的高度。从这个角度而言，斯密的"劳动一般""看不见的手"以及李嘉图的劳动价值论，决不是单纯的经验归纳，而是以科学抽象为基础，对市民社会运行机制的一种客观认识。这是一种全新的认知方法，有力地推动了人类认识范式从前现代到现代的转型，对后来的社会认识论产生了不可估量的影响。然而，由于受他们政治立场的限制，这种方法尚未达到完全科学的层次，还夹杂着大量的经验主义痕迹。

最后，古典政治经济学开创了一种独特的历史观。"作为一门独立的专门的科学"，它把"政治关系、法律关系……归结于经济关系"①，彻底颠覆了过去以政治和宗教为轴心的叙事逻辑，第一次确立了经济的优先地位，开创了经济决定论的思想先河。因此，他们反对重商主义的经济干预论和封建主义的"人为秩序"理论，提出了自由放任即古典自由主义原则，认为"事态即市民社会的自然进程应该给事物带来秩序"②，任凭经济的自主发展，就能自发地实现个人和社会的和谐统一，为人民

---

① 《马克思恩格斯全集》，中文 1 版，第 3 卷，人民出版社 1960 年版，第 483 页。
② 《马恩列斯研究资料汇编》(1980)，书目文献出版社 1982 年版，第 48 页。

谋得自由，为社会创造财富，从而造福于整个国家。从这个角度而言，政治经济学决不仅是一门研究国民财富性质和来源的学问，而且也是一种以经济逻辑为基础，来实现其哲学和政治诉求的历史观，凸显了一种全新的国家和社会治理理念。①

当然，我们决不能过分抬高古典政治经济学的历史地位，由于时代限制和自身立场问题，导致他们在整个理论体系上还存在不可克服的内在矛盾，最终无法使其超越资产阶级意识形态，成为一门真正的历史科学，这在某种程度上也限制了这种社会认识论的历史价值。

二、政治经济学的哲学与工艺学效应：黑格尔、舒尔茨和尤尔

综观整个思想史，可以发现，古典政治经济学对后来的哲学思想发展产生了重要影响。不过，从具体的建构路径来看，这种影响首先是通过斯密而非李嘉图的中介完成的，这在黑格尔、拜比吉、舒尔茨和尤尔等人的思想中得到了明确体现。更加有趣的是，这些思想又同古典政治经济学一起，共同构成了马克思的思想来源。从这个角度而言，全面澄清他们之间的理论债务关系，能够为我们准确定位马克思的思想发展过程，提供一个新的突破口。

卢卡奇指出，黑格尔是唯一一位认真研究过古典政治经济学的德国古典哲学家。② 我认为，这一判断是非常准确的。在法兰克福时期（1796—1800），黑格尔先后研读过詹姆斯·斯图亚特的《政治经济学原

---

① 参见张雄：《政治经济学批判：追求经济的"哲学和政治实现"》，《中国社会科学》2015年第1期。

② 参见［匈］卢卡奇：《青年黑格尔》（节选本），商务印书馆1963年版，第23页。

理研究》和斯密的《国民财富的性质和原因的研究》，并在写《法哲学原理》之前，认真阅读过李嘉图的《政治经济学及赋税原理》。然而，综观黑格尔的整个理论体系，可以发现，真正构成他的理论基础的并不是李嘉图，而是斯密。卢卡奇曾指出："对斯密的研究构成了黑格尔思想发展的转折点。"①这一论断虽有夸大之嫌，但毕竟肯定了斯密对黑格尔哲学思想的重要影响。这在后者的市民社会理论中得到了明确体现。

黑格尔指出，在传统社会中，人的需要只是一种有限的自然需要，而满足这种需要的方式也比较单一，即自己的具体劳动。然而，到了市民社会中，人的需要及其满足方式都发生了重要变革。他还指出，在市民社会中，随着分工的不断发展，人的需要逐渐被多样化，从而建构起一个相互依赖的需求体系：这种需要不再是原初意义上的自然—生理需要，而是由那些追逐"利润的人所制造出来"②的一种多样化的社会需要。而需要的多样化，必然导致劳动的抽象化。这就意味着，在市民社会中，再像过去那样，单纯依靠自己的劳动，已无法满足个体的需求，他必须与他人劳动相交换，并以后者为中介，才能实现自己的目的。于是，劳动获得一种全新的特质：它不再只是一种具体的特殊劳动，而是转化为一种普遍适用于一切个体的抽象劳动，"个体满足它自己的需要的劳动，既是它自己的需要的满足，同样也是对其他个体的需要的一个满足，并且一个个体要满足它的需要，就只能通过别的个体的劳动才能达到满足的目的——个别的人在他的个别的劳动里本就不自觉地或无意

---

① Georg Lukács, *The Young Hegel: Studies in the Relations between Dialectics and Economics*, London: Merlin Press, 1975, p. 172.

② ［德］黑格尔:《法哲学原理》，范扬等译，商务印书馆1982年版，第207页。

识地在完成这一种普遍的劳动，那么同样，他另外也还当他自己的有意识地的对象来完成着普遍的劳动；这样，整体就变成他为其献身的事业的整体，并且恰恰由于他这样献出自身，他才从这个整体中复得其自身"①。以此来看，黑格尔对劳动的哲学分析完全是以斯密的劳动一般理论为基础的，这一点贯穿了他的理论体系发展的全过程：不论是《耶拿时期的实在哲学》，还是后来的《精神现象学》和《法哲学原理》，都没有明显的改变。也是以此为基础，黑格尔实现了对市民社会的解剖，将其界定为以抽象劳动为基础的需要体系，而将政治经济学诠释为从"需要和劳动的观点出发、然后按照群众关系和群众运动的质和量的规定性以及它们的复杂性来阐明这些关系和运动的一门科学"②。

但到了这里，问题并没有完结。虽然黑格尔是从斯密的劳动一般理论出发来解剖市民社会的，但这并不意味着黑格尔完全肯定了斯密。在《法哲学原理》中，他对这一问题展开了辩证分析。他指出，抽象劳动和社会需要的形成，首先包含着"解放的一面"，它克服了自然需要的直接性，超越原初意义上的"自然必然性"，为其向更高层次即"观念的精神需要"的发展奠定了基础，因而具有重要的历史进步意义。③ 但另一方面，他又强调到，决不能过分夸大这种进步意义：社会需要的确超越了自然必然性的限制，但它也形成了一种全新的必然性即经济必然性，"技能和手段的这种抽象化使人们之间在满足其他需要上的**依赖性**和相

---

① ［德］黑格尔：《精神现象学》上卷，贺麟译，商务印书馆1997年版，第234页。
② ［德］黑格尔：《法哲学原理》，范扬等译，商务印书馆1982年版，第204页。
③ 同上书，第208页。

互关系得以完成，并使之成为一种完全必然性"①。斯密将其称为"看不见的手"。然而，与斯密不同，黑格尔并不认为，在"看不见的手"的作用下，整个社会会自发地实现个体利益与整体利益的和解。他强调到，在这里，每个个体完全从原子式的个人理性出发，为了实现自己利益的最大化，一定会尔虞我诈，这样必然会把整个社会转化为私人利益角逐的舞台，成为"一切人反对一切人的战场"。因此，他认为，在市民社会中，个人的利己主义决不会像斯密断言的那样，能够在"看不见的手"的作用下，自发地超越个体理性，实现向伦理精神或共同理性的过渡。相反，"看不见的手"的形成，意味着市民社会已成为一个盲目的经济交换王国，这在本质上恰恰宣告了绝对精神主体地位的沦丧。因此，从最终立场来看，与其说黑格尔肯定了斯密，还不如说他是要在哲学上彻底超越斯密，即颠覆市民社会的经济必然性，恢复绝对精神的主体地位。那么，如何实现这种超越呢？在他看来，只有借助于国家，才能做到这一点，"自为自在的国家就是伦理性的整体，是自由的现实化；而自由之成为现实乃是理性的绝对目的"②。国家是一种自觉的普遍伦理，是绝对精神的真正化身，唯有借助于国家，才能真正控制原子式的个人理性，消除市民社会的盲目性和伦理分裂，实现个体与整体、实然与应然的最终和解（即自由）。这正是黑格尔得出"不是市民社会决定国家，而是国家决定市民社会"结论的根本依据。

基于上述分析，可以得出如下结论：第一，黑格尔对劳动和市民社

①　［德］黑格尔：《法哲学原理》，范扬等译，商务印书馆 1982 年版，第 210 页。
②　同上书，第 258 页。

会的分析显然是以斯密为基础的，因此，当马克思断言黑格尔是"站在
现代国民经济学家的立场上"①时，无疑是准确的。不过，从最终立场
来看，黑格尔并不是要肯定这种劳动，而是要彻底地扬弃它。第二，黑
格尔虽然看到了工业等级的存在，也认识到资本才是社会需要的制造
者，但令人遗憾的是，他并没有从中引出资本批判，而是将市民社会诠
释为劳动和需要相互依赖的体系，这就意味着，在黑格尔看来，现代市
民社会生产的根本目的，仍是为了满足人的需要，而不是价值增殖。从
这个角度而言，他对现代市民社会本质的认识，显然没有达到李嘉图的
高度。第三，不论是古典政治经济学家还是黑格尔都充分认识到，市民
社会已成为一个不以人的意志为转移的客观经济王国，然而，他们的态
度却存在天壤之别：前者奉行自由主义理念，认为任凭市民社会的自主
发展，最终会超越客观王国，实现个人利益与整体利益的和谐一致；而
黑格尔则认为，这是根本行不通的，因为这种颠倒不是人为造成的，而
是由市民社会的运行机制催生的一种客观颠倒，因此在市民社会内部，
企图依靠个人理性是无法超越这种颠倒的，唯有借助于国家理性，才能
真正实现个体与集体的和解。就此而言，黑格尔的国家理论完全是建立
在对政治经济学（市民社会）的批判和反思之上的，这既是一种哲学，更
是一种政治经济学批判。如果不科学解剖市民社会，揭示黑格尔国家哲
学的理论基础，单纯借助"主谓颠倒"方法，或仅仅从理性入手，是根本
不可能超越黑格尔的。② 最后，在古典经济学和黑格尔之间存在双重颠

---

① 马克思：《1844 年经济学哲学手稿》，人民出版社 2000 年版，第 101 页。
② 参见仰海峰：《政治经济学批判中的历史唯物主义》，《中国社会科学》2010 年第
1 期。

倒：如果说市民社会是一个客观颠倒的经济王国，那么，古典经济学（特别是庸俗经济学）只是如实地反映了这种颠倒，并将其视为终极真理；而黑格尔则力图通过观念逻辑来超越这种客观颠倒，从而建构了一个主谓颠倒的哲学王国；前者是一种客观颠倒的经济逻辑，后者是一种主观颠倒的哲学逻辑。而如何超越这双重颠倒，构成了马克思毕生思考的理论主题。

如果说黑格尔是以斯密为基础，力图在哲学上超越斯密；那么，拜比吉和舒尔茨则恰恰是要沿着斯密的道路前进，开创一种新的理解思路，而尤尔则是力图在另一条道路（即工艺学）上超越斯密。不过，与黑格尔关注的焦点不同，他们主要聚焦于斯密的分工理论。斯密是基于分工和交换来建构自己的理论体系的，这也是他的劳动一般和"看不见的手"的重要基础，同时，也是他衡量生产力发展的重要标准。当他这样做的时候，恰恰忽略了社会分工和工场手工业内部分工的本质差异，陷入"泛分工论"的陷阱之中；另一方面，从这一思路出发，他必然会把机器即新型生产力的产生理解为分工的结果。而与斯密所处的时代不同，拜比吉、舒尔茨和尤尔则生活于工场手工业向机器大工业的过渡时期，因此，如何理解分工和机器生产的经济学和哲学效应，就是摆在他们面前的一项重要课题。不过，在这一点上，三位学者又走出了不一样的道路。

在《论机器和工厂的节约》（1832）中，拜比吉仍沿用斯密的分工逻辑——主要是工场手工业内部的劳动分工，而不是社会分工——来理解机器大生产，这在某种程度上抹杀了工场手工业和现代工厂的本质区别。与拜比吉相比，德国学者舒尔茨则做出了重要推进，提出了一种全新的解读思路，这在他的《生产运动——基于历史统计学来建构一种国家和社会新科学的探索》(1843)中得到了充分体现。面对 19 世纪欧洲阶级分化和普遍的贫困现象，德国"真正的社会主义"力图从思想领域来寻求解答，而法国蒲鲁东主义则试图从流通和分配领域来探寻解决之道。针对这两种思路，舒尔茨做出了尖锐批判，认为他们始终没有抓住问题的关键，他们根本不理解生产才是社会历史发展的基础，因此，要真正揭示问题出现的根源，就必须从思想和分配领域中解脱出来，沉降到现实的生产活动之中，揭示生产运动的发展规律。那么，如何才能做到这一点呢？舒尔茨走向了历史统计学，"这种思考使我首先转向了对生产及其当代组织结构的历史统计学考察"①，即通过统计不同时期各种生产活动的比例来理解一个国家的社会状况。通过这种考察，舒尔茨得出结论，生产的运动规律不是别的，就是斯密所说的分工，"在很久前我就和一些先行者一样，尝试着测量物质生产变化的规律……而这种运动的规律，自亚当·斯密以来，已经借由分工一词为大众所知晓了"②。由此出发，舒尔茨开启了以生产和分工来阐述社会历史发展的理论逻辑，实现了对斯密分工理论的另类哲学建构。

在他看来，生产是一种体现人的本质力量的创造性活动，它包括物质生产和精神生产，这既是分工的结果，也是分工法则的集中体现。就物质生产而言，生产力的发展表现为分工的扩大，因此，从生产出发首先意味着从分工出发。基于此，他将历史划分为四个阶段：手的劳动阶

---

① Wilhelm Schulz, *Die Bewegung der Production*, Zürich, 1843, S. 8.
② Ibid., S. 9.

段、手工业阶段、工场手工业阶段和机器生产阶段。[①] 虽然他也像拜比吉那样主张从分工入手来理解机器大生产，不过，在整体逻辑上，他已经超越了单纯工艺学或经济学的解读思路，实现了分工话语的哲学转变，将其提升到历史观的高度，使其凸显为历史发展的内在尺度。舒尔茨指出，正是由于分工的发展，才导致城乡的分离、人口的分化和阶级的产生，从而出现了不同的观念生产。以此来看，舒尔茨肯定了物质生产的基础性，认识到阶级矛盾和精神生产正是在物质生产和分工的基础上发展起来的。那么，问题也就随之而来，如何才能解决普遍的贫困和阶级分化呢？在这里，舒尔茨并没有走向激进的革命道路，而是转向了资产阶级自由主义和唯心主义之路。在他看来，既然分工是生产的内在规律，这就是意味着分工永远无法废除，是人类生产的永恒形式，因此试图在资本主义的物质生产内部寻求解决之道，无异于缘木求鱼，而要做到这一点，就必须跳出物质生产，诉诸精神生产。他指出，与前者一样，精神生产也服从于分工法则，它包括宗教、艺术和科学等几个分支，不过，与物质生产相比，精神生产是更高层次的生产活动，更能体现人的本质和创造性，因此，要解决物质生产带来的阶级分化，唯有依靠基督教的友爱精神。[②] 在这里，整个逻辑又重新退回到唯心主义的怀抱之中了。

以此来看，当舒尔茨用分工来解释历史时，犯了与斯密一样的错误，混淆了社会分工与工场手工业分工，陷入"泛分工论"之中；另外，

---

① Wilhelm Schulz, *Die Bewegung der Production*, Zürich, 1843, S. 39.

② Ibid., S. 178.

虽然他和拜比吉介入的视角不同，但在总体逻辑上却是内在一致的，即都是沿着斯密的分工逻辑往前走的。在这方面，真正具有突破性的是英国工厂哲学家尤尔，他从工艺学入手，第一次确证了斯密的劳动分工是与工场手工业相适应的，反对用其解释工厂制度的运行机制，更反对将其无原则地扩大到整个人类历史。"当亚当·斯密写他的不朽的经济著作的时候，自动机器还几乎不为人所知，因此，他认为劳动分工就是使工场手工业日臻完善的伟大原理，那是很自然的……这样很自然就会让一个工人去适应其中一项操作，这个工人的工资将和他的技艺相适应。这种适应也就构成分工的本质。不过，在斯密时代可以当作有用例子的东西，今天就只能使大家对工厂工业的实际原理产生误解。事实上，工作的划分，或者说得更确切一些，使工作适应各人不同的才能这一点，在自动工厂的操作计划中几乎不加考虑……因此，工厂制度的原则就是用机械科学代替手工技术，把生产过程分成必要的组成部分，来代替各个手工业者之间的分工。"①在自动工厂中，居于主导地位的逻辑是资本与科学技术的联合，劳动分工已经失去了支配地位。基于此，尤尔从工艺学上开辟了一条崭新的道路，超越了斯密的劳动分工理论。

基于上述分析，可以看出，斯密的经济学理论在不同领域均产生了重要影响：如果说李嘉图在古典经济学内部实现了对斯密的超越，那么，黑格尔则从哲学入手，实现了对他的扬弃；如果说拜比吉和舒尔茨力图以分工理论为基础，诠释工厂制度和社会历史的运行机制，那么，尤尔则从工艺学上终结了劳动分工的主导地位，实现了对斯密的超越和

---

① Andrew Ure, *The Philosophy of Manufactures*, Charles Knight, 1835, pp. 19-20.

发展。澄清这些理论债务关系，尤为重要，它能够为我们理解马克思政治经济学批判的形成过程及其科学内涵，提供重要支撑。

三、马克思的哲学革命及其历史定位

1843 年，马克思写下了《黑格尔法哲学批判》。在这一著作中，马克思受到费尔巴哈"主谓颠倒"方法和人本主义唯物主义的影响，批判了黑格尔哲学的唯心主义本性，得出了不是"国家决定市民社会，而是市民社会决定国家"的唯物主义结论。由于此时马克思并不了解古典政治经济学，因此，他根本无法理解黑格尔得出"国家决定市民社会"的逻辑前提。就此而言，此时马克思对黑格尔的批判虽然正确，但却不够深入。而要完成这一任务，就必须深入了解政治经济学，也是在此之后，马克思完成了《1844 年经济学哲学手稿》。在这里，他以人本主义逻辑为基础，批判了黑格尔哲学和古典政治经济学，试图为社会主义提供合法性论证。这一手稿的理论贡献及其在马克思主义发展史上的历史地位自不待言，不过，从另一个角度来看，它也存在一些值得进一步思考的问题。

首先，由于此时马克思只是初识古典经济学，所以，他根本无法理解古典政治经济学所蕴含的社会认识论，而是站在人本主义的立场之上，将资产阶级社会的一般劳动诠释为异化劳动，将整个社会诠释为一种压制人的异化王国。就此而言，此时马克思对古典经济学的批判完全是一种外在的哲学批判。其次，在批判的过程中，马克思大段引用了舒尔茨的著作，并将其判定为一位像斯密一样的国民经济学家，即仅仅

"把工人当作劳动的动物,当作仅仅有最必要的肉体需要的牲畜"①。实际上,这是马克思的一种误判。在舒尔茨看来,生产包括物质生产和精神生产,二者共同构成了人的本质需要,因此,当他看到古典经济学仅仅强调物质需要,而忽视精神需要时,恰恰对古典经济学做出了尖锐批判,认为它们"只关注物的世界、产品的堆积和工商业的扩张,而始终不愿基于人性来探讨生产活动的本质"②。就此而言,舒尔茨并不是一位"见物不见人"的国民经济学家,而是一位基于生产运动来诠释人的本质和社会发展的人本主义者。因此,当马克思把舒尔茨列为批判对象时,他并没有注意到后者的理论逻辑中所包含的合理成分,这一点直到后面的《德意志意识形态》,才有所改变。最后,除了继续批判黑格尔哲学的思辨性之外,马克思集中分析了黑格尔在劳动问题上的缺陷。他指出:"黑格尔站在现代国民经济学家的立场上。他把**劳动**看作人的**本质**,看作人的自我确证的本质;他只看到劳动的积极的方面,没有看到它的消极的方面。"③于是,马克思主张将对象化与异化劳动区分开来,肯定前者,批判后者。这一做法固然有其合理性,但问题在于:(1)黑格尔的确是从国民经济学的立场来谈劳动的,不过,他的最终目的并不是要彻底肯定这种劳动,而是要从根本上全面扬弃这种劳动。就此而言,此时马克思对黑格尔立场的诊断还不够全面。(2)在《精神现象学》中,黑格尔的确只分析了抽象劳动的积极意义,而没有看到它的消极作用;但是,一旦跳出《精神现象学》,我们就会发现,黑格尔不仅肯定了抽象劳

---

① 马克思:《1844 年经济学哲学手稿》,人民出版社 2000 年版,第 15 页。

② Wilhelm Schulz, *Die Bewegung der Production*, Zürich, 1843, S. 57.

③ 马克思:《1844 年经济学哲学手稿》,人民出版社 2000 年版,第 101 页。

动的历史进步意义，而且也揭示了它所导致的消极后果，比如《法哲学原理》（马克思之前就读过这一著作）。然而，令人意外的是，马克思此时却没有注意到这一点。（3）更为重要的是，黑格尔为什么会把对象化等同于异化，又为什么要同时扬弃对象化和异化呢？实际上，这决不是单纯的观念逻辑，而是有着深刻的社会原因的。通过古典经济学，黑格尔已充分认识到，在现代市民社会中，随着劳动一般或抽象劳动的生成，劳动的对象化过程必然表现为劳动的异化过程，二者是同一个过程，因此，是不可能只要对象化，而不要异化的。从这个角度而言，马克思主张将对象化和异化区分开来，虽然正确，但显然不够深刻。直到《1857—1858 年经济学手稿》[①]（西方学界又将其称为《政治经济学批判大纲》，为了便于与西方学者对话，以下简称《大纲》），马克思才真正理解黑格尔的伟大之处。

　　1845 年，马克思第二次系统地研究了经济学，先后写下了《布鲁塞尔笔记》和《曼彻斯特笔记》等，这为后面的哲学革命提供了新的理论支撑，而《关于费尔巴哈的提纲》和《德意志意识形态》就是这种革命的重要标志。具体而言，古典政治经济学家虽然肯定了市民社会发展的客观性，开启了一种与自然唯物主义不同的社会认识论；然而，他们的缺陷在于，始终坚信市民社会的盲目发展能够自发地产生一个"善治"社会，

---

　　①　西方学界又将《1857—1858 年经济学手稿》称为《政治经济学批判大纲》。它是《资本论》的第一个准备稿，共由六个手稿组成：(1)《巴师夏和凯里》（1857 年 7 月）；(2)《导言》（1857 年 8 月底），最早由考茨基于 1903 年发表于《新时代》；(3)《〈政治经济学批判〉（1857—1858 年草稿）》（1857 年 10 月至 1858 年 5 月）；(4)《金称量机》（1858 年 5 月）；(5)《七个笔记本的索引（第一部分）》（1858 年 6 月）；(6)《〈政治经济学批判〉第一分册第二章初稿片断和第三章开头部分》（1858 年 8—10 月）。

从而预设了资产阶级社会的不可超越性。黑格尔虽然批判了这种自然主义历史观，主张超越市民社会，然而，他的整个逻辑却是建立在唯心主义之上的，试图通过主观颠倒的哲学逻辑来超越客观颠倒的经济王国，陷入观念创造历史的窠臼之中。而那些以黑格尔为基础的德意志意识形态家们，更是阉割了历史存在的物质基础，将意识夸大为历史的主宰者。针对这些观点，马克思恩格斯在《德意志意识形态》中展开了尖锐批判。他们从物质生产和分工入手，提出了生产力决定交往关系、"市民社会"决定上层建筑、社会存在决定社会意识的基本原理，实现了对人类历史发展规律的一般概括，既克服了旧唯物主义的不彻底性，也颠覆了"德意志意识形态"的思辨性，既超越了古典经济学的历史观，也扬弃了黑格尔式的唯心主义，引发了一场意义重大而又影响深远的哲学革命。

不过，在这里，也有三个问题值得我们进一步思考：

（一）实际上，在《神圣家族》中，马克思已经清楚地认识到，历史的发源地不在天国的云霄上，而是在尘世的物质生产中，只有从物质生产出发，才能科学地解剖历史。到了《德意志意识形态》，这一逻辑得到了进一步的贯彻和落实。那么，问题也就随之而来：此时马克思恩格斯为什么会选择从物质生产和分工入手来解剖社会历史发展呢？或者说，如何理解舒尔茨、拜比吉、尤尔与此时马克思之间的理论债务关系呢？

针对这一问题，舒尔茨的传记作者瓦尔特·格拉布指出，此时马克思之所以能够建立历史唯物主义，主要得益于舒尔茨，后者基于当时的市民社会，得出了生产方式决定社会结构的重要认识，并以此来解释之前的历史发展，从而"成功地建构了一种对于历史唯物主义产生了重大影响的历史观"①。如何看待这一观点呢？我认为，这一判断有一定的合理性，但也存在夸大之嫌。首先，通过对《德意志意识形态》的解读，可以发现，生产和分工的确构成了这一文本的两种不同话语的基础：生产和生产方式构成了马克思恩格斯解剖历史的出发点，而分工则构成了他们划分四种所有制以及批判现代市民社会的实证基础。因此，单纯从形式来看，《德意志意识形态》毫无疑问受到了舒尔茨的影响。不过，仔细分析可以发现，他们之间又存在不可忽视的质性区别：（1）在方法论上，《生产运动》是从历史统计学入手，对当时市民社会的生产状况所进行的一种实证—静态分析，这是一种典型的经验主义思路，这种方法论上的缺陷，导致他根本无法透视生产本身所包含的矛盾运动，从而无法揭示人类历史发展的内在机制；而马克思则基于科学抽象，揭示了人类历史的物质基础及其发展机制，建立了科学的历史辩证法。（2）舒尔茨主张从人性的角度来理解生产，将其诠释为一种体现人的本质力量的创造性活动，因此是一位地道的人本主义者；而马克思则认为物质生产是一种不以人的意志为转移的客观活动，它包括物质生活资料的生产和再生产、人的生产以及社会关系的生产等多重内涵，因此，不能先验地从人性入手来界定生产的本质，而应当从生产活动出发来解剖社会关系的内涵，实现对人的本质的科学诠释。（3）在物质生产和精神生产的关系上，舒尔茨认为是后者高于前者，唯有从精神生产（特别是宗教）入手，才能找到摆脱贫困和阶级分化的可行之路，这在本质上又重新回到了唯

----

① Walter Grab, *Ein Mann der Marx Ideen gab*：*Wilhelm Schulz*, Düsseldorf, 1979, S. 211.

心主义的怀抱之中；而在马克思看来，精神生产完全根源于物质生产，"意识形态没有历史"，从而从根本上瓦解了精神和观念的自主性，实现了对"德意志意识形态"（包括舒尔茨在内）的尖锐批判。（4）在政治立场上，舒尔茨是一位资产阶级自由民主主义者，他从生产和分工来解剖当时的西欧社会，目的并不是为了推翻资产阶级制度，相反，而是力图以分工的永恒性来证明资本主义生产制度的永恒性，以此来分化和麻痹无产阶级大众，从而为资产阶级自由民主制度进行终极辩护；而马克思则不同，他从生产和分工入手，是为了解剖人类历史发展规律，进而为无产阶级革命提供科学依据，因此，他虽然抓住了分工这条线索，但其主要目的并不是为了论证劳动分工的永恒性，而是为了证明它才是导致无产阶级"自我异化"的主要根源，进而主张彻底消灭劳动分工。

其次，从思想史来看，拜比吉和尤尔也对此时马克思的物质生产和生产力理论产生了重要影响。在《资本论》中，马克思曾指出："工艺学揭示出人对自然的能动关系，人的生活的直接生产过程，从而人的社会生活关系和由此产生的精神观念的直接生产过程。"①拜比吉和尤尔从工艺学入手，揭示了现代生产力对物质生产和社会发展的影响，实现了对资产阶级生产过程及其内部结构的微观考察。为此，马克思曾在《布鲁塞尔笔记》中认真摘录过两人的著作，并在《评李斯特》中重点引用了尤尔的论述（虽然是在否定的意义上引用的）。因此，当他在《德意志意识形态》中突出物质生产和生产力这条线索时，自然会受到他们的影响（当

---

① 《马克思恩格斯全集》，中文 2 版，第 44 卷，人民出版社 2001 年版，第 429 页注释。

然了，也应包括李斯特）。

最后，在分工逻辑上，舒尔茨和拜比吉都紧紧抓住了生产力这条线索：前者将社会分工与劳动分工混为一体，用以诠释生产力的发展，从而将其划分为四个阶段；而后者则以劳动分工为轴心，重点阐述了资产阶级社会生产力的发展形式（工场手工业和现代工厂）。不过，他们的共同缺陷在于，都力图通过分工来理解机器大生产的运作机制。在这点上，尤尔值得肯定，他既超越了舒尔茨和拜比吉，也超越了斯密。而此时的马克思显然没有达到尤尔的高度，而是像舒尔茨和拜比吉一样，仍然借助于斯密的分工逻辑来理解机器大工业，再进一步来讲，此时他根本没有能力辨别尤尔与拜比吉、舒尔茨之间的本质差异，更不明白这种差异所蕴含的理论意义。不过，与他们不同，在此时马克思恩格斯的语境中，分工却被赋予了双重意义：它不仅是生产力发展的有力杠杆，也是交往关系不断扩大的集中体现，更是引发生产力与交往形式矛盾的阿基米德点。

（二）如何理解《德意志意识形态》与古典经济学之间的内在关系？或者说，在经济学水平上，此时马克思恩格斯有没有超越古典经济学？他们对现代市民社会的认识是否已经彻底成熟了？我认为，答案是否定的。

在《德意志意识形态》中，马克思恩格斯的确创立了历史唯物主义，实现了哲学史上的一次伟大革命，但这决不是说此时唯物史观已经彻底成熟了。恩格斯后来指出，《德意志意识形态》中"关于费尔巴哈的一章没有写完。已写好的部分是阐述唯物主义历史观的；这种阐述只是表明当时我们在经济史方面的知识还多么不够"①。我认为，这并不是恩格斯的谦虚，而是一种尊重事实的严谨态度。据实而言，那时他们的经济学水平远没有达到李嘉图的高度，而是停留在斯密的层次上：他们解剖现代市民社会的主导逻辑并不是前者的劳动价值论，而是后者的分工逻辑。由于分工，人的内在力量即生产力转化为不以人的意志为转移的物化力量，人的自主活动即物质生产转化为摧残生命的奴役活动，而人与人之间的自由交往转化为压抑人性的强制交往，由此引发了生产力与交往形式之间的矛盾运动。这种分析在总体上仍然停留在外在的交换或交往关系上，没有深入到生产过程之中。就此而言，此时马克思恩格斯对现代市民社会的解剖，与黑格尔、舒尔茨、拜比吉一样，都是以斯密的分工逻辑为基础的，是后者在哲学和工艺学上的具体延伸，区别只是在于：舒尔茨和拜比吉肯定了这一逻辑，并以此来为资产阶级社会辩护；而马克思和黑格尔则是要超越和扬弃这一逻辑（前者走向了历史和革命，而后者走向了观念和上帝）。

从这一思路出发，马克思恩格斯必然无法理解资本的本质。从《德意志意识形态》的分析来看，他们至少犯了三重错误：完全从物的形态来理解产业资本，将其诠释为一种积累起来的劳动；把资本的生成史与资本的现代史完全混淆了；把商业资本当作现代意义上的第一个资本，完全不理解商业资本的历史地位。于是，资产阶级社会被理解为商业资本占据主导的社会形态，其中居于统治地位的是商业资本追逐利润的

---

① 《马克思恩格斯选集》，3 版，第 4 卷，人民出版社 2012 年版，第 218 页。

"抽象的金钱盘剥关系"①，而所谓的政治经济学就是对这种功利关系的理论反映。马克思恩格斯指出，政治经济学"把所有各式各样的人类的相互关系都归结为唯一的功利关系，看起来是很愚蠢的。这种看起来是形而上学的抽象之所以产生，是因为在现代资产阶级社会中，一切关系实际上仅仅服从于一种抽象的金钱盘剥关系"②。以此来看，此时他们对现代市民社会以及政治经济学的理解，完全是以商业资本为基础的，这与李嘉图相比，还存在不小的差距：后者从劳动价值论入手，将现代社会诠释为工业资本无限制地追逐增殖的过程，由此揭示了工人、产业资本家和地主阶级在经济利益上的根本对立关系。这种理论上的缺陷，决定了他们此时不可能形成科学的资本批判理论，更不可能实现对资产阶级社会的科学解剖，因而也就谈不上对古典经济学和资产阶级社会的成熟批判了。

（三）如何理解《德意志意识形态》与黑格尔哲学之间的内在关系？或者说，此时马克思有没有彻底颠覆黑格尔的唯心辩证法？有没有彻底瓦解和终结近代形而上学？我认为，此时他并没有完成这一任务。

在《关于费尔巴哈的提纲》中，马克思指出，费尔巴哈"做的工作是把宗教世界归结于它的世俗基础。但是，世俗基础使自己从自身中分离出去，并在云霄中固定为一个独立王国，这只能用这个世俗基础的自我分裂和自我矛盾来说明。因此，对于这个世俗基础本身应当在自身中、从它的矛盾中去理解，并在实践中使之革命化"③。实际上，在《德意志

---

① 《马克思恩格斯全集》，中文 1 版，第 3 卷，人民出版社 1960 年版，第 479 页。
② 同上书，第 479 页。
③ 《马克思恩格斯选集》，2 版，第 1 卷，人民出版社 1995 年版，第 55 页。

意识形态》中，马克思恩格斯只完成了第一步，即从一般历史观出发将精神王国归结于它的世俗基础，瓦解了观念逻辑的自主性，这对于指证德意志意识形态的思辨性已然足够，但却无法彻底终结形而上学。而要做到这一点，唯有从根本上彻底颠覆形而上学得以存在的社会基础即资本本身，显然此时马克思恩格斯无法胜任这一任务。就像他们后来指出的那样，作为一种科学抽象，历史唯物主义能够为解剖资产阶级社会提供方法论指南，但它本身并不能代替对资产阶级社会的具体研究，因为仅仅停留在"生产一般"的层面上，是"不可能理解任何一个现实的历史的生产阶段"①的，此时他们对资产阶级社会本质的判定就是明显例证。那么，这种不足意味着什么呢？首先，这表明，此时他们还无法从内部超越古典经济学，形成科学的政治经济学批判；其次，这意味着，此时他们还无法科学解剖近代形而上学得以存在的社会基础，理解不了近代形而上学、资产阶级意识形态与资本之间的内在同谋性。换言之，此时他们的经济学储备，还不足以使他们科学解剖现代市民社会的生理机制，无法从根本上揭示黑格尔哲学的历史基础，因而也无法从根本上彻底瓦解资本逻辑，并最终终结近代形而上学本身。再次，这表明，此时马克思恩格斯对黑格尔哲学与古典经济学之间的内在同谋性的剖析还不够深入。一方面，此时他们把资产阶级意识形态诠释为统治阶级及其代言人虚构出来的"虚假的观念体系"，忽视了它与经济意识形式（比如拜物教、价值观念等）之间的辩证关系，无法从根本上揭示二者之间的同构性；另一方面，此时马克思恩格斯揭示了资产阶级国家作为虚幻共同

①《马克思恩格斯全集》，中文2版，第30卷，人民出版社1995年版，第29页。

体的内在本质，再次证明了黑格尔用国家理性来扬弃近代市民社会的虚
假性：前者不仅无法保障市民社会的良好发展，反而会使其沦为保护统
治阶级利益的政治工具。这一观点无疑进一步深化了《黑格尔法哲学批
判》中提出来的"市民社会决定国家"的基本原理。然而，值得进一步思
考的是，资产阶级国家虽然无法像黑格尔预期的那样扬弃市民社会，实
现个人利益与社会利益的和谐发展，但它对市民社会究竟能够发挥什么
样的反作用？它与资本之间又存在何种关联？"在共产主义社会里国家
制度会发生怎样的变化呢？换句话说，那时有哪些同现代国家职能相类
似的社会职能保留下来呢？"①对于这些问题，此时马克思恩格斯并未做
出深入回答。从这个角度来说，虽然此时他们揭示了历史发展的一般机
制，颠覆了黑格尔辩证法的思辨性，建立了历史辩证法，但他们并没有
真正揭示黑格尔哲学和近代形而上学得以存在的社会基础，更没有从根
本上彻底瓦解这一基础。

　　基于上述分析，可以看出，在《德意志意识形态》中，马克思恩格斯
的确建立了一种全新的历史观，实现了思想史上的一次伟大革命，但这
决不意味着此时他们的历史观已经彻底成熟了：在工艺学和经济学上，
他们并没有超越时代的局限，建构出更加科学的政治经济学批判；而在
哲学上，他们只完成了第一个伟大发现，尚未完成对资产阶级社会的科
学解剖，因而未能彻底揭示并颠覆黑格尔哲学和近代形而上学的世俗基
础。而所有这些都是在后面的著作中完成的，这种理论上的澄清，为我
们重新审视政治经济学批判的历史意义，提供了重要支撑。

----

① 《马克思恩格斯全集》，中文1版，第19卷，人民出版社1963年版，第31页。

四、从哲学批判到政治经济学批判：马克思理论逻辑的深化

马克思清楚地知道，要完成对市民社会的解剖，就必须到政治经济学批判中去寻求，因此，他坚定地沿着经济学研究的康庄大道继续前行，随后写下了《哲学的贫困》和《雇佣劳动与资本》。在这两个文本中，马克思在哲学和经济学上都取得重要推进，实现了从交往关系到生产关系的转变，揭示了阶级斗争的经济根源；突破了物的维度，将资本理解为资产阶级社会的生产关系；更为重要的是，马克思实现了对蒲鲁东的政治经济学和哲学方法论的双重批判，并试图以尤尔和拜比吉的工艺学理论为后盾，诠释分工和机器生产之间的本质区别；等等。但不得不承认，此时马克思在经济学上并没有真正超越李嘉图，在工艺学上也没有克服尤尔和拜比吉的内在缺陷。经过《伦敦笔记》，马克思在经济学和工艺学上均取得了重要进展，这在之后的一系列经济学手稿和著作中得到了明确体现。那么，如何定位这些经济学著作的特质呢？在《大纲》的最后一个笔记本(第七笔记本)的封面上，马克思亲笔写下了《政治经济学批判(续)》的题名。这表明，马克思一开始是打算用"政治经济学批判"来命名他的经济学巨著的，并于1859年出版了《政治经济学批判。第1分册》。随后马克思开始着手第2分册的写作。但随着理论研究的逐步深入，他对第2分册作了一些调整，力图"以《资本论》为标题单独出版，而《政治经济学批判》这个名称只作为副标题"①出现，这也就是后来独立出版的《资本论》。从这个角度而言，不论是作为正标题还是副标题，

---

① 《马克思恩格斯全集》，中文1版，第30卷，人民出版社1975年版，第636页。

"政治经济学批判"无疑代表了马克思对他的"鸿篇巨著"的根本定性。那么，马克思为什么会用"政治经济学批判"来命名自己的著作呢？它的出场具有何种意义呢？它与前期的哲学批判存在何种关联呢？澄清这些问题，对于我们准确把握马克思思想发展的实质至关重要。

(一)对资本主义政治—经济以及古典政治经济的双重批判

(1)从理论维度来看，这是将政治经济学从资产阶级意识形态中解放出来，使之成为一门真正科学的迫切需要。与庸俗经济学不同，古典政治经济学力图透过事物的外在表象，来揭示资本主义经济制度的隐蔽结构，这一点构成了古典政治经济学家的独特贡献，他们所开创的劳动价值论、劳动一般、社会唯物主义和科学抽象方法等，也构成了马克思政治经济学批判理论的重要资源。但由于他们的政治立场和方法论上的不彻底性，使得政治经济学尚未摆脱资产阶级意识形态的束缚，成为一门真正的科学。马克思说："只要政治经济学是资产阶级的政治经济学，就是说，只要它把资本主义制度不是看作历史上过渡的发展阶段，而是看作社会生产的绝对的最后的形式，那就只有在阶级斗争处于潜伏状态或只是在个别的现象上表现出来的时候，它还能够是科学。"[1]一旦资本主义的社会矛盾充分爆发出来，政治经济学就会遭遇自身不可克服的内在界限，后来古典经济学的解体恰恰印证了马克思的判断。从这个角度而言，政治经济学批判首先意味着"对全部经济学文献的批判"[2]，将它从经济学家的意识形态中解放出来，使之成为一门真正的

---

① 《马克思恩格斯全集》，中文 2 版，第 44 卷，人民出版社 2001 年版，第 16 页。

② 《马克思恩格斯全集》，中文 1 版，第 13 卷，人民出版社 1962 年版，第 529 页。

科学。(2)从现实维度来看，这是科学解剖资本主义生理机制的客观需要。在马克思看来，资本主义社会"是一个着了魔的、颠倒的、倒立着的世界"①，各种外在假象深深遮蔽了资本主义的本质关系。马克思不由地感慨道："如果事物的表现形式和事物的本质会直接合而为一，一切科学就都成为多余的了。"②因此，要想科学解剖资本主义的生理机制，就必须采取"政治经济学批判"，层层剥离那些外在假象，"把看得见的、只是表面的运动归结为内部的现实的运动"③。从这个角度而言，政治经济学批判必然意味着对资本主义政治、经济本身的批判。(3)从政治立场来看，这是建构无产阶级政治经济学的内在需要。恩格斯指出："经济学所研究的不是物，而是人和人之间的关系，归根到底是阶级和阶级之间的关系。"④古典政治经济学家完全站在统治阶级的立场上，为资本主义制度进行辩护。而作为无产阶级的政治经济学，必然要对这一立场进行彻底批判。"就这种批判代表一个阶级而论，它能代表的只是这样一个阶级，这个阶级的历史使命是推翻资本主义生产方式和最后消灭阶级。这个阶级就是无产阶级。"⑤因此，作为工人阶级的政治经济学，政治经济学批判必然意味着对"副本"和"原本"的双重批判，即对资产阶级政治经济学和资本主义政治经济本身的批判。(4)从最终旨趣来看，这是彻底终结资产阶级政治经济学的必然要求。作为一门学

① 《马克思恩格斯全集》，中文2版，第46卷，人民出版社2003年版，第940页。
② 同上书，第925页。
③ 同上书，第348页。
④ 《马克思恩格斯全集》，中文1版，第13卷，人民出版社1962年版，第533页。
⑤ 《马克思恩格斯全集》，中文2版，第44卷，人民出版社2001年版，第18页。

科，政治经济学决不是从来就有的，而是资本主义生产方式发展到一定
历史阶段的特定产物。因此，随着资本主义生产方式的终结，资产阶级
政治经济学也必将走到尽头。就此而言，"政治经济学批判"决不只意味
着对资产阶级政治经济学的批判，而且要彻底终结一切资产阶级政治经
济学。

那么，如何实施这种政治经济学批判？通过后期研究，马克思认识
到，在资产阶级社会中，居于统治地位的是资本，它构成了整个社会的
主导逻辑。那么，何谓资本呢？马克思指出，它具有双重规定：一方
面，它是一种客观的抽象的社会关系。作为价值—货币关系的进一步发
展，资本决不是形而上学思辨的产物，而是资产阶级社会生活本身呈现
出来的一种"现实的抽象"，是一种客观的社会关系，或者说，是资产阶
级社会的生产关系。另一方面，它也是一个能动的自我运动、自我增殖
的过程。作为一种交换手段，一旦流通过程结束，货币也就丧失了自己
的生命力；而资本则不同，它必须不断地超越自身量的限制，实现自我
增殖，一旦到了这一步，资本也就克服了货币的"僵硬性，从一个可以
捉摸的东西变成了一个过程"①。就此而言，资本之所以不同于货币，
并不仅仅在于前者是一种本质性的生产关系，更在于它开启了一种全新
的运动，即自为的价值增殖过程。为了达到这一目标，它必然会把一切
可以吸纳的东西，置于自己的控制之下，实现对整个社会的全面殖民，
从而建构了一个自主运行的客观系统：所谓资本主义生产过程，实际上
就是资本的孕育过程，即死劳动吮吸活劳动，实现自我增殖的过程；而

————————

① 《马克思恩格斯全集》，中文 2 版，第 31 卷，人民出版社 1998 年版，第 387 页。

流通则是资本的生活过程。通过这种转型，资本也就一步步地掩盖了剩余价值的起源，成了一种自我繁殖的神秘性存在，最终在生息资本上达到了顶点。"在 G—G′上，我们看到了资本的没有概念的形式，看到了生产关系的最高度的颠倒和物化"①，它是"一切颠倒错乱形式之母"②。于是，资本主义社会成了伪主体(资本)的孕育、生产和生活系统，而真实的主体则沦为这个系统的螺丝钉，整个世界成了一个物统治人的、客观颠倒的物化王国。因此，马克思认识到，要实现对资本主义的政治经济学批判，就必须进行资本批判。也是由此出发，他揭示了资本的运行机制及其不可克服的内在界限，论证了资本主义灭亡的可能性和现实性，实现了对"副本"(资产阶级经济学)和"原本"(资本主义社会)的双重批判，开启了一场全新的范式革命。从这个角度而言，资本批判，无疑构成了马克思政治经济学批判的核心，这也是他最终选择《资本论》作为正标题的原因所在。

(二)对黑格尔哲学的全面超越

黑格尔虽然批判了市民社会，但这种批判的力度还远远不够，因为他仅仅将市民社会界定为需要和劳动相互依赖的体系，这在本质上还停留在斯密的层次上，虽然他也看到了资本的存在，但他并没有从中引出资本批判，就此而言，黑格尔并没有真正触及现代市民社会的内在本质。而马克思则清楚地看到，资本才是现代市民社会的统治基础，它的根本目的决不是为了满足人的需要，而是为了实现自我增殖。因此，要

① 《马克思恩格斯全集》，中文 2 版，第 46 卷，人民出版社 2003 年版，第 442 页。
② 同上书，第 528 页。

实现对市民社会的彻底批判，仅仅停留在交换和需要的层面上是远远不够的，必须将其推进到资本批判的高度。也是在此基础上，马克思进一步深化了对黑格尔哲学的认识，从根本上彻底超越了他的唯心辩证法和国家哲学。

（1）关于劳动对象化与异化关系的再思考。此时马克思认识到，资本主义的物质生产过程实际上是"劳动过程和价值增殖过程的统一"①。从前者来看，这是劳动的对象化过程，但从后者来看，这是劳动的异化过程。因此，就本质而言，资本主义生产过程恰恰是劳动对象化和异化过程的有机统一，它们并不是两个相互独立的过程，而是同一个过程的两个方面，"从资本和雇佣劳动的角度来看，活动的这种物的躯体的创造是在同直接的劳动能力的对立中实现的，这个对象化过程实际上从劳动方面来说表现为劳动的外化过程"②，因此，"关键不在于**对象化**，而在于**异化，外化，外在化**"③。如果说在《1844 年经济学哲学手稿》中，马克思的异化逻辑还是一种人本主义的价值预设，那么，到了这里，他则清楚地意识到，劳动异化决不是基于人性逻辑推演出来的思辨结果，而是资本主义生产机制必然产生的一种客观颠倒现象，"是**真实的**，而不是**单纯想象的**"④。到了这时，马克思才真正理解黑格尔为什么会同时肯定对象化和异化，又同时否定对象化和异化。但这并不是说，《1844 年经济学哲学手稿》中关于对象化和异化的区分没有意义了，恰

---

① 《马克思恩格斯全集》，中文 2 版，第 44 卷，人民出版社 2001 年版，第 230 页。
② 《马克思恩格斯全集》，中文 2 版，第 31 卷，人民出版社 1998 年版，第 244 页。
③ 同上书，第 244 页。
④ 同上书，第 244 页。

恰相反，解放的逻辑就是要打破对象化和异化的同一性，彻底推翻使它们沦为同一过程的社会根源即资本本身，最终消灭异化，使物质生产真正回归到对象化的层次上。

(2)对近代唯心主义和形而上学的再认识。此时马克思意识到，近代唯心主义之所以把观念当作历史发展的根源，并不只是一种理论虚构，而是有着客观的社会基础的。"观念的东西不外是移入人的头脑并在人的头脑中改造过的物质的东西而已。"①作为现代市民社会的主导者，资本本身就是一种幽灵般的抽象关系，因此，近代唯心主义所强调的观念或绝对精神，只不过是对这种客观抽象的理论反映，是移入人的头脑并在头脑中加工过的物质关系而已，如马克思所言："抽象或观念，无非是那些统治个人的物质关系的理论表现。关系当然只能表现在观念中，因此哲学家们认为新时代的特征就是新时代受观念统治，从而把推翻这种观念统治同创造自由个性看成一回事。"②以此来看，形而上学与资本是内在同谋的，要彻底颠覆形而上学，就必须彻底推翻资本本身。从这个角度而言，从前期的形而上学批判转到后期的资本批判，反映了马克思理论逻辑的深化。

(3)关于资产阶级意识形态与经济意识形式的再认识。在《德意志意识形态》中，马克思把意识形态称为"虚假的观念体系"，把自由、民主、平等称为统治阶级的理论虚构。然而，通过后期的经济学研究，马克思认识到，所谓资产阶级意识形态实际上是建立在经济意识形式之上的，

---

① 《马克思恩格斯全集》，中文2版，第44卷，人民出版社2001年版，第22页。
② 《马克思恩格斯全集》，中文2版，第30卷，人民出版社1995年版，第114页。

后者并不是一种理论虚构，而是资本运作机制必然产生的、具有客观效力的思维形式，比如价值观念、拜物教等；正是由于他们把资本理解为一种永恒的观念或自然物，他们才会得出资本主义社会的永恒性和自然性；同样，所谓的自由、民主、平等也不是资产阶级的妄想，而是价值规律的理论反映。① 就此而言，资产阶级意识形态与经济意识形式决不是对立的，而是内在同构的。因此，要完成对资产阶级意识形态的批判，就必须深入到世俗社会之中，揭示意识形态得以存在的社会基础，进而将意识形态批判转化为经济意识形式和拜物教批判。从这个角度而言，对黑格尔哲学的批判与对古典经济学的批判本身就是内在同构的，或者说，资本批判、形而上学批判、意识形态批判、经济意识形式批判构成了马克思政治经济学批判的"四位一体"，其中资本批判是核心。

　　（4）如何颠倒黑格尔的唯心辩证法？在《资本论》第二版跋中，马克思指出："辩证法在黑格尔手中神秘化了，但这决没有妨碍他第一个全面地有意识地叙述了辩证法的一般运动形式。在他那里，辩证法是倒立着的。必须把它倒过来，以便发现神秘外壳中的合理内核。"②黑格尔把思维当作事物的造物主，把现实事物的运动还原为观念的运动，这的确是一种颠倒的神秘化的形式，但是在这种神秘化的背后也包含着它的合理性，即从事物的否定性和暂时性方面来理解事物自身的运动和发展。③ 因此，要彻底颠倒黑格尔的唯心辩证法，单纯依靠所谓的"主谓

---

①　参见《马克思恩格斯全集》，中文 2 版，第 30 卷，人民出版社 1995 年版，第 199 页。

② 《马克思恩格斯全集》，中文 2 版，第 44 卷，人民出版社 2001 年版，第 22 页。

③　同上书，第 22 页。

颠倒"方法，是远远不够的，还必须从根本上揭示事物运动发展的一般规律，《德意志意识形态》完成了这一任务，实现了从唯心辩证法到历史辩证法的转变；更为重要的是，还必须揭示资本本身的辩证法，即资本是如何发展起来的，又是如何一步一步地推动资本主义内在矛盾向前发展，并最终导致资本逻辑的颠覆的。就此而言，《资本论》恰恰是这一任务的最终完成，在这里，黑格尔的观念运动被转变为资本的辩证运动，后者不再是思辨的，而是资本主义社会本身呈现出来的一种客观运动，从而在根本上彻底颠倒了黑格尔的辩证法。从这个角度而言，从历史辩证法到资本辩证法的转变，是马克思从抽象上升到具体方法的内在要求，也是其理论深化的必然结果。因此，如果说马克思彻底颠覆了黑格尔的唯心辩证法，那么，这种颠覆恰恰是在后期的政治经济学批判中最终完成的。

（5）对黑格尔国家哲学的再认识。黑格尔认为，个人理性是盲目的，它不可能实现个人与集体的和解，只有超越个人理性，上升到国家理性，才能真正克服市民社会的伦理分裂。但问题在于，现代市民社会的主导逻辑并不是个人理性，而是资本的增殖逻辑，因此，借助于作为伦理整体的国家能够超越资本吗？答案是否定的，这只能是一种颠倒的观念逻辑。马克思深深地意识到，在资本居于统治的社会中，国家，不论是其统治职能还是社会经济管理职能，在本质上都是服务于资本的，是统治阶级利益的"守夜人"，因此，被黑格尔视为普遍伦理的国家，实际上只不过是一种"虚幻的共同体"，是与资本内在同谋的。就此而言，黑格尔所开出来的药方，即用国家理性来超越市民社会，只是一种虚假的幻象，根本不可能解决现代市民社会的弊端。那么，如何做到这一点呢？马克思指出，既不能依靠观念，也不能指望国家，必须借助于无产阶级革命，推翻资本，彻底打碎一切资产阶级国家机器，建立更高级的社会形式。届时，国家职能将逐渐实现从阶级专政向社会管理的转变，并最终趋于消亡。也正是在政治经济学批判的基础上，马克思揭示了黑格尔国家哲学的本质，实现了对后者的彻底批判与超越。

(三)对工艺学及其哲学效应的全面阐发

政治经济学批判和工艺学存在何种关联呢？这一问题在以往的研究中恰恰被忽视了。历史唯物主义始终注重从生产力与生产关系的矛盾运动来揭示历史发展的内在机制，因此，要想论证资本主义灭亡的必然性，必须全面揭示资本内在矛盾的发展过程。要做到这一点，单纯停留在生产力和生产关系矛盾运动的一般层面上，是行不通的，必须深入到资本主义生产方式的内部，清晰诠释资本主义生产力发展的不同形式，并在不同阶段中澄清生产力与生产关系内在矛盾的不同内涵，进而实现对资本主义发展趋势的最终预判。从这个角度讲，工艺学的研究视角尤为必要，它是研究生产力发展形式的根本突破口，也是政治经济学批判得以展开和深化的重要前提。

在《德意志意识形态》中，虽然马克思已经意识到工场手工业和机器大生产构成了资本主义生产的两种不同形式，但他并没有真正厘清二者之间的本质差异，而是像拜比吉和舒尔茨一样，用斯密的分工逻辑来理解机器大工业。到了《哲学的贫困》，马克思力图站在尤尔的肩膀之上，来区分工场手工业和自动工厂，但令人遗憾的是，他仍将分工视为自动工厂的轴心，远没有达到尤尔的高度；同时，在机器和工具的区分上，完全陷入到拜比吉的陷阱之中。到了《资本论》及其手稿中，马克思已经明确肯定了尤尔的理论贡献，并在此基础之上，清晰界定了工场手工业和机器生产的本质区别。他指出："在工场手工业生产和机器生产之间一开始就出现了一个本质的区别。在工场手工业中，单个的或成组的工人，必须用自己的手工工具来完成每一个特殊的局部过程。如果说工人会适应这个过程，那么这个过程也就事先适应了工人。在机器生产中，这个主观的分工原则消失了。在这里，整个过程是客观地按其本身的性质分解为各个组成阶段，每个局部过程如何完成和各个局部过程如何结合的问题，由力学、化学等等在技术上的应用来解决。"①"大工业的原则是，首先不管人的手怎样，把每一个生产过程本身分解成各个构成要素，从而创立了工艺学这门完全现代的科学。社会生产过程的五光十色的、似无联系的和已经固定化的形态，分解成为自然科学的自觉按计划的和为取得预期有用效果而系统分类的应用。"②在工场手工业中，是生产过程适应工人，其中劳动分工居于主导；在机器大工业中，"主观的分工原则"已经消失，居于主导地位是资本对科学技术的运用。以此来看，此时马克思已经明确意识到尤尔与拜比吉、舒尔茨之间的理论差异，并以前者为基础，实现了对拜比吉和舒尔茨的超越，同时也进一步深化了他前期的理论逻辑。

到了这里，问题并没有完结。既然尤尔早就明确区分了二者之间的本质差异，那么，马克思在何种意义上超越了尤尔呢？首先，尤尔只是基于生产力维度区分了工场手工业和机器大生产，进而将二者对立了起

① 《马克思恩格斯全集》，中文 2 版，第 44 卷，人民出版社 2001 年版，第 436—437 页。
② 同上书，第 559 页。

来，认为工场手工业只不过是资本主义生产方式的前史，而机器大生产才是真正与资本相配套的生产方式。这一观点过于强调了二者在生产力形式上的对立，忽视了它们在生产关系上的统一性。据实而言，在《大纲》中，马克思并没有克服尤尔的这一缺陷，而是像后者一样，将二者对立了起来，结果，工场手工业被理解为与绝对剩余价值生产相适应的形式，而机器大生产则被判定为相对剩余价值生产的唯一形式，这一缺陷到了《1861—1863 年经济学手稿》中，才得到全面克服。此时马克思已经认识到，虽然二者在生产力发展形式上存在重要差异，但就生产关系而言，它们又是内在统一的：不论是工场手工业还是机器大生产，它们都只不过是资本主义相对剩余价值生产的有效形式。其次，在机器和工具的区分上，尤尔和拜比吉一样，都是从动力的标准入手的：由动物力或自然力驱动的是机器，而由人手推动的则是工具。这种划分显然是错误的，在《1861—1863 年经济学手稿》中，马克思对二者的差异给出了系统的论证。再次，尤尔认为，在资本主义社会中，资本始终是第一位的，科学是第二位的，劳动是最低等的。随着资本与科学联合的不断深化，机器体系将会逐步缩减劳动，并最终代替劳动。基于此，尤尔认为，机器体系的普遍发展，不仅有利于资本家，而且更有益于工人：它是将后者从繁重的劳动中解放出来并最终达到自由的根本保障。这一观点显然混淆了机器体系与机器体系的资本主义应用，是一种典型的技术决定论。在马克思看来，二者完全不是一回事，从一般层面来看，机器体系的确有利于劳动解放，但在资本主义条件下，资本会将机器体系和一般智力转化为自己的内在属性，实现对劳动的全面剥夺：不仅会将妇女、儿童乃至整个家庭置入资本的车轮之下，而且也使整个产业后备军全面屈从于资本的统治。因此，机器体系是不可能自动实现劳动解放的，唯有推翻资本主义生产关系，将机器体系从资本的束缚中解放出来，才能真正为劳动实现从手段到目的（自由活动）的转变，提供根本保障。

那么，对于政治经济学批判而言，厘清这些问题意味着什么呢？首先，这表明，马克思若要为无产阶级革命提供科学依据，仅仅停留在分工逻辑上，显然行不通了，因为资本主义发展已经超越了分工阶段，达到了机器大生产阶段。因此，要完成这一任务，必须超越分工逻辑，站在机器大生产的高度，全面分析资本主义的内在矛盾及其发展趋势。就此而言，从《德意志意识形态》到《资本论》的发展，恰是这一逻辑深化的必然结果。其次，就阶级斗争理论而言，许多西方学者认为，马克思后期完全陷入到客观逻辑之中，放弃了前期的阶级斗争线索，实际上，这是一个重大误解。既然机器大生产消灭了主观的分工原则，因此，再像《德意志意识形态》那样，基于分工逻辑来引出阶级斗争，已经远远不够了，必须沉降到机器大生产所引发的矛盾运动之中，以此来引出阶级斗争的可能性和现实性。这也就解释了马克思后期为什么会过分突出生产力与资本主义生产关系矛盾运动的客体线索，强调从机器大生产所推动的资本有机构成的不断提高，所导致的一般利润率下降规律和资本积累危机，来论证资本主义灭亡的必然性。也只有基于这一点，我们才能真正理解从前期"两个必然"到后期"两个决不会"的重要转变。再次，这也意味着，要真正把握马克思劳动解放理论的精髓，既不能依托异化逻辑，也不能基于分工理论，必须从机器大生产出发，因为在马克思看来，一方面，资本主义机器大生产会导致资本主义内在矛盾的爆发，为劳动从资本关系中解放出来奠定坚实基础；另一方面，在后资本主义社会中，摆脱了资本限制的机器体系，将成为节约劳动时间的真正利器，届时，在机器生产的帮助下，人们只需要极小部分劳动就能满足全社会的生活需要，这将为劳动从物质生产领域中解放出来，进而实现从手段到目的的转变，成为一种更高级的自由活动，奠定坚实的物质基础。

五、简短的结论

基于上述分析，我们可以得出以下几点结论：

第一，政治经济学批判是一种总体性的批判范式。要实现对资本主义的批判，不仅要揭示资本的运行机制，还要揭示资产阶级各种意识形态和意识形式的生成机制。就此而言，政治经济学批判是资本批判、形而上学批判、意识形态批判和经济意识形式批判的统一，是对资产阶级社会的总体性批判。

第二，政治经济学批判不仅是对资产阶级经济学的批判，而且也是对近代哲学特别是黑格尔哲学的全面批判。如果没有政治经济学批判作为支撑，马克思不可能实现对近代形而上学和黑格尔哲学的全面超越。就此而言，政治经济学批判完成了对"双重颠倒"的彻底批判：不仅完成了对资本主义社会的"客观颠倒"的批判，也完成了对黑格尔哲学的"主观颠倒"的批判。这也再次证明，政治经济学批判决不只是历史唯物主义在经济学领域中的具体运用，而是对后者的进一步深化和发展。因此，当柯尔施断言，政治经济学批判全面取代了前期的历史唯物主义时①，恰恰走向了极端，将二者线性地对立了起来。

第三，政治经济学批判是一种以工艺学为前提的现代性批判理论。马克思说："资本一出现，就标志着社会生产过程的一个新时代。"②因此，以资本批判为核心的政治经济学批判，首先是一种现代性批判，这种批判不仅要揭示资本主义生产关系的本质，更要基于工艺学的发展线索，站在生产力发展的制高点上，全面揭示资本主义生产方式的发展趋势及其内在界限。从这个角度而言，工艺学本身就是蕴含在政治经济学批判之中的，缺少这一点，仅仅停留在商品—货币或分工层面，根本无法触及资本主义生产方式的内在矛盾，更无法为无产阶级革命提供科学依据。由此可见，政治经济学批判必然要求基于生产力的最新发展形式，来推进对资本的现代性批判。不过，在这里，必须澄清一点，虽然马克思批判了资本主义现代性，但这决不意味着他是一位后现代主义者，相反，他是要在打碎前者的基础上，重建一种全新的现代性。就此而言，马克思决不可能是后现代主义的同路人。

最后，政治经济学批判本身就是哲学、经济学和政治维度的有机统一，完全体现了马克思主义理论的整体性。从这个角度而言，《资本论》不仅是对资本主义政治—经济的批判，而且也是对资产阶级哲学—经济学的全面批判，更是无产阶级革命旨趣的集中体现。

---

① 参见[德]柯尔施：《卡尔·马克思》，熊子云等译，重庆出版社1993年版，第129页。

② 《马克思恩格斯全集》，中文2版，第44卷，人民出版社2001年版，第198页。

第一章 《资本论》的文献学研究、形象演变与"恩格斯问题"

从文献学的角度看，《资本论》无疑是一部复杂的著作。自《资本论》问世以来，围绕它的形成过程、版本差异和思想形象等问题的讨论从未停止过。因此，如何系统评述《资本论》文献学研究的历史与现状，全面梳理《资本论》形象的百年变迁，并结合最新文献和国内外相关研究成果，回应它们提出的问题，就是本课题研究的一项基础工作。

第一节 文献学视域中的《资本论》研究

《资本论》不仅是马克思毕生从事政治经济学研究的心血和结晶，而且也是其哲学思想和政治旨趣的集中体现。因此,如何结合马克思的思想发展过程,准确理解和定位《资本论》的创作过程、历史地位及其理论意义,就是我们必须要回答的问题。在这方面,罗斯多尔斯基①的《马克思〈资本论〉的形成》一书,无疑具有举足轻重的历史地位。这一著作系统梳理了《资本论》的创作和结构调整过程,全面阐述了《大纲》与《资本论》之间的内在联系,是西方学界研究《大纲》和《资本论》的权威性著作,对后来的学者产生了不可估量的影响。因此,在开展本课题研究之前,我们必须基于当代视野,客观评价这一著作的理论贡献和不足之处,以期为新时期重新理解《资本论》的形成和创作过程,提供有益借鉴。

一、马克思经济学思想发展的历史界划

《在马克思墓前的讲话》中,恩格斯指出:"马克思首先是一个革命家。他毕生的真正使命,就是以这种或那种方式参加推翻资本主义社会及其所建立的国家设施的事业,参加现代无产阶级的解放事业,正是他第一次使现代无产阶级意识到自身的地位和需要,意识到自身解放的条

---

① 罗曼·罗斯多尔斯基 1898 年生于奥匈帝国的利沃夫城。早年在利沃夫城的乌克兰中学接受教育时,就受到乌克兰社会主义运动的熏陶,开始信奉马克思主义。十月革命成功后,他更加勤奋地学习马克思主义。1918 年组建乌克兰左翼进步组织"国际革命社会民主阵线",1921 年被选为西乌克兰共产党中央委员会委员。20 年代中期,因与该党中央发生严重分歧,被开除党籍。后来移居维也纳。1929 年在维也纳通过了题为《卡·马克思和弗·恩格斯的非历史民族问题》的博士论文,获得政治学博士学位。1947 年,全家移居美国。次年,完成了他的重要著作《弗里德里希·恩格斯和"非历史"民族问题:1848 年革命中的民族问题》。1948 年,他有幸看到了马克思的《大纲》草稿,开始致力于马克思经济学思想的研究,并于 60 年代中期完成了自己的宏伟巨著《马克思〈资本论〉的形成》。然而,这部著作直到 1968 年才真正出版,这时他已去世近一年了。

件。斗争是他的生命要素。"①作为无产阶级革命家,马克思的根本目的决不是为了满足现状,做一个解释世界的哲学家,相反,而是要彻底推翻资产阶级统治,实现无产阶级乃至全人类的彻底解放。那么,如何才能做到这一点呢?马克思认为,首先必须实现对资本主义生理机制及其运动规律的科学解剖。因此,在成为一名共产主义者之后,他用尽毕生精力来从事资本主义批判研究,而《资本论》正是他呕心沥血的研究结晶。就此而言,《资本论》的出场绝不是偶然的,而是马克思"为我们的党取得科学上的胜利"②所进行的长期探索的理论结晶。

然而,在不同时期,由于马克思经济学水平的限制,这种探索也呈现出不同的阶段特征。在《马克思〈资本论〉的形成》中,罗斯多尔斯基将其划分为四个阶段:(1)1844—1846 年。罗斯多尔斯基认为,在这一阶段,"马克思主要是作为哲学家露面,试图运用他新近掌握的'人本主义'或者更准确地说'唯物主义者'的观点,来阐明具有决定性重要意义的'社会经济'的历史。因此,他常常是简单地把传统的经济学范畴接过来,以论证现行的社会秩序以及反映其发展的经济学科学的'对象化',即人类异化的性质问题。"③(2)1847—1850 年,具体文本包括《哲学的贫困》、《共产党宣言》和《雇佣劳动与资本》等。罗斯多尔斯基认为,在这一阶段上,"马克思已经显示出他自己是一个完全独立的经济学家,充分意识到他同古典学派的密切关系,以及他与古典学派的深刻对立。的

---

① 《马克思恩格斯选集》,2 版,第 3 卷,人民出版社 1995 年版,第 777 页。

② 《马克思恩格斯全集》,中文 1 版,第 29 卷,人民出版社 1972 年版,第 554 页。

③ [德]罗斯多尔斯基:《马克思〈资本论〉的形成》,山东人民出版社 1992 年版,第 2—3 页,译文有所改动。

确，在一些个别领域里，马克思对李嘉图的一些思想还没有进行最后清算，这些领域他后来认识到是不正确的或片面的，例如货币理论和地租理论。同时，当时他还没有形成自己的利润理论。然而，到1848年，他的经济学体系的基石——剩余价值学说，已经基本确立，剩下的只是要研究理论上的细节问题。"①(3)1850—1856年。罗斯多尔斯基指出，在这一时期，马克思在地租、货币、殖民地和工艺学等方面都获得了进一步的发展，"我们只要参考一下他的关于经济状况的大量文章，如关于贸易政策问题，英国工人阶级运动和罢工问题，尤其是他关于爱尔兰和苏格兰土地纠纷、英国对印度的政策等问题的报导，就足以证明这方面的工作对他是很有用的。这激励他深入研究了'亚细亚生产方式'以及'欧洲、亚洲土地公有制的遗迹'，从而大大丰富了他的政治经济学著作中的经济史部分。"②(4)1857年之后，这是《资本论》创作与经济学研究的总结阶段。具体包括《大纲》(《资本论》的第一稿)、《1861—1863年经济学手稿》(《资本论》第二稿)，最终完成了《资本论》的创作，实现了经济学的剧变。

整体来看，罗斯多尔斯基对马克思在1857年之前的经济学思想的划分，存在一定的合理之处。然而，他的基本缺陷在于，他没有看到马克思在不同阶段进行经济学研究的笔记，比如《巴黎笔记》、《布鲁塞尔笔记》AB(1845年2月、1845年7—8月)、《曼彻斯特笔记》和《伦敦笔记》，这在一定程度上影响了他对马克思经济学研究不同阶段的质性判

---

① [德]罗斯多尔斯基：《马克思〈资本论〉的形成》，山东人民出版社1992年版，第3页，译文有所改动。

② 同上书，第8页。

断。具体而言：

首先，他抹杀了《1844 年经济学哲学手稿》和《德意志意识形态》之间的思想差异。在 1844 年，马克思的确是第一次研究经济学，这一阶段的理论结晶主要体现在《巴黎笔记》和《1844 年经济学哲学手稿》之中，由于此时他深受费尔巴哈的影响，因而，他还读不懂古典政治经济学，而只是借助于人本主义的异化逻辑，外在地批判古典政治经济学。不过，随着他经济学研究的逐步深入，到了 1845—1846 年时，他的理论逻辑已经发生了重大变化，这主要体现在《关于费尔巴哈的提纲》、《布鲁塞尔笔记》B、《曼彻斯特笔记》和《德意志意识形态》之中。此时马克思已经克服了费尔巴哈的理论缺陷，实现了哲学观上的革命变革，创立了历史唯物主义。而在经济学研究上，马克思已经摆脱了前期的人本主义批判的逻辑，开始肯定古典政治经济学的理论贡献，并试图从斯密出发来诠释自己的哲学(《德意志意识形态》)。以此来看，1844 年的经济学研究和 1845—1846 年的经济学研究，在性质上是两个完全不同的阶段，而罗斯多尔斯基却把它们归于同一阶段，并用"人本主义"的标签来标示它们，显然是错误的。

其次，他过分拔高了《哲学的贫困》和《雇佣劳动与资本》的历史地位。与《德意志意识形态》相比，《哲学的贫困》和《雇佣劳动与资本》的确在哲学—经济学上取得了重要进展，比如，马克思实现了从交往关系到生产关系的转变，抓住了阶级对立和划分社会阶段的内在依据；特别是，在对资本的认识上，突破了古典政治经济学的束缚，实现了从"积累起来的劳动"到社会关系的转变，将资本理解为"资本主义的生产关系"。但是，我们能否像罗斯多尔斯基那样，认为此时马克思已经基本建立了剩余价值理论了？我认为，这是值得商榷的。德国经济学家图赫舍雷尔指出："在经济理论问题上，马克思在这里很大程度上还是依据李嘉图的，所以在许多个别问题上有着李嘉图的正确和错误的理论观点。"①我认为，图赫舍雷尔的这一判断是非常准确的。马克思在1859年2月25日致恩格斯的信中写到："我自己在驳斥蒲鲁东的著作中就**采用过李嘉图的理论**。"②在这里，马克思使用的是"**采用**"一词，这也表明，此时马克思在整体水平上并没有超越李嘉图。具体表现在：

（1）在价值理论上，李嘉图认为，一切商品，不论是工业制造品、矿产品还是土地产品，其交换价值都是由最不利条件下的劳动时间决定的，即都是由**最大限度**的劳动时间决定的。③ 在这一文本中，马克思并没有完全采用李嘉图的观点，而是采取了二元论：就农产品而言，商品的价值是生产商品的最大劳动量决定的；而就工业品而言，商品的价值是由生产商品的**最低限度**时间决定的。④ 但不论哪种情况，决定商品价值的始终是一个直接劳动量。这一观点并没有真正克服李嘉图的缺陷，要想做到这一点，还有待"社会必要劳动时间"范畴的形成。

（2）在劳动价值的理解上，马克思没有超出李嘉图的最低限度工资

---

① ［德］图赫舍雷尔：《马克思经济理论的形成与发展》，马经青译，人民出版社1981年版，第211页。

② 《马克思恩格斯全集》，中文1版，第29卷，人民出版社1972年版，第387页。强调为引者加。

③ 参见《李嘉图著作和通信集》第1卷，斯拉法主编，郭大力等译，商务印书馆1997年版，第60页。

④ 参见《马克思恩格斯全集》，中文1版，第4卷，人民出版社1958年版，第183页。

理论。李嘉图虽然把劳动价值论推进到一个新的高度，认为一切商品的价值都是由生产该商品的最大劳动量来决定的，但唯独两种商品例外：一是劳动商品，二是货币。在他看来，劳动商品的价格不是由生产该商品的内在劳动量决定的，而是"取决于劳动者维持其自身与其家庭所需的食物、必需品和享用品的价格"①。因此，这种商品的价格不是由生产它的最大劳动量决定的，而是由它在市场上所能购买到的、满足自己和家庭所需要的最低工资决定的。"劳动正像其他一切可以买卖并且可以在数量上增加或减少的物品一样，具有自然价格和市场价格。劳动的自然价格是让劳动者大体上能够生活下去并不增不减地延续其后裔所必需的价格。"②以此来看，工资只是满足工人自然生理需求的最低额度，这就是经济学史上的最低限度工资或生存工资理论，它构成了重农学派和古典经济学的理论根基。从整个历史来看，这个量是变化的，但在一定时期内，它又是固定的、已知的最低量，即"不增不减地延续其后裔所必需的价格"。在这里，马克思显然还没有超越这一学说。在《哲学的贫困》中，他指出，"劳动的自然价格无非就是工资的最低额"；而在《雇佣劳动与资本》中仍然采用这一说法："简单劳动力的生产费用就是**维持工人生存和延续工人后代的费用**。这种维持生存和延续后代的费用的价格就是工资。这样决定的工资就叫作**最低工资额**。"③以此来看，此时马克思还没有认识到这一理论的局限性，而是将它作为自己理论布展的基

---

① 《李嘉图著作和通信集》第 1 卷，斯拉法主编，郭大力等译，商务印书馆 1997 年版，第 77 页。

② 同上书，第 77 页。

③ 《马克思恩格斯选集》，2 版，第 1 卷，人民出版社 1995 年版，第 343 页。

础，显然是不科学的。在后来的《剩余价值理论》中，马克思专门批判了这一学说："他们错误地把这个**最低限度**看作不变的量，在他们看来，这个量完全决定于自然，而不决定于本身就是一个变量的历史发展阶段。"①并在此基础上，建立了科学的劳动力价值和工资理论，实现了对古典经济学的超越。

(3)在货币问题上，马克思像李嘉图一样陷入到货币数量论的窠臼之中。李嘉图认为，货币的价值也不是由生产货币的劳动量决定的，而是由其数量决定的，进而提出了自己的货币数量论。此时马克思并没有认识到这一理论的缺陷，而是像李嘉图一样陷入到货币数量论的窠臼之中。他指出："在一切商品中，只有作为货币的金银不是由生产费用来确定的商品；这一点是确实无疑的，因为金银在流通中可以用纸币来代替。"②显然此时马克思完全像李嘉图一样，忽视了货币的其他职能（支付手段、贮藏等），把货币同铸币完全等同起来，这样无形之中也就把货币的内在价值忽略掉了。

(4)在工资与利润的关系上，李嘉图只研究了相对剩余价值和相对工资，同样，马克思也是如此。他指出："**工资和利润是互成反比的。资本的份额即利润越增加，则劳动的份额即日工资就越降低；反之亦然。利润增加多少，工资就降低多少；而利润降低多少，则工资就增加多少。**"③显然，在这个问题上，马克思像李嘉图一样只考察了相对剩余

① 《马克思恩格斯全集》，中文1版，第26卷第1册，人民出版社1972年版，第16—19页。
② 《马克思恩格斯全集》，中文1版，第4卷，人民出版社1958年版，第125页。
③ 《马克思恩格斯选集》，2版，第1卷，人民出版社1995年版，第353页。

价值，忽视了绝对剩余价值，在理论上是不完善的。

(5)在劳动商品理解上，仍然像李嘉图一样，把劳动理解为商品，没有实现劳动商品到"劳动力"商品的跨越。只要马克思还没有实现这一转变，他就不可能解决古典经济学所面临的难题，就不可能创立科学的剩余价值理论。因此，当罗斯多尔斯基作出如下断言时——在《哲学的贫困》中，马克思只是在个别理论上没有克服李嘉图的缺陷，而到了《雇佣劳动与资本》中，他在整体范式上超越了古典经济学，基本建立了剩余价值理论，他显然过分抬高了这两个文本的历史地位，是不符合马克思经济学思想发展的客观情况的。

再次，他正确地看到了，在1850—1856年，马克思经济学研究进入到一个崭新的历史阶段，但是他并没有关注到1857年之前马克思经济学研究的总体概况，譬如，他对《伦敦笔记》的关注显然不够。《伦敦笔记》是马克思第三次经济学研究的原始记录，共有24册笔记本，包含着丰富的理论内容，譬如货币理论、价值理论、工艺学理论、社会形态理论等，它是我们理解《大纲》和《资本论》的入口。然而，罗斯多尔斯基并没有关注到这一点。当然了，由于历史时代的不同，我们是不可能苛求罗斯多尔斯基的。在当时的情况下，他能做到这一点，已经实属不易。

基于上述分析，我认为，马克思的经济学思想发展，可以划分为如下几个阶段：

(1)1844—1845年3月，具体文本包括《巴黎笔记》、《1844年经济学哲学手稿》、《布鲁塞尔笔记》A、《评弗里德里希·李斯特〈政治经济学的国民体系〉》(1845年3月)，这是马克思第一次经济学研究的文本群。在这一阶段上,人本主义逻辑构成了马克思的主导话语体系,而政治经济学则是作为一种外在的批判对象存在的,后者所开创的劳动价值论和社会认识论并没有真正地影响马克思。

(2)1845 年 4 月—1849 年,具体文本包括《关于费尔巴哈的提纲》、《布鲁塞尔笔记》B(1845 年 5—7 月)、《曼彻斯特笔记》(1845 年 7—8 月)、《德意志意识形态》、《哲学的贫困》以及《雇佣劳动与资本》等。此时,马克思实现了世界观人生观的第二次转变,建立了历史唯物主义,引发了一场哲学革命;另一方面,此时他已经改变了前期看待政治经济学的态度,开始有意识地运用古典经济学来建构自己的哲学和政治经济学批判了。不过,在整体范式上,他并没有真正超越古典政治经济学:《德意志意识形态》基本停留在斯密的水平上;而《哲学的贫困》和《雇佣劳动与资本》虽然取得了重要进展,但在整体范式上并没有真正超越李嘉图。

(3)1850—1856 年,这是马克思第三次系统的经济学研究阶段。从 1850 年 9 月到 1853 年 8 月,马克思利用伦敦博物馆的优势,阅读和研究了英法德意等各国的经济学家的著作、官方文件和期刊,做了大量的摘录和批判性评注,写出超过 100 个印张共计 24 个笔记本的《伦敦笔记》。通过这一时期的系统研究,马克思在货币理论、地租理论、再生产理论、危机理论、工艺学理论等方面都取得了重要进展,为后面经济学思想的突破性发展奠定了基础。不过,由于多方面的原因,马克思的经济学研究被迫中断,直到 1857 年才得以恢复。

(4)1857 年之后,这是《资本论》的创作、调整和深化阶段,也是马克思经济学研究的系统总结阶段。1856 年,马克思曾预言资本主义将爆发一场大的经济危机，1857 年秋这场危机如期爆发，它首先发端于美国，并迅速蔓延到英国和欧洲大陆。这次危机的爆发促使马克思夜以继日地工作，"为的是在洪水之前至少把一些基本问题搞清楚"①，而这次研究的结晶，就是后来的《大纲》。但遗憾的是，它并没有像马克思预料的那样带来一场"汹涌澎拜的革命高潮"。这促使马克思不得不重新反思自己的判断，继续从事理论研究，并先后写下了《政治经济学批判（第一分册）》(1859)、《1859—1861 年经济学手稿》、《1861—1863 年经济学手稿》、《1863—1865 年经济学手稿》等，进而为《资本论》的写作做最后准备。也是在此基础上，马克思于 1867 年出版了《资本论》第一卷，标志着《资本论》的正式问世。随着时代的发展和理论的深化，马克思于1872 年出版了《资本论》第一卷德文第 2 版、1872—1875 年又出版了第一卷的法文版。但由于身体以及工人运动等方面的影响，马克思在生前没有来得及出版剩下的三卷，这不能不说是一个重大的理论遗憾。② 在这里，马克思创立了科学的剩余价值理论，系统研究了"资本主义生产方式以及和它相适应的生产关系和交换关系"，揭示了"现代社会的经济运动规律"③，实现了对古典经济学的全面超越，为无产阶级革命提供了科学指南。

———————

① 《马克思恩格斯全集》，中文 1 版，第 29 卷，人民出版社 1972 年版，第 219 页。

② 后来恩格斯根据马克思的手稿于 1885 年和 1894 年整理出版了《资本论》第二卷和第三卷，而《剩余价值学说史》则由考茨基于 1905—1910 年分三册出版。至此，四卷本的《资本论》才得以全部问世。

③ 《马克思恩格斯全集》，中文 2 版，第 44 卷，人民出版社 2001 年版，第 8、10页。

二、《资本论》写作计划的调整过程与理论反思

从《大纲》到《资本论》第一卷第 1 版的出版，经过了十年时间，期间，马克思反复调整了《资本论》的写作计划。那么，这些调整都经过了哪些阶段呢？为什么他会反复调整他的写作计划呢？

针对这些问题，罗斯多尔斯基在《马克思〈资本论〉的形成》中给出了解答。他指出，在《大纲》中，马克思首先提出了"六册结构"计划：第一分册《资本》，第二分册《土地所有制》，第三分册《雇佣劳动》，第四分册《国家》，第五分册《对外贸易》，第六分册《世界市场和危机》。① 这一结构计划在 1858 年 2 月 22 日致拉萨尔的通信中进一步明确化了——这些内容还出现在他于同年 4 月 2 日致恩格斯、次年 2 月 1 日致魏德迈的通信中，即(1)资本，(2)土地所有权，(3)雇佣劳动，(4)国家，(5)对外贸易，(6)世界市场和危机；其中第一册"资本"又分为：(1)资本一般，(2)竞争，(3)信用制度，(4)股份资本。② 但随着研究工作的深入，马克思又改变了这一分篇计划。在 1866 年 10 月 13 日给库格曼的信中，马克思提到《资本论》的最后成熟的结构形式，即"三卷四册结构"："我的情况……迫使我只好先出版第一卷，而不是象我起初设想的那样两卷一起出版。而且现在看来总共可能有三卷。全部著作分为以下几部分：**第一册：资本的生产过程。第二册：资本的流通过程。第三册：总过程的各种形式。第四册：理论史。**第一卷包括头两册。我想把第三册编作第

---

① 参见[德]罗斯多尔斯基：《马克思〈资本论〉的形成》，山东人民出版社 1992 年版，第 12—13 页。

② 参见《马克思恩格斯〈资本论〉书信集》，人民出版社 1976 年版，第 124、131 页。

二卷，第四册编作第三卷。"①至此，《资本论》的结构计划已经完全成熟，并于 1867 年出版的《资本论》第一卷"第一版序言"中明确地表达了出来。② 罗斯多尔斯基认为，从"六册结构"到"三卷四册结构"的演变，是马克思从初步探讨到最后成熟的过程，这种转变发生于 1864 至 1865 年间，而转变的方法论依据则是从抽象上升到具体的方法。

针对这一解释，我以为，罗斯多尔斯基忽略了一个重要问题：确切而言，《大纲》提出来的并不是罗斯多尔斯基所说的"六册结构"计划，而是"五篇结构"："(1)一般的抽象的规定"；"(2)形成资产阶级社会内部结构并且成为基本阶级的依据的范畴。资本、雇佣劳动、土地所有制"；"(3)资产阶级社会在国家形式上的概括"；"(4)生产的国际关系"；"(5)世界市场和危机"。③ 这与后面的"六册结构"计划还存在一些差异。可以说，"五篇结构"更加接近于马克思自己的最初研究思路，也就是说：首先从生产方式的一般抽象规定性出发，在生产过程的分析中说明资产阶级社会的"内部结构"，资本、雇佣劳动和土地所有权，这是资产阶级社会三大阶级的基础，也是政治经济学分析的收入的三种源泉（分别对应利润、工资和地租），在此基础上进一步考察国家、国际贸易和世界市场与危机。因此，如果要分册的话，应当是"五篇七册"，而非"六册"。这种"五篇结构"计划在本手稿的《货币章》中又被重新提了出来。④

① 参见《马克思恩格斯〈资本论〉书信集》，人民出版社 1976 年版，第 204 页。
② 参见《马克思恩格斯全集》，中文 2 版，第 44 卷，人民出版社 2001 年版，第 13 页。
③ 参见《马克思恩格斯全集》，中文 2 版，第 30 卷，人民出版社 1995 年版，第 50 页。
④ 同上书，第 180—181 页。

但在完成《货币章》，进入《资本章》的写作时，马克思有意识地改变了"五篇结构"计划，提出了模糊版的"六册结构"计划：首先是资本一般，"在资本之后可以考察土地所有制。然后考察雇佣劳动……然后是国家……国家对外：殖民地。对外贸易。汇率。货币作为国际铸币。——最后，世界市场。资产阶级社会越出国家的界限。危机。以交换价值为基础的生产方式和社会形式的解体。"①这一计划在 1858 年 2 月 22 日马克思致拉萨尔的信、1858 年 4 月 2 日致恩格斯的信和 1859 年 2 月 1 日致魏德迈的信中明确地表达了出来，这也是 1859 年出版《政治经济学批判。第一分册》时所依据的结构计划。② 对照"五篇结构"计划，可以发现，开头的抽象理论部分，已转化为"资本"分册中对"资本一般"的考察；接下来的土地所有权和雇佣劳动则是"生产内部结构"的其他两部分；"国家"、"对外贸易"和"世界市场和危机"三册则基本同于后三篇。这个计划最重要的改变在于抽象理论部分的消失和"资本一般"的出现。可以说，这是马克思理论研究取得重大进步的结果。通过对资本主义生产方式的研究，马克思发现，单独把一般的抽象规定剥离出来在一定程度上是不合理的，因为资本主义生产方式的根基就是资本本身，这恰恰是与"资本一般"融合在一起的，这正是马克思将"五篇结构"调整为"六册结构"的重要原因。显然，罗斯多尔斯基没有看到这一点。后面，随着马克思经济学研究的不断深入，马克思渐渐意识

① 《马克思恩格斯全集》，中文 2 版，第 30 卷，人民出版社 1995 年版，第 220—221 页。

② 参见《马克思恩格斯全集》，中文 2 版，第 31 卷，人民出版社 1998 年版，第 411 页。

到，资本一般仍是一个抽象的概念，需要在具体的语境中专门讨论，比如生产资本、商业资本和银行资本，它们所对应的范围是不一样的，生产资本属于生产过程，商业资本属于流通过程，而银行资本则属于利息的范畴，因此，必须要结合具体形态逐一论述。这正是马克思后来放弃"资本一般"，采用生产、流通、总过程写作计划的原因。从这一角度而言，《资本论》"三卷四册结构"的形成，意味着马克思政治经济学批判理论的深化和发展。

三、《资本论》与《大纲》的文本关系

从《大纲》到《资本论》，马克思不仅在写作计划上做出了重大调整，而且在思想上也出现了诸多变化。因此，如何清晰剥离这种思想上的变化，准确把握《资本论》与前期手稿之间的文本关系，也是一项非常重要的工作。在此，笔者主要围绕《资本论》与《大纲》之间的文本关系展开分析。

在《马克思〈资本论〉的形成》中，罗斯多尔斯基以《资本论》为参照，系统阐发了《大纲》中的"新发现"，包括货币理论、剩余价值理论、资本积累、利润理论、再生产理论和资本主义危机理论等。这种做法固然强化了《大纲》和《资本论》之间的连续性，但也在一定程度上忽视了它们之间的思想差异，存在过渡诠释之嫌。也是在批判罗斯多尔斯基的基础上，奈格里提出了一种相反的解读思路，彻底否定《大纲》与《资本论》之间的连续性，将后者视为前者的一种历史倒退，进而将二者完全对立起来。实际上，他们只不过是一枚硬币的两面，都存在重要缺陷。我认为，真正的态度，应当是秉持思想史的发展脉络，真实再现从《大纲》到

《资本论》的思想发展过程，既不能以同质性为主导，否认二者之间的思想差异，也不能以异质性为轴心，过分抬高《大纲》，贬低《资本论》。在这里，为了便于读者把握这种差异，笔者只从整体上进行简要概括，在后续的章节中，我将进一步展开详细分析。具体而言：

（1）罗斯多尔斯基认为，在《大纲》中，马克思已经建立了成熟的相对剩余价值理论，并将协作、工场手工业和机器大工业，诠释为相对剩余价值生产的三种方式。① 实际上，这一判断是有问题的。在这一文本中，马克思的确提出了剩余价值生产的两种形式：绝对剩余价值和相对剩余价值，但在区分标准上，并不是后来《1861—1863 年经济学手稿》和《资本论》中的"社会生产力的发展形式"，而是固定资本和劳动机械化的发展程度。因此，在此时马克思看来，真正与相对剩余价值生产相适应的，只有机器大生产，而协作和工场手工业则是与绝对剩余价值生产相适应的形式。这一点可以从他的如下判断中得到明确印证："工场手工业所以取得这样较高的利润率，只是因为同时使用许多工人。所以能够获得较多的剩余时间，只是由于许多工人的剩余时间在对资本的关系上集合起来了。在工场手工业中，占优势的是绝对剩余时间，而不是相对剩余时间。"② 令人遗憾的是，罗斯多尔斯基虽然引用了这一段落，但他并没有真正理解这段话的真实内涵。

（2）根据罗斯多尔斯基的诠释，马克思在《大纲》中就已经建立了科学的形式从属和实际从属理论了，这一判断也是值得商榷的。劳动对资

---

① ［德］罗斯多尔斯基：《马克思〈资本论〉的形成》，山东人民出版社 1992 年版，第259 页。

② 《马克思恩格斯全集》，中文 2 版，第 30 卷，人民出版社 1995 年版，第 591 页。

本的形式从属和实际从属分别对应于绝对剩余价值和相对剩余价值，由于此时马克思在后一问题上还存在重要缺陷，这决定了他在前一问题上，必然无法达到科学的层次。这一点实际上是在《1861—1863年经济学手稿》中解决的。

（3）罗斯多尔斯基认为，在《大纲》中，马克思已经建立了相对成熟的利润率趋于下降规律。[①] 实际上，这也是不准确的。据实而言，此时马克思仅仅解决了古典政治经济学的第一个难题，即"资本和劳动的交换如何同'价值规律'相符合"的问题，还没有完全解决剩余价值与利润、地租等等之间的关系，更没有科学解决古典政治经济学所面临的第二个困难，即价值规律同平均利润学说之间的矛盾问题。换言之，此时他并没有科学揭示一般利润率的形成机制，解决价值向生产价格的转形问题，最为明显的例证就是，此时他完全混淆了价值和生产价格，直接将二者等同了起来。[②] 因此，在《大纲》中，马克思的确提出了"利润率趋于下降规律"，但不得不承认，这里的"利润率"与后来《资本论》第三卷中所论述的"一般利润率"还存在重要差异，因此，决不能将这里的"利润率下降规律"直接等同于后来的"一般利润率趋于下降规律"。

（4）在社会总资本再生产理论上，也是如此。在《大纲》中，马克思对狭义再生产——资本主义直接生产过程的再生产——的理解，已经达

---

① 参见［德］罗斯多尔斯基：《马克思〈资本论〉的形成》，山东人民出版社1992年版，第259页。

② 参见《马克思恩格斯全集》，中文2版，第31卷，人民出版社1998年版，第630页注19。

到了科学层次，认为资本主义狭义再生产过程不仅是使用价值和交换价值的再生产过程，而且也是剩余价值的再生产过程，更是生产关系的再生产过程，后者要比一切物质结果都更为重要。然而，在广义再生产即社会总资本的再生产上，马克思还存在明显不足。一方面，虽然此时他在剩余价值理论的基础上科学界定了不变资本和可变资本范畴，但是他还没有真正克服"斯密教条"的影响。他在为李嘉图辩护时指出："人们指责李嘉图，说他只把利润和工资看作生产费用的必要组成部分，而不把原料和工具中包含的资本部分也看作生产费用的必要组成部分，这种指责是十分愚蠢的。既然原料和工具中的原有价值只是被保存，所以就不会形成新的生产费用。至于谈到这些原有价值本身，那么它们又全部归结为对象化劳动——必要劳动和剩余劳动——工资和利润。"①以此来看，马克思还是像斯密那样把不变资本分解为"v+m"，把生产费用界定为"v+m"，这样就把不变资本部分从生产费用中隔离出去了，这与他后面关于生产费用的理解存在本质区别。从这种教条出发，是不可能建立科学的广义再生产理论的。另一方面，此时马克思仍然局限于斯密的"实业家与实业家之间贸易"（资本与资本之间贸易）和"实业家与消费者之间贸易"（资本与收入之间贸易）的二元划分②，显然这种划分是无法涵盖两个部类之间所有流通过程的，犹如马克思后来评论的那样："'实业家'和'消费者'的说法也是不对的，因为实业家——生产资本

---

① 《马克思恩格斯全集》，中文 2 版，第 30 卷，人民出版社 1995 年版，第 334 页。

② 《马克思恩格斯全集》，中文 2 版，第 31 卷，人民出版社 1998 年版，第 28、70、130 页。

家——在上述交换中同时表现为最终'消费者'。"①以此来看，此时马克思还没有厘清社会总资本的流通过程，因而更不可能建立科学的广义再生产理论。

(5)在资本主义崩溃理论上，罗斯多尔斯基认为，与《资本论》相比，《大纲》提供了一个更为详尽、更为丰富的论证。② 这一判断固然正确，但问题在于，他并没有认识到《大纲》在论证逻辑上还存在不足。在这一手稿中，马克思断言，随着机器大生产和一般智力的普遍发展，直接劳动在资本主义生产过程中的作用将逐渐下降，一旦达到一定点后，资本主义的劳动价值论将会趋于崩溃，届时，以交换价值生产为基础的资产阶级制度将会趋于解体。实际上，此时马克思的这一判断还存在重大缺陷：他完全是基于直接劳动而不是后来的劳动二重性理论，来论证机器大生产所引发的内在矛盾的，进而将由一般智力和社会生产力的发展所导致的直接劳动作用的下降，视为对劳动价值论和资本主义生产制度的威胁，这显然是有问题的。在《资本论》中，马克思已清楚地认识到，一般智力和直接劳动的分离，不仅不会导致交换价值生产制度的崩溃，而且还会进一步强化这种生产机制；同样，机器大工业也决不是资本主义崩溃的临界点，而是相对剩余价值生产的进一步完善。就此而言，与《资本论》相比，《大纲》中的资本主义崩溃理论，显然还存在明显的理论缺陷，而罗斯多尔斯基恰恰没有认识到这一点。

(6)在危机理论上，罗斯多尔斯基同样忽视了二者之间的差异。实

---

① 《马克思恩格斯全集》，中文1版，第48卷，人民出版社1985年版，第226页。
② 参见[德]罗斯多尔斯基：《马克思〈资本论〉的形成》，山东人民出版社1992年版，第253页。

际上，从 1848 年的《共产党宣言》到《大纲》，马克思始终把经济危机当作资本主义灭亡的病理性标志，并在危机和无产阶级革命之间建立了直接的依赖关系。而在《资本论》中，马克思明确区分了两种不同的危机：剩余价值的生产危机和剩余价值的实现危机。此时他不再把经济危机当成资本主义灭亡的征兆，而是将其诠释为资本主义的发展周期，并力图立足于生产危机来诠释资本主义的内在界限，从而实现了对《大纲》的进一步发展。

对上述问题展开详细分析，不仅有利于我们准确把握《大纲》和《资本论》的理论思想，而且也有助于我们准确定位它们在马克思思想发展史上的历史地位，因此，对这些问题展开充分讨论，构成了本课题研究的重心之一。

四、《资本论》第 1 卷不同版本之间的思想修订问题

从德文第 1 版到德文第 2 版，再到法文版，马克思对《资本论》第一卷做了大量修订。① 那么，如何理解这些修订的意义呢？由于罗斯多尔斯基主要研究《大纲》，因此，这一问题并没有引起他的注意，但这并不是说这一问题不重要。在此，笔者就围绕这一问题展开探讨。

---

① 实际上，这里还涉及另一个问题，即如何看待恩格斯编辑的《资本论》第二、第三卷和马克思原稿之间的关系，这也是"政治经济学批判视域中的马克思恩格斯关系"问题。随着 MEGA2 第二部分即《资本论》及其手稿的出版（目前已全部出齐），这一问题在当代西方学界又引起了重要关注，形成了一些代表性的观点。关于这一问题的梳理，请参见本章第三节。

(一)德文第 1 版和第 2 版的修改问题①

针对这一问题，马克思在第二版跋中做了如下说明："第一章第一节更加科学而严密地从表现每个交换价值的等式的分析中引出了价值，而且明确地突出了在第一版中只是略略提到的价值实体和由社会必要劳动时间决定的价值量之间的联系。第一章第三节(价值形式)全部改写了，第一版的双重叙述就要求这样做……第一章最后一节《商品的拜物教性质及其秘密》大部分修改了。第三章第一节(价值尺度)作了仔细的修改，因为在第一版中，考虑到《政治经济学批判》(1859 年柏林版)已有的说明，这一节是写得不够细致的。第七章，特别是这一章的第二节，作了很大的修改。"②结合马克思的说明，再比较一下两个版本，可以得出以下几点认识：

(1)关于价值与交换价值的区分。在第 1 版中，马克思虽然意识到二者之间存在·定的差别，但他并没有认真剥离这种区别。在大部分的段落中，他都是将价值等同于交换价值，并且特意加了一个注释来说明这一点："如果我们以后对'价值'这个词不作进一步的规定，那就总是指交换价值。"③因此，马克思并没有严格地从交换价值的等式中引出价值，而是相反，力图从价值概念中引出价值形式，"证明价值形式产生

---

① 除了篇章结构的调整之外，马克思在文字表述、段落安排和思想方面都做了较多修改和完善，《资本论》第 1 卷德文第 1 版的中译本，都一一作了说明(参见马克思：《资本论》第 1 卷德文第 1 版，经济科学出版社 1987 年版)。在此，笔者不再面面俱到，而是重点分析这种修改的理论意义。

② 《马克思恩格斯全集》，中文 2 版，第 44 卷，人民出版社 2001 年版，第 14 页。

③ 马克思：《资本论》第 1 卷德文第 1 版，经济科学出版社 1987 年版，第 12 页注释(9)。

于价值概念"①。而在第 2 版中，这种阐述逻辑发生了重要变化，"我们实际上也是从商品的交换价值或交换关系出发，才探索到隐藏在其中的商品价值"②。在这里，他明确区分了交换价值和价值，并对二者的关系作了科学说明：价值是内在属性，而交换价值只不过是它的外在表现形式，因此，严格说来，商品并不是使用价值与交换价值的统一，而是使用价值与价值的统一。于是，在第 2 版中，马克思加了一段非常重要的话："在本章的开头，我们曾经依照通常的说法，说商品是使用价值和交换价值，严格说来，这是不对的。商品是使用价值或使用物品和'价值'。"③以此来看，这一修改为我们准确理解马克思价值理论的科学内涵，提供了重要支撑。

（2）关于劳动二重性的理解。在第 1 版中，马克思确实只是略微提到了价值实体和价值量之间的联系，在第 2 版中，结合他对价值与交换价值的新理解，他对这部分内容做了进一步的修订，同时也完善了他关于劳动二重性的理解。后一理论初步形成于《大纲》，在 1859 年《政治经济学批判。第一分册》中得到公开阐述，经过《1861—1863 年经济学手稿》，最终在《资本论》第一卷第 1 版中再次得到公开表述。在这一著作中，马克思指出："从以上的论述可以看出，在商品中不是包含着两种不同的劳动，而是**同一**劳动看它是同作为它的**产品**的商品**使用价值**相联系，还是同作为它的单纯**物化**表现的**商品价值**相联系，而得到不同的甚至对立的规定。正如商品首先必须是使用物品才能成为价值一样，劳动

① 马克思：《资本论》第 1 卷德文第 1 版，经济科学出版社 1987 年版，第 42 页。
② 《马克思恩格斯全集》，中文 2 版，第 44 卷，人民出版社 2001 年版，第 61 页。
③ 同上书，第 76 页。

首先必须是有用劳动，是有目的的生产活动，才能算作**人类劳动力的耗费**，从而算作**一般人类劳动**。"①以此来看，此时马克思是从单个劳动视角来理解劳动二重性的：从使用价值的角度看，每种劳动都是具体劳动，从价值的角度看，这个劳动则是一般人类劳动，因此，具体劳动和一般人类劳动决不是两种不同的劳动，而是同一个劳动的两种不同规定。但问题在于，如果说有用劳动本身就是一种具体劳动，它直接表现为单个的简单或复杂劳动，那么，形成价值的抽象劳动能够依据单个劳动界定吗？显然还不能这么说！即使单个劳动转化为无差别的一般人类劳动，它也不会直接形成这个商品的价值，更不会直接决定这个商品的价值量，因为单个商品的价值完全取决于整个社会生产商品的总体劳动，而它的价值量则取决于整个社会生产同种商品的社会必要劳动时间。从这个角度而言，抽象劳动决不是基于单个劳动界定的，也不是每个具体劳动的直接转化，而是整个人类劳动在社会生产中所呈现出来的一种无差别的客观总体。就此而言，具体劳动和抽象劳动决不是单个劳动的两个方面，而是人类总体劳动的两种不同规定，这也就解释了马克思为什么在第 1 版中没有细致探讨"价值实体和由社会必要劳动时间决定的价值量之间的联系"，因为从单个劳动入手，马克思还无法澄清它们之间的内在联系。若要更加准确地界定抽象劳动的科学内涵，全面揭示具体劳动与抽象劳动之间的辩证关系，就必须突破"单个劳动"的视角，以"人类总体劳动"为基础，这一点在第 2 版的修改中得到了明确体现："一切劳动，一方面是人类劳动力在生理学意义上的耗费；就相同

---

① 　马克思：《资本论》第 1 卷德文第 1 版，经济科学出版社 1987 年版，第 21 页。

的或抽象的人类劳动这个属性来说，它形成商品价值。一切劳动，另一方面是人类劳动力在特殊的有一定目的的形式上的耗费；就具体的有用的劳动这个属性来说，它生产使用价值。"①这种表述上的修订，反映了马克思劳动二重性理论的进一步完善和发展。

（3）关于"价值形式"的结构变化。比较两个版本，可以发现，第一章中变化最大的就是"价值形式"部分，用马克思的话来说，就是"第一章第三节（价值形式）全部改写了"。在这两个版本中，总共存在三种"价值形式论"：

一是第 1 版正文中的"价值形式论"，马克思列出了四种形式②，原文如下：

（a）第一种或简单的相对价值形式：20 码麻布＝1 件上衣（X 量商品 A＝Y 量商品 B）

（b）第二种或扩大的相对价值形式：20 码麻布＝1 件上衣，或＝U 量咖啡，或＝V 量茶叶，或＝X 量铁，或＝Y 量小麦，或＝其他等等；Z 量商品 A＝U 量商品 B，或＝V 量商品 C，或＝W 量商品 D，或＝X 量商品 E，或＝Y 量商品 F，或＝其他等等

---

① 《马克思恩格斯全集》，中文 2 版，第 44 卷，人民出版社 2001 年版，第 60 页。关于这段论述，国外学界存在一种解释，认为马克思的抽象劳动实际上是根据生理学进行界定的，因而是一种自然主义的经验或知性抽象，与后面所理解的那种经社会中介而建构起来的客观抽象劳动存在本质矛盾。针对这一观点，日本学者广松涉做出了尖锐批判。参见［日］广松涉：《资本论的哲学》，邓习议译，南京大学出版社 2013 年版，第 121—125、168—170、309—312 页。

② 马克思：《资本论》第 1 卷德文第 1 版，经济科学出版社 1987 年版，第 23—24、32、33—34、41—42 页。

(c)第三种，即相反的或倒转过来的第二种相对价值形式：1件上衣＝20码麻布；U量咖啡＝20码麻布；V量茶叶＝20码麻布；X量铁＝20码麻布；Y量小麦＝20码麻布；其他等等＝20码麻布

(d)第四种形式：20码麻布＝1件上衣，或＝U量咖啡，或＝V量茶叶，或＝X量铁，或＝Y量小麦，或＝其他等等；1件上衣＝20码麻布，或＝U量咖啡，或＝V量茶叶，或＝X量铁，或＝Y量小麦，或＝其他等等；U量咖啡＝20码麻布，或＝1件上衣，或＝V量茶叶，或＝X量铁，或＝Y量小麦，或＝其他等等

二是第1版"附录"中的"价值形式论"①，结构如下：

(a)简单的价值形式

(b)总和的或扩大的价值形式

(c)一般价值形式

(d)货币形式

三是第2版正文中的"价值形式论"②，结构如下：

(a)简单的、个别的或偶然的价值形式

(b)总和的或扩大的价值形式

(c)一般价值形式

(d)货币形式

通过比较，可以发现，第1版附录和第2版正文中的"价值形式

① 马克思：《资本论》第1卷德文第1版，经济科学出版社1987年版，第752、768、771、776页。

② 《马克思恩格斯全集》，中文2版，第44卷，人民出版社2001年版，第62、78、81、86页。

论",是内在一致的,这也表明,马克思在修改第 2 版时,是按照附录的思路进行的。那么,重点在于,如何理解第 1 版正文和第 2 版正文中的"价值形式论"之间的差异呢? 在这一问题上,存在两种针锋相对的观点:广松涉认为,虽然二者存在一定的差异,但在总体上,"含有附录的初版,从基本结构来看,可以认为与再版的理论机制是一致的"①;与此相对,田中史郎则认为,这种修改反映了两种不同的思路:第 1 版正文中的"价值形式论"根本引不出货币形式,后者的出场是在"交换过程论"中完成的;而第 2 版的修改则表明,马克思放弃了原来的思路,实现了货币引出逻辑的"方向性的变化,即从'交换过程论'转向了'价值形式论'。这样一来,'交换过程论'就变成了人体中的'盲肠'之类的东西"②。基于此,田中史郎批判了广松涉,认为这种修改决不是内在一致的,而是两种完全不同的异质逻辑,由此引出了"两个马克思,即旧版马克思和新版马克思"③的对立。

我认为,这两种观点都是值得商榷的。在第 1 版正文中,"价值形式论"的主要功能是证明价值形式产生于价值概念,从马克思列出的四种形式来看,他出色地完成了这一任务。而到了第 2 版中,马克思的理论目标发生了重要变化,此时他不再满足于价值与价值形式的关系问题,而是要从逻辑上说明货币形式的起源。"在这里(指价值形式部

---

① [日]广松涉:《资本论的哲学》,邓习议译,南京大学出版社 2013 年版,第 88 页。

② [日]田中史郎:《读广松涉〈资本论的哲学〉——以价值形态论为中心》,见《社会批判理论纪事》第 1 辑,中央编译出版社 2006 年版,第 91 页。

③ 同上书,第 92 页。

分——引者注），我们要做资产阶级经济学从来没有打算做的事情：指明这种货币形式的起源，就是说，探讨商品价值关系中包含的价值表现，怎样从最简单的最不显眼的样子一直发展到炫目的货币形式。这样，货币的谜就会随着消失。"①从这一目标来看，第1版正文中的"价值形式论"显然是无法完成这一任务的：第四种形式只不过是扩大化了的第二种形式，它根本引不出货币形态。从这个角度而言，广松涉将两版逻辑理解为内在一致的，确实存在不妥之处，必须看到它们在货币引出逻辑上的差异；但这决不意味着二者是根本对立的，更不能由此引出"两个马克思"的对立。田中史郎的问题在于，他曲解了第2版正文中的"价值形式论"与"交换过程论"的内在关系。实际上，前者是要从逻辑上说明货币形式的起源，而后者则是从历史的角度阐述货币的发生史，二者在本质上是内在一致的，即逻辑与历史的辩证统一，而不是田中史郎所说的相互对立、此消彼长的过程。

（4）关于拜物教的理解。马克思说这部分做了大量修改，那么，这表现在什么地方呢？

第一，更加明确地揭示了拜物教范畴的比喻性质，从根本上阐述了它的双重内涵：不仅是观念拜物教，更是资本主义生产的客观机制。在第2版中，马克思指出："商品形式和它借以得到表现的劳动产品的价值关系，是同劳动产品的物理性质以及由此产生的物的关系完全无关的。这只是人们自己的一定的社会关系，但它在人们面前采取了物与物的关系的虚幻形式。因此，要找一个**比喻**，我们就得逃到宗教世界的幻

---

① 《马克思恩格斯全集》，中文2版，第44卷，人民出版社2001年版，第62页。

境中去。在那里，人脑的产物表现为赋有生命的、彼此发生关系并同人发生关系的独立存在的东西。在商品世界里，人手的产物也是这样。我把这叫作拜物教。劳动产品一旦作为商品来生产，就带上拜物教性质，因此拜物教是同商品生产分不开的。"①这种明确的定性分析在第 1 版正文中是不存在的，它再次表明：拜物教是与资本主义生产密不可分的，只要后者存在，拜物教就必然存在。

第二，明确提出了"后思索法"，力图基于货币形式重新审视商品拜物教。在第 1 版正文中，马克思主要是从价值形式入手来诠释商品拜物教的秘密的，他指出："最后，至于价值形式，那么这种形式恰恰是用物的形式掩盖了私人劳动者的社会关系及私人劳动的社会规定，而不是把它们揭示出来。"②由于第 1 版正文中的"价值形式论"缺少货币形式，因此，当他通过前者来分析商品拜物教时，显然是不包含货币形式在内的，虽然"这丝毫不改变问题的性质"③，但在论证的力度上还是存在差别的。在第 2 版中，随着"价值形式论"的完善，马克思重新阐述了这一问题。他补充到："对人类生活形式的思索，从而对这些形式的科学分析，总是采取同实际发展相反的道路。这种思索是从事后开始的，就是说，是从发展过程的完成的结果开始的。给劳动产品打上商品烙印、因而成为商品流通的前提的那些形式，在人们试图了解它们的内容而不是了解它们的历史性质（这些形式在人们看来已经是不变的了）以前，就已

① 《马克思恩格斯全集》，中文 2 版，第 44 卷，人民出版社 2001 年版，第 89—90 页。

② 马克思：《资本论》第 1 卷德文第 1 版，经济科学出版社 1987 年版，第 47 页。

③ 《马克思恩格斯全集》，中文 2 版，第 44 卷，人民出版社 2001 年版，第 93 页。

经取得了社会生活的自然形式的固定性。因此，只有商品价格的分析才导致价值量的决定，只有商品共同的货币表现才导致商品的价值性质的确定。"①换言之，作为一种客观的历史现象，商品拜物教早就出现了，但人们对它的思考和反思，恰恰是在事后进行的，"是从发展过程的完成的结果开始的"。而作为价值形式的最后产物，货币形式恰恰就是这种事后反思的基础。因此，在修改第 2 版的过程中，马克思意识到，不能只停留在价值形式上，还必须从货币形式入手来审视商品拜物教，于是，上述段落被修改为："正是商品世界的这个完成的形式——货币形式，用物的形式掩盖了私人劳动的社会性质以及私人劳动者的社会关系，而不是把它们揭示出来。"②这种修改在一定程度上完善了他对商品拜物教的分析。

　　第三，为货币拜物教的出场提供了逻辑论证。在第 1 版正文中，由于"价值形式论"的缺陷，马克思没有说明货币形式的出场逻辑，因而也没有揭示货币形式的秘密，这些内容都是在"交换过程论"中完成的。因此，当他在"商品"一节中，谈到比较具体的拜物教形式时，并没有想到货币，而是直接转向了"资本"："商品形式作为资产阶级生产的最一般的和最不发达的形式……还比较容易看穿。但是比较具体的形式，例如**资本**怎样呢？古典经济学家的拜物教在这里是最明显的。"③而货币形式的出场，恰恰为货币拜物教的出现提供了逻辑论证："因为商品形式是资产阶级生产的最一般的和最不发达的形式……所以，它的拜物教性质

---

① 《马克思恩格斯全集》，中文 2 版，第 44 卷，人民出版社 2001 年版，第 93 页。
② 同上书，第 93 页。
③ 马克思：《资本论》第 1 卷德文第 1 版，经济科学出版社 1987 年版，第 50 页。

显得还比较容易看穿。但是在比较具体的形式中，连这种简单性的外观也消失了。货币主义的幻觉是从哪里来的呢？是由于货币主义没有看出：金银作为货币代表一种社会生产关系，不过这种关系采取了一种具有奇特的社会属性的自然物的形式。而蔑视货币主义的现代经济学，当它考察资本时，它的拜物教不是也很明显吗？"①就此而言，第2版不论在逻辑上还是结构上，都进一步完善了第1版正文的论述。

当然了，在第三章第一节、第七章第二节以及其他部分，马克思也都做了大量修改，完善了他关于价值尺度和产品价值的分析。

(二)第1卷德文第2版和法文版的修订问题

针对法文版的修订工作，马克思说道："在担负校正工作后，我就感到作为依据的原本(德文第2版)应当作一些修改，有些论述要简化，另一些要加以完善，一些补充的历史材料或统计材料要加进去，一些批判性评注要增加，等等。不管这个法文版本有怎样的文字上的缺点，它仍然在原本之外有独立的科学价值，甚至对懂德语的读者也有参考价值。"②那么，这种"独立的科学价值"体现在哪些方面呢？针对这一问题，《法文版〈资本论〉介绍》③分别从篇章结构、术语、段落调整、每一章节的具体修改等多个方面，对法文版做了全景式的介绍和研究。在此，笔者主要基于课题的研究需要，强调以下三个方面的修改意义：

第一，如何定位《资本论》中的资本主义起源理论？在后来的发展

---

① 《马克思恩格斯全集》，中文2版，第44卷，人民出版社2001年版，第100—101页。

② 马克思：《资本论》第1卷法文版，中国社会科学出版社1983年版，第839页。

③ 张钟朴、冯文光：《法文版〈资本论〉介绍》，中国社会科学出版社1984年版。

中，以米海洛夫斯基为代表的一些人把《资本论》中的资本主义起源理论（原始积累），说成是一切民族都必须经过的道路；而以巴兰、吉登斯、鲍德里亚等为代表的其他学者则以此为由，批判马克思是一个典型的欧洲中心主义者。实际上，所有这些都是建立在对"原始积累理论"的错误理解之上的。在法文版中，马克思明确指出："全部过程的基础是对农民的剥夺。这种剥夺只是在英国才彻底完成了⋯⋯但是，西欧的其他一切国家都正在经历着同样的运动，虽然因环境不同而具有不同的地域色彩，或者局限在较窄的范围内，或者特征不是那么明显，或者过程的顺序不同。"①以此来看，马克思将以原始积累为代表的资本主义起源道路，严格地限定在西欧，后来他在《给维·伊·查苏利奇的信》中，专门引用了法文版的这段话，用于反驳米海洛夫斯基。根据这一修改，我们可以得出三点结论：其一，以原始积累为代表的资本主义起源模式主要局限于西欧，决不能将它放大为一切民族国家都必须要走的历史发展道路。其二，西欧模式只是资本主义道路的一种，除此之外，还存在其他模式的资本主义道路，决不能将西欧模式视为资本主义的唯一模式。最后，马克思既批判了用西欧模式来套用其他民族国家的欧洲中心主义，也反对将资本主义视为西欧专利的欧洲中心主义，从这个角度来看，说马克思是一位欧洲中心主义者，那才是学术史上的一桩冤案。以此来看，在关于"原始积累"的历史定位上，法文版《资本论》无疑是最准确的，因而也具有着不可替代的历史价值。

第二，如何理解亚细亚生产方式？综观国内外学界，可以发现，亚

---

① 马克思：《资本论》第 1 卷法文版，中国社会科学出版社 1983 年版，第 770 页。

细亚生产方式理论引起了太多的争论。什么是亚细亚生产方式？它是原始社会还是奴隶社会？它与古代社会又存在什么关系？关于这些问题的解答，不仅关系到马克思东方社会发展理论的实质，而且也涉及对他的"经济的社会形态"理论及其演进过程的理解。通过对法文版的研究，能够为我们解答这些问题提供有益启示。比如，在德文第 2 版中，马克思曾指出："在中国和印度，直到现在还存在着这种工业的两种不同的**古亚细亚的形式**。"①而在法文版中，这段话则被改为："在中国和印度，仍然存在着这种工业的不同的**原始形式**。"②再比如，德文第 2 版写到："**在古亚细亚的、古代的等等生产方式下**，产品转化为商品、从而人作为商品生产者而存在的现象，处于从属地位，但是共同体越是走向没落阶段，这种现象就越是重要……这些古老的社会生产有机体比资产阶级的社会生产有机体简单明了得多，但它们或者以个人尚未成熟，尚未脱掉同**其他人的自然血缘联系**的脐带为基础，或者以**直接的统治和服从的关系**为基础。"③而在法文版中，这段话被修改为："**在古亚细亚的，一般说来古代世界的生产方式下**，产品变为商品，只起从属的作用，但是随着共同体接近解体，这种作用越来越重要……这些古老的社会机体在生产方面比资产阶级社会简单明了得多；但它们或者以个人——可以说历史尚未隔断把他同**原始部落的天然共同体**联系在一起的脐带——尚未

---

① 《马克思恩格斯全集》，中文 2 版，第 44 卷，人民出版社 2001 年版，第 438 页。强调为引者加。

② 马克思：《资本论》第 1 卷法文版，中国社会科学出版社 1983 年版，第 384 页。强调为引者加。

③ 《马克思恩格斯全集》，中文 2 版，第 44 卷，人民出版社 2001 年版，第 97 页。强调为引者加。

成熟为基础，或者以**专制制度和奴隶制度的条件**为基础。"①这些修改至少能够为我们理解亚细亚生产方式的内涵及其与古代社会的关系提供有益思考。

最后，如何理解"重建个人所有制"？柯亨认为，虽然马克思极力批判自由主义，但在最终归宿上，他与自由主义殊途同归：所谓的重建个人所有制，实际上，就是重新回到自由主义所主张的自我所有权，而他所畅想的未来社会，就是自我所有权的真正实现。在这一语境中，柯亨实际上把"重建个人所有制"直接理解为"重建个人私有制"了。另一方面，这里的"个人所有制"到底指什么？是生产资料个人所有，还是生活资料个人所有？或者是其他形式的个人所有？围绕这些问题，国内外学界也一直争论不休。但法文版的修改至少能够为我们理解这些问题提供新的线索。譬如，在德文第 2 版中，马克思指出："从资本主义生产方式产生的资本主义占有方式，从而资本主义的私有制，是对个人的、以自己劳动为基础的私有制的第一个否定。但资本主义生产由于自然过程的必然性，造成了对自身的否定。这是否定的否定。这种否定不是重新建立私有制，而是在资本主义时代的成就的基础上，也就是说，在协作和对**土地及靠劳动本身生产的生产资料的共同占有的**基础上，重新建立**个人所有制**。以个人自己劳动为基础的分散的私有制转化为资本主义私有制，同事实上已经以**社会的生产经营**为基础的资本主义所有制转化为

---

① 马克思：《资本论》第 1 卷法文版，中国社会科学出版社 1983 年版，第 59 页。强调为引者加。

社会所有制比较起来，自然是一个长久得多、艰苦得多、困难得多的过程。"①而在法文版中，这段话被修改为："同资本主义生产方式相适应的资本主义占有，是这种仅仅作为独立的个体劳动的必然结果的私有制的第一个否定。但是，资本主义生产本身由于自然变化的必然性，造成了对自身的否定。这是否定的否定。这种否定不是重新建立劳动者的私有制，而是在资本主义时代的成就的基础上，**在协作和共同占有包括土地在内的一切生产资料的基础**上，重新建立**劳动者的个人所有制**。当然，作为个人劳动的目的的分散的私有制转化为资本主义私有制，同事实上已经以**集体生产方式**为基础的资本主义所有制转化为**公有制**比较起来，必然有更长的时间、更多的努力和痛苦。"②在后续的章节中，笔者将重新回到这些问题上来。

第二节 《资本论》形象的百年变迁及其当代反思

《资本论》形象的历史演变是我们理解马克思主义发展史的一个重要风向标，它在西方的命运沉浮，从一个侧面反映了资本主义的现实演变以及马克思主义逻辑发展的内在变迁。因此，在此背景下，系统梳理《资本论》形象的百年变迁，无疑会有助于我们完整把握和理解马克思主

---

① 《马克思恩格斯全集》，中文 2 版，第 44 卷，人民出版社 2001 年版，第 874 页。强调为引者加。

② 马克思：《资本论》第 1 卷法文版，中国社会科学出版社 1983 年版，第 826 页。强调为引者加。

义发展的总体逻辑，全面反思西方学界对马克思《资本论》理解的历史得失，从而为我们进一步挖掘《资本论》的当下意义，构建具有中国特色的马克思主义自主叙事范式提供有益借鉴。

一、从"工人阶级的圣经"到"失效的旧约"：《资本论》政治形象的演变

《资本论》是马克思一生智慧的科学结晶，它在工人运动史上具有着无比辉煌的历史价值。它的出现，对无产阶级革命的继续发展以及世界无产阶级革命意识的形成，产生了不可磨灭的影响。然而，《资本论》并不是一出版就立即成为无产阶级解放的强大武器，相反，这种政治形象的建构是与当时无产阶级革命实践需要紧密联系在一起的。

在第一国际成立（1864）之初，工人虽然已经具备了一定的斗争经验，成立了一些工会组织，但他们在指导思想和政治策略上显然还不成熟，陷入到各种宗派主义和改良主义之中，根本无法适应当时工人阶级斗争的需要。首先，在理论上，他们缺乏统一的科学指导：在英国工人中居于统治地位的是自由派工联主义，他们认为单纯地通过合作发展运动，就能彻底改变工人阶级状况；在法国、比利时居于支配地位的是蒲鲁东主义，他们反对武装斗争，主张通过和平的方式过渡到没有剥削的小生产社会，这种思想是一种典型的小资产阶级的改良主义道路；而在德国，占主导地位的是拉萨尔主义，大肆宣扬命定论，鼓吹和平长入"自由国家"的改良路径。这些理论完全缺乏对资本主义社会的科学分析，根本无法为无产阶级革命提供内在的科学依据。其次，在政治纲领上，第一国际也缺乏统一的理论指导，它们对无产阶级的历史使命以及

斗争策略，都缺乏科学的认知，纷纷陷入到改良主义和折衷主义的窠臼之中，对工人的政治运动产生了极为消极的影响。

在这种情况下，《资本论》第1卷(1867)的出版，恰恰迎合了当时政治斗争的需要，犹如恩格斯评价的那样："自地球上有资本家和工人以来，没有一本书像我们面前这本书那样，对于工人具有如此重要的意义。"①。总体来看，《资本论》的作用体现在以下三个方面：首先，《资本论》为工人阶级的日常斗争提供了科学依据。当时，工人最为关心的是"工作日、工资以及资本主义制度下机器的应用"②等问题，而《资本论》恰恰为这些问题作出了科学解答，彻底驳倒了拉萨尔的"铁的工资规律"，为工人阶级的日常斗争提供了科学依据。其次，《资本论》有力地清除了第一国际中的蒲鲁东主义和巴枯宁主义，为工人阶级的内部团结和思想统一奠定了理论基础。再次，随着《资本论》各种版本的出版和进一步传播，马克思主义逐渐在工人阶级中占据主导，为后面各国无产阶级政党的建立以及社会主义纲领的制定奠定了坚实的理论根基。也正是以此为由，第一国际著名活动家约翰·菲力浦·贝克尔将《资本论》誉为"工人阶级的圣经"，而梅林也将其称为"社会主义的圣经"③。

这一形象在后续的发展过程(1895年恩格斯逝世之前)中得到了进一步的强化与巩固。马克思逝世后，恩格斯作为战友继承了马克思遗愿，承担起《资本论》剩余卷的编辑出版工作，先后于1885年和1894年

---

① 《马克思恩格斯全集》，中文1版，第16卷，人民出版社1964年版，第263页。

② 苏共中央马克思列宁主义研究院编著：《围绕马克思〈资本论〉所进行的思想斗争史概论》，山东人民出版社1983年版，第63页。

③ 《马克思恩格斯全集》，中文2版，第44卷，人民出版社2001年版，第900页。

编辑出版了《资本论》第 2 卷和第 3 卷，完整再现了"工人阶级的政治经济学"的全貌，进一步巩固了《资本论》的政治形象。其次，随着《资本论》的广泛翻译与传播，马克思主义已经在工人阶级中占据主导，截止到 80 年代中后期，各国都相继成立了以马克思主义为指导思想的工人阶级政党和组织，并以马克思的经济学说为依据制定了社会主义革命纲领，进一步扩大了马克思学说的政治影响力，系统强化了《资本论》的这一形象。犹如恩格斯在《资本论》的英译版序言（1886）中描述的那样："《资本论》在大陆上常常被称为'工人阶级的圣经'。任何一个熟悉工人运动的人都不会否认：本书所作的结论日益成为伟大的工人阶级运动的基本原则。"①

然而，在恩格斯逝世之后，特别是随着第二国际修正主义的泛滥，《资本论》的政治形象出现了重大"分裂"，从而在社会主义工人运动内部撕开了一道裂缝，对《资本论》形象的建构产生了极为恶劣的影响。自 19 世纪 70 年代以来，资本主义在经济、政治、文化和社会结构方面都出现了重大变化，这与马克思《资本论》所揭示的情形出现了巨大反差，第二国际修正主义的"鼻祖"伯恩施坦正是以此为由，全面否定了马克思《资本论》的政治价值。首先，彻底否定了唯物史观和历史辩证法的科学意义，彻底阉割了《资本论》的合法性。其次，用资产阶级的"边际效用论"代替了马克思的劳动价值论，彻底颠覆了《资本论》的科学基石。最后，以资本主义的经济、社会结构的转型（由自由竞争资本主义转变为"有组织的资本主义"）为由，全面否定马克思主义的革命理论，宣扬"和

---

① 《马克思恩格斯全集》，中文 2 版，第 44 卷，人民出版社 2001 年版，第 34 页。

平长入资本主义"的改良主义道路，彻底解构了《资本论》的政治立场和党性原则。结果，原本作为工人阶级"圣经"的《资本论》，在伯恩施坦这里转变为一种错误的、失效的"假说"，《资本论》的经典形象被解构了。与此相对，第二国际的正统理论家虽然对伯恩施坦的修正主义作出了尖锐的批判和反击，但由于他们对《资本论》的理解存在着巨大的缺陷，这在一定程度上又削弱了《资本论》的政治形象。总之，第二国际内部正统主义与修正主义的对立，致使《资本论》在工人阶级中的政治形象开始分裂，由此挖开了一条反对《资本论》的理论堑壕，对后来的欧美左派经济学家产生了重大影响。

随着国际形势的巨大变化，特别是第二次世界大战之后，《资本论》在欧美工人阶级中的政治形象进一步萎缩。首先，第二次世界大战之后，发达资本主义国家进入黄金发展时期，欧美工人运动全面陷入低潮，致使《资本论》的政治影响力趋于衰退。其次，随着冷战的开始，马克思主义作为一种社会主义学说在欧美国家遭到了禁锢，全面斩断了《资本论》在工人阶级中的传播途径及其政治效应。再次，随着福特制资本主义的到来，资本主义的社会结构发生了巨大变化，原初的工人阶级逐渐转变为"白领"阶层，而资产阶级的统治策略也由原初的暴力统治转变为意识形态的全面渗透，从而实现了对工人日常生活和心理结构的全面殖民，使工人阶层逐渐成为资本主义制度的认同者，这也使得《资本论》的政治形象丧失了合法的阶级基础。

结果，在战后的欧美资本主义国家中，《资本论》的政治形象和历史地位也发生了巨大转变，由原初工人阶级的"圣经"转变为一种政治上失效的"旧约"，20 世纪 70、80 年代，欧洲众多工人阶级政党公开宣布放弃马克思主义，就是这一形象转变的有力证明。

二、从"科学的新大陆"到"虚构的伪书"：《资本论》学术形象的嬗变

马克思作为无产阶级革命家，其最根本的目的是要"为我们的党取得科学上的胜利"①，而《资本论》恰恰是这一目的的完美实现。在这一著作中，马克思从劳动力商品理论出发，创立了科学的剩余价值理论，揭示了资本主义灭亡的必然性，实现了由空想社会主义到科学社会主义的重大转变。从这种意义上来讲，《资本论》实现了阶级性与科学性、人道主义与客观历史分析的完美统一。然而，这一形象在其后的西方马克思主义和西方左派经济学那里，发生了内在分裂，建构出了不同的学术形象。

19世纪末20世纪初，西方资本主义实现了由自由竞争到垄断帝国主义的转变，从根基上进一步压缩了马克思主义和工人运动的生存空间。在帝国主义的强力镇压下，西欧无产阶级革命最终全面失败，也是在此背景下，西方马克思主义开始作为一种理论思潮登上了历史舞台。如安德森所言："西方马克思主义是第一次世界大战后欧洲资本主义先进地区无产阶级革命失败的产物，它是在社会主义理论和工人阶级实践之间愈益分离的情况下发展起来的。因此，整个西方马克思主义的隐蔽标志只是一个失败的产物而已。"②这一特征决定了早期西方马克思主义

---

① 《马克思恩格斯全集》，中文1版，第29卷，人民出版社1972年版，第554页。
② ［英］佩里·安德森：《西方马克思主义的探讨》，人民出版社1981年版，第58页。

对《资本论》形象的建构，必然会出现一个重大的撤退：由原初的政治实践演变为一种学术解读。而这种解读的逻辑起点恰恰是从反叛第二国际的经济决定论开始的。

第二国际时期，正统马克思主义虽然也强调《资本论》的科学形象，但由于他们方法论上的缺陷，致使他们根本无法准确把握《资本论》的科学内涵，最终陷入到经济决定论和实证主义的窠臼之中，淹没了《资本论》的批判性，沦为一种"人学的空场"。而列宁对阶级意识的强调以及十月革命的成功，恰恰为早期西方马克思主义重构《资本论》的学术形象提供了事实依据。青年卢卡奇正是以阶级意识为主线，上演了一部将《资本论》人本化的滑稽剧，建构了一条人本主义的解读路径。而葛兰西更是认为，十月革命颠覆了《资本论》的逻辑，将其标示为"反对《资本论》的胜利"，并由此出发，建构了一种以人本主义为后盾的文化霸权理论。从一定意义上来说，这种形象的翻转在学术史上具有非常重要的理论价值，恢复了《资本论》的内在批判性；然而，在一定程度上又走向了另一种极端，即把整个人类历史彻底意识形态化，抹杀了历史发展的客观规律，阉割了《资本论》的科学形象。

到了 20 世纪 30 年代，随着马克思大批早期著作的出版，特别是《1844 年经济学哲学手稿》的出版，对《资本论》的形象建构产生了重大影响。西方马克思学学者由此发掘了一个全新的马克思，即"人道主义的马克思"，并将其看作为马克思哲学发展的最高峰，由此制造了"两个马克思"的对立。结果，《资本论》等成熟时期的著作被指认是青年马克思的一种理论倒退，沦为一种"吃人不吐骨头"的"经济主义"。这种做法既没有看到二者之间的内在联系，也没有看到后者对前者的内在扬弃和发展，更没有科学把握后者所特有的人道主义意蕴，完全阉割了《资本论》的光辉形象，是对《资本论》的故意诋毁和谋杀。针对这种"对立论"，第二代西方马克思主义主要代表弗洛姆做出了重要反驳。他认为，《资本论》决不是对早期人本主义逻辑的遗弃，相反，而是它的进一步展开和延伸，二者在本质上是内在一致的。① 结果，《资本论》的人本主义化形象达到了登峰造极的地步。这种建构虽然强调了马克思前后期著作之间的学术联系，但却完全忽视了二者之间的本质差异，淹没了《资本论》特有的科学价值。同样，科西克虽然从哲学与经济学相结合的方法出发，深入挖掘了《资本论》的社会批判理论，在一定程度上恢复了《资本论》的"光辉形象"；然而，这种建构本身却是从海德格尔存在主义出发的，它在最终归宿上又陷入到抽象人本主义的窠臼之中，削弱了他对《资本论》精髓的科学把握。

以此来看，在《资本论》的形象建构上，从卢卡奇到弗洛姆的西方马克思主义基本上都是从抽象的人本主义立场出发来解读《资本论》的，他们在恢复《资本论》批判性的同时，又完全阉割了《资本论》的科学性，建构出了一种完全不同于第二国际和苏联马克思主义的人本化形象，在《资本论》的理解史上产生了重大影响，然而也带来了不少缺陷。

20 世纪 60 年代，为了反对这种人本主义的泛滥，捍卫马克思主义的科学性，在西方马克思主义内部兴起了一种与此相对的解读模式，即科学主义的马克思主义，他们率先扛起了反抗人本主义的大旗，由此，

---

① ［德］弗洛姆：《马克思关于人的概念》，见《西方学者论〈1844 年经济学哲学手稿〉》，复旦大学出版社 1983 年版，第 78 页。

实现了西方马克思主义逻辑发展的科学转向，建构出一种与人本主义相对的《资本论》形象。而这主要以法国哲学家阿尔都塞和意大利新实证主义哲学家德拉-沃尔佩、卢西奥·科莱蒂为代表。在阿尔都塞看来，马克思主义理论包含两部分：一是哲学，即辩证唯物主义；二是科学，即历史唯物主义。而《资本论》恰恰是二者的完美结合。他认为，只有在《资本论》中，才可以读到马克思真正的哲学①；同样，也只有在《资本论》中，才能真正发掘马克思的历史科学。② 这相对于人本主义的解读模式来看，无疑具有重大的理论意义。但是，我们也必须看到，这种解读本身仍具有内在不可克服的缺陷。首先，这一解读模式是建立在"认识论断裂"之上的，它虽然"恢复"了《资本论》的哲学和科学意义，但却完全忽视了前后期著作的连续性；其次，在建构路径上，阿尔都塞完全停留在认识论的层面上，直接将阶级斗争的历史转化为知识的历史，实现了《资本论》研究的知识论转向；再次，他从结构主义立场出发，走上了彻底反人道主义的道路，完全泯灭了《资本论》的人文意蕴，陷入到结构崇拜的漩涡之中。同样，德拉-沃尔佩和科莱蒂虽然也力图把《资本论》当作"科学"的典范，但在"科学"的理解上却又陷入到"自然科学"的崇拜之中，将其等同于伽利略的"实验物理学"，完全抹杀了《资本论》的阶级性和党性原则。

总体说来，西方马克思主义对《资本论》的形象建构基本上都停留在文化批判或知识论的层面上，这种解读线索无疑弥补了第二国际经济决

---

①　参见［法］阿尔都塞：《读〈资本论〉》，中央编译出版社 2001 年版，第 24 页。

②　参见［法］阿尔都塞：《列宁与哲学》，远流出版公司 1990 年版，第 75 页。

定论所留下的理论空白，在《资本论》的理解史上具有重大的理论意义。然而，这种形象建构的背后却隐含着一个不言而喻的前提，即传统固有的经济线索已无法成为《资本论》形象建构的主导线索，只有从文化批判或知识论层面才能真正建构《资本论》的内在形象。可以说，这一判断是值得讨论的。这一点在西方左派经济学那里得到了明显的印证。他们并没有沿着西方马克思主义文化批判的线索来重构《资本论》的形象，而是坚持从政治经济学批判的线索来挖掘《资本论》的科学内涵及其当代价值，由此建构了一种不同于西方马克思主义的《资本论》形象。

众多西方左派经济学家基本上都认为，《资本论》构成了马克思政治经济学批判的科学结晶，从经济线索或生产过程的内在矛盾出发来建构资本主义批判理论，这一点构成了《资本论》的内在精髓。但是，他们在《资本论》的有效性上又作出了明确限定，认为《资本论》仅仅适应于自由资本主义，随着当代资本主义的发展，《资本论》的核心理论已经全面过时。比如，保罗·斯威齐和保罗·巴兰认为，随着资本主义由自由竞争时代向垄断资本主义的过渡，《资本论》中的剩余价值理论已经全面失效，主张用"经济剩余"理论来全面取代马克思的剩余价值理论。比利时经济学家曼德尔也认为，在"晚期资本主义"时期，马克思的《资本论》已无法涵盖资本主义的最新变化，主张用"自主变量"理论来弥补马克思的《资本论》。再譬如，法国调节学派也直接抛弃了《资本论》的本质线索，主张从经验层面来重构《资本论》；而加拿大经济学家莱博维奇更是喊出了"超越《资本论》"的口号，力图在新时期建构一种全新的工人阶级的政治经济学。法国学者皮凯蒂更是基于实证分析，完成了《21 世纪资本论》，力图全面代替马克思的《资本论》。可以看出，在他们这里，《资本论》的学术形象已经发生了重大变化：它已经不再是一种顺应时代发展的历史科学，而是转变为一种只适应于自由资本主义的政治经济学，随着当代资本主义的演变和发展，《资本论》必将被超越和扬弃。

如果说在西方马克思主义和西方左派经济学那里，《资本论》还具有一定的正面形象的话，那么，到了后马克思主义这里，一切都被解构了。在他们看来，《资本论》的历史观和方法论仍然滞留在西方近代形而上学的思辨之中，进而将《资本论》判定为一部充满神话预言的虚构小说，结果，《资本论》的学术形象完全被颠覆了。意大利自治主义马克思主义学派认为，《大纲》才是马克思哲学思想发展的顶峰，而《资本论》只不过是这一手稿的历史倒退，是客体主义和形而上学的最后遮羞布，进而将《大纲》与《资本论》完全对立了起来，抹杀了后者的历史贡献。① 随着 MEGA2 第 2 部分的公开出版，这种形象解构变得更加彻底。在新MEGA 编委会（1990 年之后）看来，目前所通行的《资本论》都是经过恩格斯编辑定稿的：《资本论》第 1 卷的"通行版"是按照恩格斯最后编定的德文第四版刊印的，第 2、第 3 卷更是恩格斯在马克思遗稿基础上整理编辑的。这些编辑已经改变了马克思的原意，使《资本论》成为恩格斯中介过的"马克思思想"。也正以此为由，众多西方学者普遍断言"马克思撰写的三卷本《资本论》并不真正存在。三卷本只是编辑出来的版本"②。于是，他们主张，为了恢复马克思《资本论》的原初面貌，必须要去除恩格斯的一切编辑和修订，按照马克思的原初手稿的顺序，重新编辑《资

---

① 参见［意］奈格里：《〈大纲〉：超越马克思的马克思》，北京师范大学出版社 2011年版，第 37—38 页。

② ［意］理查德·贝洛菲尔等：《重读马克思》，东方出版社 2010 年版，第 121 页。

本论》，还原《资本论》特别是第 2、第 3 卷的真实面目。结果，原本作为
有机整体的《资本论》被还原为各不相关的独立手稿片断，实现了由"完
整著作"向"虚构伪书"的全面退化，完全消解了《资本论》在马克思主义
发展史上的历史地位。

可以说，《资本论》学术形象的历史变迁，并不仅仅是西方学术界理
论嬗变的逻辑产物，而且也是西方资本主义现实发展和演变的客观产
物。因此，系统梳理《资本论》学术形象的演变，不仅有助于我们清晰把
握西方马克思主义和西方左派经济学发展的内在逻辑，而且也能够为我
们全面剖析当代资本主义的演变机制及其内在规律提供一定的理论
借鉴。

三、从"资产阶级的判决书"到"资产阶级的代言人"：资产阶级对《资本论》形象认知的变迁

《资本论》作为无产阶级的政治经济学，宣判了资本主义的死刑。然
而，在《资本论》发表伊始，资产阶级的官方科学和报刊并没有给予普遍
的反击，而是纷纷选择沉默的方式来应对科学共产主义的理论成果，企
图"用沉默置《资本论》于死地"①。随着《资本论》在工人阶级中的广泛传
播以及政治效应的不断扩大，资产阶级再也不能无视《资本论》的存在
了。于是，资产阶级经济学家纷纷放弃沉默的策略，开始寻求更加有效
的斗争方式，从而拉开了资产阶级反击《资本论》的序幕。而这种反击战
最先是从反对劳动价值论开始的，因为他们清楚地知道，只要彻底驳倒

---

① 《马克思恩格斯全集》，中文 2 版，第 44 卷，人民出版社 2001 年版，第 18 页。

了劳动价值论，也就全面瓦解了《资本论》的合法性。

总体来看，这种"反攻"可以概括为四种模式：第一种是"道德论模式"，他们认为，价值在本质上只是"一种评价，是一种精神行为"，它与所谓的劳动根本没有任何内在的联系，而马克思却试图从劳动出发来引出价值的规定，这种做法只能是一种缘木求鱼，南辕北辙，而以这种学说为基础的《资本论》只能是一种任意的理论虚构，毫无任何科学所言。第二种是"边际效用论"，这种观点认为，所谓的政治经济学并不是研究人与人之间的关系，而是探讨人对物质财富的需要关系，因此，单纯地把价值归咎于劳动是完全错误的，真实的价值并不取决于劳动，而是取决于买者的主观需求，取决于消费者在消费商品时所感受到的主观满足程度。由此出发，他们认为，《资本论》纯粹是马克思运用唯心主义思辨方法捏造的产物，根本不具有任何说服力。第三种是"剽窃论"，这种模式认为，马克思的劳动价值论和剩余价值学说绝不是马克思的原创，而是从资产阶级经济学家洛贝尔图斯、巴师夏和凯里等人的理论中剽窃过来的，进而将《资本论》诬蔑为庸俗经济学的延伸，企图彻底瓦解科学社会主义的科学根基。最后一种是"概念演绎论"，这种观点认为，马克思的《资本论》虽然名为经济学著作，但实际上却是德国玄学的变种，是以黑格尔思辨逻辑为基础，随意炮制出来的概念王国，他所谓的"科学社会主义"实际上只是一种逻辑推演的结果，仍像空想社会主义一样滞留在虚妄的乌托邦之中，根本不具有任何现实性可言。可以说，这四种模式基本上构成了《资本论》第 1 卷发表后不久资产阶级对劳动价值论批判的主导路径。①

随着《资本论》第 3 卷发表，这种批判又得到进一步延伸。除了继续用各种资产阶级观点扭曲劳动价值论外，一种"新"的批判又应运而生。1896 年奥地利经济学家庞巴维克在《卡尔·马克思及其体系的终结》一书中指出，马克思在《资本论》第 1 卷和第 3 卷中分别设定了两个彼此独立的领域：一个是价值上的，它是肉眼看不到的；另一个是价格（或货币）上的，它是肉眼看得到的，并断定二者之间是自相矛盾的。这一问题也就是后来公开争论的"转形问题"。可以说，从博特凯维兹到萨缪尔森再到后来的斯拉法等人的讨论，全部都是围绕这一问题展开的。他们一致认为，马克思的劳动价值论实际上是一个"不必要的弯路"，是可以抹去的。这种批判思路实际上直接将劳动价值论当作一个不必要的问题予以悬置起来，从根基上彻底抹杀了《资本论》的合法性。总而言之，这一时期，资产阶级对《资本论》完全持一种批判态度：几乎没有一个资产阶级愿意接受马克思的劳动价值论，更不消说公开承认《资本论》的科学价值了。

然而，1929 年资本主义经济危机的爆发，在某种程度上改变了资产阶级对《资本论》彻底敌视的态度。在资产阶级辩护士看来，资本主义制度是自然的永恒制度，根本不可能产生危机。而 1929 年的经济大危机，给资产阶级的正统学说以致命打击，迫使资产阶级承认资本主义制度存在内在缺陷。为了进一步维护资本主义制度，资产阶级经济学家被

---

① 通过研究发现，当代资产阶级经济学对劳动价值论的批判基本上都是这四种模式的变种或进一步展开，在这里，笔者就不细致分析了。

迫改变原有策略，寻求拯救资本主义制度的良方。也就是在这种情况下，马克思的《资本论》开始以一定的正面形象出现在资产阶级的著作之中，成为西方主流经济学得以借鉴的理论资源。可以说，这是西方主流经济学在对《资本论》态度上的一个重大转变。然而，通过分析，不难发现，这种转变背后隐藏的却是一种更深的"阴谋"，即彻底去除《资本论》的"毒瘤"，使其"资产阶级化"，成为服务于资本主义制度的无害之物。

这一目的是通过以下几种策略实现的。首先是进一步歪曲劳动价值论和剩余价值理论，否定科学社会主义的理论根基，对《资本论》进行去意识形态化处理，消除《资本论》的政治意蕴。其次，直接用凯恩斯的"有效需求不足"理论来诠释《资本论》的危机理论，将资本主义生产关系的内在危机还原为可以克服的外在危机，完全阉割了二者的本质差异，实现了危机理论的无害化"转型"。再次，根据马克思的再生产图式将其与凯恩斯的总投资—总需求理论嫁接起来，将马克思的再生产理论诠释为一种均衡增长的再生产模型，以此让马克思来"分享"凯恩斯的荣誉。可以说，这种单纯的嫁接，在赋予马克思过多荣誉的同时，也是对马克思的一种侮辱。最后，用纯粹的供需理论来解释马克思的资本积累、失业常备军和利润率下降理论，掩盖了资本主义的内在矛盾，实现了《资本论》的经验主义转向。经过这些变形，《资本论》已经不再是资产阶级社会的判决书，不再是科学社会主义的集中体现，而是转变为资本主义和谐发展的科学指南。结果，马克思一跃由资产阶级的公开敌人转变为资产阶级的同路人。

资产阶级经济学家对《资本论》的吸收和借鉴，从侧面反映出《资本论》强大的生命力。然而，在这种借鉴的背后引发的却是对《资本论》政治立场的消解和颠覆，这不得不引起我们的重视和反思，如果任凭这种趋势发展下去，必将会对马克思主义以及国际工人运动产生不可估量的负面影响。

四、《资本论》形象的重构及其当下意义

由上可见，在西方学术界中，《资本论》的形象出现了四重"分裂"：首先，由原来的"工人阶级的圣经"转化为一种"失效的旧约"，政治影响力日益衰退；其次，由原来集哲学、经济学于一体的《资本论》，被解读为各自独立的哲学或经济学著作，在整体形象上出现了重大分裂；再次，由原来作为有机整体的"完整著作"被解构为各自独立的"手稿片断"，实现了由"科学著作"到"虚构伪书"的全面退化；最后，在资产阶级经济学家眼中，《资本论》的形象也由原初的"资产阶级的判决书"转变为资本主义均衡发展的"科学指南"，抹杀了《资本论》的党性原则。《资本论》的形象出现了节节败退的迹象。在这种情况下，我们如何立足于当下中国现实来重新理解《资本论》的历史贡献及其当代价值，重构《资本论》的内在形象，无疑具有极其重要的理论价值和现实意义。

首先，从政治效应来看，这一任务对于我们清晰界划各种哲学社会思潮之间的本质差异，捍卫马克思主义意识形态的指导地位，具有非常重大的实践意义。今天我们正处在资本主义经济全球化的外部环境和完善社会主义市场经济体制的内部环境中，市场经济自发产生的意识形态、各种西方外来思潮，纷至沓来，纵横交织，意识形态领域斗争十分复杂。准确把握《资本论》的政治遗产，对于我们反对自由主义和民主社会主义，抵御旧的形而上学和极左的激进思潮，坚持科学的批判的马克

思主义立场，巩固社会主义意识形态，都具有极其重要的实践意义。

其次，从理论效应来看，本课题对于坚持和发展中国特色社会主义实践，推进马克思主义中国化、时代化、大众化，构建具有中国特色的马克思主义自主叙事范式，具有极其重要的理论价值。西方学界对《资本论》的理解基本上都是从自身的现实出发的，因此，我们决不能把他们对《资本论》的建构直接当作国内马克思主义研究的模板，我们必须要立足于当下中国现实，全面反思西方学界的叙事模式，形成自己独特的"中国问题意识"，以此出发，建构具有中国特色的《资本论》研究体系，从而开创具有民族气派的马克思主义研究范式和中国自主的学术话语体系。

再次，从学术价值来看，开展这一问题的研究，有助于我们打破学科界限，重新理解《资本论》在马克思主义哲学史上的历史地位，深化对历史唯物主义精髓的理解。改革开放以来，虽然国内外学界开始探讨《资本论》及其手稿的哲学意义，但大部分著作都停留在逻辑学和方法论层面，没有深入到唯物主义历史观层面。而在哲学研究领域，国内学术界更多地集中于马克思主义形成期的著作，如《1844 年经济学哲学手稿》、《关于费尔巴哈的提纲》、《德意志意识形态》等，来探究历史唯物主义的内涵和意义，而对成熟期的大量手稿和著作并没有给予足够的关注和重视。因此，通过本课题的研究，有助于打破既有的学科界限，从多重视域的融合来重新理解《资本论》在马克思主义哲学史上的历史地位，系统深化对马克思的历史观、政治经济学批判以及"马克思恩格斯思想关系"的理解，全面捍卫《资本论》的科学价值；同时，也有助于我们全面审视西方马克思主义、左派经济学以及主流经济学发展演变的内在逻辑，客观公正地评价它们的历史贡献和不足之处，在实践中进一步坚持和发展马克思主义，为中国特色的马克思主义理论体系的建构提供重要的理论资源。

复次，展开这一课题研究，有助于我们重新审视、科学评价国外马克思主义哲学思潮的逻辑变迁与理论得失，在与西方左派思潮的对话中推进对马克思主义哲学的理解。《资本论》不仅是马克思思想发展史上的里程碑，而且也是资本主义生产方式批判理论史上的关键坐标。《资本论》在西方学界的命运沉浮，从一个侧面反映出西方资本主义的现实演变和西方马克思主义、左派经济学的理论变迁：从卢卡奇的物化理论到法兰克福学派的发达工业社会批判，从"奥地利马克思主义"学派对资本主义现代形态的探索到曼德尔的"晚期资本主义批判理论"，直至今天法国调节学派的探索等等，无一不是与对《资本论》的重新阐释联系在一起的。因此，以西方资本主义的现实和理论变迁作为参照，对《资本论》的哲学思想进行当代阐释，有助于我们从源头上厘清国外马克思主义思潮的内在逻辑，通过与西方左派思潮的对话，深化对国外马克思主义的研究和对马克思主义哲学的理解。

最后，有助于我们挖掘、提炼回应时代挑战的方法论武器，深化对当代资本主义的理解，为推进中国特色社会主义理论体系研究提供支持。第二次世界大战结束以后，特别是 20 世纪 70 年代以来，当代资本主义在生产方式、社会结构、政治运作和意识形态等各方面都发生了重大变化。一些西方学者以这些最新变化为依据，公开宣判马克思主义政治经济学批判和历史观的陈旧性，完全否定《资本论》及其手稿的科学价值。因此，如何在资本全球化背景下，从根基上剖析这些变化，深层次地把握当代资本主义的运行机制和内在本质，回应西方各种思潮的挑战，是推进中国特色社会主义的理论需要。而《资本论》恰恰能为我们解剖当代资本主义的最新变化，提供最根本的理论支撑和方法论武器。在此情况下，开展本课题的研究，有助于我们剥离西方学者在其自身语境中附加给马克思主义的东西，批判他们对《资本论》的曲解和扭曲，深化对当代资本主义的理解，为推进中国特色社会主义理论体系研究提供支持。

第三节 《资本论》与"恩格斯问题"的新进展

如何理解恩格斯在马克思主义哲学史上的历史地位，一直都是国内外学界研究的焦点问题。针对这一问题，形成了四种具有代表性的观点。第一种主要以日本学者广松涉为代表，他认为，在历史唯物主义的形成过程中，恩格斯始终走在马克思的前面，前者才是历史唯物主义的"第一小提琴手"，由此提出了"恩格斯主导论"。第二种主要以西方马克思主义为代表，他们认为，在辩证法的理解上，恩格斯陷入到形而上学的窠臼之中，创立了一种与马克思的历史辩证法完全相对的"自然辩证法"，背离了马克思的哲学精神。第三种主要以西方"马克思学"学者为代表，形成了差异论、分工论和对立论等解读模式，其中以吕贝尔和诺曼·莱文为代表的对立论，将马克思恩格斯的思想差异无限放大为两种范式的对立，扭曲了马克思恩格斯之间的真实思想关系。第四种是政治经济学批判视域中的马克思恩格斯对立论或差异论。随着 MEGA2 第二部分即《资本论》及其手稿部分的公开出版，马克思恩格斯问题获得了新的进展。如果说前三种还主要停留在哲学领域，那么，第四种则将这种探讨延伸到政治经济学领域，从而引发了两种不同的政治经济学批判原则的对立或差异。恩格斯的形象在其逝世之后的一个多世纪中遭遇了种种误解和扭曲，我们究竟如何澄清这些误解，重新理解恩格斯在马克思主义发展史上的历史贡献，无疑具有重要的理论价值和现实意义。

一、恩格斯是历史唯物主义创立的主导者吗

在第二国际正统派和苏东马克思主义学者那里，马克思恩格斯始终被视为一个内在一致的整体，而奏响历史唯物主义的"第一小提琴手"始终是与马克思的名字联系在一起。针对这种解读模式，日本学者广松涉认为，它完全贬低了恩格斯在历史唯物主义形成过程中的历史作用及其理论独创性。为了弥补这一理论缺陷，他主张抛弃传统研究的这种"依附论"假设，通过对恩格斯文本思想的细致研究，来客观揭示和评价恩格斯在历史唯物主义形成过程中的真实作用。他的这一主张主要体现在《青年恩格斯的思想形成》（1966）中。在这篇文章中，他通过文献学分析，详细对比了 1843—1848 年马克思恩格斯关于共产主义和历史唯物主义理解上的差异，最终得出了"恩格斯主导论"的观点，"我们的观点与至今为止的一般说法相反：在确立历史唯物主义以及与之融为一体的共产主义理论之际，拉响第一小提琴的，限于合奏的初期而言，毋宁是

恩格斯。"①

　　我们如何评价这一观点呢？首先，必须肯定，广松涉提出了一个长期被学界忽视的重大问题，即恩格斯在马克思主义形成过程中到底起了何种作用。在正统马克思主义那里，这一问题的答案始终是自明的，即马克思始终走在恩格斯的前面，马克思才是历史唯物主义的主导者，虽然他们也承认恩格斯在马克思主义形成过程中的作用，但这种作用始终是附带性的，这一问题并没有得到有效的澄清。而到了后来的西方"马克思学"那里，他们为了彻底反对传统的"马克思恩格斯一致论"，就刻意制造出"马克思恩格斯对立论"，将他们之间的思想差异放大为两种哲学原则的对立，即"马克思主义"与"恩格斯主义"的对立，彻底抹杀了恩格斯在历史唯物主义形成过程中的历史作用。这两种做法都各自固执于形而上学的偏见之中，漠视了恩格斯的真实作用。基于此，广松涉主张抛弃形而上学偏见，力图通过科学的文献学考证方法，客观揭示恩格斯在历史唯物主义形成过程中的真实作用，单凭这一点而言，还是值得我们尊敬的。

　　其次，广松涉更为重要的学术贡献在于，他"深化了马克思恩格斯早期思想发展中'第一次转变'和马克思主义形成史中'恩格斯独特道路'的研究"②。这主要表现在以下两个方面：第一，他客观揭示了马克思恩格斯在转变方式上的差异。广松涉认为，恩格斯一开始是以青年黑格

---

　　① ［日］广松涉：《文献学语境中的〈德意志意识形态〉》，彭曦译，南京大学出版社2005年版，第358页。

　　② 姚顺良：《准确评价恩格斯在马克思主义形成过程中的作用》，《江海学刊》2007年第4期。

尔派的形象登上历史舞台的，他在理论和政治立场上分别信奉哲学唯心主义和社会民主主义，但由于受到赫斯的影响以及与英国工人运动的接触和对英国社会的经验性研究，促使恩格斯首先在政治立场上发生了转变，即由原来的社会民主主义转向共产主义（1842 年年底）。① 然后，在政治立场转变的影响下，逐渐实现了理论立场上的转变：由原初的哲学唯心主义转向了唯物主义。与此相比，马克思的转变历程则较为曲折得多，他首先在理论立场上实现转变（1843），然后通过一系列的理论探索，最终才完成政治立场上的转变（1844）。我认为，广松涉的这一判断是准确的。第二，广松涉准确揭示了恩格斯在"第一次思想转变"中的主导作用。他客观分析了恩格斯的《政治经济学批判大纲》和《英国工人阶级状况》对马克思的影响，并认为，正是在恩格斯的影响下，马克思才实现了政治立场的转变，从而提出了恩格斯在第一次转变过程中的主导作用。我以为，这一判断也是非常准确的。

然而，当他把恩格斯的这种主导作用无限放大到了《德意志意识形态》甚至是《共产党宣言》时，又走向了另一个极端，露出了他的盲目之处。

首先，他错误地坚持了"一次转变"论，而没有看到他们世界观的"第二次转变"。1843—1844 年，马克思恩格斯在哲学立场和政治立场上都还处于一般唯物主义和哲学共产主义上，这与后来的历史唯物主义和科学共产主义还存在很大差距。而广松涉却完全忽视了这一点，直接

① 参见［日］广松涉：《文献学语境中的〈德意志意识形态〉》，彭曦译，南京大学出版社 2005 年版，第 361 页。

将这次转变视为历史唯物主义的形成，这显然是错误的。这也告诫我们，在评价马克思恩格斯的学术思想关系时，必须破除传统"依附论"和"一次转变"论的思想残余，遵守"两次转变"、"两条道路"说，只有这样，才能真正揭示马克思恩格斯的学术关系。

其次，广松涉完全颠倒了他们在第二次转变中所起的不同作用。广松涉通过三个方面的考证：(1)马克思恩格斯在 1844—1845 年对费尔巴哈的态度，(2)马克思恩格斯对共产主义的理解，(3)马克思恩格斯对施蒂纳的态度，进而得出结论认为，无论在哪一方面恩格斯都走在马克思前面，从而断定恩格斯在历史唯物主义的创立过程中始终居于主导地位。我以为，他这三个方面的考证都存在着严重问题。第一，广松涉指出，在《神圣家族》中，马克思还像早期那样全面肯定费尔巴哈的革命意义，而恩格斯早在 1844 年 11 月就已经对费尔巴哈采取彻底的批判态度了，由此认为马克思在费尔巴哈的理解上落后于恩格斯。① 这一观点显然忽视了马克思后面的思想转变。在《神圣家族》中，马克思的确全面肯定了费尔巴哈的历史功绩，但就在此后不久的《关于费尔巴哈的提纲》中，马克思彻底转变了对费尔巴哈的态度，在肯定费尔巴哈贡献的同时，指出了费尔巴哈的缺陷所在，这与《德意志意识形态》中对费尔巴哈的定位是内在一致的。相反，在 1845 年的"费尔巴哈札记"中，恩格斯仍然对费尔巴哈持全面批判态度，这显然是与《德意志意识形态》的基调不一致的。这也表明，《德意志意识形态》中关于费尔巴哈部分的主导思

---

① 参见[日]广松涉：《文献学语境中的〈德意志意识形态〉》，彭曦译，南京大学出版社 2005 年版，第 365 页。

想应属于马克思。第二,广松涉认为,恩格斯早就把共产主义理解为一种社会制度了,而马克思直到《德意志意识形态》中还把共产主义理解为一种运动,由此认为,马克思在共产主义的理解上也落后于恩格斯。①对此,笔者不敢苟同。笔者认为,这恰恰证明恩格斯落后于马克思。在第二次思想转变中,马克思不是"还没有"而是始终反对把共产主义理解为一种"现实应当与之相适应的理想"或社会制度,始终坚持从历史矛盾运动来阐释共产主义的现实运动。相反,恩格斯仍未摆脱"真正社会主义"的思想残余,把共产主义理解为一种建立于人性基础之上的社会理想,这点到了《共产主义信条草案》和《共产主义原理》中仍然没有得到彻底改变。这也表明,在第二次思想转变中,恩格斯在共产主义的理解上恰恰是落后于马克思的。第三,在对施蒂纳的评价上,广松涉也犯了相同的错误。恩格斯在 1844 年 11 月 19 日致马克思的一封信中指出,施蒂纳的哲学还是存在着一些值得吸收的"正确东西",进而主张"在它上面继续进行建设"②。以此来看,此时恩格斯在总体上对施蒂纳还是持肯定态度的。而到了 1845 年 1 月 20 日在致马克思的另一封信中,恩格斯则彻底改变了这一态度,"说到施蒂纳的书,我完全同意你的看法。我以前给你写信的时候,还受到对该书直接印象的很大影响,而在我把它放在一边,能多多地思考以后,我也发现了你所发现的问题"③。在此,我们可以推断,1844 年 11 月到 1845 年 1 月,马克思肯定给恩格斯

---

① 参见[日]广松涉:《文献学语境中的〈德意志意识形态〉》,彭曦译,南京大学出版社 2005 年版,第 367 页。

② 《马克思恩格斯全集》,中文 1 版,第 27 卷,人民出版社 1972 年版,第 12 页。

③ 同上书,第 16 页。

回过一封信，并且对他关于施蒂纳的态度提出了不同意见。结合后来《德意志意识形态》中批判施蒂纳的部分来看，这些论点恰恰与恩格斯的原有态度截然相反。这也表明，正是在马克思的影响之下，恩格斯才抛弃原有观点，形成后来的论点的。这也从反面证明，《德意志意识形态》中批判施蒂纳部分的主导思想应属于马克思。

从上述分析来看，在第二次思想转变中，恩格斯不仅不是主导者，相反，正是在马克思的帮助下他才不断克服"真正社会主义"影响，逐渐由哲学共产主义转变为科学共产主义。以此来看，广松涉在肯定恩格斯贡献的同时，也过分夸大了恩格斯的主导作用，这显然是不足取的。

二、"自然辩证法"与"历史辩证法"的对立：西方马克思主义视域中的恩格斯问题

如果说，广松涉主要讨论青年恩格斯在马克思主义形成史上的历史贡献，那么，到了西方马克思主义这里，问题则转变为晚年恩格斯与马克思关于辩证法的不同理解。在马克思主义发展史上，伯恩施坦首先撕裂了恩格斯的光辉形象，直接预示了后来西方马克思主义和西方"马克思学"的未来走向。从第二国际到西方马克思主义，恩格斯的整个形象发生了惊人的一跃：从"党的首脑"转变为"理论的教唆犯"。[①] 无论是卢卡奇、施密特还是科莱蒂，他们都严厉控诉了恩格斯的"自然辩证法"，认为恩格斯试图建立一种脱离人而独立存在的"自然辩证法"，进而将其

---

① 参见胡大平：《回到恩格斯》，江苏人民出版社 2011 年版，第 27 页。

指责为背叛马克思历史辩证法的空洞玩物。^① 这里由此引出两个问题：第一，如何理解恩格斯"自然辩证法"的精神实质？第二，如何理解"自然辩证法"在历史唯物主义中的历史地位？

我认为，在这些问题上，不论是卢卡奇、施密特还是科莱蒂都没有真正理解恩格斯"自然辩证法"的历史地位及其精髓。

首先，他们完全误解了恩格斯"自然辩证法"的精神实质。恩格斯的"自然辩证法"虽然论述到了"先在自然"，但这里的"先在自然"绝不是人类无法认识的"先在自然"，相反，而是在人类实践作用下进入人类认识视域中的"自然"，比如，恩格斯虽然论述到了天体、星云等"自在自然"，但这些"自然"恰恰是经过人的实践中介，才能为人类所认识的，因此，这是"自然科学"视域中的自然，而不是人类无法认识的纯粹自然。从这个意义上来讲，恩格斯绝非像卢卡奇、施密特和科莱蒂所断言的那样，要建立一种完全独立于人之外的、人类无法认识的"纯粹自然哲学"，恰恰相反，他是要在人的实践活动过程中来考察自然科学（自然史）的演变历程，这是"人与自然相互作用"的辩证法。从这个意义上来看，恩格斯的"自然辩证法"恰恰是与马克思历史辩证法内在一致的。

其次，恩格斯的"自然辩证法"不仅不是对历史辩证法的背叛，相反，更是对历史唯物主义论域的进一步完善和补充。在《德意志意识形态》中，马克思恩格斯指出："我们仅仅知道一门唯一的科学，即历史科

<hr />

① 参见[匈]卢卡奇：《历史与阶级意识》，商务印书馆1996年版，第51页；[德]施密特：《马克思的自然概念》，商务印书馆1988年版，第50—53页；[意]科莱蒂：《一篇政治和哲学的访谈录》，《西方马克思主义批判文选》，徐平译，远流出版公司1994年版，第426页。

学。历史可以从两方面来考察，可以把它划分为自然史和人类史。但这两方面是不可分割的；只要有人存在，自然史和人类史就彼此相互制约。"①以此来看，自然史与人类史并不是相互分割的，而是内在统一的，它们共同构成了历史唯物主义的核心论域。因此，要想真正把历史唯物主义的原则推进到底，仅仅停留在人类史的层面上还是不够的，除此之外，还必须从自然史的维度揭示历史发展的客观规律。然而，出于当时意识形态斗争的需要，马克思恩格斯在《德意志意识形态》中并没有对自然史给予过多的关注，而是主要集中于人类史的探讨，就像他们自己指出的那样："自然史，即所谓自然科学，我们在这里不谈；我们需要深入研究的是人类史，因为几乎整个意识形态不是曲解人类史，就是完全撇开人类史。"②这在某种程度上留下了一个理论伏笔。在后来的研究中，马克思虽然写下了许多关于自然史的经典论述，但他并没有留下关于"自然辩证法"的系统理论，从这个意义上来说，恩格斯的"自然辩证法"恰恰弥补了这一理论缺憾，是他们原初计划的延续，也是对历史唯物主义的进一步完善和发展。因此，我们决不能像卢卡奇和科莱蒂那样，仅仅依据这种论域的不同，就将二者简单地对立起来，这是完全错误的。

再次，恩格斯"自然辩证法"的最终落脚点，绝不是为了建构一种抽象的自然哲学体系，相反是为人的自由服务的。恩格斯全面考察了"自然与工商业实践"之间的关系，客观分析了"自然对人类的报复"行为，

---

① 《马克思恩格斯选集》，2 版，第 1 卷，人民出版社 1995 年版，第 66 页注释。

② 同上书，第 66 页注释。

论证了自然运动的客观规律性，而所有这些都是围绕"人与自然相互作用"的辩证法展开的。因此，他的目的并不在于建构一种抽象的空洞体系，相反，而是为人类认识自然，并在此基础上实现人类自由服务的。

基于上述分析，可以看出，西方马克思主义并没有真正领会恩格斯"自然辩证法"的真谛，那种单纯地依据论域的差异，就将自然辩证法与历史辩证法对立起来的做法，是非常荒谬的。

三、恩格斯背叛马克思：两种哲学原则的对立?

马克思恩格斯关系问题也是西方"马克思学"研究的焦点话题。如果从时间上来看，西方"马克思学"关于这一问题的研究大体上经历了三个阶段：1970—1980 年、1981—1991 年、1992 年至今。其中前两个阶段构成了西方"马克思学"的"繁荣期"，出现了一大批具有重要影响的学术著作。如果从代表性观点来划分的话，总体上可以分为三大类：

第一是马克思恩格斯差异论，这主要以卡弗等人为代表。此类学者基本上都是温和的差异论者，他们主张抛弃传统一致论的解释模式，立足于第一手文献，利用差异分析和文献考证相结合的方法，全面研究马克思恩格斯之间的思想差异。卡弗教授认为，在合作《神圣家族》、《德意志意识形态》和《共产党宣言》时，马克思恩格斯之间的学术关系还是透明的，还不存在太多的争论和差异。这种关系直到 1859 年——当时恩格斯给马克思的《政治经济学批判。第一分册》写了一个简单的书评——开始发生转折。到了 1883 年马克思逝世之后，这种差异进一步扩大，成了两种无法融合的哲学倾向；更主要的是，马克思逝世后，恩格斯开始以马克思的口吻诠释马克思的思想以及他们之间的一致性，从而制造出了一种"完全一致"的虚假幻象，将自己对辩证法、历史观、自然观、认识论等方面的理解强加给马克思，为他制造了一个广阔的形而上学体系。卡弗认为，当恩格斯这样做的时候，恰恰彰显了他们之间的本质差异。而他所要做的就是根据两人的不同文本来追溯这种差异的形成过程及其表现形式。可以说，卡弗教授的这种做法把原本充满阶级斗争的"马克思恩格斯问题"变成纯粹的主观解释学，把原本具有实践特点的马克思主义研究，变成了只注重文本的语言学差异的考据学和咬文嚼字的注释学，掩盖了马克思主义哲学的实践本质，抹杀了恩格斯的特有贡献。

第二类是马克思恩格斯分工论，这主要以古尔德纳、J. D. 亨利和麦克莱伦等学者为代表。他们认为，"马克思主义"是由马克思恩格斯共同创立的，并试图在"马克思主义"内部来探讨马克思恩格斯之间的学术关系，因此，他们对当时盛行的"马克思恩格斯对立论"都持批判态度，倾向于采用"分工论"来描述他们之间的关系。他们一致认为，马克思和恩格斯只是在马克思主义范式的发展阶段上扮演着不同的角色，他们之间的思想差异实际上只是分工的不同，在本质上并不存在真正的对立或差异。他们二者的思想共同构成了"马克思主义"的发展力量。这类学者的观点相对比较容易接受，但也必须看到，他们这里所讲的"马克思主义"，不再是负载意识形态立场的马克思主义，而只是停留在思想或文本之中的学院马克思主义。这种诠释在某种程度上把马克思主义完全还原为一种学院派知识，阉割了它固有的实践旨趣。

第三类是马克思恩格斯彻底对立论，这主要以诺曼·莱文、李希特海姆、阿温纳里、科拉科夫斯基等人为代表。如果说，西方马克思主义关于马克思恩格斯对立问题的讨论还停留在辩证法上，那么，到了这类西方"马克思学"这里，则演变为两种哲学原则的对立。他们主张摒弃传统意识形态的影响，以一种"价值中立"的态度来全面研究马克思恩格斯的学术关系，最终将马克思恩格斯之间的思想差异夸大为两种哲学原则的彻底对立，开启了恩格斯全面背叛马克思的"马克思学"路径。譬如，吕贝尔认为，"马克思主义"实际上是恩格斯"发明"的，因此他要为近一个世纪的歪曲负全责。① 诺曼·莱文则进一步将其夸大为"马克思主义"与"恩格斯主义"之间的彻底对立。② 在他们看来，这种对立主要表现为以下几个方面：(1)在世界观上，表现为辩证唯物主义与历史唯物主义的对立。辩证唯物主义是恩格斯误读黑格尔之后，创立的一种自然宇宙观；而历史唯物主义则是马克思颠倒黑格尔之后，创立的一种全新的分析社会形式的方法论。(2)在辩证法上，表现为自然辩证法与历史辩证法的对立。恩格斯的辩证法完全是一种脱离人而单独存在的自然辩证法，而马克思的辩证法则是关于人类实践的历史辩证法，他从来都不会脱离人的活动来理解辩证法。(3)在认识论上，表现为机械反映论与社会认识论之间的对立。恩格斯认为，认识是通过思维对存在的反映完成的，所谓真理就是思维与存在的符合；而马克思则强调认识必须经过社会条件的中介才能发生，因而是一种社会认识论。(4)在发展观上，表现为单一的线性发展观与开放的多元发展观之间的对立。恩格斯的发展观完全是以自然进化为中心的技术决定论，因而是一种单一的线性发展

① 参见《吕贝尔马克思学文集》(上卷)，北京师范大学出版社 2009 年版，第 45 页。
② 参见[美]诺曼·莱文：《不同的路径：马克思主义与恩格斯主义中的黑格尔》，北京师范大学出版社 2009 年版，第 118 页。

观；而马克思的发展观则是以人类为中心的历史决定论，是一种开放式的多元发展观。我以为，这些论点都严重放大了马克思恩格斯之间的思想差异，忽视了他们在哲学观和政治身份上的内在一致性。

首先，马克思在1859年《〈政治经济学批判。第一分册〉序言》中指出："自从弗里德里希·恩格斯批判经济学范畴的天才大纲（在《德法年鉴》上）发表以后，我同他不断通讯交换意见，他从另一条道路（参看他的《英国工人阶级状况》）得出同我一样的结果。"①这段话清晰地表明，马克思与恩格斯走的的确是两条不同的道路，但这只是一种道路上的差异，而在哲学原则上二者是内在一致的。我以为，这主要体现在以下三个方面：第一，恩格斯始终强调历史唯物主义的方法论意义。在恩格斯看来，历史唯物主义决不是一种包罗万象的知识体系，更不是一种仅仅关注人生问题的道德哲学或爱的哲学，而是一种科学的历史方法，"我们的历史观首先是进行研究工作的指南"，"如果不把唯物主义方法当作研究历史的指南，而把它当作现成的公式，按照它来剪裁各种历史事实，那它就会转变为自己的对立物"②。第二，恩格斯始终强调历史唯物主义的革命意义，并自觉运用这种方法来分析社会历史问题，在一些问题上进一步深化和发展了马克思的哲学。第三，恩格斯始终强调，历史唯物主义、政治经济学批判和科学社会主义三者是有机统一的整体，脱离了前两者，科学社会主义便会丧失其存在的合法性根基，沦为一种可望而不可及的幻象。以此来看，马克思和恩格斯在历史唯物主义的理

---

① 《马克思恩格斯全集》，中文2版，第31卷，人民出版社1998年版，第413页。
② 《马克思恩格斯选集》，2版，第4卷，人民出版社1995年版，第688页。

解上是内在一致的。因此，当吕贝尔和莱文将他们之间的思想差异放大为一种哲学观上的对立时，无疑阉割了他们之间的内在一致性。

其次，从身份政治学来看，恩格斯存在着多重身份：他既是马克思主义哲学的创立者，也是马克思主义哲学的解释者，还是马克思主义哲学的传播者，同时更是无产阶级的革命导师。这几重身份都是在特定的社会历史条件之下形成的，共同服务于无产阶级革命斗争的需要，因而在本质上是内在统一的。① 然而，在吕贝尔和莱文这里，恩格斯的形象出现了严重分裂：在吕贝尔看来，恩格斯只是马克思主义哲学的解释者和宣传者，也正是在解释和宣传的过程中，恩格斯篡改了马克思的本意，私自杜撰出了与后者完全相反的"马克思主义"，这就把马克思完全排除在马克思主义之外，割裂了马克思恩格斯共同创立历史唯物主义的事实。同样，诺曼·莱文也割裂马克思主义形成的历史事实，将恩格斯排除在"马克思主义"之外，提出了"马克思主义"与"恩格斯主义"的对立。这种解读模式完全否定了下述事实，即马克思或恩格斯都真实参与了马克思主义哲学的形成过程，当他们这样做的时候，完全抹杀了恩格斯的历史功绩。

最后，"恩格斯的形象"问题决不是一个单纯的学术问题，而是一个政治问题，从伯恩施坦到西方马克思主义再到后来的西方"马克思学"，他们正是通过对恩格斯"学术"形象的建构，来实现他们的政治目的的，即力图为马克思主义的理论危机寻找替罪羊，以此解构和颠覆"马克思主义"的合法性。在这方面，我们必须要有清醒的认识。那种简单地把

① 参见胡大平：《回到恩格斯》，江苏人民出版社 2011 年版，第 27 页。

这一问题从历史的原初背景中剥离出来，进而通过扭曲的方式将其还原为一个学术命题的做法，是完全非法的，因为它已经完全阉割了这一问题背后的政治意蕴。从这个意义上说，西方"马克思学"所主张的"价值中立"，是根本不可能解决"马克思恩格斯问题"的。

总之，我们在评价恩格斯在马克思主义哲学史上的历史地位时，必须要尊重马克思主义自身的独特性和发展规律，既不能过分贬低恩格斯的历史贡献，也不能过分夸大恩格斯的历史功绩，更不能阉割他与马克思之间的内在关系。相反，只有在尊重马克思主义形成过程的历史前提下，我们才能准确地理解恩格斯在马克思主义哲学史上的历史贡献。

四、政治经济学批判视域中的"恩格斯问题"

MEGA2 第二部分即《资本论》及其手稿部分的公开出版，为我们深入研究马克思的原稿与恩格斯的编辑稿之间的关系提供了基础性的文献依据。然而，许多西方学者却由此走向了极端，将原本在哲学领域中的对立进一步拓展到政治经济学领域，重新制造出马克思恩格斯对立论或差异论的新形态。概括而言，主要表现在以下三个方面：

首先，马克思恩格斯在《资本论》问题上的彻底对立。通过马克思《资本论》的原初计划、原稿与恩格斯编辑的三卷本《资本论》的对比，海因里希认为，"我们今天看到的《资本论》三卷书中没有一卷是以马克思本人提供的方式出现的。每一卷（即使是第 1 卷）都是由恩格斯定型的。这对于第 1 卷来说，没有什么问题。但是从其他两卷的结构和内容来看，恩格斯的编辑作用影响很大，而在另外一些地方，原始手稿中部分'开放性'的问题被恩格斯终结为最后的结论，同时对此又没有给读者一个清楚的说明。"①三卷本的《资本论》定稿是以不同时期的不同文本为基础编辑而成的，在这期间，马克思对一些问题的认识发生了较大变化，而恩格斯在编辑时恰恰忽视了这种变化。也是在此基础上，海因里希指出："可以说《资本论》不仅是一部没有完成的著作，而且已经出版的这三卷也不能构成一个同质的整体。特别是第 3 卷在理论水平上落后于修改后的第 1 卷以及第 2 卷的最后手稿。"②三卷本《资本论》都是经过恩格斯编辑定稿的：《资本论》第 1 卷的"通行版"是按照恩格斯最后编定的德文第四版刊印的，第 2、第 3 卷更是恩格斯在马克思遗稿基础上整理编辑的。这些编辑已经改变了马克思思想的原意，使《资本论》成为经恩格斯中介过的"马克思思想"。因此，"从严格意义上说，由马克思撰写的三卷本《资本论》并不真正存在"③。结果，原本作为有机整体的《资本论》被彻底解构了。在 MEGA2 的影响下，马克思恩格斯对立论呈现出了一种全新形态。

其次，政治经济学批判起点和方法论上的对立。这主要表现在以下几个方面：(1)关于《资本论》开端的不同理解。众所周知，《资本论》第 1 卷是从"商品"章开始的，但这里的"商品"究竟是"简单商品生产"还是"资本主义条件下的商品生产"？许多西方学者认为，在这一问题上，马克思恩格斯是完全对立的。在《资本论》第 3 卷序言中，恩格斯指出："马克思在第一册的开头从被他当作历史前提的简单商品生产出发，然

---

① ［德］海因里希：《重构还是解构?》，见［意］理查德·贝洛菲尔等主编：《重读马克思》，东方出版社 2010 年版，第 120—121 页。

② 同上书，第 121 页。

③ 同上书，第 121 页。

后从这个基础进到资本……他要从简单商品出发，而不是从一个在概念上和历史上都是派生的形式，即已经在资本主义下变形的商品出发。"①为了更为准确地说明这一问题，恩格斯在第 3 卷末尾做了一个"增补"（即《恩格斯〈资本论〉第 3 卷增补》）。对此，巴克豪斯指出，马克思《资本论》第 1 卷所探讨的"商品"，绝不是前资本主义条件下的简单商品生产，而是资本主义社会特有的普遍化的商品生产，而恩格斯却将其诠释为前资本主义社会的简单商品生产，完全背离了马克思的原意，是错误的。②同样，罗伯特·芬奇也认为，在这点上，恩格斯与马克思是完全不一致的，"像我们所看到的那样，就马克思和恩格斯的关系而言，认为他们的思想保持整体一致性的看法是不能接受的。简单商品生产不是马克思《资本论》第 1 卷第 1 版的探讨对象，书中既没有描述简单商品生产流通的历史进程，也没有把它看作是前资本主义生产方式或经济学体系。此外，书中也没有涉及以往的概念的或经验的商品交换；在最后，简单商品流通被证明是不存在的，而是被过程中发生的现象形式所超越：商品生产表达了资本主义的基本特征。"③

（2）《资本论》第 1 卷与恩格斯编辑的第 3 卷之间的矛盾。《资本论》第 3 卷出版以后，庞巴维克指出，《资本论》第 1 卷探讨的是肉眼看不见的价值问题，而第 3 卷研究的则是经验现象领域中的价格问题，二者之

---

① 《马克思恩格斯全集》，中文 2 版，第 46 卷，人民出版社 2003 年版，第 17 页。

② Hans-Georg Backhaus. *Dialektik der Wertform：Untersuchungen zur marxschen Ökonomiekritik*，Freiburg：Ça ira，1997，S. 131.

③ ［意］罗伯特·芬奇：《商品的辩证法和它的理论说明：20 世纪 70 年代德国人争论的评述》，见［意］理查德·贝洛菲尔等：《重读马克思》，东方出版社 2010 年版，第 90 页。

间存在不可协调的矛盾。这一问题也就是后来经济学界争论的价值向价格的转形问题。如果说庞巴维克只是就第 1 卷与第 3 卷的关系而言的，那么，当代西方学者则把这一问题进一步转化为马克思与恩格斯的关系。巴克豪斯指出，恩格斯将《资本论》第 1 卷的"商品"理解为简单商品生产，这与马克思的原意是完全相反的。当恩格斯从这一思路来编辑和增补《资本论》第 3 卷时，恰恰加剧了这一矛盾："恩格斯曲解了马克思的简单商品生产的简单流通理论：在《资本论》第一部分所描述的前资本主义社会中商品流通是根据它们价值的大小，而在彻底的资本主义社会人们关心的不是价值，而是生产价格。在这方面，恩格斯发展了这个观点，即《资本论》第 1 卷和第 3 卷之间存在自相矛盾的说法。……恩格斯把《资本论》第一部分看作前资本主义社会，这样就带来了价值和价格相互关系上的理解的困难。"①

(3)关于价值和价值规律理解上的对立。海因里希指出，由于恩格斯是从简单商品生产出发来理解价值和价值规律的，这就忽视了价值规律显现出来的社会条件，即普遍化的货币交换，没有后者作为前提，人们就无法认识价值规律，更不可能揭示价值的本质。由于恩格斯忽视了这一点，直接从简单商品交换来理解价值，结果，就把原本作为一种关系性存在的价值理解为任何单个商品所固有的"实体"属性了，完全陷入到李嘉图主义和近代形而上学的窠臼之中。与恩格斯不同，马克思则是从资本主义商品生产出发来理解价值问题的，这样就能清晰认识价值的

---

① ［意］罗伯特·芬奇：《商品的辩证法和它的理论说明：20 世纪 70 年代德国人争论的评述》，见［意］理查德·贝洛菲尔等：《重读马克思》，东方出版社 2010 年版，第 70 页。

本质，即一种幽灵般的、非实体性的社会关系，它"只能在商品同商品的社会关系中表现出来"①。海因里希进一步指出，在《资本论》中，马克思的确也使用了"价值实体"(Substanz)概念，但这里的"实体"与近代形而上学理解的"实体"存在本质差异。马克思说："价值的'原因'是价值的实体(Substanz)，因而也是内在的价值尺度。"②马克思的"实体"范畴是在原因和依据的意义上使用的，既不是近代形而上学所宣扬的永恒不变的"实体"范畴，也不是李嘉图所理解的单个商品固有的实体属性，而是一种关系性存在。也是基于此，海因里希得出结论说，在马克思那里，"价值不仅是社会实体的表示，同时也是实体的反映，这种实体不可能单个的(孤立的)存在，也不是单个产品决定的……这种价值问题上的非实体论者的理论(在价值形式的分析中是作为价值的货币理论来表现的，就一种普遍价值——劳动产品之间的关系而言，只有在价值——货币——存在具有独立形式的时候才是可能的)否认实体论者的看法"③。总之，海因里希认为，恩格斯从简单商品生产出发，走向了价值实体论，将其理解为单个商品固有的实体，这是一种不需要货币理论的价值理论，是一种李嘉图主义式的形而上学的价值理论；而马克思则从资本主义商品生产出发，走向了价值关系论，这是一种非实体性的价值理论。这种实体主义与非实体主义的对立，构成了马克思与恩格斯在

----

① 《马克思恩格斯全集》，中文 2 版，第 44 卷，人民出版社 2001 年版，第 61 页。

② 《马克思恩格斯全集》，中文 1 版，第 26 卷第三册，人民出版社 1974 年版，第 177 页。

③ ［德］海因里希：《重构还是解构?》，见［意］理查德·贝洛菲尔等：《重读马克思》，东方出版社 2010 年版，第 126—127 页。

价值问题上的根本对立。

(4)政治经济学批判方法上的对立。当代西方学者认为,《资本论》第 1 卷的开篇所展现出来的"图景",既不是单纯的历史,也不是纯粹的逻辑史,而是从抽象上升到具体的过程,是逻辑与历史的辩证统一。而恩格斯则错误地"曲解了逻辑与历史之间的关系,按照他的观点,逻辑的理论与简单化是同一类的东西,而且是真实历史过程的程式化。马克思的看法则被这样的理解所顶替:范畴的逻辑联系的阐述必然考虑到对它们的历史认识和它们的历史意图。"①"恩格斯没有完全理解马克思阐明的辩证法方面的含义。"②他始终带有经验主义的倾向,力图从经验事实或现实具体来理解或编撰《资本论》,这是与马克思的政治经济学批判方法或历史辩证法所体现出来的精髓要义完全相悖的。

第三,是马克思恩格斯差异论的新形态。(1)关于必然王国和自由王国的理解。在《反杜林论》中,恩格斯指出:"一旦社会占有了生产资料,商品生产就将被消除,而产品对生产者的统治也将随之消除。社会生产内部的无政府状态将为有计划的自觉的组织所代替。生存斗争停止了。于是,人才在一定意义上最终地脱离了动物界,从动物的生存条件进入真正人的生存条件。人们周围的、至今统治着人们的生活条件,现在却受到人们的支配和控制,人们第一次成为自然界的自觉的和真正的主人,因为他们已经成为自己的社会结合的主人了。人们自己的社会行

---

① [意]罗伯特·芬奇:《商品的辩证法和它的理论说明:20 世纪 70 年代德国人争论的评述》,见[意]理查德·贝洛菲尔等:《重读马克思》,东方出版社 2010 年版,第90—91 页。

② 同上书,第 91 页。

动的规律，这些直到现在都如同异己的、统治着人们的自然规律一样而与人们相对立的规律，那时就将被人们熟练地运用起来，因而将服从他们的统治。人们自己的社会结合一直是作为自然界和历史强加于他们的东西而同他们相对立的，现在则变成他们自己的自由行动了。一直统治着历史的客观的异己的力量，现在处于人们自己的控制之下了。只是从这时起，人们才完全自觉地自己创造自己的历史；只是从这时起，由人们使之起作用的社会原因才在主要的方面和日益增长的程度上达到他们所预期的结果。这是人类从必然王国进入自由王国的飞跃。"①当代西方学者据此认为，在恩格斯看来，所谓必然王国是指人受盲目力量统治的王国，一旦人们认识了客观规律，并使这种规律为共同生产服务，人类也就实现了从必然王国到自由王国的飞跃。他们认为，恩格斯对必然王国和自由王国的理解与马克思存在重要差异。他们接下来引述了马克思《资本论》第3卷中的这段话："事实上，自由王国只是在必要性和外在目的规定要做的劳动终止的地方才开始；因而按照事物的本性来说，它存在于真正物质生产领域的彼岸。像野蛮人为了满足自己的需要，为了维持和再生产自己的生命，必须与自然搏斗一样，文明人也必须这样做；而且在一切社会形式中，在一切可能的生产方式中，他都必须这样做。这个自然必然性的王国会随着人的发展而扩大……这个领域内的自由只能是：社会化的人，联合起来的生产者，将合理地调节他们和自然之间的物质变换，把它置于他们的共同控制之下，而不让它作为一种盲

---

① 《马克思恩格斯全集》，中文1版，第20卷，人民出版社1971年版，第307—308页。

目的力量来统治自己；靠消耗最小的力量，在最无愧于和最适合于他们的人类本性的条件下来进行这种物质变换。但是，这个领域始终是一个必然王国。在这个必然王国的彼岸，作为目的本身的人类能力的发挥，真正的自由王国，就开始了。但是，这个自由王国只有建立在必然王国的基础上，才能繁荣起来。工作日的缩短是根本条件。"①据此指出，恩格斯所理解的自由王国，实际上只不过是马克思所说的必然王国中所达到的最大自由的那个阶段：在这里，劳动虽然是以共同的自主活动形式出现的，但它并没有从根本上摆脱自然必然性的限制，转化为目的本身，而仍是一种满足人类生存需要的手段性活动，在本质上仍属于必然王国，根本不是马克思所说的自由王国。概言之，在这些学者看来，恩格斯是根据规律的作用方式来划分必然王国和自由王国的：以盲目方式发挥作用的是自然王国，而自觉利用规律的则是自由王国。与此不同，马克思则是根据劳动的作用及其性质来划分的：不论规律以何种方式发挥作用，只要劳动还是手段性活动，就统统属于自然王国；只有当劳动从双重必然性——生产剩余价值的经济必然性和生产物质生活资料的自然必然性——中解放出来，由手段上升为目的，成为每个人自由全面发展的内在需要时，自由王国才真正到来。

(2)关于危机、信用和一般利润率下降规律的理解。福尔格拉夫②、格尔特·罗伊藤等人认为，《资本论》自始至终都是一部未完成的著作。马克思虽然写下了大量手稿，但基本上都是未定型的、开放性的，甚至

---

① 《马克思恩格斯全集》，中文 2 版，第 46 卷，人民出版社 2003 年版，第 928—929 页。

② ［德］福尔格拉芙：《对〈资本论〉的新认识》，《马克思主义与现实》2014 年第 3 期。

认为其中的一些材料已无法适应资本主义的最新发展,力图以美国为"典型地点"来重新修订《资本论》第 1 卷,并重写《资本论》第 3 卷的部分内容。然而,令人遗憾的是,这些工作并没有完成。而恩格斯在编辑第 3 卷时,并没有考虑到这些情况,径直把其中一些需要修正或放弃的思想变成了最终定稿,"非常错误地干涉了马克思的本意"①。里贾纳·罗斯更是直截了当地指出,恩格斯在编辑危机理论、信用和一般利润率下降部分时,完全改变或夸大了马克思的原意,"恩格斯将马克思所用的利润率的'下降趋势'这一表达方式改变为具有强烈色彩的'崩溃'(资本主义生产的崩溃),并且将'利润率下降这个过程将不可避免地导致资本主义生产的快速崩溃'这句话移到这一段的结尾,恩格斯将这句话看作一种'综合性的思考'……马克思原始手稿整理过程中的另外一个突出之处,是在第五篇关于利息、企业利润、信用等问题的阐述中,因为前面提到的大量摘录都包括在这里。马克思自己不能决定该如何去妥善处理那些分析研究中碰到的部分难题……马克思给后人留下一个开放性的问题,这就是信用系统的法律管理究竟是受资本发展一般水平的制约?还是受占优势的社会历史条件等因素的影响?恩格斯在他重新整理过的版本中,选择了第一种解释。"②

　　面对这些新的观点,我们如何回应当代西方学者在《资本论》及其手

---

① [荷]格尔特·罗伊藤:《马克思的一般利润率转化:方法论和理论的障碍》,见[意]理查德·贝洛菲尔等:《重读马克思》,东方出版社 2010 年版,第 276—277 页。

② [德]里贾纳·罗斯:《MEGA 中马克思的原始手稿:关于〈资本论〉的另一种观点》,见[意]理查德·贝洛菲尔等:《重读马克思》,东方出版社 2010 年版,第 62—63 页。

稿问题上制造的新的马克思恩格斯对立论或差异论，就是一个至关重要的问题。

（一）如何正确看待 MEGA2 及其编辑原则

为了弄清楚这个问题，我们有必要梳理下 MEGA 的历史，以便澄清 MEGA2 的本质。马克思恩格斯逝世后，出版马克思恩格斯全集的计划也提上日程。1910 年，奥地利马克思主义者建议德国社会民主党执委会成立专门的委员会，来出版"学术性的"马克思恩格斯全集，但这一计划并没有受到德国社会民主党的重视。随着十月革命的胜利，新成立的马克思恩格斯研究院在列宁的支持下采纳了这一计划，出版发行了"历史批判版全集"，即历史上的 MEGA1。

关于这一全集的编辑原则，梁赞诺夫曾指出："我们的版本所追求的最为重要的目的是，必须让马克思和恩格斯完整的思想全貌在所有领域内都能够为学术研究所利用。因此，我们摒除任何主观的介入或解释，将重中之重放在严格意义上的准确的文本再现上。"①从这段引文中，可以看出，"科学性、完整性、准确性"构成了这一全集的首要品格，这也是一些学者把 MEGA1 称为学术版全集的根本依据。但必须要指出一点，这与西方"马克思学"所主张的"零度意识形态"的价值中立存在着根本差异：它虽然主张以科学的精神来再现马克思恩格斯的文本面貌，但它在最终旨趣上决不像西方"马克思学"那样，完全消解意识形态的影响，相反，它的最终目的是为苏联社会主义和布尔什维克党服务

---

① *Marx-Engels-Gesamtausgabe*，Band 1/1，Frankfurt：Marx-Engels-Archiv Verlagsgesellschaft，1927，S. XXVII.

的。这主要表现在两个方面：第一，MEGA1 项目本身是苏联与第二国际争夺马克思主义最高解释权的产物。马克思恩格斯逝世之后，第二国际成为马克思主义话语权的主导者，为了与第二国际争夺马克思主义解释权，苏联马克思恩格斯研究院通过各种途径，广泛收集马克思恩格斯的著作、手稿和书信，并在此基础上，整理出版了 MEGA1，最终取代了第二国际成为马克思主义话语权的主导者，取得了这场意识形态斗争的胜利。从这点来看，MEGA1 并不只是出于学术研究的考量，也是出于争夺话语权的需要。第二，MEGA1 项目是在列宁的全面支持下进行的，他对这一项目的根本期待是要"让广大工人阶级读到真正的马克思"①，而这点无疑影响了梁赞诺夫。后者之所以采取科学精神，完整再现马克思恩格斯的文本原貌，根本目的并不是要放弃马克思主义意识形态的指导地位，相反，而是为苏联的意识形态服务的。这些都清楚地表明，MEGA1 作为一项"国家"事业，决不可能是一项纯粹的学术事业，它本身就"肩负着国家意识形态"的历史使命②，决不可把梁赞诺夫的编辑原则与西方"马克思学"的"零度意识形态"相提并论，这不仅是非法的，而且是荒谬的。这种政治性在 1930 年之后变得更加明显。在梁赞诺夫那里，MEGA1 在学术性和政治性之间始终保持着某种均衡关系，但到了阿多拉斯基时期，这种均衡关系被打破了，结果，原有的学术性渐渐沦为政治的外在装饰。在此后不久，MEGA1 项目停止了实质性编纂，被迫中断。

---

① W. W. Adoratski，"Achtzehn Jahre"，*Genosse Lenin*，Berlin，1967.

② 参见［韩］郑文吉：《尼伯龙的宝藏》，南京大学出版社 2012 年版，第三部分第四章和第四部分第一章。

随着斯大林的逝世，以及党内反个人崇拜和教条主义呼声的日益高涨，新 MEGA 计划得以形成和发展起来。总体来看，这一时期可以分为两个阶段：一是从 20 世纪 70 年代到苏东剧变之前，这是 MEGA 的复兴和发展时期；二是苏东剧变之后，这是新 MEGA 的重建时期。

我们先来看第一阶段。苏共二十大以后，莫斯科研究院与柏林研究院经过多方协商，最终达成合作协议：放弃旧 MEGA 计划，按照新的编辑原则来重新编纂马克思恩格斯全集，历史上把后者称为 MEGA2。与旧 MEGA 相比，新 MEGA 的编辑原则主要体现在三个方面：（1）完整性原则。MEGA1 在内容上并不包括马克思恩格斯与第三方之间的通信以及马克思恩格斯的摘录笔记，而新 MEGA 则力图全面再现、出版马克思恩格斯的所有文本，最大限度地忠实于完整性原则。（2）"一视同仁"原则。新 MEGA 主张以最新的历史编纂理论为基础，摒弃对文本本身的价值评估，把草稿、摘录笔记、初版本、最终定稿等所有文本形态看作具有同等价值的文本，否定最终定稿的优先权，这与 MEGA1 存在天壤之别。（3）文本发生学原则。新 MEGA 不像 MEGA1 那样力图编纂出最符合作者意图的"定稿文本"，而是主张以文本写作时间为准，全面再现文本从草稿到最终定稿的全过程。

从这些原则来看，新 MEGA 编委会试图恢复 MEGA 的学术传统，力图将 MEGA2 打造成最高水平的学术版全集。但在实际编纂过程中，这种学术化倾向并没有得到彻底贯彻。因为出版如此庞大的 MEGA2 计划，需要巨大的财力和人力支持，如果没有苏联的大力支持，这一计划只能是水中镜像，可望而不可及。这就意味着，在执行过程中，新 MEGA 必然要受到政治意识形态的影响。比如，虽然新 MEGA 的编辑原则是要忠实于原著，但它在序言、注释和索引中无不体现出政治意识形态的影响，不得不在学术性与意识形态之间寻求妥协。这就注定了，在政治意识形态的夹缝中，纯粹学术化只是一种幻想。因此，虽然新MEGA秉承"完整性、高学术"的标准，但在政治的压力下，不得不打上了苏联意识形态的烙印，后者直接决定了新 MEGA 项目的存亡，这一点在随后的历史事件中得到了明确的印证。

1989—1990 年，柏林墙的倒塌和苏东剧变，使得原来的新 MEGA 编委会解散，东德也由原来的执政党变成在野党，沦为次要的小党派，在人力、财力各方面都受到严重限制，新 MEGA 项目被迫中止。为了挽救新MEGA计划，荷兰国际社会历史研究所承担起了历史重任，于1990 年 5 月，同莫斯科马克思列宁主义研究院、德国勃兰登堡科学院和马克思故居基金会联合签署协议，决定成立"国际马克思恩格斯基金会"，专门负责新 MEGA 的发行，以摆脱 MEGA 项目对国家的依赖。在这种情况下，荷兰和德国取代了原来的东德和苏联成为 MEGA 项目的新中心。

在总结前面 MEGA 项目失败教训的基础上，马克思恩格斯基金会意识到，作为一个庞大的学术项目，必须要摆脱以往党派政治的制约，拥有独立的地位和财力来源，才能保证项目的顺利开展。因此，马克思恩格斯基金会第一个需要改革的课题，就是"彻底"去除政党意识形态的影响，全面推行学术化原则。就是在这种背景下，他们制定了"去政治化、去意识形态化、完整性、高学术和国际化"的编辑准则，由此实现了 MEGA 编辑原则的重大转变，即从原来服务于政党意识形态转变为"价值中立"的学术研究，力图按照马克思恩格斯文本流传下来的原貌来编纂新 MEGA，彻底实现了 MEGA 的学院化转向，在世界范围内产生了广泛影响。

通过上述分析，我们可以得出以下几点结论：第一，MEGA1 和 1990 年之前的 MEGA2 决不是去意识形态化的纯粹学术版全集，它们都打上了鲜明的意识形态烙印。第二，前后两个阶段的 MEGA2 在价值指向上是完全相反的：1990 年之前的 MEGA2 虽然秉持"学术版"的理念，但在价值导向上却是为政党服务的；而 1990 年之后的 MEGA2（以下简称"学园版 MEGA"①）则走向了反面，力图彻底去除政党意识形态的影响。第三，马克思主义不只是一种历史科学，更是无产阶级改造世界的科学指南。这种双重性质决定了，MEGA 决不可能被还原为一种单纯的学术行为，而 1990 年之后的 MEGA 却仅从学术视角来再现马克思恩格斯的文本状态，无疑碾平了马克思恩格斯文本的独特性，背离了马克思主义的实践旨趣。

那么，我们如何看待学园版 MEGA 及其编辑原则呢？首先，我们必须充分肯定学园版 MEGA 的文献意义。第一，学园版 MEGA 是记录马克思恩格斯思想的原始文献，通过对这些知识宝库的研究，不仅能够深化我们对马克思恩格斯思想的理解，而且也能为我们全景式地再现马克思恩格斯思想的形成过程，提供扎实的文献支撑。第二，有助于我们深化对马克思恩格斯思想差异的研究。比如，在《资本论》问题上，学园版 MEGA 主张去除恩格斯的一切编辑和修订，按照马克思原初手稿的

---

① 由于此后 MEGA 的出版机构从原来的狄茨出版社改为学园出版社（Akademie Verlag），因此，1990 年之后的 MEGA2 也被称为学园版 MEGA。参见夏凡：《学园版 MEGA 与西方马克思学的渗透》，《南京社会科学》2007 年第 10 期。

顺序，还原《资本论》第 2、第 3 卷的真实面目。可以说，这种编辑方案为我们深化对马克思恩格斯思想差异（"两条道路"）的研究，提供了最直接的文献依据。但必须看到，这种做法也存在巨大风险。第三，在阿多拉斯基时期，MEGA1 过度强调意识形态功能，为了达到政治目的，任意调整、修改和删除马克思恩格斯的原始文本，破坏了文稿的原初样态，致使 MEGA1 沦为政治的婢女。而学园版 MEGA 无疑在学术上实现了对传统编辑原则的超越，使马克思恩格斯著作的出版水平达到了一个新高度，为我们了解马克思恩格斯著作的"本真状态"，提供了一定的文献依据。

但必须强调一点，我们决不能以此为据，过分抬高学园版 MEGA 的价值，更不能将它遵奉为我国马克思主义研究的范本和楷模，这样不仅会扭曲马克思恩格斯思想的原意，而且也会对我国马克思主义研究产生恶劣影响。

首先，这种做法会过分抬高非定稿文本的历史地位，把所有文字神圣化，以此制造"两个马克思"的神话。马克思一生给我们留下了大量的手稿和文献，在总体上，可以分为三种类型：第一，是公开出版或发表的著作和论文；第二，是未完成的手稿以及各种关于学术研究的书信；第三，是马克思的读书摘录和心得笔记。[1] 自马克思恩格斯逝世以来，人们依据不同的文本类型建构了不同的"马克思像"。在传统教科书体系和 MEGA1 中，第一类文本的价值无疑高于第二类，而第二类又高于第三类，这也是 MEGA1 将第三类文本排除在外的根本原因，显然这种编

---

① 参见张一兵：《回到马克思》，江苏人民出版社 1999 年版，第 13 页。

辑无法为我们研究马克思恩格斯的思想萌芽提供便利。但与此相反，学园版 MEGA 又走向了另一种极端，它摒弃了对各种文本的价值评估，将摘要、手稿、初版本、最终定本一视同仁，按照同等价值进行编辑出版，这样无疑就把所有文本都神圣化了，从而导致这样一种倾向，即把马克思恩格斯在摘录笔记或手稿中形成的不成熟的思想神圣化，由此制造出"马克思反对马克思"或"恩格斯反对马克思"的神话。

其次，会导致"本真马克思"崇拜。学园版 MEGA 主张价值中立，以文本写作顺序为依据，全面再现马克思从摘录笔记、草稿到最终定稿的原生态过程，力图还原一个真实的、"平民的"马克思。这在一定程度上能够为我们重新审视马克思的学术成长过程，提供直接的文本依据。但仔细分析，不难发现，这一主张其实犯了与传统教科书同样的逻辑错误：前者通过抬高公开发表的著作、贬低未发表的著作，制造出一个充满神话的马克思，并把它奉为"本真的马克思"；而学园版 MEGA 则通过假定所有文本都具有同等价值，力图以时间顺序"复原"马克思思想的发展过程，以此再现一个客观的、本真的马克思。虽然两者采用的方式不同，但在目标上却殊途同归：前者通过神秘化的政治强制，塑造"本真的马克思"；而后者则通过神圣化的历史考证，再现"客观的马克思"。二者在逻辑上是同质的，都是一种"本真的马克思"崇拜。这恰恰就是学园版 MEGA 的意识形态所在。

再次，会导致解构主义，消解马克思主义的合法性。众所周知，马克思恩格斯的著作除了具有学术性之外，还具有浓厚的实践旨向，即为无产阶级革命提供科学的理论指导。这种双重性质决定了我们在研究马克思恩格斯著作时，必须同时兼顾科学性与意识形态性。显然 MEGA1

（阿多拉斯基时期）与学园版 MEGA 都没有正确处理好二者的关系：前者用意识形态统摄学术，使学术沦为政治的装点；而学园版 MEGA 又走向了反面，它在解构苏联意识形态的同时，把马克思恩格斯文本的实践旨趣也解构了，陷入到纯学术化的囹圄之中。前者是一种以政治意识形态为主导的建构主义；后者则是一种以"零度意识形态"为主导的解构主义，完全割裂了马克思恩格斯思想与社会历史实践之间的内在联系，单纯从学术入手将其还原为德国思想内部的一种"知识"争论，彻底阉割了马克思恩格斯思想的实践旨趣。比如，在《德意志意识形态》的编辑上，学园版 MEGA 完全放弃了原来主题卷的编辑方针，把《德意志意识形态》编辑成马克思、恩格斯、赫斯、魏德迈等人在不同时期所写的论文集，实现了从"主题卷"到"论文集"的彻底转变。这种做法无疑消解了《德意志意识形态》在马克思主义发展史上的历史地位，仅仅将其还原为德国思想界的一种学术争论，彻底瓦解了马克思主义的合法性；同样，它对《资本论》的编辑也是如此，最终将作为有机整体的《资本论》解构为各自独立的手稿片断，彻底消解了《资本论》的合法性。

通过上述梳理，我们可以得出如下结论：决不能因为强调哲学的党性原则，就对原始文本做随意的调整、修改和删减；同样，也决不能因为强调文本的"本真性"，就有意无意地消解马克思主义的基本立场、观点和方法，更不能依据 MEGA2 的编辑原则，来彻底否定《德意志意识形态》和《资本论》的合法性，由此制造马克思恩格斯在整个《资本论》问题上的彻底对立。实际上，文献考证只是一个基础工作，或者说只是思想史研究的一种预备方法，即校勘文字、确定文本的创作编年等，进而为思想史研究提供有效支撑，但它本身并不能代替思想史研究；换言之，它既可以服务于马克思主义理论研究，也可以用来解构马克思主义。因此，在使用这一方法时，必须坚持马克思主义的意识形态导向，时刻警惕和反对以这种方法为支撑来解构马克思主义的各种错误倾向，决不能将其视为我国马克思主义理论研究的主导方法，更不能将其奉为我国马克思主义研究的模板，否则的话，必将会对我国马克思主义意识形态产生巨大冲击。

(二)如何看待恩格斯的编辑

关于《资本论》第 2 卷的编辑过程，恩格斯指出："要完成《资本论》第二册的付印工作，使本书既成为一部连贯的、尽可能完整的著作，又成为一部只是作者的而不是编者的著作，这不是一件容易的事情。留下的文稿很多，多半带有片断性质，所以要完成这个任务就更为困难。至多只有一稿(第Ⅳ稿)已经过彻底校订，可以照原样付印。但是，由于有了以后的文稿，这一稿的大部分也变得陈旧了。材料的主要部分，虽然在实质上已经大体完成，但是在文字上没有经过推敲，使用的是马克思写摘要时惯用的语句：不讲究文体，有随便的、往往是粗鲁而诙谐的措辞和用语……有些部分作了详细的论述，而另一些同样重要的部分只是作了一些提示……我只是把这些手稿尽可能逐字地抄录下来；在文体上，仅仅改动了马克思自己也会改动的地方，只是在绝对必要而且意思不会引起怀疑的地方，才加进几句解释性的话和承上启下的字句。意思上只要略有疑难的句子，我就宁愿原封不动地编入。我所改写和插入的文句，总共还不到 10 个印刷页，而且只是形式上的改动。"①

　　针对第 3 卷的编辑或修订情况，恩格斯说："我的工作首先是按照原文把全部手稿口授一遍，弄出一个易读的抄本；这个手稿的原文，甚至我也往往费很大劲才能辨认。这件事就花费了相当多的时间。抄完以后，才能开始真正的编辑工作。我把这种编辑工作限制在最必要的范围内。凡是意义明白的地方，我总是尽可能保存初稿的面貌。个别重复的地方，我也没有删去，因为在那些地方，像马克思通常所做的那样，问题总是从另一个角度来论述，或至少是用另一种说法来表达。在我所作的改动或增补已经超出单纯编辑的范围的地方，或在我必须利用马克思提供的实际材料，哪怕尽可能按照马克思的精神而自行得出结论的地方，我都用方括号括起来，并附上我的姓名的缩写。我加的脚注有时没有用括号；但是，凡是注的末尾附有我的姓名的缩写的地方，这个注就全部由我负责。"②在此之后，恩格斯详细说明了第 3 卷每一部分的编辑或修改情况。③

　　那么，如何看待恩格斯的这些编辑或修改呢？

　　首先，必须从马克思主义的政治高度来看待恩格斯的编辑工作。作为"工人阶级的圣经"，《资本论》一开始就不是一部纯学术著作，它包含着鲜明的政治导向和实践旨趣，即为工人阶级斗争提供科学依据。令人遗憾的是，马克思生前只完成了《资本论》第 1 卷，并没有完成《资本论》

　　① 《马克思恩格斯全集》，中文 2 版，第 45 卷，人民出版社 2003 年版，第 3—4 页。
　　② 《马克思恩格斯全集》，中文 2 版，第 46 卷，人民出版社 2003 年版，第 7 页。
　　③ 同上书，第 8—11 页。

第 2、第 3 卷的撰写和出版工作。作为马克思生前最亲密的革命战友，恩格斯依据马克思留下来的大量手稿，整理、编辑出版了《资本论》第 2、第 3 卷，将《资本论》作为一个有机整体完整地再现了出来，完成了战友的生前遗愿，为工人阶级斗争提供了最为直接的理论依据。从这个角度而言，恩格斯的编辑工作本身就是马克思主义的传播和发展以及国际共产主义运动不可分割的重要组成部分。因此，决不能抛开国际工人运动实践、马克思主义传播发展史以及马克思恩格斯的政治旨趣，单纯从纯文本或文献考证的角度来看待恩格斯的编辑工作。如马西米利亚诺·托姆巴所说："马克思恩格斯著作历史考证版（MEGA2）使以新的哲学方法来重新解读马克思成为可能。然而，如果它们没有给我们留出一个解释和运用马克思的新开始的余地，这些著作并不真正意味着更多的东西。人们解读马克思不可能没有马克思主义及其解释的积淀。甚至哲学都不是中立的。作为'纯'文本的马克思文本，去除其政治背景，不存在任何更多的东西。事实上它们并不曾这样存在过。从根本上说，我们在这里面对着两位作者一个唯一的考证版的事实就是一个明证……这些文本包括一个固有的政治维度。他们不可能在政治上与工人运动相分离的事实是学术界难以接受他们的原因。没有解释性的积淀及其在阶级斗争中的政治作用，马克思的文本就不存在。那种将它置于哲学的玻璃柜、恢复其经济学和社会科学的客观性的当代企图，本身就是阶级斗争的一部分：那种反对马克思分析中的政治内容的看法，目的是制造一个不要阶级斗争的、去政治化的马克思。"①因此，那种力图通过马克思原稿与恩格斯编辑稿的对比分析，来解构《资本论》的做法，本身就抹杀了这种编辑背后的政治导向，妄图将恩格斯的工作从工人运动实践和马克思主义发展史的谱系中分离出来，将其还原为一种单纯的文字工作，这本身就是一种历史虚无主义和政治解构主义，必须坚决抵制。

其次，必须具体地、历史地看待恩格斯的编辑工作。通过恩格斯的说明，可以看出，他的编辑和改动大致包括以下几种情况：(1)纯文字或文体上的修改，以符合出版和阅读规范。(2)在不改变马克思原意的情况下，根据上下文需要，加入一些解释性的话或过渡句。(3)手稿和材料的取舍、压缩与重组。根据内容需要，对部分手稿和材料进行加工取舍、压缩或重组，将其放入适当的章节之中，或符合上下文的逻辑需要。(4)计算公式的完善和修改，如剩余价值率和利润率关系的数学计算、利润率的计算公式等。② (5)内容上的改动、续写和增补，并标注出自己的姓名缩写。(6)在整体上，把分散的手稿整理成内在连贯的、尽可能完整的著作，如此等等。其中，前两类修改并没有引起太多争议，主要是后几类编辑和修改，成为当代西方学者重新制造马克思恩格斯对立论的主要口实。客观地说，这种编辑和修改不可能没有恩格斯主观意图的介入，但就像恩格斯指出的那样，这种意图是"限制在最必要的范围内"；而那些超出编辑范围之外的修改和增补，恩格斯都标注了自己的名字，目的也是为了让人们更好地理解马克思的思想。作为无产

---

① ［意］马西米利亚诺·托姆巴：《从资本的历史到〈资本论〉中的历史》，见［意］理查德·贝洛菲尔等：《重读马克思》，东方出版社2010年版，第254—255页。

② 《马克思恩格斯全集》，中文2版，第46卷，人民出版社2003年版，第8页。

阶级革命导师，马克思恩格斯有责任有义务为工人阶级斗争提供成熟的、科学的理论指南。这种政治使命感决定了他们不可能也不会将那些不成熟的、未定型的手稿直接公布于众，否则，就会给工人运动及其革命纲领带来不必要的麻烦和混乱。从这个角度而言，恩格斯将手稿整理成内在连贯的、尽可能完整的著作，本身是符合马克思的遗愿的。还有一些学者断言说，马克思晚年打算以美国为典型，重新修正《资本论》第1卷的思想，或重写《资本论》第2、第3卷的部分内容，并以此为由，批判恩格斯对《资本论》的编辑未能有效反映马克思的思想进展。这一说法看似合理，实则不然。马克思晚年的确有此意向，甚至我们也相信，通过对美国资本主义的研究，马克思可能会提出一些新想法新观点，但这一切终究是假设，马克思生前毕竟没有完成这一工作，因此，我们决不能以此为由来指责恩格斯的编辑工作。作为马克思遗愿的执行人，恩格斯的主要任务是把马克思在当时情况下所形成的历史的、具体的思想完整地、真实地再现出来，而不是把那些马克思想写却没有完成的思想"撰写"出来，那样的话，《资本论》就真的不是马克思的著作了。针对这一点，恩格斯在关于第五篇的编辑说明中已经解释得非常清楚了："起初我曾试图像对第一篇在某种程度上已经做过的那样来编辑这一篇，即把空白补足，对只有提示的片断进行加工，使这一篇至少可以接近于作者原来打算写成的那个样子。我至少这样试了三次，但每一次都失败了……最后，我看到这条路是走不通的。要是这样做，我就得涉猎这方面的全部浩瀚的文献，而最后搞成的东西，就不会是马克思的著作了。"①

---

① 《马克思恩格斯全集》，中文2版，第46卷，人民出版社2003年版，第9页。

从一系列分散的手稿到一部有机联系的完整著作，这种编辑过程无疑倾注了恩格斯的大量心血。作为马克思主义的共同创始人，恩格斯不可能像 MEGA2 那样原封不动地把马克思的原始手稿再现出来，这既不符合马克思的本意，也不符合马克思主义和工人运动的实践需要；同时，他更不可能以当事人的口吻续写《资本论》，而是尽可能在尊重马克思原意的前提下，对原始手稿进行适当的编辑和整理，使之成为内在一贯的完整著作。这种编辑和修订，不论在当时还是现在看来，都是必要的、必需的。今天，MEGA2 却反其道而行之，主张去除恩格斯的编辑，以手稿的原始面貌刊载《资本论》手稿，这在文献上是合理的，但在政治上却是反动的。我们必须具体地、历史地看待恩格斯的编辑和修改工作，决不能因为恩格斯做了一些改动或增补，就否认恩格斯的历史贡献；更不能基于单纯的文本考证，就故意制造马克思恩格斯对立论，彻底否定《资本论》的合法性。这些都是错误的。

最后，必须科学地、准确地看待马克思恩格斯之间的思想差异。作为两个不同主体，马克思恩格斯的思想不可能完全一致，更不可能完全一样，即使是同一个人在不同时期思想都会发生变化，何况是两个不同的人。因此，在编辑《资本论》的过程中，恩格斯对相关问题的理解略不同于马克思，也纯属正常，关键是我们如何看待这些差异。在这里，我认为，必须区分以下几种情况：（1）客观存在的思想差异。在笔者看来，马克思恩格斯关于《资本论》第 1 卷"商品"章的理解确实略有差异：恩格斯的确将其理解为"简单商品生产"，而马克思则更多地将其理解为"资本主义商品生产"；再譬如，两人在自由王国和必然王国的划分标准上也确实存在差异。这些都是可以通过对两人的文本分析得出来的客观结论。(2)为了完善马克思的理论,恩格斯所做的一些必要性修改,最为典型的就是危机、金融资本、信用和利润率部分。譬如,关于利润率公式问题,恩格斯说:"第三章的利润率公式实际上需要作一些修改才能普遍适用。"①再譬如,关于危机、金融资本、信用等部分的编辑,恩格斯说:"真正的困难是从第三十章开始。从这章起,不仅要整理引证的材料,而且要整理思路,因为思路不时为插入的句子、离题的论述等等所打断,然后再在别处展开,而且往往是完全附带地展开的。因此,第三十章是经过挪动和删节编成的……手稿中接着是题为《混乱》的一长篇东西,都是议会关于1848年和1857年危机的报告的摘录……我经过多次尝试以后,相信要整理好这一章是不可能的。"②一些当代西方学者正是基于恩格斯的修改,制造出所谓开放性与封闭性、多元性与单一性之对立或差异。不过,据恩格斯的论述可知,马克思原稿本身就比较混乱,这种修改是出于对文本的完善,编辑后的定稿也只是一种修改方案,恩格斯自己也不是特别满意。如果以此为由来制造马克思恩格斯之间的新对立,就有点言过其实了。(3)当代西方学者故意制造或夸大出来的差异或对立,如"价值"问题上的对立、《资本论》第1卷与恩格斯编辑的第3卷之间的对立、政治经济学批判方法上的对立等,这些对立或差异实际上都是当代西方学者在曲解恩格斯本意的基础上制造出来的,其中包含着明显的理论错误或潜在的政治图谋。对于这类对立,我们必须要严格基于文本分析,给予彻底批判,坚实捍卫马克思恩格斯在政治

---

① 《马克思恩格斯全集》,中文2版,第46卷,人民出版社2003年版,第8页。
② 同上书,第9—10页。

经济学批判原则和方法论上的内在一致性。

　　总之，一方面，我们既要反对那种打着学术研究或文献考证的旗号，故意制造马克思恩格斯对立论的错误倾向，也要反对那种否认他们之间存在任何差异的"同一人格论"。另一方面，我们必须坚持实事求是的原则，客观公正地看待马克思恩格斯之间的思想差异。作为两个不同主体，马克思恩格斯的思想不可能没有任何差异，在某些具体问题上，这种差异是客观存在的；但必须看到，这种差异只是一种局部或具体观点的差异，而不是整个政治经济学批判原则的对立，决不能因为存在具体差异，就否认他们在《资本论》问题上的内在一致性，更不能将这种差异夸大为批判原则和根本方法上的对立，否则，就完全本末倒置了。

第二章 《资本论》的基本理论及其哲学意义再研究

    国内外学界对《资本论》基本理论的研究已取得了丰硕成果，这也为本课题的研究提供了扎实的文献基础。不过，由于传统研究方法的限制，使得我们对这些基本理论及其哲学意义的挖掘还不够深入。另一方面，在当代西方学界，这些理论又成为他们攻击和批判马克思的重要突破口。因此，如何打破传统学科界限，从政治经济学批判与哲学的联盟入手，重新理解《资本论》的基本理论，深入挖掘它们的哲学意义，并在此基础上，有效回应当代西方学者对《资本论》的曲解、质疑和批判，就显得尤为重要。

第一节　马克思使用价值理论及其哲学意义的当代思考

综观当代国外学界，可以发现，关于马克思使用价值理论的认识，主要有以下三种代表性观点：一是以保罗·斯威齐为代表。他认为，政治经济学是研究人与人之间社会关系的科学，因此，作为体现人与自然关系的使用价值不属于政治经济学的研究范围。[①] 二是以鲍德里亚为代表。他在《符号政治经济学批判》(1972)中指出，马克思完全从"自然的"人的需求来理解使用价值，这样，就预设了使用价值的中立性和无罪性，于是，"使用价值和需求借助于唯心主义的人类学逃脱了历史的逻辑，以一种永恒的形式被铭记：这就是物的有用性的永恒性，拥有需求的人对物的占有的永恒性"[②]。对此，鲍德里亚批判道，这完全是马克思的一种形而上学的幻想，使用价值决不是无罪的，而是由抽象的需要体系和交换价值制造出来的，在本质上是一种典型的拜物教。因此，当马克思赋予使用价值优先性，并力图通过使用价值来颠覆交换价值，建构无产阶级解放路径时，恰恰陷入资产阶级的意识形态之中。三是以萨林斯等为代表。他认为，马克思的使用价值逻辑完全是一种以有用性为基础的功利化逻辑，并不适用于原始社会，因为在后者那里，真正居于

---

① 参见［美］保罗·斯威齐：《资本主义发展论》，陈观烈等译，商务印书馆 1997 年版，第 43 页。

② Jean Baudrillard. *For a Critique of the Political Economy of the Sign*, trans. By Charles Levin, Telos Press, p. 139.

主导地位的是一种文化理性和象征逻辑。这也表明，以实践理性为基础的历史唯物主义，并不是一种普遍适用的历史原理，而只是对资本主义社会的自我认知，根本不可能为我们理解人类历史提供科学指南。也是在此基础上，他提出了文化理性和象征交换逻辑，认为它不仅适用于原始社会，而且也适用于资本主义社会，从而提出了一种更为普遍的文化人类学。在他看来，只有以象征交换和文化理性为支点，才能揭开人类历史发展的神秘面纱：所谓生产不单纯是基于需要的使用价值生产，更是文化秩序本身的生产；历史也不单纯是物质发展的历史，更是文化图式得以延续和传承的历史，这恰恰是整个西方文明发展的独特之处。①同样，鲍德里亚基于莫斯的礼物交换和巴塔耶的无用性逻辑，对马克思的使用价值理论做出了进一步的批判。他指出："在象征性交换中，礼物是我们最为切实的实例，物在此不是一种物：物不能脱离它进行交换的具体关系，同时也不能脱离它在交换中所要转让的部分：物并不那么独立。确切地说，物既没有使用价值，也没有（经济的）交换价值。给定的物所具有的是**象征交换价值**(symbolic exchange value)。"②由此认为，马克思的使用价值理论在本质上是一种人类中心主义的功利化逻辑，完全不适用于原始社会。针对这些观点，我们该如何回应呢？③

---

① 参见［美］萨林斯：《文化与实践理性》，赵丙祥译，上海人民出版社 2002 年版，第 284—285 页。

② Jean Baudrillard. *For a Critique of the Political Economy of the Sign*, trans. By Charles Levin, Telos Press, p. 64.

③ 到目前为止，国内学界关于马克思使用价值理论的研究成果并不多见，在这方面，张一兵教授和仰海峰教授的研究成果值得充分肯定。参见张一兵：《使用价值的形而上学批判——鲍德里亚〈符号政治经济学批判〉解读》，《东南学术》2009 年第 2 期；仰海峰：《使用价值：一个被忽视的哲学范畴》，《山东社会科学》2016 年第 2 期。

一、使用价值在何种情况下进入政治经济学的研究范围

在古典经济学家那里，价值量的分析构成了他们研究的重心，而价值形式和使用价值问题则被视为无关紧要的东西。马克思指出："古典政治经济学的根本缺点之一，就是它从来没有从商品的分析，特别是商品价值的分析中，发现那种正是使价值成为交换价值的价值形式。恰恰是古典政治经济学的最优秀的代表人物，像亚当·斯密和李嘉图，把价值形式看成一种完全无关紧要的东西或在商品本性之外存在的东西。这不仅仅因为价值量的分析把他们的注意力完全吸引住了。还有更深刻的原因"①，即他们将资产阶级生产方式理解为一种永恒的、自然的生产形式，因此，他们自然理解不了价值形式的特殊性，更认识不到使用价值在不同社会关系中所承担的经济功能，而只是简单地将后者视为一种自然属性，排斥在政治经济学的研究范围之外。作为古典经济学的继承人和扬弃者，马克思并没有简单地一刀切，而是区分了两种不同的情况："政治经济学所研究的是财富的特殊社会形式，或者不如说是财富生产的特殊社会形式。财富的材料，不论是主体的，如劳动，还是客体的，如满足自然需要或历史需要的对象，最初对于一切生产时代来说表现为共通的东西。因此，这种材料最初表现为单纯的前提。这种前提完全处在政治经济学的考察范围之外，而只有当这种材料为形式关系所改变或表现为改变这种形式关系的东西时，才进入考察的范围。"②这一点

---

① 《马克思恩格斯全集》，中文 2 版，第 44 卷，人民出版社 2001 年版，第 98—99 页。

② 《马克思恩格斯全集》，中文 2 版，第 31 卷，人民出版社 1998 年版，第 266 页。

在《政治经济学批判。第一分册》中得到了更为明确的表述："同经济的形式规定……无关的使用价值，就是说，作为使用价值的使用价值，不属于政治经济学的研究范围。只有当使用价值本身是形式规定的时候，它才属于后者的研究范围。"①

以此来看，第一种情况是作为使用价值的使用价值。它包括三种类型：(1)自然物的使用价值，比如，空气、水、天然草地等。(2)仅仅作为劳动产品的使用价值。虽然它不同于自然物，是人的劳动产物，但它也只是作为使用价值存在，并不具有形式规定，因而也不进入政治经济学的研究范围。(3)简单流通(W−G−W)中商品的使用价值。与劳动产品相比，商品包含着更为丰富的内涵，它不仅是一种使用价值，更是一种价值关系。然而，在简单流通中，"商品本身——它的特殊性——还是一个无所谓的、只是偶然的和笼统想象的内容，这种内容处于经济的形式关系之外；或者说，这种经济的形式关系只是一种外表上的形式，一种形式上的规定，而真正的实体处在这种规定的范围之外，并且这种规定同上述实体本身根本不发生关系"②。在这里，"使用价值，即内容，商品的自然特性本身，不是作为经济的形式规定而存在的"③。这种使用价值也不属于政治经济学的研究对象。

二是作为特定形式规定的使用价值。在这里，它除了作为一种使用价值外，还被赋予了一种新的规定性，成为社会关系的载体。在这种情况下，使用价值就必须纳入政治经济学的研究范围。具体而言，主要表

① 《马克思恩格斯全集》，中文2版，第31卷，人民出版社1998年版，第420页。
② 《马克思恩格斯全集》，中文2版，第30卷，人民出版社1995年版，第226页。
③ 同上书，第224页。

现在以下几个方面：

(1)货币形式。作为一般等价物，货币具有双重属性：一方面，与其他商品一样，它本身就是一种商品；另一方面，又与其他商品不同，它是一种特殊的商品，是其他一切商品的一般等价物。那么，贵金属为什么会从众多商品中脱颖而出，成为货币关系最适宜的承担者呢？其中，使用价值发挥了重要作用。"因此，对于作为货币关系的主体，即货币关系的化身的贵金属的研究，决不是像蒲鲁东所认为的那样超出了政治经济学的范围。"①政治经济学如果不研究贵金属的使用价值，就无法准确理解货币的形成和发展史。

(2)劳动力商品。资本主义生产过程不仅是物质生产过程，更是价值增殖过程，这就意味着，在资本主义生产过程中，价值决不能像简单商品流通那样，随着使用价值的消费而消失，相反，它必须要在使用价值的消费中保存和增殖自己，"商品不仅是交换价值，而且是使用价值，作为后者，它应该有目的地被消费。当商品用作使用价值，也就是说当它被消费时，交换价值必须同时保存自己，并表现为消费的决定目的的灵魂。商品消失的过程因此必须同时表现为商品消失的消失过程，即表现为再生产过程。因此，商品的消费不是为了直接的享用，而是本身表现为再生产商品交换价值的一个要素。这样一来，交换价值最终不仅是商品的形式，而且表现为商品实体本身燃成的火。"②这种消费不再是满足生理需要的个人消费，而是为了实现资本增殖的生产消费。在这整个

---

① 《马克思恩格斯全集》，中文2版，第30卷，人民出版社1995年版，第124页。
② 《马克思恩格斯全集》，中文2版，第31卷，人民出版社1998年版，第389页。

过程中，只有一种商品能够满足上述条件，即劳动力商品：资本正是通过劳动力使用价值的消费，一方面把不变资本的价值转移到最终产品中去，另一方面创造出一种全新的价值即工资和剩余价值。因此，马克思说："有了商品流通和货币流通，决不是就具备了资本存在的历史条件。只有当生产资料和生活资料的占有者在市场上找到出卖自己劳动力的自由工人的时候，资本才产生；而单是这一历史条件就包含着一部世界史。"①劳动力的使用价值是剩余价值的源泉，因此，政治经济学如果不研究劳动力的使用价值，那就永远揭示不了资本增殖的秘密。

（3）工资。在马克思看来，与其他商品一样，劳动力的价值也是由生产和再生产这种商品所需要的社会必要劳动时间决定的；然而，又与其他商品不同，劳动力不是一种看得见的现成物，而是鲜活个体的一种能力，必须要以活的个体为存在前提。因此，劳动力的再生产在一定程度上表现为个体生命的生产和再生产，因而，"生产劳动力所必要的劳动时间"，可以归结为生产维持个体生存所需要的生活资料的社会必要劳动时间，"或者说，劳动力的价值，就是维持劳动力占有者所必要的生活资料的价值"②。在这种情况下，生活资料的使用价值就不是无关紧要的，而是直接影响劳动力价值或工资的关键环节，因此必须纳入政治经济学的研究范围。

（4）固定资本和流动资本及其周转方式。从物质条件来看，劳动过程表现为各种劳动条件的总合，即劳动材料、劳动资料和活劳动；从形

---

① 《马克思恩格斯全集》，中文 2 版，第 44 卷，人民出版社 2001 年版，第 198 页。
② 同上书，第 199 页。

式来看，前两个要素表现为不变价值，而劳动则表现为创造价值的东西。在资本主义机器大生产之前，虽然这些不同部分都是以使用价值的形式存在的，但它们本身并没有改变资本的存在形态，相反，这三部分只是表现为资本**在量上**的不同分割，表现为资本量的关系。而"在流动资本(原材料和产品)和**固定资本**(劳动资料)之间的差别上，作为使用价值的各要素之间的差别"①，已经不再单纯表现为资本量的分割，而是同时表现为作为资本的资本在形式规定上的差别。在这里，劳动材料和劳动资料已经不再单纯地作为劳动材料和劳动资料存在了，而是在物质形态上取得了各自的独立存在，劳动材料和产品表现为流动资本，而劳动资料表现为固定资本。结果，使用价值上的差别，演化为资本存在形态的差别。另一方面，这种使用价值上的差异，也导致了固定资本与流动资本周转方式的不同：第一，固定资本要想实现为价值，它必须作为使用价值保留在资本家手中，或者说作为物停留在生产过程之中。相反，流动资本，特别是构成工资的流动资本，只有被让渡出去，才表征为资本的价值，当它被保留在资本家手中时，它只是**自在的**、可能的价值，而不是实际的、自为的价值。第二，从流通形式来看，固定资本作为使用价值从不离开生产过程，也从不进入流通过程。它只有作为价值才进入流通过程，而它进入流通的数量，只限于在生产过程中作为使用价值被消耗的那一部分，余下的仍然作为使用价值停留在生产领域。相反，流动资本则不存在形式和内容、使用价值和交换价值之间的这种区别，为了成为交换价值，它必须作为使用价值进入流通，必须作为使用

① 《马克思恩格斯全集》，中文 2 版，第 31 卷，人民出版社 1998 年版，第 90 页。

价值被转让。因此，流动资本不仅作为使用价值进入流通，而且作为价值也进入流通过程。第三，从周转时间来看，由于固定资本只有作为具有使用价值的物质形式，才能在生产过程中发挥作用，因此，它的周转时间是与它作为使用价值的耗费时间相对应的，只有当它的使用价值在生产过程中全部被消耗完，它的价值才会全部被再生产出来，即从流通中流回来。所以，它的再生产时间取决于它在生产过程中被消耗、被消费的时间，取决于它的使用价值的耐久程度。相反，流动资本不仅作为使用价值而且作为价值完全进入流通，就每一次再生产过程而言，都是流动资本的一次完整的生命活动。因此，它的周转时间并不取决于自身使用价值的消耗时间，而是取决于流通时间本身。最后，从价值回流的形式来看，投在固定资本上的那部分价值，是由资本家一次性地全部预付的，但它只有通过逐步转移的方式，在较长时期内才能实现回流；而流动资本却是在短期内一次性地全部实现回流。以此来看，如果说不变资本和可变资本是根据它们在剩余价值生产过程中的不同作用划分的，那么，固定资本和流动资本的区分，则源于它们自身的使用价值及其所导致的周转方式的差异。① 因此，在研究固定资本和流动资本时，使用价值就必须作为经济范畴纳入政治经济学的研究范围，否则，就无法准确理解它们的科学内涵及其社会功能。

（5）地租。肥力程度、所处地段等等只不过是土地的自然属性，在一定条件下，它们并不构成政治经济学的研究对象，但是一旦涉及地

---

① 参见《马克思恩格斯全集》，中文 2 版，第 45 卷，人民出版社 2003 年版，第 187 页。

租，就必须研究这些自然属性。在这方面，李嘉图的级差地租理论是有意义的。他指出，随着人口的不断增长，只有将原来肥力较差的土地不断纳入耕种，才能满足需要，这样，依据土地肥力的下降，会依次产生级差地租。这一理论虽然存在重要缺陷（忽视了绝对地租和另一种形式的级差地租），但它毕竟看到了使用价值对地租的影响。后来马克思进一步完善到，除了李嘉图所说的以下降序列产生的级差地租外，还存在另一种形式的级差地租，即资本连续投在同一块或不同土地上，由于土地肥力的改善程度不同，导致资本的收益率也存在较大不同，进而产生一种上升序列的级差地租。在这两种情况下，都必须研究土地自身的使用价值。

（6）剩余价值实现危机。在资本主义条件下，商品不仅是商品，还是包含剩余价值的商品资本，它虽然是在生产过程中生产出来的，但它的实现却只能在流通中完成，其中具有决定性的一步，就是商品到货币的转变。在这种情况下，使用价值量及其需求量的多少，就是直接关系到剩余价值能否顺利实现的一个重要因素。因此，如果说在简单流通中，使用价值与价值之间的矛盾还停留在形式上，那么，在剩余价值的实现中，这一矛盾已经达到了尖锐的程度。"这一次，这个矛盾不再像在［简单］流通中那样，只是表现为**单纯形式上的差别**，而是表现为：由使用价值来估量产品，在这里被断然规定为由交换者对该产品的总需要，即由总消费量来估量产品。"①如果说在直接生产过程中，价值是主导因素；那么，在剩余价值的实现中，使用价值的需求量则成为主导因

---

① 《马克思恩格斯全集》，中文 2 版，第 30 卷，人民出版社 1995 年版，第 386 页。

素。作为一种特殊的质，使用价值有着特定的用途和特定的量，一旦它超过一定界限，也就不再被消费者需要了。"因此，产品作为**使用价值**在自身中含有某种限制，即对该产品的需要的限制，但这种限制现在不是由生产者的需要来计量，而是由交换者的总需要来计量。当不再需要某种特定的使用价值时，该产品就不再是使用价值。产品作为使用价值是由对它的需要来计量的。一旦产品不再是使用价值，它也就不再是流通对象（因为它不是货币）。"①因此，在流通过程中，剩余价值实现遭遇的"第一个限制就是**消费本身，即对该商品的需要**"②。此时，使用价值量就具有至关重要的意义，如果它远远超过了社会需求的限度，就必然导致相对过剩，出现生产力与购买力之间的矛盾，引发剩余价值实现危机。在这种情况下，使用价值也必须作为经济范畴纳入政治经济学的研究范围。

基于上述分析，可以看出，当斯威齐断言政治经济学不研究使用价值时，恰恰忽视了第二种情况；而当鲍德里亚断言使用价值完全是由交换价值决定时，恰恰忽视了第一种情况。在这一问题上，罗斯多尔斯基的研究具有借鉴意义，是值得肯定的。③

二、使用价值是一种根源于人的需要的形而上学吗

马克思指出："物对于人类生活的有用性使物成为使用价值。"④就

---

① 《马克思恩格斯全集》，中文2版，第30卷，人民出版社1995年版，第385页。
② 同上书，第384页。
③ 参见［德］罗斯多尔斯基：《卡尔·马克思和政治经济学中的使用价值问题》，见《马克思〈资本论〉的形成》，魏埙等译，山东人民出版社1992年版。
④ 马克思：《资本论》第1卷德文第1版，经济科学出版社1987年版，第10页。

此而言，使用价值一方面反映了物的自然属性，另一方面，标示着人与物之间的效用关系。那么，马克思的使用价值是否像鲍德里亚所批判的那样，是根据抽象人的需要而设定的一种形而上学呢？如何理解原始社会中使用价值与象征交换的关系？

首先，马克思所讨论的"人"并不是一种抽象人，而是在特定社会条件下存在的现实的个人。在《德意志意识形态》中，马克思恩格斯的确从人类存在的一般前提入手，讨论了历史存在的物质基础，但这里的人决不是费尔巴哈意义上的"一般人"，也不是施蒂纳的唯我独尊的"唯一者"，而是"现实中的个人，也就是说，这些个人是从事活动的，进行物质生产的，因而是在一定的物质的、不受他们任意支配的界限、前提和条件下活动着的"①。不论是历史唯物主义还是后期的政治经济学批判，都始终坚持从特定的社会关系来分析现实个人的社会属性，反对将人理解为"抽象人"或孤立的"自然人"，区别只是在于前者是一种一般意义上的强调，后者是针对具体社会形态的具体分析。从这个角度而言，将使用价值判定为依据抽象人的需要所做的一种形而上学假设，是完全站不住脚的。这点在《评阿·瓦格纳的"政治经济学教科书"》中得到了进一步的印证："'人'？如果这里指的是'一般的人'这个范畴，那末他根本没有'任何'需要；如果指的是孤立地站在自然面前的人，那末他应该被看做是一种非群居的动物；如果这是一个生活在不论哪种社会形式中的人……那末出发点是，应该具有社会人的一定性质，即他所生活的那个社会的一定性质，因为在这里，生产，即他**获取生活资料的过程**，已经

_____

① 《马克思恩格斯选集》，2版，第1卷，人民出版社1995年版，第71—72页。

具有这样或那样的社会性质。"①任何个人都是在特定社会条件下存在的现实的个人，决不能抛开社会关系抽象地谈论人的需要，否则，那就真的成了一种形而上学了。而马克思一开始就是坚决反对这一思路的。

其次，从自然需要到社会需要：人的需要的历史发展。人们通过自己的实践活动，一方面改造客观自然界，使其转化为属人世界，成为人化自然；另一方面，也改造了人自身的内在自然（自我改变），包括人的需要形式、社会联系和主观世界等。在前资本主义社会，随着人的实践能力的提高，满足人的需要方式也不断发生变化，但在整体上，人的需要始终没有超出本能的自然需要，即为了维持人的生命而不得不满足的生理需要，比如最基本的吃、喝、穿、住等，这是一种由自然必然性所规定的直接需要，这也决定了前资本主义社会中劳动的目的，只是为了使用价值。而现代资产阶级社会则打破了这种需要的直接性，在这里，生产的目的不再是为了满足人的需要，而是为了获取更多的利润。为了达到这一目的，资本必然会越出自然需要的界限，有目的地制造出一些新的需要。黑格尔在《法哲学原理》中敏锐地觉察到了这一点。他指出，所谓自然需要是由人的"吃、喝、穿等"的"自然必然性"②所引发的需要，这是一种非常有限的需要，它构成了传统社会的主导形式。与此不同，现代社会的需要一开始就不是来源于自然生理需要，"不是直接从具有需要的人那里产生出来的，它倒是那些企图从中获得利润的人所制

---

① 《马克思恩格斯全集》，中文1版，第19卷，人民出版社1963年版，第404—405页。

② ［德］黑格尔：《法哲学原理》，范扬等译，商务印书馆1982年版，第208页。

造出来的"①。这是一种超越了直接需要，被有意识地制造出来的社会需要。马克思则更加明确地指出了这一点："资本作为孜孜不倦地追求财富的一般形式的欲望，驱使劳动超过自己自然需要的界限，来为发展丰富的个性创造出物质要素……在这种发展状况下，直接形式的自然必然性消失了；这是因为一种历史地形成的需要代替了自然的需要。"②以此来看，在马克思的视域中，人的需要决不是固定不变的，而是随着人类社会的演进不断变化发展的，具有典型的历史性。这一思路与形而上学存在天壤之别。

再次，使用价值具有双重维度，即人类学维度与历史维度。马克思指出："一个物可以是使用价值而不是价值。在这个物不是以劳动为中介而对人有用的情况下就是这样。例如，空气、处女地、天然草地、野生林等等。一个物可以有用，而且是人类劳动产品，但不是商品。谁用自己的产品来满足自己的需要，他生产的虽然是使用价值，但不是商品。要生产商品，他不仅要生产使用价值，而且要为别人生产使用价值，即生产社会的使用价值。"③以此来看，从自然物到劳动产品再到商品的使用价值，这种演变表明，使用价值本身具有双重维度：一是人类学维度，它反映的是人与自然之间的物质变换关系，这是一种普遍适用的科学抽象；二是针对具体社会形态的历史维度。从人类学的角度来看，使用价值具有普遍性，但在不同的社会形态中，使用价值的占有方式却存在较大差异，完全打上了特定社会形态的历史印记。比如，在原

---

① [德]黑格尔：《法哲学原理》，范扬等译，商务印书馆1982年版，第207页。
② 《马克思恩格斯全集》，中文2版，第30卷，人民出版社1995年版，第286页。
③ 《马克思恩格斯全集》，中文2版，第44卷，人民出版社2001年版，第54页。

始社会中，使用价值由共同体共同支配，这与使用价值的个人占有，以及通过交换而获得使用价值的方式存在本质差异。再譬如，与自然物和劳动产品不同，商品的使用价值并不是为我的，而是为他人生产的，是一种社会性的使用价值。这种使用价值决不是从来就有的，而是在特定的社会关系中被生产出来的。如马克思所说："使用价值——作为'商品'的使用价值——本身具有特殊的历史性质。"①因此，在研究资本主义商品生产时，必须要严格区分使用价值在什么情况下处在政治经济学之外，又在什么情况下进入政治经济学的研究范围，而"不能像李嘉图那样索性把它抽掉，也不能像庸俗的萨伊那样，只是把'有用性'一词郑重其事地当作前提"②。这双重维度是我们理解使用价值性质的关键所在，决不能以历史维度否定人类学维度，也不能用人类学维度代替历史维度。就像物质生产一样，一方面，它是一切人类社会存在的永恒的自然必然性，作为一种社会形态，资本主义也必然遵循这一规律；但另一方面，在资本主义条件下，由于资本关系的存在，物质生产又被赋予了全新的特征：不仅是一般劳动过程，更是价值增殖过程。因此，要揭示资本主义物质生产的独特特质，单纯停留在一般层面是远远不够的，相反，必须深入到价值增殖过程之中，方能完成这一工作。就此而言，当我们在研究使用价值时，也必须坚持人类学维度与历史维度的辩证统一，从一般层面深入到历史之中，准确把握使用价值在特定社会形态中所呈现出来的社会属性。

---

① 《马克思恩格斯全集》，中文 1 版，第 19 卷，人民出版社 1963 年版，第 413 页。
② 《马克思恩格斯全集》，中文 2 版，第 30 卷，人民出版社 1995 年版，第 224 页。

基于上述分析，我们来回应一下鲍德里亚和萨林斯对马克思的批判：首先，使用价值是一种根据人的需要而预设的形而上学吗？答案是否定的。不论是对需要的认识还是对使用价值的分析，马克思始终坚持一般维度与历史维度的辩证统一，既反对基于"一般人"抽象地谈论需要，也反对将需要视为永恒不变的抽象假设，而是具体问题具体分析，这种历史辩证法与形而上学存在本质差别。

其次，萨林斯和鲍德里亚都认为，马克思的使用价值理论是建立在功利化逻辑之上的，然而，二者对历史唯物主义的态度却存在较大差异：前者试图通过象征理性与实践理性的调和，为历史唯物主义增添一种文化维度，进而弥补历史唯物主义的不足，这一工作从《文化与实践理性》开始，到《历史之岛》最终完成。与此不同，鲍德里亚则是要彻底批判历史唯物主义，反对一切有用性逻辑，不仅包括使用价值，而且还包括交换价值和他自己所提出来的符号价值逻辑。那么，如何做到这一点呢？鲍德里亚的回答是：回到象征交换。[1] 这种做法，一方面体现了他反叛整个人类文明的无知立场，另一方面也反映了他的乌托邦式的终极幻想。我们试问，在原始社会和未来社会中，人类难道真的不需要使用价值了吗？人们仅仅依靠象征理性，就能活下来吗？这显然是一种不切实际的幻想。不论何时，一般层面上的使用价值，都始终是人类存在的物质前提。

最后，如何理解原始社会中使用价值与象征交换的关系？在这里，

---

① Jean Baudrillard, *For a Critique of the Political Economy of the Sign*, trans. By Charles Levin, Telos Press, p. 163.

仍需坚持一般维度与历史维度的辩证统一。从一般维度来看，使用价值毫无疑问构成了整个原始共同体及其成员赖以生存的物质前提，因此，轻易断言说使用价值的有用性逻辑不适用于原始社会，只能是一种自欺欺人的幻觉。但是，为什么在原始社会中物的交换会表现为一种象征交换呢？要解答这一问题，就不能停留在一般维度上，必须进入历史维度之中。马克思指出："在生活资料由社员共同生产和共同分配的原始公社里，共同的产品直接满足公社每个社员、每个生产者的生活需要，产品或使用价值的社会性质这里正是在于其**共同的性质**。"①也就是说，在原始社会中，生活资料是由共同体共同占有的，那么，生产出来的产品或使用价值也必然归共同体统一支配，而依附于共同体的每一个"个体"，都不拥有使用价值或产品的所有权。这一点决定了，每一个交换者及其交换的物，均不具有独立性，任何个人都没有资格和权利，将物作为独立的使用价值用于交换，否则的话，这就不是产品交换，而是商品交换了，这恰恰是与共同体的本质属性完全相悖的。因此，在这种关系中，能够被用于交换的物，决不能作为使用价值存在，更不能作为交换价值存在，而只能作为一种象征性的礼物，这正是原始社会象征交换的秘密所在。以此来看，象征交换决不是对马克思使用价值理论的证伪，而是对后者的进一步证明。

三、使用价值逻辑是人类解放的最终依据吗

鲍德里亚认为，马克思的解放逻辑完全是奠基在使用价值之上的：

---

①　《马克思恩格斯全集》，中文1版，第19卷，人民出版社1963年版，第413页。

只要打倒了交换价值，回归使用价值，人类就最终获得了自由和解放。这一观点带有很大的迷惑性。要回应这一批判，必须搞清楚人类解放的真实内涵。马克思曾用"共产主义"、"自由人的联合体"或"自由王国"等来称谓人类解放的未来社会。那么，在这种状况下，使用价值究竟发挥了什么作用呢？

在前资本主义社会，使用价值表现为财富的主导尺度，虽然也存在货币，但后者只是作为一种交换手段存在，并没有真正渗透和支配整个社会的生产过程。进入商业社会，货币一跃从手段上升为目的本身，它不仅是物质财富的一般代表，还是一般财富的社会代表。它所激发出来的致富欲，完全"不同于追求特殊财富的欲望，例如追求服装、武器、首饰、女人、美酒等等的欲望，它只有在一般财富即作为财富的财富个体化为一种特殊物品的时候，也就是说，只有在货币设定在它的第三种规定上的时候，才可能发生。因此，货币不仅是致富欲望的对象"①，而且是致富欲望的唯一对象。它不再与具体的物，而是与抽象的交换价值即货币联系在一起，因此是无止境的。在这种致富欲的推动下，使用价值逐渐被排挤到次要地位：生产活动不再是为了使用价值，而是为了一般交换价值；社会生活也逐渐从对使用价值的直接消费中摆脱出来，日益依赖于产品的出售。于是，旧有的关系逐步解体，货币流通逐渐扩大，整个社会日益从属于交换价值，"在资产阶级社会里，交换价值必定被看作统治的形式，因此**生产者把自己的产品**当作使用价值的**一切直**

---

① 《马克思恩格斯全集》，中文2版，第30卷，人民出版社1995年版，第174页。

接关系都消失了；**一切产品都是交易品**"①。由此，人类社会也进入以物的依赖性为基础的社会形态。随着货币到资本的发展，单纯交换价值的生产已然不够，资本不仅要生产交换价值，更要实现价值增殖，于是，现代市民社会也逐步从商业社会发展为资本主义社会，使用价值完全沦为交换价值和资本的操控对象。那么，如何摆脱这种状况呢？马克思认为，一方面有赖于资本主义矛盾的发展，这是无产阶级革命的客观前提；另一方面，要建立政党，有组织、有计划地领导无产阶级革命。

那么，问题来了，打倒了交换价值，回到一般性的使用价值，人类就最终获得解放了吗？实际上，并非如此。马克思指出，在未来社会中，"真正的财富就是所有个人的发达的生产力。那时，财富的尺度决不再是劳动时间，而是可以自由支配的时间"②。换句话说，在未来社会中，真正的财富既不是交换价值，也不是使用价值，而是每个人的自由全面发展。因此，单纯回到一般性的使用价值，并不能真正彰显马克思人类解放理论的最终归宿。在《哥达纲领批判》中，马克思指出，物质生产摆脱了资本关系的强制，回到一般性的使用价值生产，只是意味着，劳动不再是剩余价值生产的工具，而是转化为物质生活资料的生产，以此来满足整个社会的生存和发展需要。在这里，劳动依然是个人谋生的手段，而分配只能采取按劳分配，后者在本质上依然是一种"资产阶级的法权"③。这也正是马克思所说的后资本主义的社会主义阶段

---

① 《马克思恩格斯全集》，中文 2 版，第 31 卷，人民出版社 1998 年版，第 352—353 页。

② 同上书，第 104 页。

③ 《马克思恩格斯全集》，中文 1 版，第 19 卷，人民出版社 1963 年版，第 21 页。

的主要特征，这离马克思所说的真正意义上的共产主义还存在较大差距。实际上，回到使用价值，只是解放的第一步，因为仅仅停留在这个层面，不论生产效率有多高，"这个领域始终是一个必然王国"①。唯有大力发展生产力，不断节约劳动时间（即缩短使用价值生产时间），增加每个社会成员的自由时间，最终将劳动从物质生产领域中解放出来，使其转化为每个人自由全面发展的内在尺度，只有到了那时，"自由人的联合体"和"自由王国"才真正到来。

由此可见，使用价值逻辑决不是马克思人类解放理论的最终依据，确切地说，这种标准应当是劳动解放：一方面将其从资本关系中解放出来，另一方面，大力发展生产力，将它从物质生产领域中解放出来，超越使用价值逻辑，使其上升为目的本身。只有到了这时，人类才能获得最终解放。但这决不是说，第一，在未来社会中，使用价值不重要了，相反，它依然是未来社会存在的物质前提，"这个自由王国只有建立在必然王国的基础上，才能繁荣起来"②。脱离了物质生产，一切自由王国都是虚幻的。这一分析充分体现了使用价值的人类学维度与历史维度的辩证统一。第二，这种劳动解放决不是马尔库塞和鲍德里亚所说的，是一种浪漫主义的游戏美学，而是马克思基于对资本主义机器大生产的客观分析，所得出来的科学结论。因此，要准确把握劳动与自由的辩证法，就必须全面理解马克思机器大生产理论的哲学意义。③

---

① 《马克思恩格斯全集》，中文 2 版，第 46 卷，人民出版社 2003 年版，第 929 页。
② 同上书，第 929 页。
③ 关于这一问题的详细分析，请参见第三章第三节。

第二节　马克思劳动价值论的革命意义及其当代价值

　　劳动价值论是一个老话题，也是一个新话题。综观当代西方思想发展史，可以发现，劳动价值论一直是西方学者攻击马克思的一个口实。更有甚者，一些学者直接依据当代资本主义的最新变化，武断地宣告马克思的劳动价值论已经过时了。面对这股思潮，国内学界已从多个方面做出了正面回应，但有两个问题始终未能得到有效澄清：第一，劳动价值论的哲学—经济学的革命意义究竟体现在什么地方？第二，当代资本主义的劳动转型，比如非物质劳动、知识生产等，能否动摇劳动价值论的根基？如果不从根本上澄清这两个问题，就无法准确理解马克思劳动价值论的革命意义及其当代价值。

一、马克思价值理论的再思考

　　关于价值概念的理解，存在五种典型的错误倾向：第一种主要以庸俗经济学和边际效用理论为代表，它们直接将价值理解为物品满足人的需要的功用性，不论这种功用性是客观的还是主观的，都彻底抹杀了二者之间的本质区别。第二种是将价值理解为使用价值，这种观点直接把原属于社会关系的产物当成了物本身固有的自然属性，是一种典型的拜物教。第三种主要是将价值理解为交换价值，这一观点直接抹杀了二者的本质区别，将价值诠释为一种外在的表现形式。第四种是将价值看作是类似于理念或绝对精神的一种永恒不变的实体，力图建构一种普遍的价值形而上学。最后，与这种唯实论相反，萨缪尔·贝利则认为，价值并不是一种对象性的客观存在，其在本质上只不过是一个名称，由此实现了对价值范畴的唯名论解构。

而马克思的价值概念恰恰是建立在对上述谬误的批判之上的：首先，在马克思看来，价值是一种完全不同于自然存在的社会属性，因此，将功用性或使用价值诠释为价值范畴，完全是错误的。其次，价值等于交换价值吗？在笔者看来，从《大纲》到《资本论》第一卷德文第 1 版，马克思基本上都是在交换价值的意义上来理解"价值"范畴的，"如果我们以后对'价值'这个词不作进一步的规定，那总是指交换价值"①。这一观点实际上是不准确的。直到《资本论》第一卷德文第 2 版中，马克思才真正形成了不同于交换价值的价值概念，并在此基础上，对前面的理解做了一个自我批判："在本章的开头，我们曾经依照通常的说法，说商品是使用价值和交换价值，严格说来，这是不对的。商品是使用价值或使用物品和'价值'。"②这一观点到了《评阿·瓦格纳的"政治经济学教科书"》中再次得到了明确阐述，严格地将价值与交换价值区分了开来，全面阐述了自己的价值理论。③ 再次，价值是一种实体性的物质存在吗？马克思给出了否定回答：价值绝不是一种类似于自然物质的实体性存在，而是一种非实体性的关系存在，"实际上价值只不过是人和人之间的关系、社会关系在物上的表现，它的物的表现，——人们同他们

---

① 马克思：《资本论》第 1 卷德文第 1 版，经济科学出版社 1987 年版，第 12 页。

② 《马克思恩格斯全集》，中文 2 版，第 44 卷，人民出版社 2001 年版，第 76 页。

③ 参见《马克思恩格斯全集》，中文 1 版，第 19 卷，人民出版社 1963 年版，第 412—413 页。

的相互生产活动的关系"①。因此，作为一种"幽灵般的对象性"，价值绝不是一个物品内在固有的实体属性，它"纯粹是社会的"②，"是这些物的'社会存在'，所以这种对象性也就只能通过它们全面的社会关系来表现"③。复次，价值是传统形而上学所理解的永恒不变的实体吗？在斯密和李嘉图那里，存在一种错误倾向，即试图建构一种"不变的价值尺度"，这样无形之中，也就把价值理解为一种永恒不变的实体了，马克思将这种思维看作是西方理性主义的"本能"④。在《资本论》中，马克思的确也使用了"价值实体"(Substanz)概念，但这里的"实体"与古典学派力图建构的不变实体范畴存在本质差异。马克思指出："价值的'原因'是价值的实体(Substanz)，因而也是内在的价值尺度。"⑤以此来看，马克思语境中的"价值实体"实际上是指价值的内在尺度和原因，也就是无差别的人类劳动。但这种劳动绝不是已经对象化的死劳动，而是再生产某种商品所需要的社会必要的活劳动，因此，随着社会生产的发展，它必然会随之变动。"这样，价值的内在尺度、'共同的单位'、'价值实体'，就不是自我完结的固定的东西，而确实应该说是历史的、社会的各种关系的一个结节，是社会关系的'函数'"⑥，"这种'社会实体'绝不

---

① 《马克思恩格斯全集》，中文 1 版，第 26 卷第三册，人民出版社 1974 年版，第 159 页。

② 《马克思恩格斯全集》，中文 2 版，第 44 卷，人民出版社 2001 年版，第 61 页。

③ 同上书，第 83 页。

④ 《马克思恩格斯全集》，中文 1 版，第 26 卷第三册，人民出版社 1974 年版，第 168 页。

⑤ 同上书，第 177 页。

⑥ ［日］广松涉：《资本论的哲学》，邓习议译，南京大学出版社 2013 年版，第 81 页。

是不变的形而上学的实体"①。最后，价值真的像贝利所说的那样是一种名称吗？答案也是否定的。马克思指出："价值表现为一种抽象，而只有在货币已经确立的时候才可能表现为这样的抽象……因此，在分析展开的过程中不仅会显示出像资本这样的属于一定历史时代的形式所具有的历史性质，而且还会显示出像价值这样的表现为纯粹的抽象的规定，显示出这些规定被抽象出来的那些历史基础，也就是它们只有在其中才能表现为这种抽象的那些历史基础。"②价值是社会发展到一定阶段的特定产物，是一种客观的、非实体性的抽象存在。

厘清这一点，尤为必要，因为价值概念是我们理解马克思政治经济学批判及其哲学意义的重要突破口。这种内涵上的澄清表明，政治经济学批判决不是研究物质实体的经济学，更不是近代哲学意义上的主客二分范式，而是一种以社会关系和阶级关系为研究重心的社会批判理论。因此，政治经济学批判一出场，就意味着对古典经济学、自然唯物主义和近代哲学的全面批判，既是一种经济学革命，也是一场哲学变革。

二、马克思的劳动二重性理论及其哲学—经济学革命

在《资本论》中，马克思指出："古典政治经济学在任何地方也没有明确地和十分有意识地把表现为价值的劳动同表现为产品使用价值的劳

---

① ［日］广松涉：《资本论的哲学》，邓习议译，南京大学出版社2013年版，第76—77页。

② 《马克思恩格斯全集》，中文2版，第31卷，人民出版社1998年版，第180页。

动区分开。"①而这一工作首先是由他"批判地证明的"②，从而提出了劳动二重性理论。那么，马克思做出这一判断的依据是什么？要解答这一问题，就必须回到思想史。

在斯密生活的时代，资本主义工场手工业已经获得了较为充分的发展，现代意义上的分工和交换已经斩断了人与自然的脐带，人已经不能再孤立地生活在小圈子中，靠大自然的恩赐来自给自足了，他必须要依靠别人、依靠交换来维持自己的生计。正是从这一背景出发，斯密认识到，不论是从事农业劳动的人，还是从事工业和商业劳动的人，都必须要出卖自己的剩余物，依赖别人来满足自己的需要。因此，农业劳动、商业劳动和工业劳动在本质上不存在任何差别，它们都是创造财富的劳动，如果说它们之间存在某种差别，那也只是形式上的，是由于分工的不同导致的。也正是在此基础上，斯密抛开一切劳动的特殊形式，提出了劳动一般理论。后者与单纯的经验抽象还存在一定的差异，因为它不是单纯经验归纳的结果，而是资本主义交换王国建构出来的客观事实，因此，劳动一般理论的提出，无疑是政治经济学史的一个重大突破，开创了一种不同于思辨抽象和经验归纳的科学抽象。但是，如果就此将劳动一般等同于马克思的抽象劳动理论，那就大错特错了，因为在斯密这里，这种抽象尚未达到完全科学的层次，还带有较强的经验主义印记。一方面，他指出："一国国民每年的劳动，本来就是供给他们每年消费

---

① 《马克思恩格斯全集》，中文 2 版，第 44 卷，人民出版社 2001 年版，第 98 页。

② 同上书，第 55 页。

的一切生活必需品和便利品的源泉。"①以此来看，斯密不是将劳动一般理解为交换价值的源泉，而是将其理解为"物质财富或使用价值的唯一源泉"②，这既抹杀了自然界的历史作用，也混淆了具体劳动与抽象劳动，在一定程度上又将劳动一般诠释为个体劳动的一种归纳。另一方面，他基于使用价值和交换价值的区分，将具体劳动与普遍劳动诠释为个体劳动的两种不同规定。他指出，在商业社会中，每个劳动都获得了一种全新的规定，它不仅是为了满足自己的需要，同时也是为了满足他人的需要，因此，在分工和交换的作用下，每个劳动都成了一种对整个社会普遍有效的劳动一般。换言之，单个劳动不仅是一种具体劳动，更是一种普遍劳动。因此，在斯密的视域中，所谓具体劳动和普遍劳动决不是两种不同的劳动，而是同一个劳动的两种不同规定，这样，就把普遍劳动理解为每个劳动固有的属性了。这正是他无法建立科学的劳动二重性理论的原因所在。

斯密的这一思路直接影响了后来的黑格尔。不论在《耶拿时期的实在哲学》、《精神现象学》还是《法哲学原理》中，黑格尔都是基于斯密来阐述个体劳动与普遍劳动的。他强调道："个体满足它自己的需要的劳动，既是它自己的需要的满足，同样也是对其他个体的需要的一个满足，并且一个个体要满足它的需要，就只能通过别的个体的劳动才能达到满足的目的——个别的人在他的个别的劳动里本就不自觉地或无意识地在完成这一种普遍的劳动，那么同样，他另外也还当他自己的有意识

---

① ［英］亚当·斯密：《国民财富的性质和原因的研究》上卷，郭大力等译，商务印书馆 2008 年版，第 1 页。

② 《马克思恩格斯全集》，中文 2 版，第 31 卷，人民出版社 1998 年版，第 453 页。

的对象来完成着普遍的劳动；这样，整体就变成他为其献身的事业的整体，并且恰恰由于他这样献出自身，他才从这个整体中复得其自身。"①虽然黑格尔明确提出了个体劳动与普遍劳动之分，但他的整个逻辑与斯密一样，市民社会中的每个劳动在本质上都是一种普遍劳动，后者是蕴含在个体劳动之中的固有属性。他之所以做出这种解读，是与他的哲学逻辑内在一致的：在他看来，绝对精神是一切事物得以存在和发展的本体论依据，任何事物的发展，都是不断超越有限、走向无限的过程。在这里，最具迷惑性的是李嘉图。他斩断了斯密劳动价值论的外在尺度（即价值由交换到的劳动量决定），将后者推进到一个新的高度，认为一切商品的价值都是由它所包含的内在劳动量决定的，这似乎提出了一种更加规范、更加科学的抽象劳动，实际上，这只是一种错觉。李嘉图指出："一切商品，不论是工业制造品、矿产品还是土地产品，规定其交换价值的永远不是在极为有利、并为具有特种生产设施的人所独有的条件下进行生产时已足够用的较小劳动，而是不享有这种便利的人进行生产时所必须投入的较大量劳动；也就是由那些要继续在最不利的条件下进行生产的人所必须投入的较大量劳动。这里所说的最不利条件，是指所需的产量使人们不得不在其下进行生产的最不利条件。"②换言之，真正决定商品价值的，既不是最有利条件下的劳动量，也不是社会平均必要劳动量，而是最不利条件下的最大劳动量。因此，真正决定商品价值的，归根结底，仍是一个直接劳动量；所谓劳动价值论，只不过是说价

---

① ［德］黑格尔：《精神现象学》上卷，贺麟译，商务印书馆1997年版，第234页。

② 《李嘉图著作和通信集》第1卷，斯拉法主编，郭大力等译，商务印书馆1997年版，第60页。

值最终决定于最大化的直接劳动时间。于是，在李嘉图那里，每个商品的价值似乎都是可以通过经验方式测量出来的，经过这种变形，他也就把价值关系，转化为任何一个商品的固有实体了，这恰恰是古典政治经济学形而上学本性的重要表现。因此，当马克思批评古典政治经济学没有有意识地将具体劳动与抽象劳动区分开时，是非常准确的；当他断言古典经济学犯了西方理性主义的本能时，恰恰是一针见血的。

综观马克思思想发展历程，可以发现，劳动二重性和劳动价值论的形成，经过了一个漫长的过程。在《哲学的贫困》中，马克思对李嘉图的劳动价值论采取了一分为二的做法：就工业品而言，商品的价值是由最小劳动量决定的；而就农业品而言，商品的价值是由最大劳动量决定的。[①] 但不论哪种情况，决定商品价值的始终是一个直接劳动量，虽然马克思也提出了"必要劳动时间"范畴，但这里的必要劳动时间，显然不是后来的社会必要劳动时间。到了《大纲》中，马克思则明确区分了使用价值和交换价值，将它们统一诠释为商品的二重属性，并结合资本主义生产过程，提出了几对范畴：(1)活劳动与死劳动。前者是主体的一种潜在能力，后者是已经完成了的物化存在。(2)生产劳动与非生产劳动。前者是指生产剩余价值的雇佣劳动，后者是指不生产剩余价值的劳动，包括服务、商业劳动或各种单纯的物质生产活动，等等。(3)对象化劳动与异化劳动。[②] 前者是生产使用价值的劳动，是一般意义上的劳动；

---

① 参见《马克思恩格斯全集》，中文1版，第4卷，人民出版社1958年版，第183页。
② 参见《马克思恩格斯全集》，中文2版，第31卷，人民出版社1998年版，第244页。这里的内涵与《1844年经济学哲学手稿》存在较大差异，不能简单地将它们等同起来。

后者是生产交换价值或剩余价值的劳动。不过，马克思认为，在资本主义条件下，它们并不是两个独立的过程，而是资本主义劳动过程的两种不同规定。(4)必要劳动与剩余劳动。前者是生产可变资本即工资的劳动，后者是创造剩余价值的劳动。按照后来的解释，这属于抽象劳动时间的内部划分。上述范畴似乎与劳动二重性理论还存在一定差异。在这一著作中，最具相关性的是如下两对范畴：(5)特殊劳动与一般劳动。①在普遍化的商品生产中，单个劳动不仅是生产使用价值的特殊劳动，而且也是生产交换价值的一般劳动。这在某种程度上是斯密逻辑的延续。(6)抽象劳动与特殊劳动。马克思指出：**"劳动作为同表现为资本的货币相对立的使用价值**，不是这种或那种劳动，而是劳动本身，抽象劳动；同自己的特殊规定性决不相干，但是可以有任何一种规定性。当然，对于构成一定资本的特殊实体来说，必须有作为特殊劳动的劳动与之相适应；但是，因为资本本身同自己实体的任何一种特殊性都毫不相干，并且它既是所有这些特殊性的总体，又是所有这些特殊性的抽象，所以，同资本相对立的劳动在主体上也自在地包含有同样的总体和抽象……劳动的特殊技巧越来越成为某种抽象的、无差别的东西，而劳动越来越成为纯粹抽象的活动……单纯形式的活动，或者同样可以说单纯物质的活动，同形式无关的一般意义的活动。"②有的学者依据这段话，认为在《大纲》中马克思已经建立了科学的抽象劳动理论。实际上，这是不准确

①　参见《马克思恩格斯全集》，中文 2 版，第 31 卷，人民出版社 1998 年版，第 121 页。

②　《马克思恩格斯全集》，中文 2 版，第 30 卷，人民出版社 1995 年版，第 254—255 页。强调为引者加。

的。这里马克思想表达的意思是，作为使用价值的劳动，在资本的作用下，越来越转化为一种无差别的抽象劳动，就类似于斯密所说的，在分工的作用下，每个劳动都直接转化为劳动一般，区别只是在于：斯密从商品交换入手确认了这种转化机制，而马克思则从资本生产入手阐述了这种转化过程。但他们的意思却是一样的，即不论是"抽象劳动"还是"劳动一般"都是就**使用价值**而言的，这也是此时马克思将抽象劳动理解为与"作为资本的货币相对立的使用价值"的重要原因。因此，决不能将这里的抽象劳动，简单等同于后来作为价值实体的抽象劳动，因为后者作为交换价值的源泉，从来都不是一种使用价值，更不是肉眼能够看得见的一种实体劳动。换言之，抽象劳动之所以抽象，并不是因为它的技术属性，而是在于它的社会性质。

另一个更为根本的依据是，此时他把直接劳动视为资本主义财富的唯一源泉，并像李嘉图那样将直接劳动时间视为财富的唯一尺度。① 由此推论到：随着资本主义机器大生产的不断发展，直接劳动在生产过程中的作用将会不断下降，一旦它被压缩到一定点，将直接引发资本主义劳动价值论的崩溃，届时，资本主义就要灭亡了。② 以此来看，此时马克思的整个论述完全是以直接劳动为基础的，这本身就是错误的，因为直接劳动从来都不是物质财富的唯一源泉（还包括自然界），更不是价值财富的决定性尺度（抽象劳动）。这表明，此时马克思根本没有克服古典经济学的内在缺陷，更没有建立科学的劳动价值论和劳动二重性理论。

----

① 参见《马克思恩格斯全集》，中文 2 版，第 31 卷，人民出版社 1998 年版，第 94—95 页。

② 同上书，第 101 页。

到了《政治经济学批判。第一分册》中，马克思克服了《大纲》的理论缺陷，系统推进了劳动二重性理论。具体表现在：

第一，明确提出了具体劳动和抽象劳动范畴。他指出，"创造使用价值的劳动"是一种"具体劳动"，而"作为交换价值源泉"的劳动则是"抽象劳动"①。前者是打上劳动者个人特质的特殊劳动，后者是一种无差别的一般人类劳动。

第二，阐明了抽象劳动的科学内涵，超越了斯密和黑格尔的普遍劳动理论。马克思指出："用时间来计量的劳动实际上并不表现为不同主体的劳动，相反地，不同的劳动者个人倒表现为**这种**劳动的简单器官。换句话说，表现在交换价值中的劳动可以叫作**一般人**类劳动。一般人类劳动这个抽象**存在**于平均劳动中。"②以此来看，此时他不再把抽象劳动界定为一种"使用价值"，也不再像斯密那样把劳动一般理解为使用价值或物质财富的源泉，而是将其理解为交换价值的实体；更重要的是，在这里，马克思提出了一种全新的理解思路。如果说在斯密和黑格尔那里，单个劳动借助于交换机制转化为一种普遍劳动，那么，后者能否以个体劳动的形式存在呢？或者说，普遍劳动是个体劳动的简单相加吗？答案是否定的。此时马克思已明确认识到，作为人类无差别的抽象劳动，既不是个体劳动的直接转化，也不是它们的机械相加，而是整个人类劳动在社会生产过程中所呈现出来的一种客观抽象，是扬弃所有个体劳动的一种**平均劳动**。因此，它在本质上决不是肉眼能够看得见的实体

---

① 《马克思恩格斯全集》，中文 2 版，第 31 卷，人民出版社 1998 年版，第 428 页。
② 同上书，第 423 页。

劳动，而是一种只能存在于社会平均劳动中的抽象劳动。以此来看，决不能基于单个劳动来推演抽象劳动，更不能倒过来说，抽象劳动存在于任何一个个体劳动之中，是每个劳动的固有属性，这样就扭曲了抽象劳动的本质内涵，陷入到经验主义的窠臼之中了。从这个角度来说，抽象劳动的形成，无疑实现了对斯密和黑格尔普遍劳动理论的全面超越，是马克思哲学—经济学革命的重要体现。

第三，初步提出了社会必要劳动时间理论，超越了李嘉图的直接劳动价值论。既然抽象劳动是一种社会平均劳动，那就意味着，决定商品价值的，决不是李嘉图所说的最不利条件下的直接劳动量，而只能是社会平均必要劳动量；同样，决定商品价值的劳动时间，也决不是最大化的直接劳动时间，而是社会必要劳动时间，"即在当时一般生产条件下生产另一个同样的商品所需要的劳动时间"①，从而在根本上全面超越了李嘉图的劳动价值论。

第四，从劳动二重性理论出发，批判了古典政治经济学的内在缺陷，揭示了财富的真正源泉。此时他不再把直接劳动当作财富的唯一源泉，并从根本上批判了这一错误观点。"如果认为，劳动就它创造使用价值来说，是它所创造的东西即物质财富的唯一源泉，那就错了。"②具体劳动和自然界共同构成了物质财富的源泉。同样，直接劳动也决不是交换价值的内在尺度，抽象劳动才是"交换价值的、因而也是由交换价值构成的那种财富的唯一源泉"③。后来，这些思想经过进一步概括，

---

① 《马克思恩格斯全集》，中文 2 版，第 31 卷，人民出版社 1998 年版，第 424 页。
② 同上书，第 428—429 页。
③ 同上书，第 427 页。

成为《资本论》第一卷第1版第一章的核心内容。然而，由于多方面的原因，第1版还存在一些不尽如人意的地方，这在后来第2版和法文版的修改中得到了进一步完善。①

那么，劳动价值论和劳动二重性理论的形成具有什么意义呢？首先，它彻底斩断了古典经济学的经验主义和黑格尔的思辨抽象方法，将奠基在历史发生学之上的"现实的抽象"推进到更为科学的层次，本身就是一种方法论革命。其次，它真正奠定了解剖资本主义生理机制的科学基础，如果没有科学的劳动价值论，马克思不可能实现从价值到货币再到资本逻辑的转变，创立剩余价值理论，更不可能实现对资本主义内在矛盾的解剖。就此而言，这一理论的形成不仅深化了前期的历史唯物主义，而且也是他后期政治经济学批判的基石，缺少这一理论作为支撑，马克思不可能实现对资本主义政治—经济以及资产阶级经济学的双重批判。再次，如果说马克思的历史唯物主义是要终结形而上学，那么，仅仅批判近代和现代形而上学是不够的，还必须批判古典政治经济学，因为后者本身就是一种隐蔽的形而上学。另一方面，要真正终结形而上学，单纯停留在哲学层面还是不够的，必须深入到这些形而上学得以存在的社会基础之中，而劳动价值论就是进入这一基础的入口。最后，劳动价值论在本质上是一种劳动价值批判理论，马克思正是要通过劳动价值论的矛盾发展，来扬弃劳动价值论，从而将劳动从价值生产中解放出来，这本身就体现了马克思哲学的革命性和批判性。

① 请参见第一章第一节第四目。

三、非物质劳动能证伪马克思的劳动价值论吗

可以说，自《资本论》发表以来，西方学者对劳动价值论的批判就没停止过。在第一章第二节中，我已经详细梳理了资产阶级经济学对劳动价值论的批判，在此不再赘述。在这里，我主要围绕非物质劳动、知识生产与劳动价值论的关系展开辨析，力图基于当代语境，来证明和捍卫马克思劳动价值论的科学性及其当代价值。

法国学者莫里耶·博当（Moulier-Boutang）、美国学者杰里米·里夫金以及以奈格里、维尔诺（Paolo Virno）、韦塞隆（Carlo Vercellone）、拉扎拉托（Lazzarato）等为代表的意大利自治主义学派指出，从马克思生活的时代到福特制，资本主义劳动过程都是建立在体力劳动与脑力劳动的分离之上的。虽然马克思也预测，在未来社会，一般智力（general intellect，也译为"普遍智能"）将重新与劳动结合起来，彻底改变劳动的方式及其特质，然而，由于历史条件所限，他并没有充分研究这种新型劳动。基于此，上述学者共同指出，以体力劳动为代表的物质劳动占据了马克思的研究重心，同时也构成了他劳动价值论的核心基础。在他那里，所谓劳动创造价值，更多地是指物质劳动创造价值。然而，自 20 世纪 80 年代以来，随着计算机、信息技术和人工智能的不断发展，当代资本主义的劳动方式及其内涵已溢出了马克思当年的分析，发生了翻天覆地的变化。

首先，一般智力与劳动的融合，确立了非物质劳动的统治霸权。里夫金指出，在当代资本主义社会，"所有三个传统经济部门——农业、制造业和服务业——都在经历着技术取代工人的情况，迫使千百万人进

入失业者的名单。唯一正在出现的部门是知识部门，它由一些部门企业家、科学家、技术人员、电脑编程员、专家、教育工作者和咨询人员等精英分子所组成。"①在这里，劳动的内涵已经发生了变化，它不再是传统意义上的体力劳动了，而是转变为知识、科学和技能生产的智力劳动。同时，劳动形式也不再是传统单一的个体劳动，而是团体协作，"经典的泰勒科学管理模式主张脑力劳动和体力劳动截然分开"，这一模式已被废弃了，转变为"一种团队协作的态度"②。于是，人际关系和情感劳动就起到了至关重要的作用，它直接决定了团队合作的圆满程度。为了达到合作的理想效果，当代资本主义必然会强化社交技能、情感劳动在合作中的重要性。在这里，劳动已不再是传统意义上的体力劳动，而是转化为以信息、知识、智力和情感为基础的新型劳动，拉扎拉托、奈格里和哈特将其称为"非物质劳动"③。

其次，智能化生产消灭了传统劳动的生存空间，推动传统雇佣劳动走向终结。里夫金指出："马克思预测说生产自动化的增加最终将完全排斥工人。这位德国哲学家以高瞻远瞩的目光将自动化机器体系在经济过程中最终替代人的情况委婉地称作劳动的最后变形。马克思预见到越来越复杂的机器替代人工情况的不断发展，他说每一次新的技术突破均

---

① ［美］杰里米·里夫金：《工作的终结：后市场时代的来临》，王寅通等译，上海译文出版社 1998 年版，第 3 页。

② 同上书，第 115 页。

③ 参见［意］拉扎拉托：《非物质劳动》，霍炬译，见许纪霖主编：《帝国、都市与现代性》，江苏人民出版社 2006 年版，第 139 页；［美］哈特、［意］奈格里：《帝国——全球化的政治秩序》，江苏人民出版社 2003 年版，第 30 页；Michael Hardt，Antonio Negri，*Multitude*，New York：The Penguin Press，2004，p. 108。

使工人的操作越来越变成机器的运作，这样在一定时候机器就能替代工人……原来的工人劳动变成了机器的转动。"①智能化的发展，彻底粉碎了过去那种以体力劳动为基础的劳动形式，根除了旧式工人的生存空间。"这项工程的结束将标志着以勤劳、创业和大量使用劳动力为特征的 200 年商业传奇故事的结束。"②"正如工业时代淘汰了奴隶劳动，合作时代可能也会终结大量的雇佣劳动。"③它所需要的不再是单纯的体力劳动者，而是以一般智力为特征的非物质劳动者，后者将取代前者成为经济发展的核心动力。当代资本主义将是传统工人走向终结的时代，也是传统劳动消亡的年代。

最后，非物质劳动霸权的确立，宣告了马克思劳动价值论的破产。如果说马克思当年从物质劳动出发，将资产阶级社会界定为工业资本主义，那么，今天如何定位当代资本主义的发展呢？还能固守马克思的劳动价值论吗？他们给出的答案是否定的。当代资本主义非物质劳动的发展已充分证明，物质劳动已不再是价值的源泉，"资本和资本的积累规律……推动了知识的积累过程，并使劳动不再是价值的来源，劳动时间也不再是衡量价值的手段。结果呢，交换价值也不再是衡量使用价值的尺度……换句话说，面对着知识的涌现，马克思关于价值的理论再也站

① ［美］杰里米·里夫金：《工作的终结：后市场时代的来临》，王寅通等译，上海译文出版社 1998 年版，第 22 页。
② ［美］杰里米·里夫金：《第三次工业革命》，张体伟等译，中信出版社 2012 年版，前言第 XXIII 页。
③ 同上书，第 278 页。

不住脚了。"①用博当的话来说，即今天的价值创造不再根源于传统的物质劳动了，而是来源于智力、发明和创造性劳动。② 因此，要认识当代资本主义的发展特质，就必须抛弃马克思的劳动价值论，从非物质劳动入手，来分析当代劳动的根本特征。也是在此基础上，博当提出了"认知资本主义"范式，而哈特、奈格里提出了"帝国"③理论。在这里，传统意义上的体力劳动和工人阶级将逐步走向消亡，而马克思以劳动价值论为基础所建立起来的政治经济学批判和无产阶级革命理论，也将随之失效。也是在此基础上，他们提出了自己的抗争策略，即通过非物质劳动之间的合作，逐步实现对资本的出离，进而实现大众的最终解放。

如何认识这一观点呢？这一思潮的重要贡献在于，看到了当代资本主义劳动方式的转型，并重点分析了以智力、知识、创新等为代表的新型劳动形式。然而，他们并没有由此进一步丰富马克思的劳动价值论，而是走向了反面，以非物质劳动为依据，彻底否认了劳动价值论。综观整个理论逻辑，可以发现，他们最致命的缺陷在于，根本不理解马克思的劳动二重性理论，从而将财富创造和价值生产混淆了起来。④

首先，在马克思看来，创造物质财富的劳动是具体劳动，而生产价

---

① 转引自［法］哈里比：《认知主义，新社会还是理论与政治的死胡同？》，见［英］莱姆克等：《马克思与福柯》，陈元等译，华东师范大学出版社 2007 年版，第 162 页。

② Yann Moulier-Boutang, *Cognitive Capitalism*, Cambridge：Polity Press，2012，p. 55.

③ 参见［美］哈特、［意］奈格里：《帝国——全球化的政治秩序》，江苏人民出版社 2003 年版。

④ 参见［法］哈里比：《认知主义，新社会还是理论与政治的死胡同？》，见［英］莱姆克等：《马克思与福柯》，陈元等译，华东师范大学出版社 2007 年版，第 160 页。

值的劳动则是抽象劳动。从这个角度而言，体力劳动和物质劳动，作为一种具体劳动，并不创造任何价值，它们只能与自然结合，创造物质财富或使用价值。而所谓劳动价值论指的是抽象劳动形成价值，后者是人类总体劳动（包括体力劳动和脑力劳动）在社会关系中所建构出来的一种无差别的一般劳动。因此，当他们断言马克思的劳动价值论是以物质劳动和体力劳动为基础时，本身就是错误的。

其次，非物质劳动能够改变劳动力商品的存在吗？答案是否定的。马克思指出，所谓劳动力是人的体力和智力的总和，虽然传统意义上的体力劳动逐渐被排斥在资本主义生产过程之外，以智力和情感劳动为代表的非物质劳动逐渐占据主导，但这只是意味着劳动力内在素养的转型，不论哪种劳动类型占据主导，并不能真正改变劳动者作为劳动力商品存在的客观属性。就此而言，所谓从物质劳动到非物质劳动的转型，只不过是当代资本主义资本积累对劳动力标准提升的一种外在结果，在本质上并不危及劳动力商品本身，后者依然是资本得以存在并实现自我增殖的根本前提。

再次，在他们看来，今天，非物质劳动已经取代物质劳动，成为当代资本主义的主导霸权，由此断言价值的创造不再来源于传统劳动，而是来源于智力、发明和创造。实际上，这一判断也是有问题的。与物质劳动一样，非物质劳动在本质上也只是一种具体劳动，它所创造出来的东西，只能是一种具体的财富，如知识、信息等，后者作为一种使用价值，像其他物质财富一样，是人类共有的。在这种财富未被价值关系渗透之前，它只是一种使用价值，根本不具有交换价值，更不是所谓的商品，因此，它决不可能成为价值的源泉。只有当这种使用价值成为经济关系的承担者时，这种财富才有可能具有价值属性，成为商品，而生产这种财富的具体劳动（非物质劳动），才有可能在社会关系中转化为无差别的抽象劳动。一旦到了这一步，不论是物质劳动还是非物质劳动，所有一切特质全部消失，用马克思的话来说就是，"各种劳动不再有什么差别，全都化为相同的人类劳动，抽象人类劳动"①。在这种情况下，价值的实体只能是抽象劳动，而决不是非物质劳动本身。

最后，他们认为，随着非物质劳动合作关系的不断深化，它能自动地逃离资本的控制，这种意愿本身是好的，但也透露出一种天真和幼稚。早在150多年前，马克思就曾在《剩余价值学说史》中深刻地指出，为了最大限度地追求剩余价值，资本必然会把非物质劳动纳入到自己的统治之下，将其转化为剩余价值的生产形式。"例如，在学校中，教师对于学校老板，可以是纯粹的雇佣劳动者，这种教育工厂在英国多得很。这些教师对学生来说虽然不是**生产工人**，但是对雇佣他们的老板来说却是生产工人。老板用他的资本交换教师的劳动能力，通过这个过程使自己发财。戏院、娱乐场所等等的老板也是用这种办法发财致富。在这里，演员对观众说来，是艺术家，但是对自己的企业主说来，是**生产工人**。"②这清楚地表明，不论是物质劳动还是非物质劳动，只要它生产剩余价值，就已经深深打上了资本的烙印。就此而言，单纯通过非物质劳动的合作，而不去改变既有的资本关系，能使劳动摆脱交换价值（抽象劳动）的控制，回归一般性的使用价值吗？答案显然是否定的。

---

① 《马克思恩格斯全集》，中文2版，第44卷，人民出版社2001年版，第51页。
② 《马克思恩格斯全集》，中文1版，第26卷第一册，人民出版社1972年版，第443页。

四、"知识价值论"：一个拜物教化的范畴

综观国内外学界，可以发现，知识价值论与劳动价值论的关系问题，并不是什么新鲜话题。在这一问题上，一些学者认为，知识价值论是对劳动价值论的代替和证伪，而大部分学者则认为，知识价值论是对劳动价值论的进一步深化和发展。那么，在 21 世纪的今天，如何回应这一问题，就显得尤为必要，因为这不仅关系到劳动价值论本身的有效性，而且也直接关系到马克思政治经济学批判的整个合法性。

在《资本论》中，马克思指出，物的生产有两种形式：一是劳动产品的生产，在这里，物只是一种使用价值和物质财富，没有任何价值；二是商品的生产，此时，物不仅具有使用价值，而且也具有价值。同样，知识生产也有两种类型：一是仅仅作为使用价值的生产，在这种情况下，知识只是一种产品和财富，本身不具有任何价值；二是作为商品的生产，此时，知识既具有使用价值，也具有价值，而前者则是后者的关系载体。如果说物的使用价值是一种看得见的实体，是一种有形的物质财富，那么，知识的使用价值则是一种看不见的有用性，是一种无形的财富。以此来看，在第一种情况下，所谓知识价值论完全是一个非法的概念，因为它本身既不是价值，更不能创造价值。

但是，一旦这种知识为资本所利用，它也就不再是单纯的使用价值，而是成为价值关系的载体了，从而具有了一定的经济规定性。就像马克思指出的那样："科学根本不费资本家'分文'，但这丝毫不妨碍他们去利用科学。资本像吞并他人的劳动一样，吞并'他人的'科学。但是，对科学或物质财富的'资本主义的'占有和'个人的'占有，是截然不

同的两件事。"①后者只是一种单纯的使用价值占有，并不具有经济属性；而前者则不同，资本吞并他人科学的目的，是为了更大限度地攫取利润。在这种情况下，知识和科学也就被吸纳到资本之中，成为剩余价值生产的工具，"文明的一切进步，或者换句话说，社会生产力的一切增长，也可以说劳动本身的生产力的一切增长，如科学、发明……机器等等所产生的结果，都不会使工人致富，而只会使资本致富；也就是只会使支配劳动的权力更加增大；只会使资本的生产力增长。"②于是，"科学、巨大的自然力、社会的群众性劳动都体现在机器体系中，并同机器体系一道构成'主人'的权力"③。资本对科学的吸纳，大大提高了资本生产力，这就意味着，在同样的时间内，会生产出更多的使用价值。由于竞争的存在，这种生产力会被社会普遍采用，这样就缩短了"生产某种商品的社会必需的劳动时间"，从而缩短了"再生产劳动力价值所必要的工作日部分"④，延长了剩余劳动时间，使剩余价值得以增加。马克思把这种剩余价值生产形式称为相对剩余价值。以此来看，在这种情况下，科学知识只是提高生产力和剩余价值率的有力工具，但它本身并不创造价值。就此而言，在这种情况下，知识价值论也是一个不成立的概念。

也正是看到科学知识在剩余价值生产中的作用，马克思曾预测，为了最大限度地攫取剩余价值，资本必然会大力追求科学和一般智力的发展，

---

① 《马克思恩格斯全集》，中文 2 版，第 44 卷，人民出版社 2001 年版，第 444 页。
② 《马克思恩格斯全集》，中文 2 版，第 30 卷，人民出版社 1995 年版，第 267 页。
③ 《马克思恩格斯全集》，中文 2 版，第 44 卷，人民出版社 2001 年版，第 487 页。
④ 同上书，第 366 页。

"在这种情况下，发明就将成为一种职业"①。但由于当时社会条件所限，马克思并没有认真研究资本对整个知识生产过程的渗透，而只是考察了它对科学的"利用"和"吸纳"过程。就像他自己所说的那样："资本主义生产在这个领域中的所有这些表现，同整个生产比起来是微不足道的，因此可以完全置之不理。"②然而，到了20世纪八九十年代，知识在整个经济增长过程中作用日益突出，也是在此背景下，世界经合组织于1996年提出了一种不同于农业经济、工业经济的新模式，即"以知识为基础的经济"模式，一时间，知识经济成为最引人瞩目的话题。至此，各种知识价值论也开始粉墨登场了，而马克思的劳动价值论也遭到了前所未有的挑战与危机。在"知识经济"的浪潮中，知识生产开始出现产业化转向，资本不再满足于对既有科学知识的吸纳和利用，而是将自己的触角延伸到整个知识生产的全过程。在此背景下，第二种类型的知识生产，即作为商品的知识生产，开始大规模地登上历史舞台，成为全球范围内一道独特的风景线，于是，原本作为使用价值的知识，在资本的作用下，也逐渐被产权化，成为一种财产关系。从这个角度来说，我不太同意"知识经济"这个提法，因为它存在很大的模糊性，掩盖了资本权力对知识生产的渗透。

那么，如何理解当代资本主义条件下作为商品的知识生产呢？与资本主义物质生产过程一样，当代资本主义的知识生产过程，不仅是使用价值的生产过程，而且也是剩余价值的生产过程，更是资本主义生产关系的生产和再生产过程。资本要完成这个生产过程，就必须在市场上找

---

① 《马克思恩格斯全集》，中文2版，第31卷，人民出版社1998年版，第99页。
② 《马克思恩格斯全集》，中文1版，第26卷第一册，人民出版社1972年版，第443页。

到"这样一种独特的商品，这就是劳动能力或劳动力"，它是指"一个人的身体即活的人体中存在的、每当他生产某种使用价值时就运用的体力和智力的总和"①。由于知识本身具有特殊性，因此，要达到知识生产的要求，劳动力就必须具备较高的智力和综合素养，包括相关的知识储备、技能和能力等。因此，与以前的体力劳动或简单劳动相比，这种劳动是一种"比社会的平均劳动较高级、较复杂的劳动，是这样一种劳动力的表现，这种劳动力比普通劳动力需要较高的教育费用"②。因此，从直接形式来看，知识生产过程自然不同于以往的物质生产过程，表现为个人或团队协作的复杂劳动。从这个角度看，意大利自治主义学派提出"非物质劳动"范畴是有其合理性的，后者的确是一种新型的、特殊的具体劳动。然而，就像马克思所说的那样："对于价值的增殖过程来说，资本家占有的劳动是简单的、社会的平均劳动，还是较复杂的、比重较高的劳动，是毫无关系的。"③换言之，不论是简单劳动还是复杂劳动，都会转化为去除一切质性规定的、无差别的抽象劳动，成为价值生产和价值增殖的本质体现。就此而言，作为知识—商品，它的价值也决不取决于这种高级的、复杂的智力劳动本身，而是像其他商品一样，最终取决于直接劳动背后的劳动一般。也正是在劳动过程中，新型劳动力一方面生产出一个具有更高使用价值的无形产品，同时也生产出一个具有价值属性的商品，甚至是包含剩余价值的商品资本。然而，它的产权并不属于它的生产者，而是资本家或公司集团，而其中包含的剩余价值也不

---

① 《马克思恩格斯全集》，中文2版，第44卷，人民出版社2001年版，第195页。
② 同上书，第230页。
③ 同上书，第230页。

可能落入劳动者的口袋，而是被资本或公司无偿地霸占了。这种现象在微软和苹果等公司的发展中得到了明确印证。

这表明，第一，即使在当代资本主义的知识生产中，创造价值的依然是劳动力，价值的实体依然是抽象劳动，而不是知识本身。就此而言，所谓知识价值论依然是一个不能成立的伪概念。就算这种知识商品出售出去了，它也只可能有三种情况：（1）转化为一般性的使用价值；（2）对象化到固定资本中；（3）转化为劳动力的内在素养。根据上文的分析，可以看出，不论哪种情况，知识都不是价值的源泉。第二，这也意味着，在当代资本主义社会，知识生产已成为资本全面殖民的新领地，它催生了一种更加恐怖的统治形式：如果说在传统工业中，资本对工人的统治还主要表现为在生产过程中对工人身体的规训，那么，现在它已经渗透到工人的肉体、智力、能力、思维和心灵之中，将工人的整个生命纳入到资本的统治之下。从这个角度而言，福柯的生命政治学批判，哈特、奈格里的生命权力批判(生命政治学)是有重要理论贡献的，他们在一定程度上拓展了马克思的资本权力批判理论；然而，他们的错误在于，力图用生命政治学批判来代替马克思的政治经济学批判，这就走向了另一个极端，殊不知，脱离了对当代资本主义的政治经济学批判，生命政治学批判只能沦为一种伦理主义的主体政治学，哈特、奈格里就是典型例证。第三，这也从根本上证明了，当代西方人力资本理论完全是一种彻头彻尾的庸俗理论，它不仅掩盖了当代资本主义的生产关系和剥削关系，而且还本末倒置，把作为资本剥削对象的劳动者称为人力资本的所有者，这是一个多么美妙的谎言啊！

综上所述，可以得出以下结论：（1）如果知识只是作为产品存在，那它只具有使用价值，没有任何价值，自然也不会创造价值；（2）如果知识被资本所吸纳，它就具有了一定的经济属性，转化为提高生产力和剩余价值率的重要手段，但它本身并不创造价值，劳动力依然是价值的源泉；（3）如果知识一开始就是作为商品进行生产的，那么，生产所需要的知识和智力等因素已经内化为劳动力的属性，后者构成了知识商品的价值来源，而不是知识本身。以此来看，知识价值论完全混淆了价值与财富的区别，将知识财富论等同于知识价值论。根据马克思的拜物教批判理论，可以看出，所谓知识价值论本身就是一种知识拜物教，它根本不可能代替劳动价值论，成为价值的实体和最终来源。在这方面，罗纳德·米克的判断依然是正确的："劳动价值学说不仅在马克思时代是真正的科学，就是在今天来讲也是真正的科学。"①

第三节 物象化、物化与拜物教批判理论的再思考

拜物教批判是马克思政治经济学批判的核心内容。围绕这一理论，国内外学界已展开了充分研究，也取得了极为丰硕的成果。然而，仔细思考下来，仍有几个问题有待澄清：首先，如何理解物象化与物化范畴的本真内涵？它们是一回事吗？其次，拜物教批判与物化、物象化批判存在何种关系？如何理解卢卡奇、法兰克福学派和广松涉对这一理论的

---

① Ronald Meek, *Studies in the Labour Theory of Value*, London: Lawrence & Wishart, 1979, Preface to first edition.

诠释？再次，如何看待拜物教批判与前期意识形态批判理论之间的关系？在本节中，笔者就围绕这些问题展开探讨。

一、物象化与物化：一对需要澄清的范畴

物象化（Versachlichung）和物化（Verdinglichung）是马克思后期著作中的两个重要概念。在传统的翻译中，这两个概念都被翻译成"物化"，它们之间的本质差异被抹杀掉了。随着当前马克思主义哲学研究的不断深入，这两个概念也越来越引起国内外学者的普遍关注。① 卢卡奇首次在《历史与阶级意识》中强化了"物化"（Verdinglichung）概念的重要性，从而使这一概念凸显为马克思哲学的重要范畴。虽然他是从马克思的商品拜物教理论出发的，但他并没有走向"物象化"论，而是转向了主—客体颠倒的物化理论，后者的理论支撑不是马克思，而是黑格尔和韦伯。因此，在卢卡奇的语境中，所谓物化并不是指主体间关系的物化，而是指主体本身被颠倒为一种物，广松涉将其概括为三个层面：人本身的"物"化、人的行动的"物"化以及人的能力的"物"化。② 结果，主体不是作为主体存在，而是被标识为一种物。

针对此，广松涉尖锐地批判到，卢卡奇的物化理论实际上仍然停留

---

① 参见[日]广松涉：《物象化论的构图》，南京大学出版社 2002 年版；[日]平子友长：《"物象化"与"物化"同黑格尔辩证法的联系》，《马克思主义与现实》2012 年第 4 期；[德]霍耐特：《对物化、认知、承认的几点误解》，《世界哲学》2012 年第 5 期。在此影响之下，国内学者也对这两个范畴之间的思想差异展开了积极探讨，请参见张一兵：《Versachlichung：物象化还是事物化》，《中国社会科学报》第 260 期；刘森林：《物与无》，江苏人民出版社 2013 年版。

② 参见[日]广松涉：《物象化论的构图》，南京大学出版社 2002 年版，第 69 页。

在近代哲学的主—客体模式之中，是与庸俗的"异化论"联系在一起的，并没有真正把握马克思"物化"理论的实质。他指出，马克思的"物化"理论决不是"立足于主体的东西直截了当地转成物的客体存在这样'主体—客体'图式"的①，而是基于人与人之间的主体际关系，由此，提出了自己的"物象化"（Versachlichung）理论，实现了由物化到物象化论的转变。那何谓物象化呢？广松涉指出："马克思的所谓物象化，是对人与人之间的主体际关系被错误地理解为'物的性质'（例如，货币所具有的购买力这样的'性质'），以及人与人之间的主体际社会关系被错误地理解为'物与物之间的关系'这类现象。"②物化只是表达了人被颠倒为自然物这样一种客观事实，而物象化则揭示了这一事实背后的社会本质。也基于此，广松涉认为，物象化论才是马克思历史唯物主义的核心，它比物化理论更能体现马克思的哲学精髓。

到了这里，物象化和物化的区分似乎已经明确了。但事实真的如此吗？换言之，马克思究竟是在何种意义上来理解这两个范畴的？为了回答这一问题，我们不妨回到马克思的文本之中来寻找答案。日本学者平子友长指出："物象化与物化之间的区别与联系最终归结到这样的问题上：在马克思的政治经济学批判中是以怎样的方式运用事物（Sache）和物（Ding）这两个概念的。"③我以为，这一判断是非常准确的。所谓"事物"（Sache）指的是一种社会关系存在物，它与"物"（Ding）存在本质差

---

① 参见［日］广松涉：《物象化论的构图》，南京大学出版社 2002 年版，第 69 页。

② 同上书，第 70 页。

③ ［日］平子友长：《"物象化"与"物化"同黑格尔辩证法的联系》，《马克思主义与现实》2012 年第 4 期。

异，后者是指脱离社会关系的自然存在物。马克思在《资本论》及其手稿中对这两个范畴展开了充分分析。在他看来，商品包括使用价值和价值二重属性，因此，单从使用价值来看，商品是 Ding；但从价值来看，商品则是 Sache。就此而言，商品是 Ding 和 Sache 的统一体。然而，作为价值关系的进一步发展，货币和资本决不是 Ding，而是 Sache，马克思指出："资本不是物(Ding)，而是一定的、社会的、属于一定历史社会形态的生产关系，后者体现在一个物上，并赋予这个物以独特的社会性质。资本不是物质的和生产出来的生产资料的总和。资本是已经转化为资本的生产资料，这种生产资料本身不是资本，就像金或银本身不是货币一样。"①这种概念上的区分，也揭示了物象化和物化的根本差异。马克思指出，在资产阶级社会中，货币成为每个人进入社会的唯一凭证，因此，与过去人与人的直接交往相比，现在资产阶级社会中人与人的关系则必须要经过货币中介，于是物象化就不可避免地发生了。"活动的社会性质，正如产品的社会形式和个人对生产的参与，在这里表现为对于个人是异己的东西，物的东西(Sachliches)；不是表现为个人的相互关系，而是表现为他们从属于这样一些关系，这些关系是不以个人为转移而存在的，并且是由毫不相干的个人互相的利害冲突而产生的。活动和产品的普遍交换已成为每一个单个人的生存条件，这种普遍交换，他们的相互联系，表现为对他们本身来说是异己的、独立的东西，表现为一种物(Sache)。在交换价值上，人的社会关系转化为物(Sache)的社会

① 《马克思恩格斯全集》，中文2版，第46卷，人民出版社2003年版，第922页。

关系；人的能力转化为物(Sache)的能力。"①由此形成了"以物(Sache)的依赖性"为基础的第二大形态。结果，"人和人之间的社会关系可以说是颠倒地表现出来的，就是说，表现为物(Sache)和物(Sache)之间的社会关系……因此，如果交换价值是人和人之间的关系这种说法正确的话，那么必须补充说：它是隐蔽在物(Sache)的外壳之下的关系。"②也是在这个意义上，马克思才说："因此，在生产者面前，他们的私人劳动的社会关系就表现为现在这个样子，就是说，不是表现为人们在自己劳动中的直接的社会关系，而是表现为人们之间的物的关系(sachliche Verhältnis)和物(Sachen)之间的社会关系。"③以此来看，在马克思的语境中，所谓物象化(Versachlichung)首先指的是人与人的关系颠倒为事物(Sache)与事物(Sache)之间的关系，而不是颠倒为单纯的物(Ding)与物(Ding)之间的关系。这是物象化范畴的第一层内涵。

从这个意义上来讲，广松涉对物象化的界定是合理的。但是，他也存在两个缺陷：第一，他只是从认识论层面来理解物象化过程，"人与人的关系以外观相异的，物质的关系、性质、形态的形式表现出来的这个事态，从学理反省的见地看来，的确是误视、误认"④。显然，他没有看到这一过程是资本主义生产方式必然产生的现象，而不单纯是一种学理上的错认。第二，广松涉只是在卢卡奇的意义上来理解物化概念，他并没有真正揭示马克思物化(Verdinglichung)范畴的科学内涵，更没

① 《马克思恩格斯全集》，中文2版，第30卷，人民出版社1995年版，第107页。
② 《马克思恩格斯全集》，中文2版，第31卷，人民出版社1998年版，第426页。
③ 《马克思恩格斯全集》，中文2版，第44卷，人民出版社2001年版，第90页。
④ [日]广松涉：《物象化论的构图》，南京大学出版社2002年版，第80页。

有看到马克思物化范畴与卢卡奇物化范畴的本质差异，因此，当他自认为物象化论比物化理论更深一层次的时候，恰恰抹杀了马克思物化批判理论的精髓。

这也由此引出另一个问题，即马克思是如何理解物化范畴的？卢卡奇、广松涉甚至霍耐特①都把物化（Verdinglichung）理解为主体向自然物（客体）的颠倒，这真的是物化的本真内涵吗？对此，笔者存有疑义。在这里，我们必须首先弄清楚，"人向物的颠倒"中的"物"究竟是哪种意义上的"物"。马克思的确在不同场合提到了人的物化问题，如"物的人格化和人格的物化（Personifizierung der Sache und Versachlichung der Personen）"②、"物的人格化和生产关系的物化（Personifizierung der Sache und Versachlichung der Produktionsverhältnisse）"③、"物的主体化、主体的物化（die Versubjektivierung der Sachen，die Versachlichung der Subjekte）"④等。但马克思提到的"主体的物化"实际上是指人向事物（Sache）的颠倒，而不是向"自然物"（Ding）的颠倒。这种内涵是与物象化（Versachlichung）联系在一起的，而与物化（Verdinglichung）还存在本质差异。这也是物象化范畴的第二层内涵。以此来看，从主体颠倒为物的层面来理解物化范畴是不准确的，在这点上，不论是卢卡奇还是广松涉都没有真正把握马克思物化范畴的精髓。

---

① ［德］霍耐特：《对物化、认知、承认的几点误解》，《世界哲学》2012 年第 5 期。
② 《马克思恩格斯全集》，中文 2 版，第 44 卷，人民出版社 2001 年版，第 135 页。
③ 《马克思恩格斯全集》，中文 2 版，第 46 卷，人民出版社 2003 年版，第 940 页。
④ 《马克思恩格斯全集》，中文 1 版，第 26 卷第三册，人民出版社 1974 年版，第 548 页。

那么，马克思是如何理解物化的呢？他指出："在资本主义生产过程的基础上，**使用价值**(资本在这种使用价值上以**生产资料**的形式存在)和作为**资本**(资本是一定的社会生产关系)的这些生产资料即这些**物**(Dinge)的用途，是**不可分割地融合在一起的**……这一点构成了政治经济学拜物教的一个基础。"①这样就必然产生了一种结果，即资本的生产是与作为使用价值的"物"的生产紧密联系在一起的，于是，"资本——它表现生产条件所有者在生产中同活的劳动能力发生的特定的生产关系，特定的社会关系——就表现为物(Ding)，正象价值表现为物(Ding)的属性，物(Ding)作为商品的经济规定表现为物的物质性质(dingliche Qualität)完全一样，正象劳动在货币中获得的社会形式表现为物的属性(Eigenschaften eines Dings)完全一样"②。因此，与物象化过程不同，"物化"指的是作为社会关系产物的事物之间的关系进一步颠倒为物的自然属性的过程。也正是立足于此，马克思才说："在资本—利润(或者，更恰当地说是资本—利息)，土地—地租，劳动—工资中，在这个表示价值和财富一般的各个组成部分同其各种源泉的联系的经济三位一体中，资本主义生产方式的神秘化，社会关系的物化(Verdinglichung)，物质的生产关系和它们的历史社会规定性的直接融合已经完成：这是一个着了魔的、颠倒的、倒立着的世界。在这个世界里，资本先生和土地太太，作为社会的人物，同时又直接作为单纯的物(bloße Dinge)，在兴妖作怪。"③

---

① 《马克思恩格斯全集》，中文 1 版，第 49 卷，人民出版社 1982 年版，第 41 页。
② 同上书，第 47—48 页。
③ 《马克思恩格斯全集》，中文 2 版，第 46 卷，人民出版社 2003 年版，第 940 页。

基于上述分析，我们可以看出，所谓物象化主要包括两层内涵：一是指人与人之间的社会关系颠倒地表现为事物与事物之间的关系；二是指主体颠倒为"事物"本身，如工人倒置为劳动力商品等。而物化则是指事物之间的关系进一步颠倒为物（Ding）的自然属性，这是两种不同的逻辑。

二、马克思物象化—物化批判理论研究的三重转向及其当代反思

有了上述梳理，下面我们再来评述一下西方学者对马克思这一理论的理解。

物象化—物化批判理论是马克思后期政治经济学批判的重要组成部分，也是西方马克思主义关注的焦点话题。在《历史与阶级意识》中，卢卡奇首先开创性地探讨了物化理论，恢复了它在政治经济学批判中的历史地位，对后来的西方马克思主义产生了重要影响。也是在继承和反思卢卡奇遗产的基础上，形成了三种不同的物象化—物化批判范式：早期法兰克福学派的工具化—物化批判范式、广松涉的物象化—社会关系批判范式和霍耐特的承认规范—本体论批判范式。因此，如何基于马克思的物象化—物化批判理论，从总体上客观评估这些范式的理论得失，就具有重要的理论意义和学术价值。

首先，从卢卡奇到早期法兰克福学派：工具化—物化批判范式的形成与发展。第二国际时期，马克思主义被诠释为一种机械决定论，这一理论被淹没在实证主义的旋涡之中。作为对第二国际的反拨，卢卡奇首先挖掘了这一理论的哲学内涵。在他看来，所谓物化主要包括四个层

面：(1)主体的物化，即主体颠倒为一种"物"(Ding)；(2)人的能力的物化；(3)人的行动的物化；(4)人的意识的物化。那么，为什么会出现物化现象呢？在这里，卢卡奇并没有走向马克思，而是采用了韦伯的"合理化"框架，由此开启了物化理论的工具化范式。他的理论贡献自不待言，但他的缺陷也不容忽视：首先，他对物化的诠释并没有克服近代以来的主客二分模式。其次，他混淆了物象化和物化过程。在马克思的语境中，物象化包括双层内涵，而卢卡奇则把它们理解为物化过程，显然抹杀了这两个范畴的内在差异。因此，当他在《历史与阶级意识》中大段引用马克思的原话来论证物化时，实际上，他引用的只不过是马克思关于物象化的论述，这是一个明显的理论错位。再次，他混淆了对象化和物化过程。在马克思看来，人改造自然的过程，是人的生产活动和劳动能力的对象化过程，这与资本主义社会的物化现象存在本质区别，而卢卡奇恰恰忽视了这一点，直接将它等同于后者，显然是非法的。最后，在物化根源的认识上，卢卡奇并没有像马克思那样将其归因于资本主义生产方式，而是走向了韦伯的工具—合理化分析框架，将其归咎于工具理性本身，从而掩盖了物化产生的内在根源。这一思路深深影响了后来的早期法兰克福学派，不论是霍克海默还是阿多诺，他们都坚持认为，工具理性及其在社会生活中的迅速扩张，导致价值理性的陨落，使人与人、人与自然的关系转化为一种工具性的手段关系，从而导致了物化现象的出现。而马尔库塞则进一步将工具理性批判转化为技术理性批判，将科学技术视为导致物化现象的罪魁祸首，彻底实现了从生产关系批判到科学技术批判的逻辑转向。

其次，物象化—社会关系批判范式：广松涉的理论重构。如果说卢卡奇的重要贡献在于，恢复了物化范畴在马克思政治经济学批判中的历史地位；那么，日本学者广松涉的重要贡献在于，力图澄清物象化与物化范畴的内在差异，以此来恢复前者的历史地位。当然了，这一点是通过对卢卡奇的批判来实现的。在他看来，卢卡奇的物化理论实际上只是人本主义异化逻辑的翻版，并没有真正克服近代以来的主客二分模式，因此，当他试图借助于物化范畴来重新诠释马克思哲学的本质时，恰恰又把后者拉回到近代哲学的框架之中，阉割了它的革命意义。基于此，他反对卢卡奇的这一做法，主张从物象化入手，重新诠释马克思哲学变革的实质。他指出，与物化不同，物象化是指人与人的关系被错误地颠倒为事物与事物之间的关系，它体现出来的思维方式，不再是近代以来的主客二分模式，而是主体间性关系，这才是马克思哲学革命的真实体现。基于此，他认为，物象化才是马克思哲学的核心范畴，只有从这一理论入手，才能真正理解历史唯物主义的内在本质。这也正是他将马克思的思想发展过程，诠释为从早期异化论转向后期物象化论的重要原因。通过对物象化与物化概念的翻转，广松涉恢复了马克思哲学的社会关系批判范式，澄清了历史唯物主义与近代哲学的本质区别，这是值得肯定的。但他的缺陷也非常明显：第一，他没有揭示马克思物化概念的真实内涵。卢卡奇语境中的物化与马克思的物化概念存在本质区别，广松只是单纯地基于物象化视角来批判前者，没有深入到马克思的文本之中，深层挖掘后者的理论内涵，更没有澄清二者的内在差异，而是有意无意地将它们等同了起来，这显然是非法的。第二，广松涉只是将物象化理解为人与人的关系颠倒地表现为物与物的关系过程，忽视了这一理论的第二层内涵，即主体颠倒为事物的过程，后者既不同于卢卡奇的物化理论，也不同于传统框架中的异化范式。第三，广松涉仅仅把物象化诠释为当事人的一种理论错认，显然抹杀了这一现象的客观性，没有从根本上揭示物象化产生的内在根源。也是在反思卢卡奇和广松涉的基础上，平子友长重新诠释了马克思的物象化和物化理论，实现了对这一问题的重要推进。

再次，承认规范—本体论范式：霍耐特的再思考。2005 年，霍耐特做了一场题为"物化：一种承认的理论研究"的学术讲座；2008 年，又出版了《物化新探》一书。在这些著作中，他基于哈贝马斯的交互主体理论，全面反思了卢卡奇以来的物化理论，并在此基础上，提出了自己的承认规范—本体论范式。在他看来，工具化—物化批判范式的缺陷在于，一方面，将物化与合理化等同了起来，忽视了交往理性的存在，后者的合理化并不必然导致物化，这也表明物化与合理化并不是一回事。另一方面，工具化只是意味着，在实现自己目标的过程中，把他人当作一种手段，但它在根本上并不否认他人和自己作为人的基本属性；而物化则不同，它意味着，在实现目标的过程中，自己和他人都已丧失了人的属性，沦为一种物。就此而言，后者要比前者更深一层次。也是在此基础上，霍耐特提出了自己对物化的理解。他指出，实际上，我们每个人都是这个世界的参与者，在这一过程中，首先发生的最基本关系是人对自己、他人和自然的承认关系，这是我们每一个人都无法回避的本体论前提。然而，在现实生活中，这种本体关系却被颠倒为一种单纯的认识关系，从而导致了对承认关系的遗忘。结果，人与自己、他人和自然之间的关系不再是相互承认的主体间性关系，而是被颠倒为一种人与物之间的主客二分关系，这才是导致物化产生的根本原因。总体而言，霍耐特的重要贡献在于，挖掘了物化背后的社会关系前提，凸显了主体间性的优先性，这点与广松涉存在相似之处。但他的缺陷是：第一，完全把这种社会关系诠释为一种规范意义上的承认关系，并力图通过一种本体预设的方式将其提升到哲学高度，显然忽视了社会关系范畴所包含的其他内涵，这点与马克思甚至广松涉的理解存在本质区别。第二，夸大了物化范畴的适用范围。在马克思看来，不论是物化还是物象化，都是在商品生产和资本主义条件下所产生的一种特殊的历史现象；而在霍耐特这里，这一语境已经被抹掉了，结果，物化不再是一种社会现象，而是被诠释为一种横贯整个人类历史的自然现象，这显然是非法的。第三，扭曲了物化产生的内在根源。在霍耐特看来，物化之所以产生，归根结底，是由于人们遗忘了原初的承认关系，似乎只要恢复了这种关系，就能彻底克服物化现象了，这显然是一种不切实际的幻想。

三、"拜物教"范畴的科学内涵及其历史定位：《资本论》对《大纲》的发展

基于上述区分，我们再来探讨一下拜物教（Fetischismus）与物象化、物化之间的内在关系。在此，笔者通过对马克思三大拜物教即商品拜物教、货币拜物教和资本拜物教的比较分析，来清晰厘定拜物教范畴的科学内涵。

在马克思看来，产品之所以能够取得价值量的形式，能够与别人相互交换，是由于生产这种物的劳动本身具有一种无差别的社会劳动的性质，这种社会劳动是特定历史发展的客观结果，它与劳动产品的物理性质以及由此产生的物的关系没有任何直接联系。然而，资产阶级及其代

言人却天真地以为，这种社会劳动的形式就是劳动产品本身具有的物的属性，将原本作为社会发展的特定产物的社会关系看作为物本身具有的自然属性，"可见，商品形式的奥秘不过在于：商品形式在人们面前把人们本身劳动的社会性质反映成劳动产品本身的物的性质，反映成这些物(Ding)的天然的社会属性……由于这种转换，劳动产品成了商品，成了可感觉而又超感觉的物或社会的物(Ding)"①。结果，原本作为人类劳动产物的物，呈现为某种赋有生命的、彼此发生关系并同人相互独立的东西，人手的产物却呈现为独立于人之外的存在。马克思把这种颠倒称之为"拜物教"。"商品形式和它借以得到表现的劳动产品的价值关系，是同劳动产品的物理性质以及由此产生的物的关系完全无关的。这只是人们自己的一定的社会关系，但它在人们面前采取了物与物的关系的虚幻形式。因此，要找一个比喻，我们就得逃到宗教世界的幻境中去。在那里，人脑的产物表现为赋有生命的、彼此发生关系并同人发生关系的独立存在的东西。在商品世界里，人手的产物也是这样。我把这叫作拜物教(Fetischismus)。"②

不过，商品拜物教只是拜物教的初级形式，它必然会发展为货币拜物教。在马克思看来，货币之所以能够与其他商品相交换，是因为它在本质上是一般社会劳动时间的化身，是一种社会关系。但由于资产阶级及其代言人根本不理解商品形式，他们自然也无法理解由商品等价形式发展而来的货币形式。一旦货币在金银身上取得了独立存在，货币拜物

① 《马克思恩格斯全集》，中文 2 版，第 44 卷，人民出版社 2001 年版，第 89 页。
② 同上书，第 89—90 页。

教也就由此产生。在他们的眼中，货币似乎就是金银这些物的固有属性，这样就把货币的价值关系转换为物自身所具有的自然关系，"社会关系，个人和个人彼此之间的一定关系，表现为一种金属，一种矿石，一种处在个人之外的、本身可以在自然界中找到的纯物体，在这种物体上，形式规定和物体的自然存在再也区分不开了"①。于是，在他们看来，"金和银，一从地底下出来，就是一切人类劳动的直接化身。货币的魔术就是由此而来的。人们在自己的社会生产过程中的单纯原子般的关系，从而，人们自己的生产关系的不受他们控制和不以他们有意识的个人活动为转移的物的形式，首先就是通过他们的劳动产品普遍采取商品形式这一点而表现出来。因此，货币拜物教的谜就是商品拜物教的谜，只不过变得明显了，耀眼了。"②货币是社会关系发展的产物，然而在资产阶级及其代言人那里，却变成了金银等物自身所具有的自然属性，这是一种读不懂现实社会关系的理论无知，是一种典型的拜物教。这种形式到了生息资本时，达到了顶峰。在这里，我们看到的是 G—G′，是生产更多货币的货币，是没有在两极间起作用的过程而自行增殖的价值，资本表现为资本自身增殖、自行创造的源泉。利息完全脱离社会关系的形式，成了物（Ding）本质所固有的自然属性，就像梨树会结梨一样。通过这种变形，事物就丧失了它的特定的社会形态，实现了与自然物质形态的合而为一。于是，资本主义获得了一种自然物所天生具有的内在属性，成为一种自然的永恒的社会制度。这是一种拜物教，而且是

---

① 《马克思恩格斯全集》，中文 2 版，第 30 卷，人民出版社 1995 年版，第 193 页。
② 《马克思恩格斯全集》，中文 2 版，第 44 卷，人民出版社 2001 年版，第 112—113 页。

一种彻底的拜物教。

通过上述分析，我们可以看出，拜物教不仅包括物象化过程，而且还包括物化过程，它是二者的合一，其中后者更具有实质意义，如马克思所说，"这一点构成了政治经济学拜物教的一个基础"①。所以，当广松涉仅从物象化视角来解读拜物教批判理论时，他已经漏掉了拜物教批判的核心：物象化只是资本主义颠倒的初始阶段，只有上升到物化层次，才是拜物教批判理论的真正完成。② 另一方面，虽然卢卡奇试图从物化入手来探讨马克思的拜物教批判理论，但由于他是站在黑格尔和韦伯的肩膀之上的，这导致了他对物化的理解完全停留在主—客体的思辨的层面上，显然已经背离了马克思拜物教批判理论的精髓。

厘清了拜物教在客体维度上的内涵之后，下面我们就来比较一下《大纲》和《资本论》在这一问题理解上的具体差异。在这两部著作中，虽然马克思都看到了拜物教范畴与物象化、物化范畴之间的内在关系，但在拜物教理论的历史定位上却存在本质差异。这主要表现在以下三个方面：

第一，拜物教究竟是一种"理论错认"，还是资本主义生产方式的必然产物？在《大纲》中，马克思看到了物象化过程的必然性，并认为"这种扭曲和颠倒是**真实的**，而不是**单纯想象的**"③。但他并没有看到"物化"过程的必然性，更没有从本质层面揭示这种物化过程的内在机制，

① 《马克思恩格斯全集》，中文 1 版，第 49 卷，人民出版社 1982 年版，第 41 页。
② 参见［日］平子友长：《"物象化"与"物化"同黑格尔辩证法的联系》，《马克思主义与现实》2012 年第 4 期。
③ 《马克思恩格斯全集》，中文 2 版，第 31 卷，人民出版社 1998 年版，第 244 页。

而是把这种物化看作为经济学家的"错认"，马克思说："经济学家们把人们的社会生产关系和受这些关系支配的物（Sache）所获得的规定性看作物（Ding）的**自然属性**，这种粗俗的唯物主义，是一种同样粗俗的唯心主义，甚至是一种拜物教，它把社会关系作为物（Ding）的内在规定归之于物（Ding），从而使物（Ding）神秘化。"①因此，在《大纲》的理论逻辑中，拜物教被看作为一种学理上的误识②，似乎人们只要看破了这种误认，拜物教就可以消除了。可以说，此时马克思并没有揭示拜物教产生的真正根源。而在《资本论》中，马克思已经清楚地认识到，拜物教绝不是观念上错认的结果，而是资本主义本质特征的真实写照，是资本主义生产方式必然产生的客观颠倒形式。"劳动产品一旦作为商品来生产，就带上拜物教性质，因此拜物教是同商品生产分不开的。"③只要资本主义生产方式存在，物象化和物化过程就必然存在，拜物教也就必然存在。而生息资本就是这种拜物教的最完美表达。

第二，拜物教真的只是一种物象化和物化批判理论吗？它与文化霸权之间存在何种关系？在《大纲》中，马克思对拜物教的分析，更多地停留在物象化和物化层面上，虽然他也看到了物象化和物化过程必然导致生产当事人形成颠倒的意识，但他并没有从主体维度深层挖掘这种拜物教意识对人工的影响，更没有揭示出拜物教与文化霸权理论之间的内在关系。单从这一角度来看，《大纲》中的拜物教理论还是不完善的。犹如唐正东教授指出的那样："马克思用拜物教这一概念来指称他的批判对

① 《马克思恩格斯全集》，中文2版，第31卷，人民出版社1998年版，第85页。
② 参见刘召峰：《马克思的拜物教概念考辨》，《南京大学学报》2012年第1期。
③ 《马克思恩格斯全集》，中文2版，第44卷，人民出版社2001年版，第90页。

象，显然是有其特别的用意的。如果仅有客体维度上对本质的遮蔽而没有主体维度上的观念认同，那么，这至多只能被界定为物化，而与拜物教无关。"①拜物教不仅要指出资产阶级物象化和物化的现实，更为重要的是，还要阐明资本主义生产当事人在观念上是如何接受和认同上述物象化和物化现实的，就像宗教徒在观念上必然会把神当作一种客观现实的存在物来看待一样。而这点恰恰是在《1861—1863 年经济学手稿》和《资本论》中得到阐述的。在这些著作中，马克思指出，由于资本主义生产方式的颠倒性，资本主义生产当事人根本无法识别资本主义运行的内在机制，"因此，对单个的生产当事人本身来说，这种内部规律仍然是看不出来，不能理解的"②。他们必然会从单纯的外在现象来理解资本主义的内在规律，形成颠倒的拜物教意识，"从这种颠倒的关系出发……必然产生出相应的颠倒的观念，即歪曲的意识"③。以此来看，拜物教观念并不是资产阶级通过国家形式虚构出来的，而是生产当事人在日常实践中不由自主地形成的，是具有客观效力的约束形式。观念拜物教的"种种形式恰好形成资产阶级经济学的各种范畴。对于这个历史上一定的社会生产方式即商品生产的生产关系来说，这些范畴是有社会效力的、因而是客观的思维形式"④。因此，工人作为资本主义的生产当事人一开始是无法识别这些意识形式的狡猾性的，他们也必然会像资本

---

① 唐正东：《马克思拜物教批判理论的辩证特性及其当代启示》，《哲学研究》2010年第 7 期。

② 《马克思恩格斯全集》，中文 2 版，第 46 卷，人民出版社 2003 年版，第 938 页。

③ 同上书，第 53 页。

④ 《马克思恩格斯全集》，中文 2 版，第 44 卷，人民出版社 2001 年版，第 93 页。

家一样"受这同一种被歪曲了的观念束缚"①。换言之，他们必然会像资本家及其代理人一样，把物象化和物化过程看成是资本主义社会的内在本质。以此来看，拜物教批判理论不仅是一种物化批判理论，同时也是一种文化霸权批判理论。

第三，如何消解物质拜物教和观念拜物教？在《大纲》中，马克思并没有看到拜物教产生的内在机制，而是将其归究于经济学家的一种理论错认。这种思路决定了马克思在现实层面上还无法找到拜物教的消解途径，以至于认为，似乎只要所有人能够在认识层面上意识到拜物教只是一种幻觉，就能够摆脱这种错觉的纠缠。这一点显然还是不充分的。在《资本论》中，马克思通过对资本主义生产方式的全面剖析，揭示了拜物教产生的真正根源：资本主义拜物教的形成并非源自于个人在单纯文化维度上的建构，而是来自于商品关系发展到资本主义阶段时的特定情形；同样，这种拜物教的解构也并非取决于个体在文化或观念上的挣脱，而是取决于资本主义商品关系的进一步发展所凸显出来的内在矛盾。因此，要真正消解拜物教，绝不可能单纯停留在认识层面上，只有彻底推翻资本主义的生产方式，才能真正消除资本主义的物质拜物教以及与之适应的观念拜物教。所以，马克思并没有像西方学者那样，完全停留在文化批判的逻辑上，更没有过分夸大资本的文化霸权问题，而是立足于资本主义社会的内在矛盾，来引出其在文化层面的逻辑效应，由此来探索无产阶级冲破拜物教束缚的实践机制。也正是基于此，马克思认为，在资本主义内在矛盾没有充分暴露出来的时候，想冲破拜物教的

---

① 《马克思恩格斯全集》，中文1版，第48卷，人民出版社1985年版，第258页。

束缚是非常困难的，只有资本主义的内在矛盾发展到一定程度之后，工人才有可能认识到拜物教观念的狡猾性，进而起来"反对所有这种关系，从而反对与这种关系相适应的观念、概念和思维方式"①，最终冲破观念拜物教的束缚。马克思的这一观点表明，历史唯物主义的主体向度是奠基在客体向度之上，没有生产力与生产关系内在矛盾的彻底推进，工人是不可能真正冲破拜物教观念束缚的，文化霸权批判必须要与经济批判和政治革命紧密联系在一起，任何脱离生产力与生产关系内在矛盾的文化批判，都是违背历史唯物主义的精神的。

四、拜物教批判对前期意识形态理论的深化

在当代西方学术界中，关于马克思的意识形态和拜物教批判理论存在两种别开生面的理解。第一种以巴利巴尔为代表，他认为，马克思《德意志意识形态》中的"意识形态理论从根本上说是一个国家理论(注意：它是国家固有的统治方式)，而拜物教的理论归根结底是一个市场理论(注意：它是社会组织，如市场及其通过商品获得的统治地位所固有的约束方式，或主体与客体'世界'的构成方式)"②，由此认为，马克思后期已经用后者"取代"了前者，放弃了前期的意识形态理论。③ 另一种以鲍德里亚为代表，他在《符号政治经济学批判》中直接将马克思的拜物教理论还原为意识形态理论，然后又将这些理论还原为一种异化与复

① 《马克思恩格斯全集》，中文1版，第48卷，人民出版社1985年版，第258页。
② [法]埃蒂安·巴利巴尔：《马克思的哲学》，王吉会译，中国人民大学出版社2007年版，第112页。
③ 同上书，第65页。

归的心理学模式,"马克思用商品拜物教以及货币拜物教的概念描述了资本主义社会的意识形态,这是一种被神秘化了的、让人着迷的、心理学意义上的屈从模式"①,在本质上仍然是一种虚假的观念体系。我以为,这两种观点都没有真正理解马克思意识形态和拜物教批判理论之间的内在关系。

实际上,在观念批判理论上,马克思存在着两条批判线索:一是意识形态的批判线索,一是日常意识的批判线索。二者既相互区别,又相互联系:在前期著作中,意识形态批判线索无疑构成了马克思观念批判理论的轴心;相反,在后期的经济学著作中,日常意识批判理论(拜物教)则构成了马克思逻辑布展的重心。因此,当巴利巴尔指出马克思前后期观念批判理论的重心存在一个重大转变时,无疑是准确的。但当他把这一"转变"单纯地理解为一种"取代"关系时,显然又走向了错误的一面,完全阉割了二者之间的内在联系。在我看来,这一转变绝不是单纯的"取代"关系,而是一个逐步深化的过程。

在《德意志意识形态》中,马克思对意识形态的理解确实是以分工和国家理论为基础的,由此将其定义为"纯粹的理论"和"虚假的观念体系"。如恩格斯所说:"意识形态是由所谓的思想家通过意识、但是通过虚假的意识完成的过程。推动他的真正动力始终是他所不知道的,否则这就不是意识形态的过程了。因此,他想象出虚假的或表面的动力。因为这是思维过程,所以它的内容和形式都是他从纯粹的思维中——不是

---

① [法]鲍德里亚:《符号政治经济学批判》,夏莹译,南京大学出版社 2009 年版,第 74 页。

从他自己的思维中，就是从他的先辈的思维中引出的。"①以此来看，此时马克思恩格斯语境中的意识形态具有三大特征：一是"颠倒性"。他们指出："在全部意识形态中，人们和他们的关系就像在照相机中一样是倒立呈像的。"②换言之，意识形态并不是从物质生产出发来解释观念的产生，而是相反，从观念出发来解释现实生活，在根本上完全颠倒了存在和意识、生活和观念的内在关系，是对社会存在的一种颠倒的歪曲反映。二是神秘性，统治阶级总是借助于一定的意识形态或者说是天意、上帝等为现存制度辩护，而不去认真研究意识形态本身的起源，把这种意识形态当成天然的、永恒的。三是虚伪性，为了维护自身的统治，统治阶级必然会借助于国家机器把自身的利益放大为全人类的利益，把自身的意识形态宣布为整个社会的意识形态，"每一个企图取代旧统治阶级的新阶级，为了达到自己的目的不得不把自己的利益说成是社会全体成员的共同利益，就是说，这在观念上的表达就是：赋予自己的思想以普遍性的形式，把它们描绘成唯一合乎理性的、有普遍意义的思想"③。因此，这种被无限放大的"普遍利益"，必然是统治阶级自身的一种理论虚构，是一种虚假的普遍性。

但是随着马克思政治经济学研究的逐渐深入，这一理论的重心发生了重大转变：马克思要把意识形态从高高在上的天国拉回到世俗世界，从尘世来寻求意识形态的社会基础。因此，在后期的经济学研究中，意识形态理论也逐渐由原初的国家视角回落到"市民社会"之中。正是通过

---

① 《马克思恩格斯选集》，2版，第4卷，人民出版社1995年版，第726页。
② 《马克思恩格斯选集》，2版，第1卷，人民出版社1995年版，第72页。
③ 同上书，第100页。

对市民社会的解剖，马克思发现，所谓资产阶级的意识形态并非完全是思想家的理论虚构，而是建立在资本主义外在生活现象以及与其相适应的日常意识形式之上的，拜物教恰恰是这种日常意识的集中体现。由此，马克思意识形态的概念内涵也发生了一个关键性的变化：如果说在前期马克思更多地强调唯心主义者建构的"纯粹理论"或统治阶级以国家为后盾建立的虚假观念体系的话，那么，在后期，马克思更多地强调那种以外在假象和日常意识为基础的观念体系，它们已经不再是思想家的理论虚构，而是对外在现象的一种体系化的理论反映，比如自由、平等、博爱的思想体系以及资产阶级永恒性的观念体系，正是由于这些观念体系掩盖了资本主义生产的本质关系，马克思才将其称为资产阶级的意识形态。

以此来看，马克思后期并没有放弃意识形态批判理论，而是将其沉降到资本生活过程之中，从历史发生学的维度深入剖析资产阶级意识形态的历史基础及其所具有的欺骗性、狡猾性，从而在态度上实现了由原初的纯粹否定到后期客观评价的转变，为无产阶级识别资产阶级意识形态的真实本质提供了科学依据。以此来看，拜物教批判理论决不是对意识形态理论的单纯代替，相反，而是后者的延伸和深化，它们共同构成了马克思政治经济学批判不可或缺的组成部分。因此，要实现对资产阶级观念形态的彻底批判，就必须既要批判资产阶级的意识形态，又要批判资产阶级社会的日常意识。就此而言，当巴利巴尔将二者单纯地理解为一种"取代"关系时，无疑阉割了它们之间的内在联系，滑向了错误的深渊。

而当鲍德里亚将拜物教批判理论直接等同于意识形态，然后又将二者还原为心理学意义上的异化复归模式时，又走向了另一个极端。这种做法既抹杀了马克思意识形态批判理论和拜物教批判理论的真实本质，也阉割了二者之间的内在联系。在马克思的语境中，拜物教既不是马克思的理论虚构，也不是人本主义的价值悬设，而是对资本主义外在生活现象的科学凝练，是"那些统治个人的物质关系的理论表现"，是具有客观效力的思维形式：不论是商品拜物教、货币拜物教还是资本拜物教，它们在本质上都根源于资本主义的生产关系，是资本主义生产"颠倒"特征的真实写照。因此，当鲍德里亚仅仅根据传统的异化逻辑来诠释马克思的三大拜物教时，既没有理解这一理论的科学意蕴，也没有把握马克思意识形态批判理论的精髓，而只能停留在传统的异化逻辑中自说自话。

第四节　马克思机器大生产理论的形成过程及其哲学效应

在《资本论》中，马克思全面阐述了自己的机器大生产理论，后者的形成不仅对他的政治经济学批判，而且对于他后期历史唯物主义的深化都起到了至关重要的作用。然而，在传统学科视域中，这一理论似乎并未受到足够的重视和关注。在此，本书就从文本解读出发，详细分析马克思机器大生产理论的形成过程，并力图从中引出这一理论在不同时期所引发的哲学效应，以期为当前进一步推进对《资本论》及其手稿的哲学思想研究提供有益借鉴。

一、斯密、李嘉图、拜比吉和尤尔：机器生产理论的逻辑嬗变

在马克思分工和机器大生产理论的形成过程中，斯密、李嘉图的影响自然不可小觑，但拜比吉、尤尔、波佩、贝克曼等人的影响更不容忽视。然而，在以往的研究中，后一条线索并未受到足够的重视和关注。在此，笔者主要以拜比吉和尤尔为例，详细分析他们对马克思机器大生产理论的影响，并以此来揭示马克思后期政治经济学批判和历史唯物主义的深化过程。

作为工场手工业时期的经济学家，斯密对分工有着独特的认识。然而，由于特定的历史时代限制，他的分工理论也不可避免地体现出鲜明的时代局限性。首先，他混淆了两种完全不同的分工。马克思后来指出，实际上存在两种分工：一是社会分工，一是工场手工业内部分工，前者是经济的社会形态共有的，后者是资本主义生产方式特有的。而斯密却完全忽视了二者的差异，用原本属于工场手工业的内部分工来诠释社会分工，反过来又用社会分工来诠释工场手工业分工，将两种完全不同的分工混淆了起来，没有真正厘清工场手工业内部分工的历史地位。其次，在分工和机器的关系上，斯密始终认为机器只起附属作用，根本无法撼动前者的主导地位，同时，他也没有将工具和机器有效地区分开来。犹如马克思评价的那样："关于分工，亚·斯密没有提出任何一个新原理。人们把他看作工场手工业时期集大成的政治经济学家，是因为他特别强调分工。他认为机器只起了从属作用，这种说法在大工业初期遭到罗德戴尔的反驳，再往后的发展时期又遭到尤尔的反驳。亚·斯密

还把工具的分化同机器的发明混为一谈。"①再次，在机器生产与失业问题上，由于斯密始终坚信分工的优先地位，导致他始终认为，机器的普及绝不会导致工人的失业，相反，而会使各个阶层受益。最后，由于斯密是从分工和交换出发来理解生产力发展以及人与人之间关系的，这注定了他在哲学上只能达到人与人之间的交换关系，虽然他也看到了资产阶级社会的三大阶级，但他并没有从中引出它们之间的阶级对立关系，而是走向了平等主体之间的交往关系。当然了，我们不能过分苛求斯密，毕竟他生活在工场手工业时期。

与斯密不同，李嘉图生活在工场手工业向机器大工业的转变时期，这使后者能够清楚地看到前者的理论局限性。首先，李嘉图将机器从斯密的分工逻辑中解放出来，凸显了机器生产的重要性，并在《政治经济学及赋税原理》第三版（1821）中，专门增加了一章论述机器的功能和作用。其次，在机器和失业问题上，李嘉图一开始并没有识破斯密的错误之处，而是将其作为既有的结论接受了下来。但在巴顿的影响之下，李嘉图改变了昔日的看法，认为机器生产不仅不会使工人受益，而且还会排挤工人，造成过剩人口。② 马克思后来对这一观点做出了高度评价，指出"李嘉图向前发展的唯一的一点——这一点有重要意义——就是：他……断言，机器本身'造成人口过剩'，即造成过剩的人口。"③再次，由于李嘉图站在机器生产的高度之上，这使他看到了斯密劳动价值论和

①　《马克思恩格斯全集》，中文2版，第44卷，人民出版社2001年版，第404页。

②　参见《李嘉图著作和通信集》第1卷，商务印书馆1997年版，第332页。

③　《马克思恩格斯全集》，中文1版，第26卷第二册，人民出版社1973年版，第658页。

阶级理论的错误之处，第一次从经济学上揭示了三大阶级之间的对立关系，从而将斯密的交往关系推进到对抗性的生产关系的层次。不过，除此之外，我们很少能够看到李嘉图对机器生产的全面论述，更不屑说对机器大生产的哲学分析了。从这个意义上来讲，李嘉图并没有真正触及机器大生产的核心问题。

而这一点在拜比吉的《论机器和工厂的节约》(1832)中，得到了有效弥补。总体来看，这一著作的主要贡献在于：第一，明确区分了机器和工具的差异。拜比吉指出："当每一种操作已被简化为对一种简单工具的使用时，由一个发动机推动的所有这些工具的联合就构成了机器。"①这一定义虽然存在一定的缺陷，但毕竟提供了一种将机器和工具区分开来的思路，是值得肯定的。第二，详细研究了工场手工业中的劳动分工问题。他指出，在工场手工业中，"由于把工作分成许多种不同的操作，其中每种操作都需要不同程度的技艺和体力，因此工场主能够准确地按照每种操作所需要的数量来购买体力和技艺"②。这一思想为马克思后来准确定位工场手工业的历史地位提供了重要启示。第三，研究了机器的周转和折旧问题，为马克思后来建立资本主义危机周期理论提供了有益启示。最后，揭示了机器工厂对工人的影响。李嘉图只是从纯收入和总收入入手，分析了机器对工人的影响；而拜比吉则从生产过程本身，深刻分析了机器生产所造成的恶劣后果，这是一个不小的进步。

———————

① Charles Babbage, *The Economy of Machinery and Manufactures*, London: Cambridge University Press, 2009, p. 136.

② Ibid., pp. 172-173.

然而，拜比吉的缺陷也是非常明显的：首先，他在机器和工具的区分标准上还存在很大问题。他指出："工具通常比机器简单，前者一般都是由人手来推动的，而机器通常是由动物或蒸汽力来推动的。"①以此来看，拜比吉实际上是根据动力的差异来区分二者的：由人手推动的是工具，而由动物或自然力推动的则是机器。这一区分实际上是非常错误的，马克思后来在《1861—1863年经济学手稿》和《资本论》中都对其做出了尖锐批评。其次，拜比吉虽然看到了机器工厂的出现，但他并没有真正揭示后者的运转机制，而是回到了斯密的立场之上，用分工来解释机器工厂。可以说，这在机器产生的早期还是有效的，因为机器的出现毕竟是以充分的分工为前提条件的。然而，当他用这种逻辑来诠释整个现代工厂时，显然就犯了本质错误，将两个完全不同的东西混淆了起来。从这个意义上来讲，拜比吉并没有摆脱斯密的分工逻辑，更没有甄别出工场手工业和机器工厂的本质差别。马克思后来指出："拜比吉（他作为数学家和力学家虽然比尤尔高明，但他实际上只是从工场手工业的观点去理解大工业的）。"②这一评价一针见血地切中了拜比吉的软肋。以此来看，拜比吉并没有真正理解机器大工业的经济性质及其历史地位。最后，拜比吉虽然看到了机器对工人的排挤作用，但由于其自身的政治立场问题，他又提出了所谓的"补偿理论"，即机器虽然会排挤工人，但它同时也会再次吸收这些工人。这与李嘉图的"过剩人口"理论以及后来尤尔的分析存在重要差异。

---

① Charles Babbage, *The Economy of Machinery and Manufactures*, London：Cambridge University Press, 2009, pp. 10-11.

② 《马克思恩格斯全集》，中文2版，第44卷，人民出版社2001年版，第405页。

　　而真正做到这一点的则是英国"工厂哲学家"尤尔。马克思指出："尤尔，工厂制度的这个无耻辩护士，尽管在英国受到驳斥，但是他毕竟是有贡献的，因为他第一个正确地理解了工厂制度的精神，并且准确地表述了自动工厂同以分工为基础的工场手工业之间的差别和对立。"①在《工厂哲学》(1835)中，他第一次准确描述了机器大工厂的运转机制，实现了对现代工厂的科学定位：首先，他第一次揭示了工厂(manufacture)概念的现代含义。虽然拜比吉也使用了 manufacture 这一范畴，但实际上他是从工场手工业来理解它的，在这里，它只是个含混的概念，既包括工场手工业，也包括现代工厂。而尤尔则从自动化机器体系出发，准确诠释了这一范畴的科学内涵，他指出："工厂(manufacture)这一范畴的变迁，已预示了它内在含义的颠倒，因为它现在指代的是由机器而不是手工制造出来的大量的技术产物；因此，最完善的工厂就是完全不需要手工劳动的工厂。而工厂哲学自然也就是对自动化机器体系所遵循的一般原理的论述。"②以此来看，在尤尔的语境中，"工厂"已经不再包括工场手工业了，而是特指与自动化机器体系相适应的生产形式。其次，尤尔明确界定了工场手工业与机器大工业的本质差异。如果说拜比吉是沿着斯密的分工逻辑来理解机器大工业的，那么，尤尔则摒弃了这一思路，对斯密的分工逻辑做出了明确界定，从根本上将工场手工业与机器大工业界划为两个本质不同的历史阶段，从而将由分工推动的生

---

① 《马克思恩格斯全集》，中文 1 版，第 47 卷，人民出版社 1979 年版，第 526 页。

② Andrew Ure, *The Philosophy of Manufactures*, London：Charles Knight, 1835, p. 1.

产力形式与由自动化机器体系所推动的生产力形式清晰地界划开来。①
再次，尤尔揭示了现代工厂的运作机制。他指出，在工场手工业时期，
是分工居于主导，劳动要适应人的不同才能；在这里，人的主体地位并
没有被消除。相反，在机器大工业阶段，居于主导地位的是资本与科学
的联合，是机器体系之间的协作，而不是分工；在这里，人的才能和技
术水平则是无关紧要的，他们完全屈从于机器，沦为后者的附属物，全
面丧失了自己的主体地位。也基于此，尤尔将自动机器体系比作为新时
代的"专制君主"。最后，尤尔揭示了机器大生产对工人的影响。他指
出，机器发展的一般趋势必然是要取消人的劳动，或者说排挤掉成年男
工，将妇女和儿童纳入到资本的统治之中。与拜比吉的补偿理论相比，
尤尔的这一观点更切中了资本主义机器大工业的本质，对后来马克思的
思想产生了重要影响。不过，尤尔的理论也存在一定的缺陷：首先，他
是完全站在资产阶级的立场上为工厂制度辩护的。他之所以关注机器大
生产，主要目的是为了论证机器生产不仅是有效提升社会生产力，而且
也是有效克制工人反抗，维护资本统治的一种有力武器。这一政治立场
决定了，尤尔在论述机器大生产时，眼睛只会盯着生产力和物质财富的
维度，没有看到机器生产的关系维度，而是就机器来谈机器，没有将机
器与机器的资本主义运用区分开来。此外，尤尔将机器体系视为资产阶
级财富增长的源泉，甚至认为未来资本主义生产可以完全不需要工人，
建构了一个全面自动化生产的梦幻王国，彻底阉割了资本主义制度得以

---

① Andrew Ure, *The Philosophy of Manufactures*, London: Charles Knight, 1835, p. 19.

存在的社会基础，抹杀了工人在财富生产——特别是剩余价值生产过程中的主导作用。最后，在历史观上，尤尔天真地以为技术能够解决一切问题，陷入到技术决定论的旋涡之中。

通过上述梳理，可以清楚地看到，由于斯密、李嘉图、拜比吉和尤尔等人所处的历史阶段不同，他们对分工和机器大工业的理解也存在着巨大差异。在马克思建立自己的分工和机器大生产理论的过程中，他们都起到了重要作用。然而，在不同时期，马克思对他们思想的吸收和消化又是不同的，从而引发了不同的哲学效应。

二、马克思机器大生产理论的形成过程：对拜比吉和尤尔的反思与超越

早在 1845 年写的《评李斯特》和《布鲁塞尔笔记》(7—8 月)中，马克思就关注到了拜比吉的《论机器和工厂的节约》和尤尔的《工厂哲学》，并在后一文本中分别做了 5 页和 8 页的摘录。然而，此时马克思根本没有能力理解二者的哲学意义。这在其后的《德意志意识形态》中得到了明确体现。在这一文本中，马克思虽然建立了历史唯物主义理论，但在分工和机器大生产的问题上，他还没有达到拜比吉的水平，更不要说尤尔了，而是基本停留于斯密的逻辑之中。

首先，在分工问题上，马克思像斯密一样混淆了两种不同性质的分工。当他从分工出发来解释人类历史上四种不同的所有制时，恰恰中了斯密的圈套，将社会分工和工场手工业内部分工完全混淆了起来，陷入"泛分工论"的窠臼之中。其次，虽然此时马克思已明确区分了资本主义发展的三个阶段：早期工场手工业、17 世纪中叶到 18 世纪末的工场手

工业和机器大工业。但在整体思路上，马克思并没有超越斯密的分工逻辑，而是像拜比吉一样用分工来理解机器大生产。马克思指出："这种超过了生产力的需求正是引起中世纪以来私有制发展的第三个时期的动力，它产生了大工业——把自然力用于工业目的，采用机器生产以及实行最广泛的分工。"①以此来看，虽然此时马克思看到了机器大工业，但如何从理论上定位这种生产形式，显然他还没形成自己的逻辑，最终像拜比吉一样用分工来解释大工业，这在本质上仍是斯密逻辑的延续。这表明，此时他还没有能力区别工场手工业和机器大工业的本质差异。不过，在这里，必须要强调一点，虽然此时马克思犯了与拜比吉一样的错误，但在其他问题上，比如工场手工业的分工原则、运转机制等方面，马克思并未达到拜比吉的高度。再次，由于此时马克思是从斯密的分工逻辑来理解生产力和所有制发展的，这注定了他必然无法透视生产过程中的阶级对立关系，而只能以分工的意愿性与否来区分两种不同的交往形式：一是以自愿性分工为基础的交往形式，一是以非自愿性分工为基础的"坏"的交往形式。于是，人类历史发展的动力不是被诠释为生产力与生产关系之间的内在矛盾，而是被解释为生产力与坏的交往形式之间的矛盾。这种理解显然没有切中历史发展的本质，是需要进一步深化的。

到了《哲学的贫困》中，马克思在上述问题上实现了一定的发展。那么，原因是什么呢？在以往的解释中，我们往往将其归咎于李嘉图的影响。但现在来看，这一解释是不完整的。李嘉图的确在马克思实现从交

---

① 《马克思恩格斯选集》，2 版，第 1 卷，人民出版社 1995 年版，第 113 页。

往关系到生产关系的转变中发挥了重要作用，但他在分工和机器大生产问题上对马克思的影响似乎没有想象中的大。如上文所述，李嘉图虽然看到了机器生产的重要性，并分析了机器对工人的影响，但这些分析只是外在的，他并没有真正触及机器大生产的核心问题。这是与他写作《政治经济学及赋税原理》的时代背景相一致的。在1817—1821年，虽然此时已出现了机器生产，但这里的机器生产并不是严格意义上的机器大生产，它只不过是向后者转变的一个过渡时期。因此，我们并不能过分抬高李嘉图对马克思机器大生产理论的影响作用。在这一问题上，拜比吉和尤尔的作用更胜一筹。在这一文本中，马克思已经吸收了拜比吉和尤尔的思想，这为他在分工和机器大生产理论上的推进提供了重要支撑。也正是在他们的综合影响之下，马克思实现了理论逻辑的重要推进：

首先，此时马克思已经克服了斯密的缺陷，将两种不同的分工区分了开来，实现了对分工的科学认识。马克思在《资本论》第一卷中指出："我在《哲学的贫困》中已经把必须说的话都说了，在那里我第一次提到工场手工业分工是资本主义生产方式的特殊形式。"①这清楚地表明，此时马克思已经将社会分工同工场手工业内部分工清晰地界划开来，实现了对二者的准确定位。其次，马克思清晰界定了机器和工具的差别。在蒲鲁东看来，分工是劳动的分化，而机器则是对分工的否定，是劳动的重新统一。针对这一观点，马克思引用了拜比吉的机器定义，对其展开了尖锐批判："把机器看作分工的反题，看作使被分散了的劳动重归统

---

① 《马克思恩格斯全集》，中文2版，第44卷，人民出版社2001年版，第419页。

一的合题，真是荒谬之极。机器是劳动工具的集合，但决不是工人本身的各种劳动的组合。"①可以说，在拜比吉的影响下，马克思已基本明确了机器与工具的差异。再次，在尤尔的影响之下，马克思明确区分了工场手工业分工与现代工厂分工之间的差别。马克思指出："斯密那时的分工和我们在自动工厂里所见的分工之间有很大的差别。为了更好地了解这个差别，只须从尤尔博士的《工厂哲学》中引证几段就够了。"②工场手工业分工是根据工人的专业技能，使劳动适应工人；而"自动工厂中分工的特点，是劳动在这里已完全丧失专业的性质"③，是工人去适应不需要专业技巧的简单操作，二者本质上存在重要差异。复次，此时马克思不再像《德意志意识形态》中那样，从分工出发来解释历史发展的动力，而是力图从生产过程入手来寻求答案，进而实现了从交往关系向生产关系的重大转变。在此影响之下，马克思克服了前期从物质形式来理解资本的缺陷，将机器与机器的资本主义应用区分了开来。"机器正像拖犁的牛一样，并不是一个经济范畴。机器只是一种生产力。以应用机器为基础的现代工厂才是社会生产关系，才是经济范畴。"④可以说，这种关系维度的凸显，为马克思后来建立科学的固定资本理论提供了方法论支撑。最后，马克思肯定了尤尔和李嘉图的观点，批判了资产阶级经济学家和拜比吉的补偿理论，为后来建立科学的相对过剩人口和产业后

---

① 《马克思恩格斯选集》，2 版，第 1 卷，人民出版社 1995 年版，第 165 页。
② 同上书，第 167 页。
③ 同上书，第 169 页。
④ 同上书，第 161 页。

备军理论奠定了基础。①

　　但是进一步分析可以发现，此时马克思的理论还存在进一步的发展空间。虽然此时马克思肯定了拜比吉和尤尔的贡献，但是他并没有能力理解二者的本质差异，更没有能力从根本上克服乃至超越二者的局限：首先，马克思并没有认识到拜比吉机器定义的缺陷，后者仅仅依据动力的性质来区分机器和工具，将使用人力的称为工具，而使用动物或自然力的称为机器。这一标准显然是不科学的。直到《1861—1863 年经济学手稿》中，马克思才真正克服了这一缺陷。② 其次，马克思仍然将分工视为自动工厂的核心构件，这显然也是不科学的。尤尔已经清楚地指出，机器大生产实际上是建立在对分工和各种专业化的否定之上的，在这里，居于主导地位的是机器体系之间的协作，而不是分工。此时马克思虽然区分了工场手工业分工与现代工厂分工的差异，但他并没有认识到用分工——不论何种意义上的分工——来概述"现代工厂"或"自动工厂"显然是不合时宜的。这一点到了《共产党宣言》中依然没有改变。这表明，此时他并没有真正摆脱拜比吉的影响，更没有达到尤尔的高度。再次，虽然此时马克思已经从生产关系入手来区分不同的社会形态，但由于他对机器大工业的认知还不够深刻，因此，他还没有能力从根本上揭示资本主义大生产所引发的哲学效应，也没有能力揭示资本主义生产关系的具体内涵，更不要说资本主义生产方式的内在矛盾了，最终只能

---

① 《马克思恩格斯选集》，2 版，第 1 卷，人民出版社 1995 年版，第 360—361 页。
② 参见《马克思恩格斯全集》，中文 1 版，第 47 卷，人民出版社 1979 年版，第 451—452 页。

转向主体向度，求救于由财富的"不平等分配"①所引发的阶级斗争。这些问题都是在后面的研究中逐步解决的。

在 1850—1853 年，马克思写下了 24 册的《伦敦笔记》，其中在第XV 笔记中，马克思又详细摘录了拜比吉和尤尔的著作。② 经过这次研究，马克思已经清楚地认识到了拜比吉和尤尔的理论差异，并从根本上超越了他们。这一点在其后的《大纲》中得到了集中体现。

在这一手稿中，马克思已经克服了古典经济学的缺陷，实现了从劳动商品到劳动力的转变，建立了自己的剩余价值理论，准确揭示了资本主义生产关系的具体内涵。站在这样一个全新的高度之上，马克思全面克服了拜比吉和尤尔的理论缺陷，建立了自己的机器大生产和资本主义生产方式批判理论：首先，尤尔虽然看到了工场手工业和机器大生产的差别，但他的切入视角只是生产力，他只是想通过二者的比较来论证机器大生产的先进性和优越性，因而在认识视角上基本停留于物质层面，忽视了机器大生产背后的关系维度。而此时马克思已经突破了这种视野的缺陷，开始从资本主义生产方式的高度来认识二者的差异了。"生产资本，或与资本相适应的生产方式，只能有两种形式：工场手工业或大工业。在前一种情况下，占统治地位的是分工；在后一种情况下，占统治地位的是劳动力的结合（具有相同的劳动方式）和科学力量的应用，在这里，劳动的结合和所谓劳动的共同精神都转移到机器等等上面去

---

① 《马克思恩格斯全集》，中文 1 版，第 4 卷，人民出版社 1958 年版，第 95 页。

② 参见张钟朴：《马克思在〈伦敦笔记〉中对科学技术、机器生产和工艺学的研究》，《马克思恩格斯研究》1994 年第 17 期。

了。"①它们不仅在生产力发展水平上存在重要差异，而且催生的生产方式和统治方式也存在本质区别。以此来看，此时马克思已经改变了《哲学的贫困》中用分工来诠释机器大生产的缺陷，将其对机器大生产的认识推进到一个全新的高度。其次，马克思准确揭示了科学在机器大生产中的作用。在大工业时代，资产阶级财富的生产已不再取决于分工，"而是取决于科学的一般水平和技术进步，或者说取决于这种科学在生产上的应用"②。在这里，科学和社会智力已被吸纳为资本的固有属性，成为后者剥削、压榨工人的有力武器。因此，此时真正标志生产力发展水平的已经不再是劳动，而是吸收科学、智力和知识体系的固定资本。也是在此基础之上，马克思建立了科学的固定资本和一般智力理论，为后来的生命政治理论提供了思想资源。再次，马克思明确区分了机器与机器的资本主义运用，全面考察了机器的资本主义运用对工人的影响，同时又客观评价了它对工人解放的历史意义，建立起了自由时间理论。

不过，笔者想强调的是，与后来的《1861—1863 年经济学手稿》和《资本论》相比，此时马克思还没有真正实现对工场手工业和资本主义生产方式的科学认识。为什么这么说呢？首先，此时马克思虽然建立了剩余价值理论，但不得不说，这一理论还是不完善的。此时他只解决了古典经济学的第一个难题，即资本与劳动的交换如何同价值规律相符合的问题，还没有解决第二个难题，即价值规律与平均利润之间的矛盾问题，因而他还无法科学解释剩余价值向平均利润的转化问题。其次，虽

---

① 《马克思恩格斯全集》，中文 2 版，第 30 卷，人民出版社 1995 年版，第 588 页。
② 《马克思恩格斯全集》，中文 2 版，第 31 卷，人民出版社 1998 年版，第 100 页。

然此时马克思建立了绝对剩余价值和相对剩余价值理论,但在二者的区分标准上还是不科学的。日本学者内田弘教授指出,此时马克思是根据"劳动手段的机械化、固定资本的发展和机器使用"①来区分二者的。我以为,这一判断是非常准确的。换言之,此时马克思实际上是站在机器大生产的视角上来定义相对剩余价值的。这就必然会导致一系列的问题:

第一,他必然会将工场手工业视为是与绝对剩余价值相适应的生产形式,没有认识到工场手工业的真实本性。他指出:"工场手工业中的必要劳动仍然占去整个可以支配的劳动时间的大部分,这样,每一个工人完成的剩余劳动仍然比较少……在工场手工业中,占优势的是绝对剩余时间,而不是相对剩余时间。"②机器大生产是与相对剩余价值相适应的生产形式,而工场手工业只是与绝对剩余价值相对应的生产形式,这一定位显然是不科学的。第二,他必然无法建立科学的形式从属和实际从属理论。马克思后来指出,劳动对资本的形式从属是与绝对剩余价值相适应的生产形式,它指的是这样一个历史时期,即资本只是在形式上指挥劳动,它还没有按照自己的意志,改变工人的劳动过程和劳动方式,更没有建立起与自己相适应的生产方式。而实际从属则是与相对剩余价值相适应的生产形式,在这里,资本已经渗透到整个劳动过程之中,使劳动方式转化为资本主义特有的生产方式。按照这一界定,可以

----

① [日]内田弘:《新版〈政治经济学批判大纲〉的研究》,北京师范大学出版社 2011 年版,第 248 页。

② 《马克思恩格斯全集》,中文 2 版,第 30 卷,人民出版社 1995 年版,第 590—591 页。

推论出，在此时马克思的视域中，工场手工业实际上只处于劳动对资本的形式从属阶段，因此是不可能将其视为资本主义特有的生产方式的。而这与他前面的指认存在着明显的矛盾。第三，此时马克思只指认了工场手工业和大工业两种形式，还没有清晰界定"协作"的历史地位。这些都清楚地表明，此时马克思尚未建立彻底成熟的资本主义生产方式批判理论。

而这些问题到了《1861—1863年经济学手稿》中才得到真正解决。第一，此时马克思已经不再从机器大生产的视角来区分绝对剩余价值和相对剩余价值，而是从生产力的发展形式及其对剩余价值生产的影响来区分二者。一旦站在这一视角上，马克思必然能够看到"协作、工场手工业(作为分工的形式)、工厂(作为以机器体系为自己的物质基础的社会劳动形式)"都是与相对剩余价值相适应的"资本的发展形式"①，进而建立了彻底成熟的相对剩余价值理论。第二，也是在此基础上，马克思建立了科学的形式从属和实际从属理论，实现了对资本主义生产方式的科学认识，建立了彻底成熟的资本主义生产方式批判理论。第三，在这一手稿中，马克思第一次详细研究了科学技术和机器本身的发展史，全面揭示了人类生产力的发展历程，建立了科学的工艺学理论。而所有这些都在《资本论》中得到了全面系统的阐发。

三、从分工到机器大生产：马克思阶级斗争理论的深化

通过上述梳理，可以看出，如果没有科学的机器大生产理论，马克

---

① 《马克思恩格斯全集》，中文1版，第48卷，人民出版社1985年版，第38页。

思是不可能建立科学的政治经济学批判理论的，更不要说彻底成熟的资本主义批判理论了。那么，接下来，我们再追问一个重要问题，即马克思机器大生产理论的形成具有什么样的哲学意义？或者说，这一理论在何种意义上深化了马克思的历史唯物主义？

在《重构历史唯物主义》中，莱尔因指出，马克思在历史发展动力的解释上存在一个重要矛盾，即"两种公式之间的对立：一是《政治经济学批判》序言中的'客观公式'，强调生产力的发展及其与生产关系的冲突；二是《共产党宣言》中的'主观公式'，侧重于阶级斗争"[①]。我以为，莱尔因并没有真正理解这一问题。在笔者看来，这并不是一个矛盾，而是马克思历史唯物主义不断深化的结果，其中能否形成科学的机器大生产理论，恰是实现这一深化的重要原因。

马克思后来指出："在工场手工业和手工业中，是工人利用工具，在工厂中，是工人服侍机器。在前一种场合，劳动资料的运动从工人出发，在后一种场合，则是工人跟随劳动资料的运动。在工场手工业中，工人是一个活机构的肢体。在工厂中，死机构独立于工人而存在，工人被当作活的附属物并入死机构。"[②]在分工中，虽然单个工人和总体工人完全屈从于资本的统治，沦为资本增殖的附属物，但从物质形式来看，它毕竟表现为工人运用工具进行劳动的过程，工人的主体地位并没有被消除，而是"作为支配生产过程的统一体"[③]贯穿于整个劳动过程。然

① ［英］莱尔因：《重构历史唯物主义》，姜兴宏等译，中国社会科学出版社1991年版，第24页。

② 《马克思恩格斯全集》，中文2版，第44卷，人民出版社2001年版，第486页。

③ 《马克思恩格斯全集》，中文2版，第31卷，人民出版社1998年版，第91页。

而，在机器大生产中，劳动过程与生产过程出现了重大"分离"，前者已沦为后者的一个次要环节，在这里，"劳动表现为不再像以前那样被包括在生产过程中，相反地，表现为人以生产过程的监督者和调节者的身分同生产过程本身发生关系……工人不再是生产过程的主要作用者，而是站在生产过程的旁边"①，"生产过程已不再是这种意义上的劳动过程了"②。在这里，工人不仅在价值增殖过程中丧失了自己的主体地位，而且在一般劳动过程中也失去了自己的主体性。以此来看，由分工和机器大工业所引出的剥削形式和哲学效应是不同的。如果只是停留在分工的层次上，必然会从由分工所导致的人的片面化这一主体视角展开批判；而一旦站在机器大生产的维度之上，前一思路就自然会丧失既有的合法性。这恰恰是马克思前后两个时期对历史唯物主义理解不同的重要原因。

从《德意志意识形态》到《哲学的贫困》，马克思虽然已实现了理论逻辑的重大转变，但在机器大工业的理解上，他并没有克服拜比吉用分工来诠释机器大生产的逻辑缺陷，这一点甚至到了《共产党宣言》中也没有改变。这样所导致的后果就是，他必然无法站在机器大工业的高度之上来理解资本主义的内在矛盾，更不可能为无产阶级革命提供科学的理论依据。因此，当他对资本主义进行批判时，自然无法深入到资本主义的内在机理之中，最终只能走向由分工所引发的主体效应。比如，在《德意志意识形态》中，马克思恩格斯指出，"受分工制约的不同个人的共同

---

① 《马克思恩格斯全集》，中文 2 版，第 31 卷，人民出版社 1998 年版，第 100 页。
② 同上书，第 91 页。

活动产生了一种社会力量，即扩大了的生产力。因为共同活动本身不是自愿地而是自然形成的，所以这种社会力量在这些个人看来就不是他们自身的联合力量，而是某种异己的、在他们之外的强制力量"①。结果，由于分工，工人的自身力量即生产力转化为一种不以他们意志为转移的物的力量；有个性的个人在分工中被转化为一种偶然存在的个人；作为工人自主活动的物质生产活动转化为一种摧残生命的奴役劳动。那么，如何消除这些"异化"现象呢？马克思恩格斯指出："只能靠个人重新驾驭这些物的力量，靠消灭分工的办法来消灭。"②而无产阶级革命就是消灭分工的最终途径。同样，在《哲学的贫困》中，虽然马克思将理论思路推进到生产关系的高度，但由于此时他还没有认识到机器大生产所引发的哲学效应，因而还无法从客体维度揭示资本主义灭亡的科学依据，最终走向了以财富分配不平等所引发的阶级斗争线索。从这个意义上来看，此时马克思之所以过分强调阶级斗争的主体线索，是与他对机器大生产的片面理解联系在一起的，或者说，此时他对资本主义内在矛盾的分析，还不足以支撑他的阶级斗争理论。

而到了《大纲》之后，马克思在这一问题已实现了重大突破。此时马克思已经清楚地看到，资本主义机器大工业已经消灭了分工，然而它并没有带来工人的解放，而是催生了一种更加稳定的统治形式。这表明，《德意志意识形态》中从分工引出的阶级斗争理论是不完善的，必须要站在资本主义最发达的生产形式即机器大工业的高度之上，来重新审视自

---

① 《马克思恩格斯选集》，2 版，第 1 卷，人民出版社 1995 年版，第 85—86 页。
② 同上书，第 118—119 页。

己的无产阶级革命理论。另一方面，马克思已经看到，机器大生产已经从社会形式和物质形式上消除了工人的主体地位，因此，如果再像前期那样单纯从主体维度来引出无产阶级革命，在逻辑上已经站不住脚了。只有将其深入到机器大生产的内部形式之中，通过对其内在矛盾的客观解剖，才有可能为无产阶级革命提供真正科学的依据。"只有在现代生产力和资产阶级生产方式这两个要素互相矛盾的时候，这种革命才有可能。"①换言之，只有将阶级斗争建立在生产力和生产关系的内在矛盾之上，阶级斗争理论才具有自身的合法性。因此，在后期，马克思已经不再像前期那样，将自己的重心放在由分工和主体维度所引发的阶级斗争之上了，而是转变为对资本主义生产方式内在矛盾的剖析。也是在此基础之上，马克思才会提出"两个决不会"的思想："无论哪一个社会形态，在它所能容纳的全部生产力发挥出来以前，是决不会灭亡的；而新的更高的生产关系，在它的物质存在条件在旧社会的胎胞里成熟以前，是决不会出现的。"②

以此来看，前期的"主观公式"与后期的"客观公式"决不是两个矛盾的对立面，而是其历史唯物主义不断深化的结果。当莱尔因仅仅依据这种形式上的差异，将其判定为一种矛盾的时候，恰恰忽视了马克思在这一问题上的重要贡献。

---

① 《马克思恩格斯选集》，2 版，第 1 卷，人民出版社 1995 年版，第 470—471 页。
② 《马克思恩格斯全集》，中文 2 版，第 31 卷，人民出版社 1998 年版，第 413 页。

第三章 《资本论》与马克思哲学革命

如何理解历史唯物主义与政治经济学批判之间的关系，已凸显为当前国内马克思主义哲学研究的焦点话题。这种提问路径本身就蕴含着一个重要反思：《资本论》不仅是唯物史观在经济学领域中的具体运用，它本身就包含着深刻的哲学革命，是对历史唯物主义的重要深化和发展。那么，这种革命主要体现在哪些方面呢？它在何种意义上深化了历史唯物主义呢？本章就围绕这些问题展开探讨。

第一节 《资本论》对近代哲学范式的全面变革

如何澄清《资本论》与近代哲学之间的内在关系，是一项具有重大意义的研究课题。基于此，本节着重围绕哲学范式、方法论以及历史认识论三个问题展开深入探讨，全面揭示《资本论》在哲学史上的革命意义，以期为进一步推进和深化对《资本论》哲学思想的研究提供有益思考。

一、从"物"(Ding)到"物"(Sache)：哲学范式的全面变革

随着国内马克思主义哲学研究的不断推进，如何理解马克思语境中的"物"，已凸显为当前学术研究的焦点话题之一。在这一问题上，存在一种代表性的理解。在《符号政治经济学批判》中，鲍德里亚指出，马克思对物的理解并没有超越旧唯物主义的实体论思维，仍将物诠释为客观的实体物，而他所谓的拜物教批判理论实际上只不过是一种最初级的对"现实的、物质性的物的崇拜"①。以此为由，得出结论说，马克思在本质上并没有摆脱近代以来的实体论思维，仍然是一位传统本体论意义上的哲学家。当鲍德里亚这样定位的时候，实际上已把马克思重新拉回到近代哲学的主客二分的框架之中，完全抹杀了马克思《资本论》的革命意义。这也由此引出一个重要问题，即如何理解《资本论》在哲学史上的历

---

① ［法］鲍德里亚：《符号政治经济学批判》，夏莹译，南京大学出版社2009年版，第75页。

史地位？或者说，如何理解《资本论》与传统实体论范式之间的内在关系？要想澄清这一问题，首先必须弄清楚《资本论》的研究对象和出场语境。

《资本论》真的像鲍德里亚所说的那样是传统物质实体论的延续吗？或者说，作为《资本论》的研究对象，商品、货币、资本等真的是传统哲学所探讨的"物"吗？要回答这一问题，必须澄清马克思语境中"物"的不同含义，具体而言，必须要厘清 Ding 与 Sache 的不同内涵。所谓 Ding 主要是指实体性的自然—物理物，它又包括两个不同层面：（1）是一般意义上的自然实体物；（2）社会中单纯作为自然存在的物理实体物，比如生产工具、劳动资料等，它们虽然是人类劳动的某种产物，但在存在形式上仍是一种实体性的物质对象。可以说，不论是古代朴素唯物主义还是近代唯物主义都基本上是在 Ding 的意义上来谈论"物"的。虽然近代唯物主义已经突破了具体物质形态的限制，力图从抽象的广延性和可感性来理解"物质"的内涵，但这里的"物质"仍然没有超越实体主义的范式：首先，它们所理解的"物质"实际上只是对可感觉到的"物"（Ding）的一种经验概括，没有突破传统实体论哲学的局限性。一旦将可感性作为物质判定的标准，必然也就把看不见的社会关系排除在"物"的范畴之外了。其次，这里的"物质"只是一种知性抽象，是研究者根据自己的主观能动性制造出来的纯粹同一性，是一种静态的、僵死的抽象。因此，在它们这里，"物"只是被理解为一个静态的自然范畴，而没有被理解为一种过程，"这种唯物主义的第二个特有的局限性在于：它不能把世界理解为一种过程，理解为一种处在不断的历史发展中的物质。"①再次，这种物质观仅仅适用于自然界，无法理解人类社会的物质性，更不能科学诠释人类历史发展的物质过程，因而是一种"半截子"唯物主义。它人为地割裂了自然与历史的联系，无法将唯物主义贯彻到底，最终在历史观上陷入到唯心主义的泥潭之中。最后，在哲学范式上，近代哲学，包括近代唯物主义，都是一种彻头彻尾的实体主义，它预设了一个永恒不变的本体，以此来推演和解释整个世界，因而在认识论上都陷入到主客二分的逻辑框架之中。

与近代唯物主义相反，马克思的《资本论》所要探讨的绝不是这种物理实体意义上的自然物，而是一种与其完全不同的抽象存在物，比如，价值、货币、资本等，马克思将其称为"Sache"。他指出，从使用价值的角度来看，商品的确是一个可感觉的"物"(ein sinnlich Ding)，但是从价值的角度来看，商品立即变成了一个超感觉的"物"(ein übersinnlich Ding)，"为了使麻布作为单纯人类劳动的物的表现(bloßen dinglichen Ausdruck)，必须把它实际上构成物(Ding)的一切都排除开……**商品**是**物**(Sachen)。它们必须在物(sachlich)上或必须在物的联系(sachlichen Beziehung)上表示它们是什么。"②所以，作为统一体的商品具有二重属性，它既是 Ding 又是 Sache，而它之所以成为 Sache，并不是根源于使用价值，而是因为价值，后者决定了商品的本质属性和社会规定性。不过，作为价值关系的进一步发展，货币和资本在本质上只能是社会关系

---

① 《马克思恩格斯选集》，2 版，第 4 卷，人民出版社 1995 年版，第 228 页。

② [德]马克思：《资本论》第 1 卷德文第 1 版，经济科学出版社 1987 年版，第 25 页。

物，而不可能是 Ding。马克思指出："资本不是物(Ding)，而是一定的、社会的、属于一定历史社会形态的生产关系，后者体现在一个物上，并赋予这个物以独特的社会性质。资本不是物质的和生产出来的生产资料的总和。资本是已经转化为资本的生产资料，这种生产资料本身不是资本，就像金或银本身不是货币一样。"①然而，在资本主义生产当事人及其代理人眼中，这些本质规定发生了客观倒置。他们根本不理解，一种物(Ding)之所以能够成为商品、货币和资本，根本不在于物(Ding)本身，而是根源于特定的社会关系(Sache)，而他们却错误地将这种社会关系颠倒为物(Ding)本身固有的自然属性，"这一点构成了政治经济学拜物教的一个基础"②。以此来看，马克思的拜物教批判理论决不是"现实的、物质性的物的崇拜"，更不是一种低级的恋物癖，而是一种更为深刻的、深入到历史深处的社会关系拜物教。当鲍德里亚这样指责马克思的时候，恰恰犯了同古典经济学一样的错误，将两种完全不同的"物"混淆了起来；更为重要的是，这种指责彻底抹杀了马克思在哲学范式上所实现的重要革命。

首先，关系物(Sache)实现了对传统实体论哲学的全面变革。与 Ding 不同，关系物不是一种实体性的存在物，也不是传统形而上学语境中建构起来的永恒不变的实体，它是一种在特定历史条件下形成的客观的、非实体性的抽象存在物。从这个意义上说，《资本论》一出场就溢出了传统实体主义的范围，是对传统本体论思维的一次革命性变革。其

---

① 《马克思恩格斯全集》，中文 2 版，第 46 卷，人民出版社 2003 年版，第 922 页。
② 《马克思恩格斯全集》，中文 1 版，第 49 卷，人民出版社 1982 年版，第 41 页。

次，关系物实现了人的认识方式的重要变革。在近代唯物主义那里，所谓的"物质"只不过是主体借助于思维对实体物所做的一种静态的经验抽象，基本上停留于知性抽象的层面上。而关系物则不同，它不是一种静止的实体物，而是一种不断运动发展的社会关系，它已经远远超出了感性和知性的层面，是后两者无法直接达及的，必须要诉诸科学抽象的方法。"分析经济形式，既不能用显微镜，也不能用化学试剂。二者都必须用抽象力来代替。"①可以说，这种方法实现了对传统经验抽象的内在变革。再次，关系物揭示了社会发展的客观性和物质性，清除了唯心主义的最后堡垒，在历史观上实现了对近代唯物主义和唯心主义的双重变革。最后，关系物凸显了一种完全不同于传统主客二分的新范式，实现了从传统实体主义到社会关系的重要转变，彰显了一种全新的哲学范式。作为对近代哲学的批判和扬弃，《资本论》关注的绝不是传统意义上的实体物，而是这些物象背后所遮蔽的社会关系。恩格斯指出："经济学所研究的不是物，而是人和人之间的关系，归根到底是阶级和阶级之间的关系。"②这一判断恰恰是对《资本论》哲学范式的精确诠释。

二、从"思辨抽象"到"现实的抽象"：政治经济学方法论的再理解

在《1857—1858 年经济学手稿》的"导言"中，马克思指出，"从抽象上升到具体的方法"是"科学上正确的方法"③，也是政治经济学的科学

---

① 《马克思恩格斯全集》，中文 2 版，第 44 卷，人民出版社 2001 年版，第 8 页。
② 《马克思恩格斯全集》，中文 1 版，第 13 卷，人民出版社 1962 年版，第 533 页。
③ 《马克思恩格斯全集》，中文 2 版，第 30 卷，人民出版社 1995 年版，第 42 页。

方法。可以说，自这一手稿公开发表以来，国内外学界对这一方法的研究已经取得了极为丰硕的成果，这为本课题的研究提供了重要的知识平台和理论资源。然而，在这些成果中，也存在着三种不同程度的曲解路径：第一种主要以后期海德格尔为代表，他认为，不仅马克思的政治经济学批判方法，甚至他的整个哲学方法都完全承袭于黑格尔的思辨抽象，"对于马克思来说，存在就是生产过程。这个想法是马克思从形而上学那里，从黑格尔的把生命解释为过程那里接受来的。生产之实践性概念只能立足于一种源于形而上学的存在概念"①。立足于此，海德格尔叫嚣道："如果没有黑格尔，马克思不可能改变世界。"②第二种主要以意大利新实证主义马克思主义者德拉－沃尔佩和卢西奥·科莱蒂为代表，他们认为，马克思的历史唯物主义和政治经济学方法实际上是一种"从具体到抽象然后再回到具体的一种循环运动"，在本质上是与形式逻辑的归纳法完全同质的，进而直接将其等同于实验科学的经验抽象。③第三种主要以法国调节学派的主要代表人物阿格里塔为代表，他认为，马克思从抽象上升到具体的方法，实际上就是以抽象的内定性来理解具体的思维过程，因此，以此方法为基础的《资本论》完全停留在抽象概念的演绎层面上，根本未触及资本主义的现实本身，由此主张放弃马克思的这一方法，直接从具体现实本身来展开政治经济学的理论建构。

　　面对这些责难和批判，我们何以回应？马克思的抽象法与黑格尔的思辨抽象、实证科学的经验抽象到底存在何种差异？如果这一问题得不

---

① 《晚期海德格尔的三天讨论班纪要》，丁耘摘译，《哲学译丛》2001年第3期。

② 同上。

③ Della Volpe, *Logic as a Positive Science*, NLB, 1980, pp. 188, 194.

到根本澄清，那么，马克思的历史唯物主义的革命意义将始终处于晦暗不明的境地。在此，笔者将以《资本论》及其手稿为依据，全面挖掘马克思历史唯物主义抽象法的精神实质，以此来深化对马克思哲学革命的理解。

我认为，在哲学发展史上，存在三种抽象：思辨抽象、经验抽象和科学抽象。所谓思辨抽象就是从一个固定的、自明性的本质出发，借助于思维的逻辑预设，抽象地推演世间的一切。黑格尔就是这种抽象的最典型代表，他借助于神学的目的论预设，将世间万物的"多"归置为绝对精神这个"一"，消解掉所有物质存在，把整个哲学装扮为绝对精神的世界，建构起一种形而上学的神目观。他的这种抽象决不是现实本身自我显现的结果，而是研究者理性强加的结果，是一种逻辑泛神论的思辨抽象。与这种抽象相反，经验抽象则是建立在对客观事实的经验研究之上的，它是研究者借助于自己的主观能动性将所有经验材料所具有的共同属性归纳出来的方法，它的目的是"从多种多样的事物中抽出单纯的普遍性和同一性，用一定的名称术语把它固定下来"①。这种同一性是由研究者本人经过思维制造出来的纯粹同一性，是一种静态的、僵死的抽象，根本不涉及事物的内在本质。这种抽象构成了所有经验科学和实证科学的方法论基础。

除了上述两种方法之外，还存在第三种抽象方法，它是以晦暗的形式存在于古典政治经济学之中的。马克思在《剩余价值理论》中详细挖掘了古典政治经济学的方法论意义。他指出："斯密本人非常天真地活动

---

① 《孙伯鍨哲学文存》第 4 卷，江苏人民出版社 2010 年版，第 279 页。

于不断的矛盾之中。一方面，他探索各种经济范畴的内在联系，或者说，资产阶级经济制度的隐蔽结构。另一方面，他同时又按照联系在竞争现象中表面上所表现的那个样子，也就是按照它在非科学的观察者眼中，同样在那些被实际卷入资产阶级生产过程并同这一过程有实际利害关系的人们眼中所表现的那个样子，把联系提出来。这是两种理解方法，一种是深入研究资产阶级制度的内在联系，可以说是深入研究资产阶级制度的生理学，另一种则只是把生活过程中外部表现出来的东西，按照它表现出来的样子加以描写、分类、叙述并归入简单概括的概念规定之中。这两种理解方法在斯密的著作中不仅安然并存，而且相互交错，不断自相矛盾。"①在这一段落中，马克思所指认的第一种方法实际上就是以内在本质为基础的科学抽象，这种方法既不同于黑格尔的思辨抽象，也不同于经验科学的归纳抽象，而是透过事物的外在表象，深层把捉它们之间的本质联系，进而全面理解事物的总体。斯密和李嘉图正是以此方法为基础，才创立了劳动价值论，为剖析资产阶级制度的生理学奠定了科学基础。然而，在古典政治经济学这里，这种方法并没有达到完全科学的程度，而是始终与外在的经验主义纠缠在一起，丧失了内在的生命力。只是到了马克思那里，才焕发出全新的革命意义。

马克思的"抽象法"既不是个人头脑中发生的主观推测，也不是黑格尔意义上的思维的纯粹抽象，更不是一种对现象材料归纳总结的经验抽象，而是一种奠基在历史发生学之上的"现实的抽象"②。譬如，他对价

————————

① 《马克思恩格斯全集》，中文 1 版，第 26 卷第二册，人民出版社 1973 年版，第 181—182 页。

② 《马克思恩格斯全集》，中文 2 版，第 31 卷，人民出版社 1998 年版，第 423 页。

值的分析就鲜明地体现了这一点。他指出："价值表现为一种抽象，而只有在货币已经确立的时候才可能表现为这样的抽象……因此，在分析展开的过程中不仅会显示出像资本这样的属于一定历史时代的形式所具有的历史性质，而且还会显示出像价值这样的表现为纯粹的抽象的规定，显示出这些规定被抽象出来的那些历史基础，也就是它们只有在其中才能表现为这种抽象的那些历史基础……价值概念完全属于现代经济学，因为它是资本本身的和以资本为基础的生产的最抽象的表现。价值概念泄露了资本的秘密。"①同样，货币关系和资本关系的抽象也是如此，它们并不是外在现象的纯粹同一性，而是资本主义社会本身呈现出来的本质抽象。因此，如果说黑格尔借助于神目观实现了由"多"到"一"的过程，那么，在现实的资本主义社会中，这种过程已经真实发生了：从无差别的"抽象劳动"到"价值抽象"，再到货币、资本抽象，这是一个完整的客观历史逻辑，在资本主义生产方式中，资本成为一种特殊的以太。这种过去在神幻中出现的"上帝之城"的"一"，现在由资本主义生产历史地创造了出来，这一次决不是黑格尔的绝对观念的世界历史，而是资本开辟的真实的现实世界历史，整个资本主义社会成为一种"抽象"统治的社会，这恰恰构成了马克思所说的"个人现在受抽象统治"②的真实语境。这种抽象决不是思维的形而上学的虚构，也不是纯粹的经验归纳，而是一种建立在对资本主义内在机制的科学解剖之上的现实抽象，是资产阶级社会本身发展的客观必然结果。可以说，这种抽象才真正构

---

① 《马克思恩格斯全集》，中文 2 版，第 31 卷，人民出版社 1998 年版，第 180 页。
② 《马克思恩格斯全集》，中文 2 版，第 30 卷，人民出版社 1995 年版，第 114 页。

成了马克思政治经济学方法论的逻辑支撑。

由此可见，首先，马克思的抽象法与黑格尔的抽象法存在着天壤之别，后者实际上是用一种在历史中根本不存在的虚假本质来构造历史。因此，他所谓的"历史与逻辑相统一"以及"从抽象上升到具体"的方法，实际上都是内在统一于观念的，在本质上是一种形而上学的神学虚构。而马克思的抽象法则扬弃了黑格尔的思辨性，将抽象的根基奠定在对历史真实本质的剖析之上，实现了对资本主义社会内在本质和运行机制的科学解剖，是一种科学的历史辩证法。因此，当海德格尔将马克思的抽象法还原为黑格尔的思辨方法时，显然已经抹杀了二者之间的本质差异，这不仅是非法的，而且是极其错误的。同样，当阿格里塔指责马克思的《资本论》始终停留在概念的逻辑演绎上时，他完全忽视了马克思抽象的历史基础，阉割了这一方法的革命性意义。其次，马克思的抽象法是对一切经验抽象和归纳抽象的根本超越，是一种方法论革命。"科学的抽象和片面的经验归纳不同，它不是从大量的事例中抽取一般的东西来制造同一性，如所有天鹅都是白的等等，而是通过对同一对象的深入分析，区别本质的东西和非本质的东西，以便在最纯粹、最简单的形态上把握对象。"①因此，当德拉－沃尔佩和科莱蒂将马克思的抽象法直接等同于实证科学的归纳方法时，已经完全扭曲了马克思方法论变革的实质，仅仅立足于实证主义的归纳抽象，是永远不可能理解马克思政治经济学方法论的内在精髓的。再次，马克思在继承古典政治经济学的科学抽象的同时，彻底斩断了经验主义的遗迹，在方法论上实现了对古典政

---

① 参见《孙伯鍨哲学文存》第 4 卷，江苏人民出版社 2010 年版，第 303 页。

治经济学的全面扬弃。

基于此，我们也有理由认为，马克思《资本论》的方法论不仅是对近代形而上学的思辨抽象的革命，而且也是对一切近代经验科学方法论的扬弃，是一种辩证的历史的科学方法论，无疑具有重大的哲学意义和当代价值。

三、从形而上学本质到历史本质：本质与现象关系的历史变革

近代哲学奉行的都是一种"本质－现象"的二分路线，在这方面，马克思的《资本论》也是如此。詹姆逊指出，在解剖资产阶级社会时，马克思所走的道路与近代西方哲学一样，都是一种"本质－现象"的二分范式。① 在某种程度上，这一指认存在一定的合理之处。但是詹姆逊的最大错误在于，他并没有认真辨析马克思的"本质－现象"逻辑与近代西方哲学的根本差异。特别是在当代，随着后现代主义的兴起，哲学领域掀起了一场反本质主义的狂热运动，主张解构一切本质论，结果，马克思的本质论与近代形而上学的本质主义一道被放到了清算的行列之中，这在一定程度上抹杀了马克思在这一问题上的独特贡献，这不能不说是哲学史上的一个重大"冤案"。马克思是如何理解本质的，它与近代形而上学存在何种差异？马克思又是如何理解本质与现象的关系的，它与近代形而上学又存在何种不同？这些问题在以往的研究中并没有得到有效的清理和回应。

---

① 参见[美]詹姆逊：《后现代主义与文化理论》，北京大学出版社1997年版，第201页。

众所周知，近代形而上学借助于理性的力量将外在的现象（"多"）归咎于背后的本质（"一"）。首先，这里的"本质"并不是客观存在的现实，而是哲学家思维改造后的观念产物，是一种在现实中从来都不存在的观念实体。其次，从"多"到"一"的转变过程，也是在思维中完成的，并不具有客观的实际效应。再次，这里的"多"只不过是"一"的载体，近代形而上学并没有客观揭示这些"多"的生成过程，更没有全面阐述"一"与"多"的真实关系。在这些方面，《资本论》恰恰实现了对以往哲学的革命性变革。

首先，在"本质"的理解上，马克思实现了从形而上学本质论到历史本质论的转变。通过对《资本论》的研究，可以发现，不论是抽象的价值关系还是资本关系，都不是马克思在头脑中建构出来的观念产物，而是社会发展到特定历史阶段的客观结果，是一种真实的历史抽象。马克思指出："价值这个经济学概念在古代人那里没有出现过……价值概念完全属于现代经济学，因为它是资本本身的和以资本为基础的生产的最抽象的表现。"[①]并且多次强调，这种抽象绝不是在头脑中人为制造出来的产物，而是历史发展的必然结果，"这里应当注意的唯一要点是……这种对劳动的特殊内容的同等看待，不仅是我们作出的一种抽象，而且是资本造成的抽象"[②]。同样，作为资产阶级社会的最高本质，资本关系也是人类社会发展的客观结果。更重要的是，这种本质不是固定不变的，它会随着物质生产的发展而不断演变，是一种动态的、历史生成的

---

① 《马克思恩格斯全集》，中文 2 版，第 31 卷，人民出版社 1998 年版，第 180 页。
② 《马克思恩格斯全集》，中文 1 版，第 47 卷，人民出版社 1979 年版，第 56 页。

本质。这一点决定了，资本主义绝不像近代形而上学或古典经济学家宣称的那样，是一种永恒的自然制度，相反，它只能是一种暂时的历史制度，"劳动产品的价值形式是资产阶级生产方式的最抽象的、但也是最一般的形式，这就使资产阶级生产方式成为一种特殊的社会生产类型，因而同时具有历史的特征"①。一旦跳到其他生产形式中，资本的这种神秘性以及笼罩在资本头上的一切魔法，将会随之消失，而这种历史生成的本质也将随之湮灭。以此来看，"本质"的客观性和历史生成性，是马克思哲学区别于一切形而上学的重要标志，也是前者实现对后者变革的重要体现。

其次，如果说近代形而上学借助于思维的力量完成了从"多"到"一"的转变，那么，在马克思这里，这一过程则是奠基在客观的历史基础之上的。首先，我们来看具体劳动向抽象劳动的转化。从使用价值的角度来看，每种生产活动都是一种具有特殊质的劳动，它们根本不具有通约性。然而，在社会生产和交换过程中，这些多种多样的劳动形式逐步转换为一种无差别的人类劳动，在资本主义社会里，"这种变换是必定要发生的。如果把生产活动的特定性质撇开，从而把劳动的有用性质撇开，劳动就只剩下一点：它是人类劳动力的耗费"②。结果，在质上不同的"多"（具体劳动）逐步转化为一种无差别的"一"（抽象劳动），这种转化，就像马克思所说的那样，并不是在思维中发生的，而是"社会生产

---

① 《马克思恩格斯全集》，中文 2 版，第 44 卷，人民出版社 2001 年版，第 99 页。
② 同上书，第 57 页。

过程中每天都在进行的抽象"①，是一种"实际上真实的东西"②。其次，商品向货币的转化。由于商品交换的普遍发展，一种商品逐渐从众多商品中脱颖而出，成为一切商品的一般等价物，"由于这种社会过程……这个商品就成为货币"③。以此来看，从商品（"多"）到货币（"一"）的转变也是社会发展过程的必然结果。同样，商品、货币向资本的转变也是如此。后者作为一种"一"，正是资产阶级商品生产发展的必然结果。马克思指出："我们称为**资本主义生产**的是这样一种社会生产方式，在这种生产方式下，生产过程从属于资本，或者说，这种生产方式以资本和雇佣劳动的关系为基础，而且这种关系是起决定作用的、占支配地位的生产方式。"④不论它在生产、流通或循环过程中采取何种形式（多），都始终改变不了资本的主导地位（一）。从这个意义上来看，马克思关于"一"与"多"的分析，完全是建立在客观的历史基础之上的，是对近代形而上学思辨演绎的全面超越。

最后，马克思不仅客观诠释了历史本质的生成过程，揭示了外在现象的"多"向"一"的转变过程；更为重要的是，他从历史本质论出发，客观揭示了资本主义外在现象的生成过程。可以说，这是《资本论》区别于以往哲学的又一变革点。作为无产阶级革命家，马克思一生最重要的任务，是要为无产阶级革命提供科学的依据。因此，对马克思而言，单纯地揭示资本主义的历史本质还是不够的，因为大部分工人毕竟不生活在

---

① 《马克思恩格斯全集》，中文2版，第31卷，人民出版社1998年版，第423页。
② 《马克思恩格斯全集》，中文2版，第30卷，人民出版社1995年版，第46页。
③ 《马克思恩格斯全集》，中文2版，第44卷，人民出版社2001年版，第106页。
④ 《马克思恩格斯全集》，中文1版，第47卷，人民出版社1979年版，第151页。

资本主义的本质层面，而是生活在资本主义的日常生活之中。如果只是站在日常生活的层面上，是根本无法把握资本主义的内在本质的，相反，还会坠入外在现象的假象之中。如马克思所言："既然像读者已经感到遗憾地认识到的那样，对资本主义生产过程的现实的内部联系的分析，是一件极其复杂的事情，是一项极其细致的工作；既然把看得见的、只是表面的运动归结为内部的现实的运动是一种科学工作，那么，不言而喻，在资本主义生产当事人和流通当事人的头脑中，关于生产规律形成的观念，必然会完全偏离这些规律，必然只是表面运动在意识中的表现。"①作为资本主义生产当事人，工人也必然会把这种"表面的运动"当成资本主义的内在本质。因此，对马克思而言，仅仅揭示资本主义的历史本质还是不够的，这只是完成了工作的一部分，除此之外，还需要把这种历史本质拉回到现象层面，使它从"内部的有机生命，进入外部的生活关系"②，全面揭示这些外在现象的生成过程，让工人认识到日常生活的欺骗性，进而领会资本主义的真实本质。因此，在马克思的理论框架中，《资本论》不仅要揭示资本主义的生产过程（第一卷），还要揭示资本主义的流通过程（第二卷），更要揭示资本主义的总生产过程（第三卷），这才是马克思《资本论》的整个完整逻辑。也正是在这些著作中，马克思从资本生产过程出发，进入到流通、分配和消费过程，全面阐述了资本的生活过程，从根本上揭示了资本主义的外在现象是如何一步一步生成的，又是如何以资本主义的日常生活的宗教即"三位一体"公

式固化下来的。正是通过这种历史性考察，马克思实现了对资本主义日常生活和外在现象的祛魅，为无产阶级冲破资产阶级意识形态和日常生活宗教的束缚，形成自觉的革命意识，提供了科学依据。

通过上述分析，可以看出，马克思的《资本论》的确也坚持了本质—现象的二分框架，但这里的本质与现象以及二者的关系已经全面溢出了传统形而上学的范围，是对后者的全面扬弃和革命。因此，当我们在谈论《资本论》的哲学框架时，必须要将马克思的本质论与近代形而上学的本质论严格地界划开来，切不可将二者混为一谈；否则的话，不仅会抹杀马克思在这一问题上的独特贡献，而且也会阉割马克思整个哲学革命的实质。

第二节　从形而上学批判到资本批判：
马克思哲学革命的全面升华

如何理解马克思与形而上学之间的关系，一直是国内马克思主义哲学研究的焦点话题之一。经过多年的耕耘，我们在这方面已取得了非常丰硕的成果，特别是关于《德意志意识形态》等文献在形而上学批判中所发挥的历史作用问题，都已做了充分的阐述和研究。在这里，笔者主要想探讨另一个问题，即如何认识《资本论》及其手稿在形而上学批判中的历史地位？我认为，在《资本论》中，马克思将前期的形而上学批判推进到资本批判的高度，彻底揭示了形而上学得以存在的社会基础，提供了一条彻底瓦解资本的科学之路，不仅颠覆了黑格尔式的形而上学，而且也彻底颠覆了海德格尔式的形而上学，全面深化了前期的哲学革命。

一、从传统形而上学到现代形而上学：海德格尔存在论哲学的本质

近代形而上学是一种追求超验本体的理性哲学，它预设了一种永恒不变的实体，以此来推演整个世界，进而将全部现实消融于概念的王国之中。作为西方近代哲学的集大成者，黑格尔是这种形而上学的最终完成者。马克思指出："黑格尔天才地把17世纪的形而上学同后来的一切形而上学及德国唯心主义结合起来并建立了一个形而上学的包罗万象的王国。"[①]这位智慧的"猫头鹰"对过去历史所勾画的辉煌体系与其对未来的软弱无力构成了鲜明的对比。这使人们意识到，在这样一个日益平面化的当代境况中，再去固守那样一种哲学并妄图以此为灵架，进而为人们构建一个稳固而可靠的精神家园的期冀，只能是一种痴人说梦的幻想。现代性已不再是一张可供人沉睡的床。黑格尔哲学在当代社会中的失落，表明西方哲学的传统路径已经走到尽头，于是当代各种哲学流派开始去批判地反思西方的整个哲学传统，而这种反思主要是通过对黑格尔哲学的反叛开始的。难怪怀特海在其选编的《分析的时代——20世纪的哲学家》开篇就说："几乎二十世纪的每一种重要的哲学运动都是以攻击那位思想庞杂而声名赫赫的十九世纪的德国教授的观点开始的……我心里指的是黑格尔……这些人在这一时期或那一时期都是黑格尔思想的密切研究者，他们的一些最杰出的学说都显露出从前曾经同那位奇特的

---

① 《马克思恩格斯全集》，中文1版，第2卷，人民出版社1957年版，第159页。

天才有过接触或斗争的痕迹或伤痕。"①但是，在西方哲学传统的内部，黑格尔是无法批判的，只要批判者还站在旧哲学的基地上，他就无法真正超越黑格尔，更不能从根基上彻底瓦解整个形而上学。费尔巴哈就是其中一例。他虽然一开始就想用感性的原则来颠倒黑格尔的抽象存在，但由于其思维方法的非历史的直观性，致使他并没有真正摆脱黑格尔式的思辨与抽象，最后不得不又回到形而上学的阴霾之中，这恰恰是费尔巴哈的唯物主义路向之折回形而上学的一个悲剧性终点。

尼采首先扛起了反叛传统的大旗。他的"'上帝死了'这句话意味着：超感性世界没有作用力了，它没有任何生命力。形而上学终结了，对尼采来说，就是被理解为柏拉图主义的西方哲学终结了"②。但是，当尼采试图揭示出这种传统形而上学的根基的虚假性时，他本身却又陷入了一种新的虚假性之中。海德格尔说，尼采的这一反动，作为单纯的反动，势必"如同所有的'反……'（Anti）一样还拘泥于他所反对的东西的本质之中。作为对形而上学的单纯颠倒，尼采对于形而上学的反动绝望地陷入了形而上学之中了"③。尼采并没有真正颠覆传统形而上学，他不仅是一位形而上学家，而且是最后一位形而上学家。④ 也是沿着尼采的道路，海德格尔提出了一种全新的反叛之路。

在他看来，自柏拉图以来的整个形而上学都是关于"存在者"之所以

---

① ［美］怀特海：《分析的时代——20世纪的哲学家》，商务印书馆1981年版，第7页。

② 《海德格尔选集》下卷，孙周兴编，上海三联书店1996年版，第771页。

③ 同上书，第771页。

④ 参见［德］海德格尔：《林中路》，孙周兴译，译文出版社2004年版，第223页。

存在的知识，这种哲学在对存在者之所以存在的追问中，始终将眼光盯向高一级的存在者，然后以最高存在者的神目之光来俯瞰低一级的存在者。这种从低一级的存在者追问到高一级的存在者（以至最高存在者）的探究方式始终没有逃离出"存在者"知识的范围。"人"始终被淹没在"存在者"的汪洋大海之中，"存在"被遗忘了。所以海德格尔认为，自柏拉图以来的整个形而上学史就是一部"存在被遗忘的历史"，传统"形而上学表示并似乎确定，它询问并回答了关于存在的问题。实际上形而上学从来没有解答过这种问题，因为它从来没有追问到这个问题。当它涉及存在时，只是把存在想象为存在着的东西。虽然它也涉及了存在，但指的却是一切存在者。自始至终形而上学的各种命题，总是把存在者和存在相混淆……由于这种永久的混淆，所谓形而上学提出存在的说法使我们陷入完全错误的境地"①。所以，他给自己规定的任务，就是把哲学从那种关于"存在者"的实证分析中解脱出来，让哲学重新占据理论的制高点，恢复它曾经的辉煌。他的这种"变革"就是把过去对"存在者"的追问转变成对"存在"本身的追问。"我们向来已生活在一种存在之领悟中，而同时，存在的意义却隐藏在晦暗中，这就证明了重提存在的意义问题是完全必要的。"②这样，海德格尔就实现了对"存在者"哲学的变革。当他把尼采定位为最后一位形而上学家的时候，其实是把自己标榜为传统形而上学的终结者，这样，海德格尔就以颠覆传统形而上学的新形象，从"历史的废墟中"站了出来。我们不禁要问：海德格尔的哲学真的像他

---

① 转引自杨耕：《为马克思辩护》，黑龙江人民出版社2002年版，第48页。

② [德]海德格尔：《存在与时间》，生活·读书·新知三联书店1999年版，第6页。

所说的那样彻底颠覆了西方传统的形而上学了吗？他所实现的这种哲学变革的实质究竟是什么？我想，通过对海德格尔哲学本身的细致入微的考察，这些问题的答案自然就会水落石出。

面对着强大的理论传统，海德格尔要想真正地把哲学的王冠从"存在者"的头上摘下来，并赋之于"存在"，必然要花费一番苦心，对存在本身予以充盈，让它以最饱满的状态去忍受着"存在者"的摧残，所以他给自己的著作起了一个意味深长的名字，叫《存在与时间》，真是用心良苦。为了达到这个目的，海德格尔一开始就在方法论上采取了多重魔术变幻。哈贝马斯在其《现代性的哲学话语》中明确地指出了这一点："首先，为了能够描述作为基础本体论的生存论分析，海德格尔把先验哲学与本体论结合了起来；其次，为了能够把作为生存论解释学的基本本体论贯彻下去，海德格尔把现象学换成本体论解释学；最后他让生存论解释学带有存在哲学的动机，目的是为了能够把基础本体论置于兴趣话语当中，否则，这些兴趣话语就会被贬低到纯粹生存的层面上。"①换言之，海德格尔的存在论哲学本质上只是对德国古典先验"认识论"的一种"本体化"改造，他通过借助于解释学魔力复活了古代的"存在"，从而把自己的哲学奠基在一种优先生存（此在）的先验基础上，这样他就把传统的抽象的绝对主体转变为前苏格拉底式的一种始源性存在，从而期望通过一种自我体悟的、自我安慰的先验直觉，来达到那种前反思的天人合一的"澄明"境界。这种哲学是古代哲学在当代的复活。可以看得出，他是以多么幼稚的复活先验哲学的理念来同传统的主客二分的认知逻辑相

---

① ［德］哈贝马斯：《现代性的哲学话语》，译林出版社2005年版，第169页。

抗衡的，又是以多么伤感和绝望的溯古主义来抗议那种已经远离思想生命的理智形而上学和实证主义的。

我认为，海德格尔之所以会走出上述一条反理性的先验直觉论的神秘路径，并不是偶然的，有其内在的逻辑关联。在黑格尔那里，理性的霸权是一切形而上学的内在话语，理性的他者被重压于理性的自恋式的权力之中，沦为理性的镜像。这种对理性他者的取缔必然会导致对理性他者的重新思考。狄尔泰、柏格森等的生命哲学将康德的先验综合逻辑图式从固定的形式转变为神秘的生命之流，而海德格尔则对生命哲学的纯粹意识内容重新赋予一种有限的结构而使其先验化①，这样，他就把黑格尔极力推崇的理性权力转化为一种非理性的优先性，将理性主义所压抑的前反思、前概念的非理性的神秘体悟改造为先验哲学的意识基础。虽然这两者看起来存在着明显的差异，但在深层上却是高度的一致，他们都是为了实现一种最后的"大彻大悟"的境界而努力。黑格尔以一种理性外推的方式来实现这一点，而海德格尔则是以内省的先验直觉来实现这一点；黑格尔以理性为起点，海德格尔则是以理性他者为起点；在黑格尔那里，理性是不言自明的，在海德格尔那里，对存在本身的领悟也是不言自明的。② 从这一点来看，黑格尔与海德格尔构成了形而上学的两极。海德格尔的所谓的"哥白尼革命"并不像其自己所认为的那样，是对全部欧洲形而上学的根本颠倒，而只是局限于形而上学内部的造反，他在反对传统形而上学的同时，只是从此一极跳到了彼一极，

---

① 参见[德]哈贝马斯：《现代性的哲学话语》，译林出版社 2005 年版，第 165 页。

② 参见孙伯鍨、刘怀玉：《"存在论转向"与方法论革命》，《中国社会科学》2002 年第 5 期。

但却始终没有跳出形而上学这块土地。

通过上述分析，可以看出，海德格尔的存在论，只是相应地采取了一种奇妙的逻辑变换，把一些旧有的词汇重新包装以后，再拿回来重新兜售。他并不比尼采真正高明多少，最后只能无助地陷入存在的天命之中。在这点上，哈贝马斯的判断值得肯定。他认为，海德格尔只是从荷尔德林那里借来了"缺席上帝"的思想框架，用一种"上帝的隐遁与回归"的范式来建构自己的存在论哲学。[①] 对于这一点，海德格尔本人也没有否认过，他自己也曾经说过："我的哲学是期待上帝。"[②]我认为，海德格尔之所以会走出那样一条溯古的思路，是与传统的基督教神学密不可分的，在他的灵魂深处，过去的那个"上帝"依然在场。再进一步来讲，他的目的也并不是要真正废除形而上学，而只是想通过一种更加隐蔽的逻辑变幻，把它转变为一种无法摆脱的内在构架，企图恢复和重建一种更加古老的本体论哲学。这就是海德格尔的魔术变相后从形而上学的长袍下端出来的圣物。在"海德格尔的否定思辨中，绝对并没有消失，只是成为一种被批判的改造了的东西，僵死的实体存在（存在者）变成了功能性的存在，这个存在仍然是在主体上最优先的东西。这也就是说，绝对哲学没有死亡，反而在海德格尔的哲学中凭借着思辨的诗意的涂脂抹粉得以盛大复活"[③]。从前门里大声吆喝着赶出去的东西，又被海德格尔从后门悄无声息地笼络了回来。就此而言，海德格尔虽然要求颠覆传统形而上学，但结果却事与愿违：他并没有跳出形而上学这块土地，而

---

① 参见[德]哈贝马斯：《现代性的哲学话语》，译林出版社 2005 年版，第 156 页。

② 转引自刘小枫：《走向十字架上的真》，上海三联书店 1995 年版，第 257 页。

③ 张一兵：《无调式的辩证想象》，生活·读书·新知三联书店 2001 年版，第 132 页。

是像他的先辈们一样仍然滞留在形而上学的迷宫之中。

二、从形而上学批判到资本批判：颠覆形而上学之路

费尔巴哈、尼采和海德格尔对形而上学反叛的失败，表明那种以意识反对意识、以概念反对概念的形而上学的革命，在本质上不过是古代神话在当代的翻版，是一种"镜子里的发作"（阿多诺语）和秀才的造反，它不会对现实造成任何改变。只要形而上学得以存在的根基没有被彻底摧毁，那种对形而上学的任何"出离"和反叛，不论何等惊奇、何等壮观，其最终的结果，都必然是重新回到形而上学的怀抱之中。从这种意义上说，马克思不可能是尼采和海德格尔的同路人。

与上述哲学家不同，马克思无意于在每个时代中寻求某种固定不变的范畴，把现实描述为"'观念'在世界历史的明镜中照射出来的光辉"；也无意于预设一个"先验的结构"，以此来演绎出整个社会；更无意于建立一种新的本体论来炫耀自己的智慧。相反，他始终站在现实历史的基础上，通过对现实历史的内在本质的考察，来解释任何"本体论承诺"得以存在的社会根基，进而从根基上彻底瓦解和摧毁一切形而上学，这才是马克思历史唯物主义的深刻的革命意义。而"这一过程主要体现为两个递升的逻辑：首先将传统的形而上学置于社会生活过程的基础上，从而瓦解了西方传统的形而上学的自足性的幻相；第二步是深刻批判现存的社会生活本身，这是颠覆传统形而上学的根本途径"①。第一步主要

① 孙伯鍨、刘怀玉：《"存在论转向"与方法论革命》，《中国社会科学》2002年第5期。

是把哲学问题还原为现实问题，揭示它由以产生的现实基础，实现形而上学的去中心化过程。这一任务基本上在《关于费尔巴哈的提纲》和《德意志意识形态》中完成。马克思说："全部社会生活在本质上是实践的。凡是把理论引向神秘主义的神秘东西，都能在人的实践中以及对这个实践的理解中得到合理的解决。"①这表明马克思已经意识到，形而上学的迷雾决不是现实世界自身迷雾的原因，相反，只能是其自身迷雾的结果。意识并不是历史的主宰神，而是社会生活的历史产物，它们在"任何时候都只能是被意识到了的存在"，"不是意识决定生活，而是生活决定意识"，社会生活才是形而上学得以存在的社会根基。在这里，通过对生活过程的研究，马克思揭示了社会意识得以存在的物质基础，瓦解了一切形而上学自律的神话。但他也清楚地认识到，只要现实生活的基础没有改变，对形而上学的任何叛逆，只会形成另一种形而上学，因此，仅仅将观念还原到社会存在，还无法彻底终结形而上学。而要做到这一点，就必须把对形而上学的批判提升到对形而上学得以存在的社会根基的批判，彻底颠覆形而上学得以存在的社会基础本身。然而，由于此时马克思经济学水平的限制，他并没有真正揭示近代形而上学得以存在的社会基础（资本），也没有从根本上为我们颠覆这种社会基础（资本）提供客观的科学依据。而这一点恰恰是在《资本论》及其手稿中才真正完成的。

通过对社会关系的研究，马克思发现，在资本主义社会中，居于统治地位不再是传统的实体，而是一种看不见的抽象关系，这构成了整个

①《马克思恩格斯选集》，2版，第1卷，人民出版社1995年版，第56页。

现代社会的客观基础。马克思指出："在土地所有制处于支配地位的一切社会形式中，自然联系还占优势。在资本处于支配地位的社会形式中，社会、历史所创造的因素占优势。"①在这里，生产已经摆脱了对自然的依附，采取了一种全新的社会形式即资本主导的生产形式，它直接打碎了自然经济中人与自然、人与人关系的直接性：不论是社会建构出来的劳动一般，还是交换系统建构出来的价值一般，还是货币和资本关系，它们在本质上都不是自然或物质实体，而是一种客观的抽象关系。在这个社会中，资本成了"支配一切的经济权力"，成了"一种普照的光，它掩盖了一切其他色彩，改变着它们的特点。这是一种特殊的以太，它决定着它里面显露出来的一切存在的比重"②。也就是立足于此，马克思将资本视为现代社会的主导原则，"资本一出现，就标志着社会生产过程的一个新时代"③。因此，如果说在农业文明中，人们受到自然联系的统治，那么，在现代社会中，"个人现在受**抽象**统治"④。也正是到了此时，马克思才真正揭示出资本主义的历史存在之谜，实现了对资本主义统治机制的科学解剖。也正是到了此时，马克思才真正明白，不论是近代形而上学还是资产阶级意识形态都是建立在"抽象成为统治"这一客观现实的基础之上的，同样，也只有立足于此，才能从根本上揭示近代形而上学、特别是黑格尔哲学与资产阶级意识形态的内在共谋性。科莱蒂指出，"抽象成为统治"这一思想"既是马克思批判黑格尔思辨逻辑

---

① 《马克思恩格斯全集》，中文2版，第30卷，人民出版社1995年版，第49页。
② 同上书，第48页。
③ 《马克思恩格斯全集》，中文2版，第44卷，人民出版社2001年版，第198页。
④ 《马克思恩格斯全集》，中文2版，第30卷，人民出版社1995年版，第114页。

的基础，也是他批判一般政治经济学的基础"①。我认为，这一判断是非常准确的。也是在此基础上，马克思实现了对近代形而上学（特别是黑格尔哲学）和资产阶级意识形态的彻底解构。

首先，在近代形而上学那里，观念为什么会表现为新时代的统治者呢？马克思指出，这种新型的统治并不是哲学家在思维中纯粹虚构出来的产物，而是抽象的资本关系在观念层面的具体反映。马克思指出："资本……是资产阶级社会的基础"，而"它的抽象反映就是它的概念"②。从这个意义上说，近代形而上学所强调的"抽象或观念，无非是那些统治个人的物质关系的理论表现。关系当然只能表现在观念中，因此哲学家们认为新时代的特征就是新时代受观念统治"③，这构成了一切近代唯心主义的思想根源。从这个意义上说，黑格尔的绝对精神无疑就是资本抽象的观念反映。如果说近代形而上学把这种抽象变成了观念，那么，资产阶级经济学则把这种抽象庸俗化为具体的物（Ding）。作为一种抽象，资本是一种社会形式规定，它只有通过具体化，才能实现自己的发展。而当它把自己具体化在不同的物（Ding）中时，同时也就赋予物（Ding）以资本的属性，形成了一种完全不同于物的自然属性的社会规定。然而资本家及其代理人却完全不理解这种社会规定的本质，只是单纯地从物质内容来理解资本，这样就把作为社会属性的资本看作为内置于一切物质之中的自然属性了，"经济学家们把人们的社会生产关系和受这些关系支配的物（Sache）所获得的规定性看作物（Ding）的**自然属**

---

① Lucio Colletti, *Marxism and Hegel*, NLB, 1973, p. 195.

② 《马克思恩格斯全集》，中文 2 版，第 30 卷，人民出版社 1995 年版，第 293 页。

③ 同上书，第 114 页。

性，这种粗俗的唯物主义，是一种同样粗俗的唯心主义，甚至是一种拜物教，它把社会关系作为物（Ding）的内在规定归之于物（Ding），从而使物（Ding）神秘化"①。一旦"抽掉资本的一定形式，只强调**内容**，而**资本作为这种内容是一切劳动的一种必要要素，那么，要证明资本是一切人类生产的必要条件，自然就是再容易不过的事情了**"②。通过这种变形，资本就丧失了它的特定的社会形式，直接地取得了这些社会形态赖以存在的物质载体即劳动条件的存在形式，把内置于这种特定形态的社会关系完全剥离了出去，实现了与自然物质形态的合而为一。于是，资本主义生产过程就获得了一种一般生产过程天生具有的自然属性，成为一种永恒的自然制度。这是一切资产阶级意识形态的最终归宿。以此来看，不论是近代形而上学还是资产阶级意识形态，实际上都是建立在"抽象成为统治"的现实基础之上的，虽然它们建构的方式不同，但它们的最终指向是内在一致的：前者通过将资本翻转为永恒不变的观念，证明了资本主义的永恒性；而后者则通过把资本庸俗化为具体的物，论证了资本主义的自然性。

到了此时，马克思才真正明白，整个近代形而上学和资产阶级意识形态都是建立在资本逻辑之上的：如果说资本是资产阶级社会的最高现实原则，那么，形而上学和意识形态则是资产阶级社会的最高观念纲领；如果说前者构成了后者的"世俗基础和强大动力"，那么，后者则成了前者的"唯灵论的荣誉"。双方相互依赖，相互支撑，共同构成了现代

---

① 《马克思恩格斯全集》，中文 2 版，第 31 卷，人民出版社 1998 年版，第 85 页。
② 《马克思恩格斯全集》，中文 2 版，第 30 卷，人民出版社 1995 年版，第 214 页。

性的双重支柱。① 如阿多诺所说，在资产阶级社会中，形而上学所推崇的同一性和总体性逻辑在本质上都根源于资本本身。可以说，此时马克思已清楚地认识到，要彻底终结形而上学和资产阶级意识形态，就必须要彻底瓦解资本本身，将形而上学批判、意识形态批判与资本批判融为一体，实现哲学批判和政治经济学批判的内在联盟。从这个意义上说，马克思的形而上学批判、意识形态批判和资本批判必然是内在连接在一起的。② 这一点决定了马克思绝不可能是尼采和海德格尔的同路人。

虽然后两者也力图终结形而上学，但他们所做的只是一种观念上的革命，根本没有触及形而上学得以存在的社会基础（资本）本身，这一点注定了他们最终又不得不又重新回到形而上学的怀抱之中。与他们不同，马克思并没有停留在单纯的观念领域，而是将形而上学批判彻底推进到对资本本身的批判，力图从根基上彻底瓦解一切资本逻辑，进而彻底终结形而上学本身。那么，该如何瓦解资本逻辑呢？马克思指出："一种历史生产形式的矛盾的发展，是这种形式瓦解和新形式形成的惟一的历史道路。"③资本主义生产的真正限制不是别的，正是资本自身。因此，对资本的瓦解和超越既不是依靠几个激进的词句就能完成的，也不是依靠外在的人性批判就能实现的，相反，必须要深入到历史的本质中去，借助于资本的内在矛盾以及由此发展出来的无产阶级革命，才能真正扬弃资本本身。而这些工作恰恰是在《资本论》及其手稿中才真正完

---

① 参见吴晓明：《论马克思对现代性的双重批判》，《学术月刊》2006 年第 2 期。

② 参见杨耕：《形而上学批判、意识形态批判和资本批判的统一》，《社会科学战线》2011 年第 9 期。

③ 《马克思恩格斯全集》，中文 2 版，第 44 卷，人民出版社 2001 年版，第 562 页。

成的。在这里，马克思全面揭示了资本主义再生产所面临的内在不可克服的界限，实现了对资本主义内在矛盾的全面解剖，为无产阶级彻底瓦解一切资本逻辑和形而上学的幻象指明了道路。

三、人文关怀何以可能：诗性之思还是现实变革？

启蒙思想家认为，理性是人之为人的最根本的规定，也是人能完成自我救赎、实现价值理想最重要最可靠的手段。他们坚信，无所不能的理性能够将人从迷信、愚昧的境况中解放出来，把人带入未来的理想世界，使人获得终极的自由和幸福。然而，现实中人的无家可归的状态，表明启蒙理性的价值承诺并不像它所宣称的那样纯净和透明，而是相反，充分暴露了资产阶级"理性王国"价值承诺的虚假性和虚幻性。"当理性王国自以为为现代人提供真实的价值的基础时，实质上不过是提供了一个虚假的幻相；当现代人自以为获得了绝对可靠价值的阿基米德点时，实质上这一价值基点的底部已裂开了一个巨大的深渊。"①资本主义的物化现实，以雷鸣般的重锤，彻底击穿了这一承诺的虚假性，资产阶级的古典人本主义的主体论已经沦落为一块可笑的遮羞布。为了更好地维护自己的权威，它们必须要生出一种新的意识形态。而海德格尔的哲学恰恰就是这种意识形态的代言人，其目的就是为处于危机状态下的资产阶级社会提供一种"本体论的"安慰。

可以说，在海德格尔生活的年代，马克思所揭露的那种人创造的物

---

① 贺来：《马克思的哲学变革与价值虚无主义课题》，《复旦大学学报》2004 年第 6 期。

化力量反过来奴役人的现象，在更深层次上得到了强化，他治秩序（物化力量的统治）以其合理的形式获得了空前的合法性。"非我急剧地走在了我的前面"（阿多诺语），一切都是合理的，不合理的只有自己。面对这种境况，海德格尔也无力回天，而只能是以"众人皆醉我独醒"的疯癫式的孤勇，求助于"诗性之思"，以期通过自身内在的体验进而在这样一个浑暗的世界中，获得一点心灵的宁静。海德格尔给世人开出的药方，在本质上，只是那些内心孤寂、灵魂空虚的知识精英们在理论上的一种诉求，是对当下这种他治社会，以及在这种现实生活之上的物化观念的一种畸形"反抗"，那些"常人"们是永远无法达到的。在这里，海德格尔的理论本质暴露了出来：通过预设一种"常人"永远不可能企及的道路，来实现"常人"的自我赎救，这与其说是一种拯救，倒不如说是一种深层的奴役。因为这种"拯救"永远不可能将"常人"从这个幽暗的物化世界中解放出来，也不可能给"常人"构筑 个稳固而可靠的精神家园和心灵居所。正是在这种意义上，阿多诺说，海德格尔的理论本质仍是一种法西斯主义的理论强暴，这种"拯救"只是换了另一副面孔的形而上学的圣灵式空头承诺，仍是一种垂直的变相奴役。① 真是一语中的！这种"拯救"也和其他形而上学一样，重新沦为一种意识形态的幻象和唯心主义的麻醉剂，是一种高级的精神欺骗。这是海德格尔哲学最终无法逃脱的悲剧性命运。

与海德格尔相比，马克思走的却是另一条道路。在他看来，"现代性的危机"并不意味着现代性所承诺的关于人和社会的价值理想已经失

---

① 参见［德］阿多诺：《否定的辩证法》，重庆出版社 1993 年版，第 81—85 页。

效，而是表明人们赖以实现这一价值理想的方式和途径出了问题。启蒙理性与资产阶级统治的内在链接，才使得启蒙理性堕落为极权主义暴政的统治工具，所以马克思并没有像尼采那样，到传统形而上学的思想谱系中寻求克服价值虚无主义的途径，也没有像海德格尔那样走出一条转向内心体悟的"诗性之思"，而是深入到资产阶级社会的内在矛盾之中，来剖析这种价值虚无主义产生的社会根源，进而通过现实的革命来推翻资本主义制度，终结资本的霸权地位，从而实现人和社会的和谐发展。

马克思深深地认识到，造成现实困境的原因，并不是人没有认清自己存在的意义，而是资本，正是它导致了人的无家可归状态；同样，解决这一问题，也不能诉诸一种诗性之思，而必须通过变革现实的生产关系，推翻资本本身。人的生存问题，从来就不是一个抽象的形而上学问题，而始终是一个现实历史问题。那种把人从一些词句的统治下解放出来的做法，并没有真正使人的解放前进一步，"正如共产主义的历史所证明的，尽管这种变革的观念已经表述过千百次，但这对于实际发展没有任何意义"①。因此，马克思并没有花太多精力去研究人的始源性本质，也没有转向一种面壁式的诗性之思，而是把精力放在对人的现实存在矛盾性及其发展趋势的研究上。也正是基于此，马克思完成了对资本主义社会的深刻分析，既指出了资本主义社会由于自身不可克服的矛盾所必然具有的暂时性，也避免了一切形而上学家的空想性，从而断言只有推翻资本主义社会的不合理的生产关系，人类社会才能从根本上得到解放。相反，那种所谓的"存在论转向"仅仅是那些面对危机但却又无力

———————————

① 《马克思恩格斯选集》，2版，第1卷，人民出版社1995年版，第93页。

摆脱的人们在思想上的一种反映，它并不能给人类的未来指明一个前进的方向，也无法给人类提供一个根本可靠的生存归宿。总之，马克思的哲学既不是从形而上学之思出发，生发出一条神秘的内在体悟之路，也不是基于对社会表面现象的实证分析，演绎出"曲线救国"的道路，而是从现实历史进程出发，通过分析社会生活的内在矛盾，并以此来变革社会，从而实现人的自由全面发展。把人的问题内置于社会历史的深层逻辑之中，这无疑是一条进入自由王国的科学路径。

通过上述分析，可以清楚地看到：正是在《资本论》及其手稿中，马克思才真正揭示了近代形而上学和资产阶级意识形态得以存在的社会基础，阐明了它们和资本之间的内在同谋关系，进而将前期的形而上学批判、意识形态批判上升到对资本本身的批判，实现了哲学批判和政治经济学批判的内在融合。同时，也正是在《资本论》及其手稿中，马克思才实现了对资本逻辑的彻底解构，开创了一条既不同于人本主义也不同于历史虚无主义的超越之路，彻底颠覆了从柏拉图到海德格尔以来的一切形而上学。因此，如果说马克思的哲学任务是要终结形而上学的话，那么，这一任务只有到了《资本论》中才彻底完成。从这个意义上来说，《资本论》实现了前期哲学革命的全面升华，在整个形而上学批判史上具有不可替代的历史地位，是马克思哲学革命的完美体现。

第三节　劳动与自由的辩证法：
马克思历史观变革的再审视

劳动与自由的关系问题，不仅是西方哲学家和古典经济学家关注的焦点话题，而且也是马克思探讨的核心问题。围绕这一课题，国外学界已展开了较为丰富的研究，形成了一批具有重要学术价值的研究成果。然而，综观这些研究，不论是正面阐述还是反面批判，都始终未能触及一个核心问题，即如何理解机器大生产与劳动解放之间的内在关系？在这一问题的阐述上，《大纲》和《资本论》存在何种差异？能否像意大利自治主义者那样将《大纲》视为马克思思想发展的顶点？厘清这些问题，不仅有助于我们全面把握马克思劳动解放理论的科学内涵，澄清马克思历史观革命的精神实质，而且也能为我们准确理解《大纲》和《资本论》的历史地位及其哲学思想，提供重要借鉴。

一、乌托邦主义、经验主义抑或浪漫主义：劳动与自由关系解读的三种路径

劳动与自由的关系涉及三个方面的问题：劳动能否从一种强制活动变成一种自由活动，或者说，能否从手段变成目的本身？如果答案是肯定的，那么，这种转变的社会基础和现实路径分别是什么？最后，作为目的本身的劳动具有何种特征？围绕这些问题，当代西方学者展开了积极探讨：

第一，劳动解放的乌托邦抑或技术决定论。阿伦特指出，劳动完全是一种工具性活动，在任何时候，它都无法摆脱必然性的强制，转化为目的本身。而马克思却反其道而行，天真地以为劳动能从必然性中解放出来，成为一种自由自觉的活动，这是一种典型的乌托邦主义，"'自由的领域是在劳动终结的时候开始的'（马克思语）是从传统中推导出来的唯一的、而且恐怕也是绝望的结论。马克思认为有可能通过自己的活动解放从属必然的工人们，使他们获得自由，这种想法是愚蠢的。……这种理想，与追求从肉体到精神都自由的（西欧）初期哲学家们的希望一样，是完全不可能实现的"①。同样，哈贝马斯也认为马克思陷入到劳动崇拜之中。他指出，劳动是人对自然的改造活动，这是一种工具或技术性活动，它只能解释人与自然的关系，绝不能将其运用到人与人的关系之中。而马克思恰恰犯了这一错误，企图以这种工具性活动为基础，来论证人类解放或自由的可能性，这是一种典型的技术决定论。②殊不知，从这种工具性活动中永远结不出自由的果实，而要想实现这一点，必须引入主体间性理论，由此开启了用交往理性来重构历史唯物主义的逻辑先河。

第二，经验主义的内在因果观。与第一种观点不同，这种路径充分肯定了劳动从手段到目的转变的可能性。美国学者古尔德指出，在哲学史上存在三种因果观：一是机械因果观，它把因果关系理解为原因和结

① ［美］阿伦特：《马克思与西方政治思想传统》，孙传钊译，江苏人民出版社2007年版，第45页。

② 参见［德］哈贝马斯：《认识与兴趣》，郭官义等译，学林出版社1999年版，第37—42页。

果之间的外在关系，完全阉割了事物之间的内在联系。第二种是唯心主义因果观，它用意图与行动的关系取代了原因和结果的关系，陷入到唯意志论的泥潭之中。与上述两种因果观相反，马克思在《大纲》中开创了一种全新的因果观，即奠基在劳动之上的内在因果观。"劳动不仅为因果概念提供了依据，而且更为根本的是，就人们所关心的人类事务而言，劳动构成了因果性本身的本体论领域。"①就此而言，劳动到自由的转变，既不是外在原因推动的产物，也不是理念自我运动的结果，而是劳动自主发展所结出来的内在果实，"对马克思来说，自由是通过与这些经验条件的相互作用而出现的，也就是说，要通过这样一个转换性过程：在这个过程中，最初表现为他治的主体通过实现对自然的控制以及免于社会支配的自由而成为自治的"②。与此相似，在《〈大纲〉：超越马克思的马克思》中，奈格里也认为，劳动到自由的转变，既不是资本主义内在矛盾运动的结果，也不是无产阶级革命的历史结晶，而是劳动自治的必然产物。③ 换言之，自由是内生于劳动之中的，任凭后者的自主发展，就能自发地生长出自由来，进而实现从手段到目的的转变。也正是基于这种自治主义逻辑，他将《大纲》视为马克思思想发展的顶点，而将《资本论》视为这一著作的历史倒退，进而将二者严格地对立了

---

① ［美］古尔德：《马克思的社会本体论》，王虎学译，北京师范大学出版社 2009 年版，第 74 页。

② 同上书，第 98 页。

③ 参见［意］奈格里：《〈大纲〉：超越马克思的马克思》，北京师范大学出版社 2011 年版，第 229 页。

起来。①

第三，浪漫主义的审美救赎。这种解读路径也肯定了劳动从手段到目的转变的可能性，但与第二种观点不同，它的重心并不在于探讨劳动到自由转变的方式，而是着重分析了劳动作为自由活动的根本特征。在这方面，马尔库塞最具代表性。他指出，在必然王国中，劳动只是满足需要的必要手段，是一种强制和痛苦；但到了自由王国中，劳动的性质将发生重大转变，"它现在不再服务于纯粹此在的发生创造，不再是持续的、经常的、获得并保证生活空间的举动。它的方向发生了改变，它不再针对此在所形成和完成的东西，而是针对劳动中所产生和应该确保的东西，它是作为此在的形成和完成的实现而从其中得出的东西。因此，实践的目的和结果均在自身，它不具备听凭一种'陌生对象'摆布的在，不存在那种持续、经常地专注于负有义务的发生，它不必把自己交付给这种发生，以便此在可以存在"②。这种劳动不再是一种手段，而是转化为目的本身，马尔库塞将其称为"游戏"或"消遣"。它具有以下几个特征：其一，非功利性。"消遣和表演的思想现在表明，它们完全摆脱了生产和操作的价值标准：消遣是非生产性的、无用的，这恰恰是因为它取消了劳动和劳动的压抑性和开发性特征，它'只是消遣'现实。"③其二，超越对象限制的自主性。在手段性劳动中，人必须要尊重客观对

---

① 参见[意]奈格里：《〈大纲〉：超越马克思的马克思》，北京师范大学出版社2011年版，第38页。

② [美]马尔库塞：《现代文明与人的困境》，李小兵等译，上海三联书店1989年版，第247页。

③ [美]马尔库塞：《爱欲与文明》，黄勇等译，上海译文出版社2008年版，第128页。

象的规律性，而在自由劳动中，"对象的'客观性'和它的效应、对象世界的现实性……都一下子失效：游戏者完全按照自己的爱好对待对象，他变得'自由于'对象，他根本不理睬对象。这便具有决定性的意义：人在不理睬对象的同时就达到了自身，就进入了他的自由领域"①，这是一种超越了客观规律限制的无限自由。其三，娱乐性。作为手段的劳动是一种紧张、痛苦的活动，而游戏则是"一种自我消遣、自我放松、自我调整"②，是一种闲情雅致，到处充满着娱乐性。

如何评价上述三种观点呢？或者说，它们有没有揭示马克思在这一问题上的独特贡献？要回答这些问题，首先必须回到马克思的文本，正本清源，澄清马克思提出这一问题的原初语境及其科学内涵。

二、从《1844 年经济学哲学手稿》到《大纲》：劳动与自由关系的逻辑嬗变

综观马克思思想发展历程，可以发现，在不同时期，马克思对劳动与自由关系的认识存在明显差异。在《1844 年经济学哲学手稿》中，他从人本主义逻辑出发，将自由自觉的劳动预设为人的本质，以此来批判资本主义的异化劳动，认为只要扬弃了后者，就能实现劳动从手段到目的的飞跃，使其转化为凸显人的本质力量的自由活动。这种解读不论在形式上还是内容上，都还停留在思辨的异化史观之中。

到了《德意志意识形态》，马克思在这一问题上取得了重要推进，历

---

① ［美］马尔库塞：《现代文明与人的困境》，李小兵等译，上海三联书店 1989 年版，第 216 页。

② 同上书，第 218 页。

史唯物主义的形成为他分析这一问题提供了重要的方法论支撑。但客观地讲，此时他并没有真正理解物质生产、劳动与自由的辩证法。马克思恩格斯指出："劳动，在他们那里已经失去了任何自主活动的假象，而且只能用摧残生命的方式来维持他们的生命……以致物质生活一般都表现为目的，而这种物质生活的生产即劳动（它现在是自主活动的唯一可能的形式，然而正如我们看到的，也是自主活动的否定形式）则表现为手段。"①此时马克思恩格斯并没有严格区分劳动与物质生产，而是将二者直接等同了起来。表面上看，这一观点似乎没有什么不妥之处，但一旦到了机器大生产阶段，它的缺陷就明显地表现了出来。劳动是蕴含在物质生产过程中的主体部分，在机器大生产之前，作为一种主体活动，劳动涵盖了整个物质生产过程；从这个角度而言，二者是同一个过程。但一旦进入到机器大生产阶段，二者就被严格地界划了开来，届时，劳动在整个生产过程中的作用将会逐步下降，沦为生产的一个次要环节，这是一种质性变化，也是破解劳动与自由关系的轴心。然而，令人遗憾的是，此时马克思恩格斯虽然已经谈到了机器大生产，但他们恰恰没有意识到这一点。为什么呢？主要原因在于，他们并没有真正理解机器大生产的本质，而是像拜比吉、舒尔茨一样，用斯密的分工逻辑来理解机器大生产。这导致他们没有明确意识到将劳动与生产严格区分开来的重要性。在这种逻辑的指引下，他们必然会认为，资本主义的物质生产即劳动，已经成为一种与自主活动相悖的、摧残生命的奴役活动，这必将引发资本主义的内在矛盾即生产力与交往形式之间的矛盾，使资本主义

---

① 《马克思恩格斯选集》，2版，第1卷，人民出版社1995年版，第128页。

走向终结。届时，劳动和物质生产将从这种奴役形式中解放出来，成为"自主活动的唯一可能的形式"，实现从手段到目的的转变。那么，值得思考的是，物质生产能不能摆脱自然必然性的限制，成为真正的自由活动？或者说，在物质生产领域，劳动所能达到的自由，与作为目的本身的劳动所能达到的自由，存在什么本质区别？这就涉及必然王国与自由王国的关系问题。而此时马克思恩格斯显然没有能力回答这些问题。

到了《大纲》中，马克思在这些问题上取得了重要突破。首先，劳动能否成为一种自由活动？在这里，马克思给出了明确回答。他指出，在资本主义以及前资本主义社会中，劳动之所以会沦为一种手段，完全是由社会条件导致的，这并不意味着劳动永远只能作为手段存在，而是表明，"这种劳动还没有为自己创造出……一些主观的和客观的条件，从而使劳动会成为吸引人的劳动，成为个人的自我实现"[①]。只要克服了这些外在限制，劳动就能从强制中解放出来，成为自由的活动。"克服这种障碍本身，就是自由的实现，而且进一步说，外在目的失掉了单纯外在自然必然性的外观，被看作个人自己提出的目的，因而被看作自我实现，主体的对象化，也就是实在的自由，——而这种自由见之于活动恰恰就是劳动。"[②]就此而言，马克思再一次肯定了劳动从手段上升为目的的可能性。那么，如何转变呢？或者说，这种转变的现实基础是什么呢？此时马克思已经不再像《1844年经济学哲学手稿》中那样，诉诸人

---

① 《马克思恩格斯全集》，中文2版，第30卷，人民出版社1995年版，第615—616页。

② 同上书，第615页。

本主义的异化逻辑；也不再像《德意志意识形态》中那样，求助于分工，而是始终站在机器大生产的语境中来分析这一问题。

在这一著作中，马克思指出，随着固定资本的形成，特别是机器体系的引入，资本主义生产过程发生了重大变化：如果说以前劳动是生产过程的主导，那么现在，劳动已经沦为生产过程的一个次要环节。① 此时，劳动与生产的区分不再是名义上的或形式上的，而是有着实质性的意义，"这将有利于解放了的劳动，也是使劳动获得解放的条件"②。

一方面，马克思指出，劳动在生产过程中作用的下降，将直接导致资本主义劳动价值论的崩溃。资本主义生产的"前提现在是而且始终是：直接劳动时间的量，作为财富生产决定因素的已耗费的劳动量"③。这就意味着，只要生产还是资本主义性质的生产，直接劳动时间就永远是财富的唯一尺度；然而，劳动在生产过程中作用的下降，意味着资本主义现实财富的创造越来越不取决于直接劳动时间，而是取决于科学技术水平及其在生产上的应用，这将直接危及资本主义财富生产的基础。"资本本身是处于过程中的矛盾，因为它竭力把劳动时间缩减到最低限度，另一方面又使劳动时间成为财富的唯一尺度和源泉。"④随着这一矛盾的发展，资本主义将会遭遇自身不可克服的界限，最终趋于解体，"一旦直接形式的劳动不再是财富的巨大源泉，劳动时间就不再是，而

---

① 参见《马克思恩格斯全集》，中文 2 版，第 31 卷，人民出版社 1998 年版，第 91—92 页。
② 同上书，第 97 页。
③ 同上书，第 100 页。
④ 同上书，第 101 页。

且必然不再是财富的尺度，因而交换价值也不再是使用价值的尺度……于是，以交换价值为基础的生产便会崩溃，直接的物质生产过程本身也就摆脱了贫困和对立的形式"①。劳动也将从资本主义的奴役形式中解放出来，转化为一种新形态。

那么，这是否意味着，只要摆脱了资本关系的强制，劳动就能自动转化为一种自由活动呢？答案是否定的。达到这一点，只是意味着劳动不再是剩余价值生产的工具，而是重新回归到一般层面，即生产使用价值来满足整个社会的发展需要，这也就是马克思后来所说的社会主义阶段的劳动特征。在这里，劳动依然是一种手段，还没有真正转化为目的本身。要想实现这一转变，还需要一定的社会条件。马克思指出："物质生产的劳动只有在下列情况下才能获得这种性质：(1)劳动具有社会性；(2)这种劳动具有科学性，同时又是一般的劳动，这种劳动不是作为用一定方式刻板训练出来的自然力的人的紧张活动，而是作为一个主体的人的紧张活动，这个主体不是以单纯自然的，自然形成的形式出现在生产过程中，而是作为支配一切自然力的活动出现在生产过程中。"②而机器大生产恰恰又为劳动的这种转型提供了客观条件。马克思指出，机器体系和机器体系的资本主义运用完全是两回事，"决不能从机器体系是固定资本的使用价值的最适合的形式这一点得出结论说：从属于资本的社会关系，对于机器体系的应用来说，是最适合的和最好的社会生产关系"③。换言之，废除了资本主义生产关系，只是意味着使机器体

---

① 《马克思恩格斯全集》，中文 2 版，第 31 卷，人民出版社 1998 年版，第 101 页。
② 《马克思恩格斯全集》，中文 2 版，第 30 卷，人民出版社 1995 年版，第 616 页。
③ 《马克思恩格斯全集》，中文 2 版，第 31 卷，人民出版社 1998 年版，第 94 页。

系摆脱了资本主义的运用形式，并不是说连机器体系本身都废除了，在后资本主义的社会形态中，这种机器体系将从资本关系中解放出来，成为社会生产的新基础。到了这时，劳动与生产的分离，将蕴含着更深一层的含义，即为劳动从手段真正转变为目的本身提供客观基础。在后资本主义的初级阶段中，使用价值生产依然是劳动活动的主要目的，不过，劳动作用的下降，意味着只需要花费更少的劳动时间，就能满足整个社会的生产需要，"如果共同生产已成为前提，时间的规定当然仍有重要意义。社会为生产小麦、牲畜等等所需要的时间越少，它所赢得的从事其他生产，物质的或精神的生产的时间就越多……社会发展、社会享用和社会活动的全面性，都取决于时间的节省。一切节约归根到底都归结为时间的节约。正像单个人必须正确地分配自己的时间，才能以适当的比例获得知识或满足对他的活动所提出的各种要求一样，社会必须合乎目的地分配自己的时间，才能实现符合社会全部需要的生产。因此，时间的节约，以及劳动时间在不同的生产部门之间有计划的分配，在共同生产的基础上仍然是首要的经济规律。这甚至在更加高得多的程度上成为规律"①。这种劳动时间的节约就"等于增加自由时间，即增加使个人得到充分发展的时间"②。一旦后者成为整个社会的主导尺度，劳动的形态和意义也将随之发生重大转变：它不再表现为单纯的物质生产活动，而是转化为每个人在自由时间内所从事的一种高级活动；它的目的也不再是为了生产生活资料，更不是为了生产剩余价值，而是为了

①《马克思恩格斯全集》，中文 2 版，第 30 卷，人民出版社 1995 年版，第 123 页。
②《马克思恩格斯全集》，中文 2 版，第 31 卷，人民出版社 1998 年版，第 107—108 页。

每个人的自我实现。到了这时，劳动也将从物质生产领域中解放出来，实现从手段到目的的真正转变，成为每个人自由全面发展的内在尺度。

那么，这是否意味着，马克思的分析已经彻底成熟了？仔细分析，不难发现，此时马克思的整个论证逻辑还存在重要缺陷。首先，在他看来，直接劳动是资本主义财富生产的"唯一的决定要素"①，而直接劳动时间则是资本主义财富的唯一尺度，这一观点显然是有问题的。从使用价值的角度来看，直接劳动决不是财富的唯一源泉，脱离了自然界，劳动将无用武之地，"因此，劳动并不是它所生产的使用价值即物质财富的惟一源泉"②，"自然界和劳动一样也是使用价值（而物质财富本来就是由使用价值构成的！）的源泉"③。从价值生产来看，直接劳动或直接劳动时间也决不是资本主义财富生产的决定性因素，而是抽象劳动或抽象劳动时间。这表明，此时马克思还没有真正克服李嘉图劳动价值论——即价值决定于直接劳动时间——的内在缺陷，更没有建立起科学的劳动二重性理论。这也决定了，此时他对资本主义崩溃逻辑的分析，必然存在重大缺陷。他指出，资本主义财富生产的决定性因素是直接劳动，而大工业的发展却将劳动压缩到最低限度，使财富的创造越来越不取决于直接劳动，这一矛盾构成了资本主义不可克服的内在界限，将直接导致资本主义的崩溃。这一观点显然是站不住脚的。因为资本主义财富生产的基础决不是直接劳动，而是抽象劳动，即使前者被压缩到最低点，只要后者还存在，资本主义的生产机制就依旧照常运行。就此而

---

① 《马克思恩格斯全集》，中文2版，第31卷，人民出版社1998年版，第94页。
② 《马克思恩格斯全集》，中文2版，第44卷，人民出版社2001年版，第56页。
③ 《马克思恩格斯全集》，中文1版，第19卷，人民出版社1963年版，第15页。

言，此时马克思依据直接劳动与生产过程的分离所引发的"矛盾"，将大工业视为资本主义崩溃的临界点，这一观点也是错误的。再者，他对资本主义条件下"机器悖论"的阐述也是有问题的。由于马克思始终将直接劳动当作资本主义财富生产的基础，他自然会认为，直接劳动时间的节约就等于自由时间的增加，但是为什么后者没有转化为工人的财富呢？譬如，那些被机器体系排斥在生产过程之外的相对过剩人口，他们的劳动时间已经缩减为零，但他们为什么享受不到自由呢？马克思的回答是：这是由机器体系的资本主义运用导致的。那么，究竟是一种什么样的生产机制导致的呢？马克思显然无力回答。要解决这一问题，还有待劳动二重性理论的形成。唯有从抽象劳动入手，才能揭开资本主义生产机制的秘密，才能破解"机器悖论"产生的内在根源。而这些问题则是在《资本论》中解决的。

三、劳动与自由关系的深化：《资本论》对《大纲》的超越与发展

在《政治经济学批判。第一分册》（1859 年）中，马克思克服了《大纲》的内在缺陷，此时他不再把直接劳动当作资本主义财富生产的源泉，也不再基于直接劳动的质、量辩证法来区分物质财富和价值财富，而是在商品二重性的基础上，建立了相对明确的劳动二重性理论。这时，他明确意识到，资本主义财富生产的基础决不是具体劳动或直接劳动，而是抽象劳动。因此，要想实现劳动解放，首先必须破除抽象劳动的生产机制。那么，他在《大纲》中所提出来的直接劳动作用的下降，能否直接导致抽象劳动或资本主义交换价值生产制度的崩溃呢？要回答这一问题，首先必须搞清楚生产力与具体劳动、抽象劳动之间的辩证关系。

在《资本论》中，马克思指出："生产力当然始终是有用的、具体的劳动的生产力，它事实上只决定有目的的生产活动在一定时间内的效率。因此，有用劳动成为较富或较贫的产品源泉与有用劳动的生产力的提高或降低成正比。相反地，生产力的变化本身丝毫也不会影响表现为价值的劳动。既然生产力属于劳动的具体有用形式，它自然不再能同抽去了具体有用形式的劳动有关。"①生产力或一般智力的发展，会直接影响具体劳动，并与后者成正比；但它与生产价值的抽象劳动之间并不存在任何直接联系，前者必须经过一定的中介，才能间接地影响资本主义的剩余价值生产。就使用价值而言，生产力的提高意味着，在同样的时间内，具体劳动能够生产出更多的产品；但这并不是说，前者的提高，能够直接影响商品价值本身，这需要一定的条件。只有当它被整个社会普遍采用时，它才会影响商品生产的社会必要劳动时间，从而降低商品的价值。而就消费品而言，一旦商品的价值降低了，也就意味着，用于维持劳动力再生产的可变资本部分即工资降低了，而用于生产工资的必要劳动时间也就随之下降，这样导致的结果，决不是资本主义交换价值制度的崩溃，而是剩余价值生产的进一步完善。换言之，生产力的发展导致了双重结果：一方面，缩短了"生产某种商品的社会必需的劳动时间"；另一方面，降低了"劳动力的价值，从而缩短再生产劳动力价值所必要的工作日部分"②，使剩余价值得以提高。

到了这时，马克思才真正明白，在《大纲》中，他仅仅依据生产力的

---

① 《马克思恩格斯全集》，中文2版，第44卷，人民出版社2001年版，第59—60页。

② 同上书，第366页。

发展所导致的直接劳动作用的下降，来论证资本主义崩溃的分析，恰恰是站不住脚的。大工业的确推动了一般智力与劳动的分离，压缩了直接劳动的存在空间，使后者在生产过程中的作用不断下降，但并不能由此认为，资本主义交换价值制度就要崩溃了，因为直接劳动与生产过程的分离，并不能从根本上颠覆资本主义价值生产的基础即抽象劳动，更不会直接导致资本主义生产制度的崩溃，相反，它还会进一步强化这种机制，开启一种完全不同于协作和工场手工业的相对剩余价值生产形式。也是到了这时，马克思才真正明白，直接劳动在生产过程中作用的下降，决不是资本主义崩溃的依据，而是相对剩余价值生产的必然结果；而资本一方面尽力缩减劳动时间，另一方面又用劳动时间来衡量它所创造出来的财富，也决不是资本主义不可克服的内在矛盾，而是相对剩余价值生产的客观机制；同样，机器大生产更不是资本主义崩溃的临界点，而是相对剩余价值生产的完善形式。也是在此基础上，马克思从根本上揭示了资本主义条件下机器悖论产生的内在根源。正是由于资本关系的强制，才使原本作为节约劳动时间的机器，成为资本主义剩余价值生产的工具，导致大部分工人被排斥在生产过程之外，沦为产业后备军和相对过剩人口。对他们而言，直接劳动时间虽然已经降低到最低点，但他们却没有丝毫的自由可言，因为这种劳动时间的压缩恰恰是资本主义相对剩余价值生产的必然结果。他们虽然"免除了"直接劳动，但在根本上却没有摆脱抽象劳动的统治，而是"绝对地从属于资本，就好像它是由资本出钱养大的一样"①。这表明，在分析资本主义社会时，完全

---

① 《马克思恩格斯全集》，中文2版，第44卷，人民出版社2001年版，第729页。

抛开抽象劳动，单纯从直接劳动的角度来论证自由时间的生成，恰恰是有问题的。

那么，机器大生产所引发的哲学效应是什么呢？此时马克思已经不再基于直接劳动展开分析了，而是从资本有机构成和抽象劳动入手进行了系统论证。一方面，从主体维度来看，它能够为普遍化的无产阶级的生成提供客观条件。在分工阶段，由于存在熟练工与非熟练工之分，导致工人呈现出等级化发展。而大工业则彻底消灭了分工的技术基础，使劳动呈现出均等化趋势，这为无产阶级超越等级限制，转化为一种普遍化的自为阶级，提供了前提条件。另一方面，从客体维度来看，机器大生产所引发的矛盾决不是直接劳动与劳动价值论的矛盾，而是由一般利润率趋于下降规律所导致的资本积累危机和生产矛盾。实际上，在《大纲》的第三篇中，马克思已经注意到了这一点，并提出了利润率下降规律。不过，这里的利润率并不是后来经过竞争中介之后所形成的一般利润率，而是直接利润率①；更为重要的是，此时他依然是从直接劳动来理解这一规律的。② 而在《资本论》中，他已经打破了这一理论基础，从资本的有机构成出发，重新诠释了这一规律，并认为它是"根据资本主义生产方式的本质证明了一种不言而喻的必然性"③。随着这一规律的不断发展，资本主义将最终遭遇不可克服的内在危机。双重条件的成熟，将最终导致资本主义走向灭亡，为劳动解放

① 参见《马克思恩格斯全集》，中文 2 版，第 31 卷，人民出版社 1998 年版，第 152 页。

② 同上书，第 148—149 页。

③ 《马克思恩格斯全集》，中文 2 版，第 46 卷，人民出版社 2003 年版，第 237 页。

提供根本条件。

到了这里，问题并没有完结，将劳动从资本关系中解放出来，只是意味着劳动摆脱了经济必然性的强制，它还没有从根本上超越自然必然性。这就涉及另外一个重要问题，即如何理解必然王国与自由王国的辩证关系？马克思指出，在后资本主义的初级阶段，劳动依然是个人的谋生手段，而分配方式只能采取按劳分配，它在本质上仍然是"资产阶级的法权"①。在这一领域中，所能达到的最大"自由只能是：社会化的人，联合起来的生产者，将合理地调节他们和自然之间的物质变换，把它置于他们的共同控制之下，而不让它作为一种盲目的力量来统治自己；靠消耗最小的力量，在最无愧于和最适合于他们的人类本性的条件下来进行这种物质变换。但是，这个领域始终是一个必然王国"②。换言之，停留在物质生产领域中的劳动，不论其生产效率和组织形式如何，都始终无法摆脱自然必然性的限制，成为目的本身。而要做到这一点，还必须将劳动从物质生产领域中解放出来，"自由王国只是在必要性和外在目的规定要做的劳动终止的地方才开始；因而按照事物的本性来说，它存在于真正物质生产领域的彼岸……在这个必然王国的彼岸，作为目的本身的人类能力的发挥，真正的自由王国，就开始了"③。那么，劳动如何从自然必然性中解放出来呢？在这一点上，马克思继承了《大纲》的理论分析，肯定了机器大生产的一般人类学意义。在后资本主

---

① 《马克思恩格斯全集》，中文 1 版，第 19 卷，人民出版社 1963 年版，第 21 页。

② 《马克思恩格斯全集》，中文 2 版，第 46 卷，人民出版社 2003 年版，第 928—929 页。

③ 同上书，第 928—929 页。

义的社会阶段中，绝不意味着人类又重新回到原始的生产状态中，资本主义所开创的物质生产力将会被继承下来，成为未来社会生产的基础，而机器体系也将成为节约劳动时间的真正利器，进而为劳动摆脱自然必然性的限制，提供物质基础。一旦劳动时间节约到一定程度，劳动将从自然必然性中解放出来，而那些由"必要性和外在目的规定要做的劳动"才真正终止，随之，劳动的意义和形态也将发生根本性变化，转化为人类"生活的第一需要"①。届时，真正的自由王国也就到来了。

四、马克思劳动解放理论的真实内涵及其历史定位

基于上述分析，我们可以得出以下几点结论：

第一，在马克思看来，劳动解放包括两个递进的过程。在原始社会中，劳动始终受到自然必然性的制约；在奴隶社会和封建社会中，劳动的目的依然是满足人的生存需要，但它除了受到自然必然性的制约外，还受到政治依附关系的强制；资本主义虽然扬弃了"直接形式的自然必然性"②和政治依附关系，但却形成了一种不以人的意志为转移的经济必然性，致使劳动完全沦为剩余价值生产的工具。因此，要想实现劳动解放，第一步必须从根本上彻底消灭资本主义的生产关系，将劳动从剩余价值生产中解放出来，使之复归于一般性的人类活动；然后，在共同生产的基础上，不断节约劳动时间，使后者从物质生产领域中解放出来，转化为一种更高级的自由活动，从而使其真正上升为目的本身，实

---

① 《马克思恩格斯选集》，2 版，第 3 卷，人民出版社 1995 年版，第 305 页。
② 《马克思恩格斯全集》，中文 2 版，第 30 卷，人民出版社 1995 年版，第 286 页。

现从必然王国到自由王国的转变。以此来看，马克思的劳动解放理论始终是以社会关系的变革为前提条件的，如果缺少这一前提，单凭劳动的自主发展，是决不可能长出自由的。就此而言，马克思的历史观决不是古尔德所说的经验主义的内在因果观，也不是奈格里所指认的自治主义的对抗哲学，更不是哈贝马斯指责的技术决定论，而是基于生产力与生产关系矛盾运动的历史辩证法。这也是马克思在不同时期始终致力于解剖资本主义内在矛盾的重要原因，只有基于这种历史观，才能从根本上找到劳动解放的现实路径。

第二，基于机器大生产，马克思全面揭示了劳动与自由的辩证法，彻底颠覆了西方贬低劳动或仅仅将劳动理解为手段的哲学—经济学传统。在哲学史上，亚里士多德率先开启了贬低劳动的西方传统。在他看来，劳动始终是一种低贱的奴隶活动，根本不可能成为自由本身。斯密虽然创立了劳动价值论，但他始终认为劳动是一种不幸和牺牲，而不劳动才是一种"自由和幸福"，进而将劳动与自由抽象地对立起来。同样，康德也始终将劳动与自由固化在两个不同的领域，否认劳动与自由之间存在任何内在联系。黑格尔虽然肯定了劳动在现代社会中的历史作用，第一次颠覆了贬低劳动的西方传统，但他始终把劳动理解为绝对精神自我发展的一个中介环节，并不承认劳动本身可以成为目的，就此而言，他并没有真正超越西方传统。而马克思则从机器大生产理论出发，科学诠释了劳动解放的双重内涵，不仅揭示了劳动从资本关系中解放出来的现实路径，而且也诠释了劳动从手段变为目的的可能性，彻底颠覆了整个西方的哲学—经济学传统。就此而言，马克思的劳动解放理论决不是从人本主义逻辑推演出来的思辨结果，更不是一种乌托邦，而是基于对机器大生产的历史唯物主义分析，得出来的具有客观效力的科学结论。因此，当阿伦特仅仅立足于前现代的手工劳动或奴隶劳动，来理解劳动与自由的辩证法时，恰恰忽视了马克思劳动解放理论的现实基础。

第三，在《大纲》和《资本论》中，马克思对机器大生产及其哲学效应的理解存在重要差异。在前一著作中，马克思是基于直接劳动而不是劳动二重性理论，来论证机器大生产所引发的内在矛盾的，这样导致的结果就是，此时他关于相对剩余价值以及资本主义崩溃逻辑的分析，都存在重要缺陷。而《资本论》则全面克服了《大纲》的理论缺陷，实现了对后者的全面超越与发展。因此，当古尔德和奈格里单纯依据《大纲》来诠释马克思的劳动解放理论时，恰恰没有看到这一著作的理论缺陷；而当后者把《大纲》视为马克思思想发展的顶峰时，恰恰抹杀了《资本论》的历史贡献。再退一步来讲，他们对劳动与自由关系的解读，本身就是建立在对《大纲》的曲解之上的，虽然这一著作还存在一定的理论缺陷，但它所体现出来的历史观，也决不是他们所理解的经验主义因果观或自治主义的对抗哲学。

最后，作为目的的劳动真的像马尔库塞所说的那样，是一种超越任何限制的游戏或消遣吗？答案也是否定的。在自由王国中，劳动摆脱了经济必然性和自然必然性的双重强制，"但这决不是说，劳动不过是一种娱乐，一种消遣，就像傅立叶完全以一个浪漫女郎的方式极其天真地理解的那样。真正自由的劳动，例如作曲，同时也是非常严肃，极其紧张的事情"①。就此而言，马尔库塞将自由王国中的劳动诠释为一种游

---

① 《马克思恩格斯全集》，中文2版，第30卷，人民出版社1995年版，第616页。

戏或消遣，是完全错误的。实际上，这是他基于《1844年经济学哲学手稿》对马克思劳动解放理论的一种扭曲。然而，值得玩味的是，在《生产之镜》中，鲍德里亚恰恰把马尔库塞的这种解读当成是马克思本人的思想，并对后者的劳动解放理论展开了恶毒攻击，认为这是资产阶级意识形态的真实体现。"这种处于政治经济学之外的游戏、非劳动或非异化的劳动，被界定为受没有目的的合目的性所统治。在这个意义上，它仍然是审美的，在极端康德主义的意义上，它适用于所有资产阶级意识形态的含蓄意指。虽然马克思的思想清算了资产阶级的伦理学，但在资产阶级的美学面前，马克思的思想仍然无能为力……马克思主义思想继承了资产阶级思想中审美的和人道主义的毒素。"①单纯就马尔库塞而言，这一批判无疑是一针见血、切中要害的；但如果把这顶帽子扣在马克思的头上，那就荒谬至极了，因为马克思从来没有把自由王国中的劳动理解为一种游戏或消遣。以此来看，鲍德里亚根本没有理解马克思劳动解放理论的出场语境，更没有清楚厘定马尔库塞和马克思思想之间的本质差异。就此而言，他对马克思的批判是完全不公正的。

第四节 重新理解马克思"两个伟大发现"之间的辩证关系
——柯尔施在当代的"再发现"及其反思

如何打破传统学科界限，基于整体范式，重新把握马克思主义理论

---

① ［法］鲍德里亚：《生产之镜》，仰海峰译，中央编译出版社2005年版，第20—21页。

的精神实质，已成为当前国内马克思主义研究的焦点话题，其中，最为核心的一个问题就是，如何理解马克思"两个伟大发现"即历史唯物主义和剩余价值理论之间的辩证关系。围绕这一问题，众多马克思主义理论家们分别从不同的角度做出了有益探索，形成了几种极具特色的解读模式，其中，柯尔施的研究尤为值得重视，然而，令人遗憾的是，到目前为止，国内学界并没有充分注意到这一点。基于此，本节以柯尔施为对话语境，在客观评述他的理论得失的基础上，进一步诠释历史唯物主义和政治经济学批判之间的内在关系，以期为国内学界系统深化对马克思主义整体性的理解提供一点拙见。

一、哲学批判与政治经济学批判：马克思唯物主义理论发展的两个阶段

恩格斯曾将马克思毕生的理论贡献概括为"两大伟大发现"：一是历史唯物主义，它揭示了人类历史发展的一般规律；二是剩余价值理论，它揭示了"现代资本主义生产方式和它所产生的资产阶级社会的特殊的运动规律"①。那么，它们之间到底存在何种关系呢？在正统马克思主义那里，较为流行的有两种模式：一是"运用论"。它认为，历史唯物主义只是辩证唯物主义在历史领域中的具体运用，而政治经济学批判和剩余价值理论则是历史唯物主义在经济学领域中的具体运用。二是"证实论"。在《什么是"人民之友"以及他们如何攻击社会民主党人?》中，列宁指出，历史唯物主义是马克思的天才发现，然而，在《资本论》之前，这

① 《马克思恩格斯选集》，2版，第3卷，人民出版社1995年版，第776页。

一理论在本质上"还只是一个假设……是一个第一次使人们有可能以严格的科学态度对待历史问题和社会问题的假设"①。而《资本论》的发表，则从根本上证明"唯物主义历史观已经不是假设，而是科学地证明了的原理"②，从而实现了对过去一切历史观和社会学说的革命性变革。

　　然而，到了早期西方马克思主义那里，这两种解读模式却遭到了质疑。面对正统理论家将马克思主义肢解为各种分支的做法，卢卡奇和柯尔施率先提出了一种整体性的解读范式，将其诠释为一种总体性的社会革命理论，认为这不仅是把握马克思思想精髓的关键，而且也是理解整个马克思主义发展史的根本原则。也是在此基础上，他们提出了对历史唯物主义、政治经济学批判以及二者关系的理解。他们指出，历史唯物主义(唯物史观)决不是对人类社会发展规律的一般概括，而只是"资本主义社会的自我认识"③或"对资产阶级社会的经验研究"④。因此，当恩格斯、第二国际理论家和列宁将这一理论放大为整个人类历史时，已经扭曲了历史唯物主义的本真内涵及其适应范围。作为一种社会批判理论，唯物史观决不是辩证唯物主义或自然辩证法在历史领域中的具体运用，而政治经济学批判和剩余价值理论也不是历史唯物主义在经济学领域中的单纯运用，更不是对后者的简单证实，相反，是对后者的全面深

---

　　①　《列宁专题文集 论辩证唯物主义和历史唯物主义》，人民出版社 2009 年版，第 160 页。

　　②　同上书，第 163 页。

　　③　[匈]卢卡奇：《历史与阶级意识》，杜章智等译，商务印书馆 1996 年版，第 312、315 页。

　　④　[德]柯尔施：《卡尔·马克思》，熊子云等译，重庆出版社 1993 年版，第 128 页。

化和替代。这一点在柯尔施的《马克思主义和哲学》、《卡尔·马克思》中得到了全面、系统的阐发。①

柯尔施指出，马克思主义在本质上是一种总体性的社会革命理论，这一点不论在前期还是后期都没有丝毫的改变，但在表现形式上，却出现了重大变化，即从前期的哲学批判转变为后期的政治经济学批判。②也是以此为由，他将马克思的唯物主义理论划分为两大阶段：

一是1843—1850年，这是马克思唯物主义理论的哲学阶段。柯尔施指出，截至20世纪早期，不论是资产阶级思想家还是马克思主义理论家，始终没有澄清一个核心问题，即马克思主义和哲学（特别是黑格尔哲学）的关系问题：前者始终将马克思主义当作黑格尔哲学的余波不予考虑，否认马克思主义存在任何哲学内容；而第二国际正统马克思主义理论家则反复强调马克思主义是一种实证科学，否认它与哲学之间存在任何联系；而其他理论家则主张用康德、狄慈根、马赫等人的思想来补充马克思主义，实际上，这也就等于否认了马克思主义的哲学性质。虽然他们的立场是根本对立的，但在这一问题上却是出奇地一致，即都否认马克思主义和哲学之间存在任何关系。在柯尔施看来，这些观点并

---

① 目前国内学界存在一种普遍看法，即认为柯尔施是一位地地道道的黑格尔主义者。我以为，这一定位有失偏颇。要完整地把握柯尔施的立场，必须准确澄清《马克思主义和哲学》与《卡尔·马克思》之间的内在关系。朗德尔指出，这两部著作之间存在一种方法论上的"断裂"，即从原来的黑格尔主义"转到或发展为一种更加根深蒂固的科学主义"（［澳］约翰·朗德尔：《卡尔·柯尔施：历史化的辩证法》，钱梦旦、孙乐强译，《广西大学学报》2016年第5期）。我认为，这一判断是比较准确的。

② 参见［德］柯尔施：《马克思主义和哲学》，王南湜等译，重庆出版社1989年版，第24页。

没有真正理解马克思主义早期形态的内在本质。他指出，从源头来看，马克思主义不仅是无产阶级革命运动的思想反映，而且也是资产阶级哲学的继承者，正是在黑格尔哲学的胎胞中，马克思主义才一步一步成长起来。因此，决不能像资产阶级思想家或正统马克思主义者那样，彻底否认马克思主义与哲学的关系，实际上，在马克思思想发展的早期阶段，到处都渗透着哲学。"仅仅因为马克思的唯物主义理论具有不只是理论的，而且也是实践的和革命的目的，就说它不再是哲学，这是不正确的。相反地，马克思和恩格斯的辩证唯物主义按其基本性质来说，是彻头彻尾的哲学……它是一种革命的哲学，它的任务是以一个特殊的领域——哲学——里的战斗来参加在社会的一切领域里进行的反对整个现存秩序的革命斗争。"①虽然此时他得出了一系列具有重要影响乃至革命意义的结论，但不得不承认，这一理论在总体上并没有真正超越资产阶级哲学，因而，"在内容、方法与用语方面仍然带有它所由产生的母体即旧黑格尔哲学的胎痣"②。就此而言，此时的历史唯物主义在本质上还不是一种科学，而是一种哲学。

另一方面，从哲学与政治经济学批判的关系来看，虽然此时马克思在不同文本中批判了资产阶级经济学，但这种批判还完全停留在哲学维度，并没有从根本上超越资产阶级经济学的内在缺陷。比如，在《哲学的贫困》中，马克思开始将唯物史观与政治经济学嫁接起来，对蒲鲁东

---

① ［德］柯尔施：《马克思主义和哲学》，王南湜等译，重庆出版社1989年版，第37—38页。

② ［德］柯尔施：《卡尔·马克思》，熊子云等译，重庆出版社1993年版，第179页。

的经济学形而上学和方法论做出了尖锐批判。然而，令人遗憾的是，这种批判还只是一种哲学批判，在整个经济学水平上，它根本没有超越李嘉图，更不要说建立科学的政治经济学批判了。① 同样，在《雇佣劳动与资本》中，虽然他突破了前期对资本的理解，将其诠释为资本主义的生产关系，并力图基于政治经济学批判来揭示阶级斗争的经济基础，然而，不得不承认，他"在形式上并没有超越这样的口号……自由放任，听天由命"②。也是在此基础上，柯尔施指出，这充分表明，一方面，将《德意志意识形态》和《哲学的贫困》等文本中的历史唯物主义，视为马克思唯物主义和革命理论彻底成熟的标志，是站不住脚的；另一方面，也从侧面表明，"运用论"的解释模式是有问题的：按此逻辑，马克思的剩余价值理论在《哲学的贫困》和《雇佣劳动与资本》中就应当建立起来了，而不应等到后来的《资本论》，然而，事实却恰恰相反。以此来看，"运用论"的解释模式显然存在不可避免的局限性，遮蔽了历史唯物主义和政治经济学批判之间丰富而又复杂的深层关系。

二是1850年之后，这是马克思唯物主义理论的科学阶段。柯尔施指出，进入20世纪50年代以后，通过系统的经济学研究，马克思最终建立了科学的政治经济学批判和剩余价值理论，并在此基础上，重新整合了各种资源，实现了对资产阶级哲学和经济学的全面超越。此时他不再像前期那样聚焦于哲学、宗教或法的批判，而是更多地集中于经济学

---

① ［德］柯尔施：《卡尔·马克思》，熊子云等译，重庆出版社1993年版，第69—70页。

② 同上书，第144—145页。

批判，即通过对资产阶级社会经济结构的研究，系统解剖资本主义制度的生理机制及其运行规律，从而实现对资产阶级社会及其意识形式的总体批判。正是到了这时，马克思的唯物主义才最终摆脱哲学批判的形式，成为一门最充分、最成熟的科学。而《资本论》就是它的智慧结晶和完美体现，它不仅是古典经济学最后的伟大成果，而且也是政治经济学批判与无产阶级革命立场完美结合的历史产物，更是无产阶级革命科学的第一部伟大著作。① 基于此，柯尔施认为，政治经济学批判和剩余价值理论决不是前期历史唯物主义的一种简单运用，更不是对它的一种线性证明，而是对它的全面超越和替代。

二、政治经济学批判在何种意义上深化了历史唯物主义？

那么，后期的政治经济学批判和剩余价值理论，在何种意义上超越并替代了历史唯物主义呢？ 柯尔施主要从以下三个方面展开了分析：

首先，就社会存在和社会意识的关系而言，柯尔施指出，在早期，马克思更多地关注意识形态（哲学、宗教、法等）与现实的关系问题，那么，到了后期，他的问题域则拓展为整个精神生活与社会存在的关系问题。柯尔施强调到，在 1859 年的"序言"中，马克思明确区分了两种不同的社会意识：一是意识形态，包括法律、政治、宗教、艺术和哲学等多种形式；二是社会意识形式，包括商品拜物教、价值观念以及由它们所派生出来的其他范畴，它们的真实性完全不亚于法

---

① 参见［德］柯尔施：《卡尔·马克思》，熊子云等译，重庆出版社 1993 年版，第 71 页。

和国家，并同后者一起，共同构成了整个社会的有机组成部分。到了这时，马克思意识到，要实现对资产阶级社会的整体批判，单纯停留在哲学层面还是不够的，毕竟后者作为一种意识形态，只是社会意识的一部分。要完成这一任务，就必须将前期的哲学批判拓展为对整个社会及其意识形式的总体批判，而这恰恰就是政治经济学批判的出场语境。对此，柯尔施指出，以此来看，政治经济学批判在本质上始终是对资产阶级政治、经济及其全部意识形式的整体批判。因此，在后期，马克思的重心不再像前期那样集中于哲学批判，而是转化为对资产阶级社会的政治经济学批判，而商品拜物教批判就是这一理论的集中体现。

柯尔施指出，与意识形态不同，商品拜物教并不是一种虚假意识，而是个人在资产阶级社会实践中生成的一种具有客观效力的社会意识形式，因此，拜物教决不是观念错认的结果，而是资本主义生产方式必然产生的客观颠倒形式。因此，要扬弃拜物教，决不能停留在单纯的意识层面，必须通过社会行动扬弃拜物教得以产生的社会基础，即资本主义生产方式。这种理论批判与革命实践相统一的原则，构成了马克思唯物辩证法与黑格尔唯心辩证法的本质区别，也是政治经济学批判的精髓所在。基于此，柯尔施得出结论说，马克思对商品拜物教的批判研究，不仅构成了政治经济学批判和《资本论》全部理论的核心，而且也是他整个唯物主义理论的最精辟的表达。[①] 因此，就马克思整个思想发展历程来看，从前期的哲学批判转变为后期的政治经济学批判，决不是无关紧要

---

① 参见［德］柯尔施：《卡尔·马克思》，熊子云等译，重庆出版社1993年版，第89页。

的，而是他唯物主义理论的系统深化和发展。只有到了这时，马克思的唯物主义理论才彻底成熟。因此，与前期的哲学批判相比，政治经济学批判不论在理论上还是实践上都始终是第一位的。①

第二，政治经济学批判彻底揭示了形而上学得以存在的社会基础。在《关于费尔巴哈的提纲》中，马克思强调到，费尔巴哈所做的工作只是"把宗教世界归结于它的世俗基础。但是，世俗基础使自己从自身中分离出去，并在云霄中固定为一个独立王国，这只能用这个世俗基础的自我分裂和自我矛盾来说明。因此，对于这个世俗基础本身应当在自身中、从它的矛盾中去理解，并在实践中使之革命化"②。柯尔施指出，以此来看，在马克思看来，要彻底完成对哲学、宗教等意识形态的批判，单纯把它们归结于世俗基础，还远远不够；更重要的事情是，还必须通过"世俗基础的自我分裂和自我矛盾"，来彻底瓦解世俗基础本身。就此而言，历史唯物主义只完成了第一步。首先，就资产阶级哲学而言，历史唯物主义的确颠覆了观念的自主性，提出了生产力决定生产关系、经济基础决定上层建筑、社会存在决定社会意识的基本原理。但近代唯心主义哲学家为什么会把观念视为新时代的统治力量？它的社会基础是什么？如何从根本上颠覆这种基础？对此，柯尔施认为，此时马克思根本无法给出科学解答。其次，就资产阶级经济学而言，用历史唯物主义来批判蒲鲁东式的经济形而上学以及古典经济学家的意识形态——将资产阶级社会视为永恒的自然制度——无疑是有效的，但它对资产阶

---

① ［德］柯尔施：《马克思主义和哲学》，王南湜等译，重庆出版社1989年版，第45页。
② 《马克思恩格斯选集》，2版，第1卷，人民出版社1995年版，第55页。

级经济学本身却无能为力，因为劳动价值论、拜物教、资本以及由它们所衍生出来的其他范畴，毕竟不是资产阶级经济学家的理论虚构，而是有着客观效力的思维形式。因此，要真正扬弃古典经济学，单纯将这些范畴归结为它的世俗基础还是不够的，必须进一步深入到社会存在的内在矛盾之中，通过对资本运行机制的科学解剖，方能厘清并全面超越古典经济学。对此，柯尔施指出，要完成这一任务，单纯依靠前期的历史唯物主义是根本行不通的，《德意志意识形态》和《哲学的贫困》就是典型例证。虽然此时马克思批判了"德意志意识形态"、蒲鲁东式的经济形而上学和古典经济学家的意识形态性，但他在经济学上并没有真正超越李嘉图，不论是劳动价值论、货币、资本理论还是劳动商品理论都深深打上了李嘉图的烙印，根本没有克服后者的缺陷。

在此基础上，柯尔施总结到，以此来看，历史唯物主义根本没有能力揭示并瓦解形而上学（包括资产阶级哲学和古典经济学）的世俗基础，而要做到这一点，还有待科学的剩余价值理论。而这恰恰是在《资本论》中完成的。他强调到，一方面，通过剩余价值理论和政治经济学批判，马克思意识到，黑格尔哲学之所以采取颠倒的观念形式，根本原因并不在于黑格尔，而是在于资本主义的现实世界本身。在这里，资本作为一种"特殊的以太"，成为统治一切的抽象力量，而它的生活过程则表现为假象丛生的颠倒过程，完全掩盖了资本主义的内在本质，最终使资本主义成为一个"着了魔的、颠倒的、倒立着的世界"①。或者说，资本从

---

① 《马克思恩格斯全集》，中文 2 版，第 46 卷，人民出版社 2003 年版，第 940 页。

"内部的有机生命，进入外部的生活关系"①的过程本身就是一种颠倒的辩证运动，而由此所生成的现实本身就是一种颠倒的形而上学。从这个角度而言，黑格尔哲学只不过是对这种颠倒现实的观念反映。因此，要彻底扬弃黑格尔哲学，单纯依靠所谓的"主谓颠倒"方法是行不通的，必须要深入到资本的矛盾运动之中，实现对资本主义政治、经济及其意识形式的总体批判，才能从根本上剥离黑格尔辩证法的神秘外壳及其合理内核，完成对后者的彻底颠倒。另一方面，剩余价值理论的形成，不仅使马克思完成了对资本主义现实本身的批判，而且也完成了对资产阶级政治经济学说史的批判，彻底超越了一切资产阶级经济学，使之成为一门真正的批判科学。也是在此基础上，柯尔施指出，如果说马克思的理论目标是要彻底扬弃资产阶级哲学和经济学，那么，前期的历史唯物主义是无法胜任这一任务的，唯有剩余价值理论的出场，才能真正做到这一点。就此而言，后期的政治经济学批判和剩余价值理论，实现了对历史唯物主义的进一步发展和替代。

第三，政治经济学批判全面深化了马克思的革命理论。柯尔施指出，与历史唯物主义和政治经济学批判相对应，马克思的革命理论也包括两个阶段。在第一阶段，马克思虽然力图从生产力与交往形式、生产关系的矛盾运动来论证资本主义灭亡的现实性，但由于此时他的经济学水平的限制，导致他根本无法科学解剖资本主义的内在矛盾，最终只能走向由分工和分配不公平引发的阶级斗争线索。柯尔施将这一模式称为

---

① 《马克思恩格斯全集》，中文 2 版，第 46 卷，人民出版社 2003 年版，第 52 页。

"工人阶级主体的反叛"①之路，也即所谓的"主观表达方式"②。他指出，这一模式虽然体现了马克思鲜明的革命立场，但不得不承认，这是一条过分倚重阶级斗争和主体反叛的道路，是一种"狂热的、空想的、唯意志论的"③革命浪漫主义。然而，1848 年欧洲大革命的失败给了马克思一个惨痛教训，促使他不得不重新思考自己的革命理论，从而使其进入到一个全新的阶段，即与"热情的、幻想的第一阶段"相对的"冷静的'第二'阶段"④。此时马克思不再过分强调主体力量，而是将重心集中于对生产力和生产关系矛盾运动的挖掘，以此来引出阶级斗争的可能性和现实性。柯尔施将后一模式称为"生产力的反叛"⑤之路，也即所谓的"客观表达方式"⑥。他指出，如果说前一模式对应于历史唯物主义，那么，后一模式则对应于政治经济学批判，因此，就革命逻辑而言，从历史唯物主义转向政治经济学批判，意味着"从直接的革命行动转到建立在客观经济发展基础上的、只是间接地针对革命目标的工人阶级运动形式"⑦，意味着"由工人阶级主体的反叛到客观的'生产力的反叛'这种赋有特征的重点转移"⑧。

然而，第二国际正统马克思主义理论家恰恰不理解这一点，径直将

---

① [德]柯尔施:《卡尔·马克思》，熊子云等译，重庆出版社 1993 年版，第 160 页。
② 同上书，第 121 页。
③ 同上书，第 73 页。
④ 同上书，第 73 页。
⑤ 同上书，第 160 页。
⑥ 同上书，第 120 页。
⑦ 同上书，第 159 页。
⑧ 同上书，第 160 页。

客观公式与主观公式对立了起来。在他们看来，这一转变意味着，马克思已经放弃了前期的阶级斗争线索，"同他早先的革命倾向实行了全面的决裂"[1]，以此为由，他们将成熟时期的马克思主义诠释为完全依赖经济力量的社会进化论和机械决定论。对此，柯尔施做出了全面批判。他指出，后期马克思之所以强调客观公式，并不像正统马克思主义理论家认为的那样，放弃了阶级斗争线索，转变为信奉经济力量的宿命论，相反，而是为了强调无产阶级革命的客观前提，即它必须建立在生产力和生产关系的矛盾运动之上，这一前提"不可能通过纯粹的良好领导、正确的理论或者富有战斗力的革命组织去取代"[2]，如果脱离了客观公式，抽象地谈论阶级斗争，那无疑是唯意志论的。另一方面，就物质生产力而言，它不仅包括"自然界、技术、科学……还有社会组织本身和在其中通过协作与产业分工所创造的、伊始就是社会的力量"[3]。就此而言，工人阶级的联合以及由此形成的"力量就是生产力"[4]，而且是"最强大的一种生产力"[5]。因此，强调客观公式，决不意味着抛弃阶级斗争，而是对后者更好地继承和发展，"'生产力与生产关系之间的矛盾'作为……整个历史发展和奠立其上的社会经济形态隐蔽的推动力，不过是马克思在《共产党宣言》和其他著作里许多其他地方阐明为社会阶

---

① ［德］柯尔施：《卡尔·马克思》，熊子云等译，重庆出版社 1993 年版，第 159 页。

② 同上书，第 161 页。

③ 同上书，第 148 页。

④ 《马克思恩格斯选集》，2 版，第 1 卷，人民出版社 1995 年版，第 128 页。

⑤ 同上书，第 194 页。

级的对立与斗争的同一事物的如实表达"①。二者是融为一体的，脱离了前者，阶级斗争就会丧失内在的合法性。也是在此基础上，柯尔施指出，正是通过后期的政治经济学批判，马克思才彻底克服了前期的革命浪漫主义，建立科学的、成熟的革命理论。

通过上述三个方面的考察，柯尔施总结到，正是由于剩余价值理论和政治经济学批判，马克思才彻底扬弃了"任何哲学的思维方法"②，实现了对资产阶级哲学和古典经济学的全面超越；也正是到了这时，马克思的唯物主义才"不再是一种'哲学的'方法"，而是转化为一种严格意义上的"经验科学的方法"③，从而使他的革命理论成为一门真正的科学。在此基础上，柯尔施最终得出结论说："构成新的马克思科学最后基础的，既不是黑格尔也不是李嘉图，既不是资产阶级的哲学，也不是资产阶级的经济学"④，而是对现实的革命运动以及资产阶级社会经验的具体研究，这才是马克思主义得以产生、发展并最终成为一门科学的决定性源泉。

三、政治本体论、历史主义和经验主义：对柯尔施的总体定位及其反思

如何评价柯尔施的观点呢？首先，必须承认，柯尔施提供了一种整

---

① ［德］柯尔施：《卡尔·马克思》，熊子云等译，重庆出版社1993年版，第149页。

② 同上书，第129页。

③ 同上书，第179页。

④ 同上书，第182页。

体性的研究范式。在他看来，马克思主义在本质上是一种总体性的社会
革命理论，而历史唯物主义和后期的政治经济学批判只是这一理论的两
个不同阶段，从而将二者共同统一于革命理论本身，这在某种程度上打
破了传统三分天下的学科界限，抓住了马克思主义哲学、政治经济学和
科学社会主义的内在关联，恢复了马克思主义的整体性，为当前学界进
一步深化对这一问题的研究提供了有益借鉴。其次，与传统"运用论"和
"证实论"相比，柯尔施提供了一个更为深入的解读路径。在他看来，剩
余价值理论和政治经济学批判，既不是前期历史唯物主义的单纯论用，
也不是对后者的简单证实，而是对它的进一步发展和替代，并从三个方
面系统诠释了这种深化作用，这在某种程度上打破了传统的线性思维，
呈现了二者之间的有机联系，具有重要的启示意义。再次，如何理解客
观公式与主观公式之间的辩证关系，不仅是贯穿整部马克思主义发展史
的一个核心问题，而且也是衡量是否准确把握马克思主义精神实质的试
金石。对这一问题的不同回答，导致了不同的马克思主义形象：第二国
际正统仅仅抓住客观公式，将其诠释为经济决定论，进而阉割了阶级斗
争的历史作用；而以卢卡奇为代表的人本主义马克思主义又走向了另一
个极端，仅仅抓住阶级斗争线索，陷入到唯意志论的旋涡之中，忽视了
客观公式的历史作用；同样，以奈格里、克里弗、莱博维奇、巴迪欧等
为代表的当代左翼思想家，更是乐此不疲地主张从主体出发，来重构马
克思的阶级斗争理论，将后者诠释为一种纯主体性的活动，彻底否定了
革命理论的客观前提。相较于这些观点，柯尔施无疑更为准确地诠释了
客观公式和主观公式之间的辩证法，即使从当代来看，依然具有重要的
理论价值。

但另一方面，我们也必须看到，柯尔施的解读也存在着不可避免的理论缺陷。

第一，从阶段划分来看，列宁曾在《卡尔·马克思》一文中指出，在1843—1844 年，马克思彻底实现了从唯心主义到唯物主义、从革命民主主义到共产主义的转变。① 这也是后来苏联马克思主义将马克思哲学发展诠释为"一次转变论"的重要依据。当柯尔施把 1843—1850 年界定为唯物主义发展的早期阶段时，他显然没有突破这一模式，没有看到哲学唯物主义（1843—1844 年）与历史唯物主义（1845 年之后）之间的本质区别。另一方面，就前后关系而言，"运用论"虽然存在一定的缺陷，但它毕竟承认历史唯物主义与政治经济学批判之间存在不可分割的内在联系，而柯尔施却彻底否认了这一点。当他把政治经济学批判视为对历史唯物主义的替代时，已经僵硬地把二者对立了起来。就此而言，所谓的"替代论"和"运用论"一样，只不过是同一枚硬币的两面，没有真正揭示二者之间的内在联系。

第二，从革命理论来看，柯尔施将 1850 年之前的阶级斗争理论界定为一种狂热的革命浪漫主义，这一观点也是错误的。客观地讲，此时马克思的革命理论确实存在不完善的地方，但它与所谓的革命浪漫主义还存在天壤之别。马克思指出，革命唯意志论者"要做的事情恰恰是要超越革命发展的进程，人为地制造革命危机，使革命成为毫不具备革命条件的即兴诗"②。以此来看，真正的革命浪漫主义就是要彻底抛开历

---

① 参见《列宁专题文集 论马克思主义》，人民出版社 2009 年版，第 39 页。
② 《马克思恩格斯全集》，中文 1 版，第 7 卷，人民出版社 1959 年版，第 321 页。

史进程，将革命变为人为制造的恐怖袭击活动。而此时马克思的革命理论显然并非如此。从《德意志意识形态》到《共产党宣言》，他都始终致力于从生产力和生产关系的矛盾运动，来论证阶级斗争的现实性，虽然此时他对资本主义内在矛盾的分析，还不足以支撑整个阶级斗争理论，但这最起码反映了他此时的思路，即将主观公式奠基在客观公式之上，以此来寻求阶级斗争的客观依据。就此而言，从《德意志意识形态》到《资本论》的发展，决不是柯尔施所断言的那样，是革命浪漫主义与科学理论的断裂过程，更不是线性的取代过程，而是在整体思路完全一致的前提下，不断使革命理论走向深化的过程。

第三，在历史唯物主义与政治经济学批判关系的理解上，柯尔施的确提供了一种新的解读模式；不过，值得反思的是：政治经济学批判真的能彻底代替前期的历史唯物主义吗？它真的不需要任何哲学的支撑了吗？要回答这一问题，首先必须搞清楚历史唯物主义的真实内涵。虽然柯尔施也认为，它可以"适当的扩展转用于其他历史时代"①，但在根本定位上，他始终与卢卡奇一样，将它诠释为资产阶级社会的自我认识。通过这种变形，柯尔施实际上也就把恩格斯所界定的"两大发现"，还原为"一个发现"了。那么，历史唯物主义真的只是资产阶级社会的自我反映吗？针对这一问题，国内学界已展开了充分研究，在此不再赘述，只强调两个结论：其一，历史唯物主义不仅适应于资本主义社会，而且也适应于一切前资本主义社会。就此而言，恩格斯将其界定为人类社会发

---

① ［德］柯尔施：《卡尔·马克思》，熊子云等译，重庆出版社1993年版，第128页。

展的一般规律,是非常准确的。其二,历史唯物主义不是一种教条,而是一种方法论,"如果不把唯物主义方法当作研究历史的指南,而把它当作现成的公式,按照它来剪裁各种历史事实,那它就会转变为自己的对立物"①。"马克思的整个世界观不是教义,而是方法。它提供的不是现成的教条,而是进一步研究的出发点和供这种研究使用的方法。"②这就意味着,要实现对资本主义社会的具体研究,仅仅停留在历史唯物主义的层面上,是远远不够的,就像用"人"这个概念,永远理解不了任何一个"个体"一样。要完成这一任务,就必须超越一般层面,从抽象上升到具体,而政治经济学批判恰恰就是马克思在这一方法论的指导下,从一般(人类发展规律)上升到特殊(资本主义社会)的展开过程。就此而言,作为对资产阶级社会的具体研究,政治经济学批判和剩余价值理论决不只是对历史唯物主义的简单运用,而且也是对后者的进一步深化和发展。从这个角度而言,柯尔施从社会意识、形而上学批判和革命理论三个方面所做的分析,具有重要的理论价值。但是,我们决不能由此走向另一个极端,将政治经济学批判视为对后者的彻底代替。殊不知,作为一种特殊,政治经济学批判既不可能取消历史唯物主义的一般性,也不可能彻底摆脱这一方法论前提。因此,当柯尔施断言政治经济学批判彻底超越了一切哲学思维方法,不再需要任何哲学支撑时,恰恰走向了另一个极端。在这方面,阿尔都塞的观点值得肯定:在《资本论》中,我们不仅能够发现马克思的科学,而且也能读到他的真正哲学。③

---

① 《马克思恩格斯选集》,2版,第4卷,人民出版社1995年版,第688页。

② 同上书,第742—743页。

③ 参见[法]阿尔都塞:《读〈资本论〉》,中央编译出版社2001年版,第24页。

第四，虽然柯尔施诠释了历史唯物主义、政治经济学批判与科学社会主义之间的辩证关系，力图恢复马克思主义的整体性，但不得不承认，这一理论努力还是不够的。恩格斯指出，正是由于唯物史观和剩余价值理论的发现，社会主义才实现了从空想到科学的转变。[①] 在恩格斯看来，二者既紧密相关，又相互独立，共同构成了科学社会主义的双重支柱。然而，到了柯尔施这里，这一命题则失去了原有内涵。在他看来，总体革命理论是本质，它横贯了马克思思想发展的全过程，而历史唯物主义和政治经济学批判则是这一理论的两个不同阶段（哲学和科学阶段）：前者并不足以使马克思的革命理论成为一门科学，只有到了政治经济学批判，后者才彻底摆脱哲学批判的形式，成为一门真正奠基在经验研究之上的社会科学。以此来看，柯尔施所理解的以政治经济学批判为代表的唯物主义，实际上只不过是一种经验唯物主义，因此，当他把后者视为马克思唯物主义和革命理论的最成熟形态时，无疑又重新退回到经验主义的老路上来。这一做法不仅彻底阉割了科学社会主义的人类学基础，否认了历史唯物主义的科学价值，而且也从根本上曲解了政治经济学批判的科学内涵，歪曲了它与科学社会主义之间的内在关系，根本无法为无产阶级革命提供科学依据。[②]

最后，柯尔施之所以会做出这种解读，根本原因在于他的立场和方法。综观柯尔施的整个逻辑，可以发现，不论在理论上还是实践上，他都预设了革命政治实践的优先性，因此，在他的视域中，所谓的历史不

---

① 参见《马克思恩格斯选集》，2版，第3卷，人民出版社1995年版，第740页。

② ［澳］约翰·朗德尔：《卡尔·柯尔施：历史化的辩证法》，钱梦旦译，孙乐强校，《广西大学学报》2016年第5期。

是马克思意义上的物质生产的历史，而是革命实践的历史；所谓的理论、科学与实践的统一，归根到底是革命理论与革命实践的统一。因此，在政治立场上，柯尔施无疑是一位革命优先论者；在历史观上，是一个典型的历史主义者；而在方法论上，则是一个鲜明的经验主义者。① 这构成了柯尔施理论建构中不可或缺的"三位一体"公式。因此，当他从这一框架入手，来分析历史唯物主义、政治经济学批判和科学社会主义之间的关系时，必然无法走向深入，最终只能陷入到自己的偏见之中，无法自拔。

① James Watson, "Karl Korsch: Development and Dialectic", *Philosophy Social Criticism*, 1981(8).

第四章 《资本论》哲学的
当代转向及其反思

　　20世纪七八十年代以来，当代资本主义在政治、经济、社会结构等各方面都发生了重大变化。在此背景下，如何重新理解《资本论》的哲学思想及其当代价值，构成了当代国外学界关注的焦点话题。在新的历史语境下，《资本论》的时空理论、历史道路理论、政治哲学思想等再次被激活，开启了《资本论》哲学研究的当代转向。面对这股思潮，一方面我们需要冷静反思，客观评估这种转向的理论贡献和不足之处；另一方面，也要结合中国语境，回应当代西方学者提出的问题，在新的历史条件下，全面深化对《资本论》的哲学思想及其当代价值的研究。

第一节 《资本论》与马克思的空间理论

随着我国马克思主义研究的不断深化，历史唯物主义的空间化问题，已成为当代马克思主义哲学研究的重大理论课题。诸多理论家，比如列斐伏尔、哈维、苏贾等人都对这一问题展开了富有成效的研究，这为我们新时期进一步推进历史唯物主义的空间化提供了有益借鉴。不过，在这些成果的背后也存在一种值得讨论的观点，即认为马克思的历史唯物主义是一种弱化或忽视空间维度的历史理论。这也由此引发了一个重要问题，即马克思究竟有没有自己的空间理论？在此，本章就以《资本论》为切入点，通过对这一著作空间理论的深度挖掘，来全面阐发马克思在这一问题上的独特贡献，并以此为依据，客观评价西方左派学者在这一问题上的理论贡献和不足之处，进而为历史唯物主义的空间化研究提供有益思考。

一、"生产的空间与空间的生产"：资本主义生产方式的空间诉求

空间在资本主义生产方式的形成和转型过程中起到了极为重要的作用。然而，目前关于空间问题的研究更多地停留在流通领域的空间拓展上，而对资本主义生产空间本身的变化并没有给予细致的研究，这是有待进一步深化的。在我看来，只有通过对资本主义生产空间转型的系统解剖，才能揭示资本主义生产方式的空间本性，才能从根本上理解资本

对流通空间的强制性诉求。而这点恰恰是马克思《资本论》的重要贡献之一，它从根本上揭示了空间生产在资本主义生产方式的形成和转型过程中所起到的重要作用。

在马克思看来，资本主义生产方式的确立是一个历史过程。具体而言，主要体现为"劳动对资本的形式从属"向"实质从属"的转变，也正是在这一转变中，资本主义才真正建立起与自己相适应的生产方式，才确立了专属于资本自己的"生产空间"。那何谓"劳动对资本的形式从属"呢？马克思指出，"劳动对资本的形式从属"实际上是与绝对剩余价值生产相适应的形式，它指的是这样一个阶段，"这种情况就是：资本已经在一定的从属的职能中存在，但还没有在它的占统治地位的、决定一般社会形式的职能中存在"①。换言之，剩余价值的生产虽然已经存在，但它还只是在局部空间中的存在，既无法改变"整个劳动过程的性质"，也无法"改变实际劳动方式的性质"②，在这里，"生产方式本身还不是由资本所决定"③，它还停留在它所遇到的劳动空间之中，尚未发生根本性变革。首先，整个社会的生产空间依然服从于使用价值的生产逻辑，"把生产限制在整个现有的消费之内，在这里是一条规律"④，资本还无法从空间上取代前者成为整个社会生产的主导形式。其次，工人在劳动空间上仍保持着独立性的外观，资本只是"给各种独立的和分散在

① 《马克思恩格斯全集》，中文 1 版，第 49 卷，人民出版社 1982 年版，第 82 页。
② 同上书，第 80 页。
③ 《马克思恩格斯全集》，中文 2 版，第 30 卷，人民出版社 1995 年版，第 588 页。
④ 《马克思恩格斯全集》，中文 1 版，第 48 卷，人民出版社 1985 年版，第 9 页。

各处的手工织工、纺工等等活干"①，尚未斩断工人生活空间和劳动空间的同一性，尚未消除工人的独立分散性，把工人集中在一个共同的劳动场所之内。再次，从资本家和工人的内在关系来看，前者只是作为外在的监督者伫立于工人之外，虽然工人都是为资本家劳动，但这种劳动的联合本身还"只是**形式上的**，而且涉及的只是劳动的产品，不是劳动本身"，因而这种联合还是"**自在地存在**"②的，双方的关系还保留着外在的独立性和自主性。

随着这种统治和从属形式的发展，一种与资本相适应的特殊生产方式也就建立起来了。"在这个基础上，一种在工艺方面和其他方面都是**特殊的生产方式，一种在劳动过程的现实性质和现实条件上都发生了变化的生产方式——资本主义生产方式**建立起来了。资本主义生产方式一经产生，**劳动对资本的实际上的从属就发生了**。"③如果说，前者的判定标准只是一种外在的形式，那么，实质从属的最根本特点就是生产空间的全面革命。马克思指出："随着劳动在实际上从属于资本，在生产方式本身中，在劳动生产率中，在资本家和工人之间——在生产内部——的关系中，以及在双方彼此的社会关系中，都发生完全的革命。"④也只有到了这时，社会生产方式才真正成为资本主义特有的生产方式，资本才真正开创出属于自己的生产空间。首先，整个社会的生产空间完全打上了资本的印记，全面服务于剩余价值的生产，资本成为空间生产的决

---

① 《马克思恩格斯全集》，中文 2 版，第 30 卷，人民出版社 1995 年版，第 588 页。
② 同上书，第 589 页。
③ 《马克思恩格斯全集》，中文 1 版，第 49 卷，人民出版社 1982 年版，第 95 页。
④ 《马克思恩格斯全集》，中文 1 版，第 48 卷，人民出版社 1985 年版，第 20 页。

定性力量，开创了一种完全不同于以往的空间生产逻辑。其次，工人已经完全丧失了劳动空间的独立性，被并入资本的生产过程之中成为资本的要素，劳动的生产力不再表现为劳动的力量，而是表现为资本的生产力。再次，资本斩断了工人劳动空间和生活空间的内在同一性，使二者发生了严重断裂，致使工人在劳动和生活双重领域中均遭受资本的奴役，沦为资本主义空间逻辑的受害者。最后，资本家与工人之间关系已经摆脱了外在的独立性，成为资本家不断剥夺工人剩余价值的奴役性关系，后者成为整个社会空间生产的统治性关系。

根据不同阶段对空间生产的诉求差异，马克思又把劳动对资本的实质从属区分为三种形式：协作、分工和机器大工业。所谓协作是指，"人数较多的工人在同一时间、同一空间（或者说同一劳动场所），为了生产同种商品，在同一资本家的指挥下工作"①。它所追求的是工人在劳动空间和劳动时间上的协同性，这种形式使每个工人走出了个体的劳动空间，扩大了生产力在空间上的作用范围，创造出一种超越个人生产力的集体力量。然而，这种集体力量却不属于工人，而是属于指挥他们的资本家。因此，在协作中，发生了"劳动的社会性质向资本的社会性质的最初变化，社会劳动的生产力向资本的生产力的最初变化；最后，[劳动]在形式上的从属于资本向生产方式本身的实际改变的最初转化"②，产生了专属于资本的生产空间。也正基于此，马克思将协作定义为劳动对资本实质从属的"第一个阶段"，是特殊资本主义生产方式的

① 《马克思恩格斯全集》，中文2版，第44卷，人民出版社2001年版，第374页。
② 《马克思恩格斯全集》，中文1版，第47卷，人民出版社1979年版，第300页。

最初形式。

　　但随着资本主义生产力的发展，这种协作方式必然会发展为以分工为基础的协作。它的最典型的形式是工场手工业，它构成了特殊资本主义生产方式的第二种形式。与协作不同，分工在生产的整体空间、个体空间以及个体相互作用的空间上都彻底改变了。首先，分工在整体空间上打破了协作的特定性和狭窄性，以"工场"的形式开创了一个完整的生产空间。其次，分工打破了协作的同时性，将同一商品的生产过程分割为在空间上并存的不同阶段，实现了生产的"时间顺序"向"空间顺序"的转化①，在同一时间内生产出了更多的产品，极大地提高了劳动生产率。再次，分工彻底改变了个体的劳动空间，把每个人固定在特定的程序之中，不仅压制了工人的多种多样的生产才能，而且人为地培植了工人的片面性，使他们成为某种局部劳动的畸形物。复次，分工切断了工人与劳动产品、工人与工人之间的直接关系，消除了工人对劳动产品的认同感，减少了工人联盟的可能性，使每一个工人都独立地面对资本，消解了工人的反抗意识。最后，这种空间分布造成了工人对资本的双重从属：一方面就单个工人而言，分工完全消除了单个工人的独立人格，"打上了他们是资本的财产的烙印"②，使每一个工人从属于资本；另一方面，就总体工人而言，总体劳动的生产力表现为同工人相对立、外在的、统治工人并控制工人的力量，表现为资本的生产力，因此，工人的总劳动在实质上也完全从属于资本。

---

　　①　参见《马克思恩格斯全集》，中文2版，第44卷，人民出版社2001年版，第399页。

　　②　同上书，第418页。

随着分工的进一步发展，劳动资料本身必然会产生更加高级的生产形式即机器，而它的最完备形态就是"自动的机器体系"，它是由许多机械器官和智能器官组成的，自身表现为具有自主性的动力系统。随着这种机器体系的广泛运用，一种更深的空间奴役形式也开始上演了。首先，在整个生产空间上，原有的空间形式已无法适应机器大生产的要求，于是一种新型的空间组织形式即以机器体系为主体的现代工厂也随之产生，成为资本主义生产空间的主导形式。其次，工人劳动空间的自主性完全沦丧。在工场手工业中，虽然工人被固定在某个单一的操作之中，但它毕竟表现为工人使用手工工具来完成每个局部劳动的过程。然而，在现代工厂中，这种所谓的劳动空间彻底消失了，工人不再是局部和全部劳动过程的主体，而是成为机器生产的附属物，劳动过程不仅在社会形式上而且在物质形式上都沦为一种次要的形式，工人劳动的主体地位完全丧失了。最后，工人生活空间的全面恶化。机器大生产造成了大量的相对剩余人口，使他们与从业人员形成了相互残杀的竞争格局，不仅在生产空间上加重了对从业工人的剥削，而且在生活空间上进一步强化了对所有工人的奴役，使得工人连最基本的生活需要的满足都成为一种奢侈，"贫民窟"的各种肮脏、堕落、无知与资本主义生产的繁荣景象形成了鲜明的对比。

基于上述分析，我们可以看出：第一，马克思的资本主义生产方式批判理论本身就是从空间视域出发的，从而在共时性的框架内实现了对资本主义生理机制的科学剖析。第二，空间已成为资本家最大限度地榨取工人剩余价值的经济工具。空间在资本主义生产方式转变的过程中起到了不可或缺的作用，但这种空间并不是外在于人的自然空间，而是资本在确立与自己相适应的生产方式过程中所开创的具有经济属性的社会空间，这是空间资本化的过程，它已经摆脱了单纯使用价值的生产逻辑，完全屈从于剩余价值的生产，从协作到工场手工业再到机器大生产，每种形式都开创出与其相对应的生产空间形式，成为资本追逐剩余价值的经济工具。第三，空间已沦为资本家统治工人的一种政治工具，资本家正是通过对空间的规划和重组，完成了对工人的政治统治，使他们在整个生存空间中完全服从于资本的压榨。最后，这也由此引发了一个更为核心的问题，即如何来实现空间正义问题，在这里，《资本论》也提供了一条可供思考的道路：要想真正实现空间正义，就必须对空间进行政治经济学批判，只有彻底推翻空间背后的资本关系，才能真正实现空间正义。显然，这一路径要比列斐伏尔和苏贾所谓的乌托邦革命深刻得多！

二、从时间—空间辩证法到空间—时间辩证法：理论视角的转换

在当代西方学术界中，存在一个共同的指责，比如列斐伏尔、苏贾等都认为，马克思的历史唯物主义完全采取了"时间优于空间"的叙事方式，相对弱化或忽视了空间的理论价值。如何来看待这一观点？笔者以为，必须要从特定的历史语境出发，全面揭示马克思时间与空间辩证法的真实内涵，绝不能简单地一刀切。通过对《资本论》的研究，我认为，在这一问题上，马克思实际上存在一种视角的转变，即从强调时间优先的辩证法转变为以空间为旨归的辩证法。

在对资本主义内在机制的剖析和意识形态批判上，马克思的确强调

了时间的优先性，但这是有原因的。首先，在剩余价值生产方面，时间相较于空间而言起着更为根本的决定作用，剩余时间的多寡直接决定了剩余价值的多寡，因此，为了最大限度地掠夺剩余价值，资本家必然采取各种措施来延长劳动时间。不过，当时间（工作日）界限确定之后，空间的重要性才被凸显出来。如马克思所说，在机器大生产阶段，工作日的确立，促使资本家"一方面要求采用更多的机器，并用蒸汽代替肌肉充当动力。另一方面，为了从空间上夺回在时间上失去的东西，就要扩充共同使用的生产资料如炉子、厂房等等，一句话，要使生产资料在更大程度上集中起来，并与此相适应，使工人在更大程度上集结起来"①。因此，在剩余价值生产中，当劳动时间确定后，资本家必然会把单一时间扩展为在空间上同时并存的生产时间，进而实现了剩余价值的最大化生产。

其次，马克思当时所生活的年代正处于资本扩张的时代，后者还没有真正确立在全球的统治，因此，空间对资本而言固然重要，但流通时间更具有刺激性，诚如马克思所言："距离也归结为时间，例如，重要的不是市场在空间上的远近，而是商品到达市场的速度，即时间量。"②流通时间的长短直接决定了生产的更新次数，进而影响着剩余价值的生产总量，所以，为了更快地进行生产更新，资本必然会最大限度地缩减流通时间，"力求用时间去消灭空间，就是说，把商品从一个地方转移到另一个地方所花费的时间缩减到最低限度。资本越发展，从而资本借

---

① 《马克思恩格斯全集》，中文 2 版，第 44 卷，人民出版社 2001 年版，第 546—547 页。

② 《马克思恩格斯全集》，中文 2 版，第 30 卷，人民出版社 1995 年版，第 536 页。

以流通的市场，构成资本流通空间道路的市场越扩大，资本同时也就越是力求在空间上更加扩大市场，力求用时间去更多地消灭空间"①。而交通运输就是这种时间—空间辩证法的集中体现，为了缩减流通时间，资本家必然会开创和采用最先进的交通工具，用时间去消灭空间，力图把产品到达市场的时间降低到最低点，从而为资本的生产时间提供更多的余地；同时，也正是借助于交通运输，资本摧毁了原有的城乡结构，使旧的生产中心逐渐衰落，新的生产中心逐渐发展起来，实现了资本空间的重构，把一切自然空间转化为资本的社会空间，把多元并存的异质空间转化为资本的同质空间，成为资本关系的附属地。

再次，从意识形态视角来看，资产阶级全部把资本主义这种历史性的制度看作是一种永恒的自然制度，这样无形之中就把时间彻底超空间化了。为了撕碎这种意识形态的幻象，马克思自然会从时间入手，详细剖析资本的起源、发展及其最终的命运，来对抗这种绝对空间的谎言。只有从这个视角出发，我们才能理解马克思为什么花费一生的精力从事资本主义批判，才能理解为什么在当时的背景下马克思会凸显时间的优先性。

如果仅仅停留在这一层面上，我们可以看出，马克思的确注重时间的优先性，因此，当列斐伏尔、苏贾等人认为，马克思的历史唯物主义采取了"时间优先"的叙事方式时，是有一定合理性的。但当苏贾认为，马克思的历史唯物主义完全淹没了空间的理论地位时，又走向了另一种极端。通过上面的分析，我们可以看出，历史唯物主义本身蕴含着丰富

———————————
① 《马克思恩格斯全集》，中文2版，第30卷，人民出版社1995年版，第538页。

的空间思想，而苏贾恰恰忽视了这一点。更为重要的是，他完全忽略了马克思在这一问题上的视域转换，即从时间—空间的辩证法到空间—时间的辩证法的转换。关于这一问题的分析，主要体现在从必然王国到自由王国的转变上。

马克思指出："自由王国只是在必要性和外在目的规定要做的劳动终止的地方才开始；因而按照事物的本性来说，它存在于真正物质生产领域的彼岸……在这个必然王国的彼岸，作为目的本身的人类能力的发挥，真正的自由王国，就开始了。但是，这个自由王国只有建立在必然王国的基础上，才能繁荣起来。工作日的缩短是根本条件。"[①]在这里，马克思虽然也强调时间与空间的辩证法，但这里的意蕴却发生了重大变化：在剩余价值生产中，时间是决定性因素，因此，所谓的空间只是作为一种附属手段屈从于时间；而在这里，两者的地位发生了根本变化，空间不再是作为一种附属手段，而是转变为目的本身（自由王国），相反，时间则转变为实现这一目的的基础和前提。

也是在此基础之上，马克思集中阐发了自由时间对人类生存空间变革的积极意义。他指出："时间是人类发展的空间。一个人如果没有自己处置的自由时间，一生中除睡眠饮食等纯生理上必需的间断以外，都是替资本家服务，那么，他就还不如一头载重的牲畜。"[②]而在资本主义条件，工人恰恰"还不如一头载重的牲畜"，几乎没有任何自由时间可言。因此，在马克思看来，人类要想真正实现自由全面发展，就必须要

---

① 《马克思恩格斯全集》，中文2版，第46卷，人民出版社2003年版，第928—929页。

② 《马克思恩格斯选集》，2版，第2卷，人民出版社1995年版，第90页。

打破这种物化时间的统治，成为自由时间的主人，后者构成了人类自由发展的根本前提，"整个人类的发展，就其超出对人的自然存在直接需要的发展来说，无非是对这种自由时间的运用，并且整个人类发展的前提就是把这种自由时间的运用作为必要的基础"①。只有到了这时，人类才能获得真正意义上的自由，人类的科学、艺术和其他公共事业才能获得长足的发展空间。因此，从这个意义上来说，与其说《资本论》是指向时间的，还不如说是指向空间的。

通过上述分析，我们可以看出，《资本论》决不是一部单纯强调"时间"的著作，它在最终指向上恰恰是要借助于时间的运动来实现空间的变革，因此，我们决不能像苏贾那样仅凭脑袋中的记忆，将马克思的历史唯物主义打扮成用时间来阉割空间的历史决定论，这种做法不仅是非法的，而且是极其错误的。

三、历史唯物主义的空间化何以可能：一种空间的政治经济学批判

随着空间问题的升温，历史唯物主义的空间化已成为国内外学界关注的重要话题。在这一问题的研究上，存在三种典型的建构路径：一是以列斐伏尔为代表的"身体空间"转向。他通过对 20 世纪资本主义现实的研究，看到了空间生产在资本主义幸存中的重要作用②，这为他反思传统历史唯物主义提供了一个崭新的缺口。也是在此基础之上，他看到

---

① 《马克思恩格斯全集》，中文 1 版，第 47 卷，人民出版社 1979 年版，第 216 页。
② Herri Lefebvre, *The Survival of Capitalism*, London：Allison & Busby, 1978, p. 21.

了传统马克思主义叙事方式的症结所在，即用时间来压制空间。为了摆脱这种困境，他主张以空间为中轴重新诠释马克思主义哲学，由此开创了一条全新的道路，实现了历史唯物主义的"空间化转向"。他的这一理论努力是有积极意义的，我们必须要予以肯定。但是，在这一转向背后也存在着严重的问题：首先，在理论根基上，他已经完全溢出了马克思历史唯物主义的范围。在他这里，空间生产的基础已经不再是马克思意义上的"物质生产"和社会关系的生产，而是一种尼采式的"身体的生产"，"位于空间与权力的话语的真正核心处的，乃是身体，是那个不能被简化还原的和不可颠覆的身体"。① 而"空间的生产，就开端于身体的生产"②。借助于这种理论根基的转型，他将马克思主义的空间问题翻转为一种空间化的本体论，阉割了马克思空间生产的真实内涵。其次，陷入到一种空间拜物教之中。资本是资本主义空间生产的原动力，后者只不过是资本生产关系再生产的内在载体，虽然新的空间生产可以缓解资本主义社会的内在矛盾，但其在根本上是无法解决这一矛盾的。而列斐伏尔恰恰忽略了这一点，当他把空间生产放大为资本主义得以幸存的根本原因，进而将空间生产颠倒为生产关系再生产的唯一途径时，恰恰夸大了空间生产的作用，陷入到空间拜物教的窠臼之中。再次，在空间解放的问题上，深深地陷入乌托邦的幻象之中。虽然他认为相继存在着自然空间、抽象空间和差异性空间，但由于他在根基上抛弃了生产力

---

① Herri Lefebvre, *The Survival of Capitalism*, London: Allison & Busby, 1978, p. 89.

② Henri Lefebvre, *The Production of Space*, trans. by Donald Nicholson-Smith, Blackwell Ltd, 1991, p. 170.

与生产关系内在矛盾的线索，这就使得他无法为各种空间的相继发展找到科学的动力机制，而只能通过乌托邦的想象来建构一种空间的激进政治学，在现实中既看不到世界的尽头，也看不到未来的希望。

第二种是以苏贾为代表的彻底的"空间本体论"路径。列斐伏尔虽然主张空间化转向，但他并不否认历史唯物主义的理论价值，而作为他的学生的苏贾，连最后的底线也刨掉了。他认为，马克思的历史唯物主义在本质上就是一种用时间来淹没空间的历史决定论，这是马克思主义理论危机产生的根本原因。[①] 为了解决这种危机，苏贾开出了一种以"空间本体论"[②]为核心的后现代地理学，力图实现社会批判理论的空间化转向。这种建构路径一开始就是值得商榷的：首先，他完全阉割了历史唯物主义的空间思想，在倒洗澡水的时候连小孩一起倒掉了；其次，在元理论的叙事结构上，他又走向了另一种极端，即用空间维度彻底取代时间维度，建构起一种绝对本体化的空间理论，完全阉割了空间得以存在的历史基础；最后，在理论诉求上，走向了充满混乱的后现代地理学，后者既不可能实现历史唯物主义的空间化转向，也不可能实现空间理论的自我救赎。

如果说列斐伏尔和苏贾都是在马克思主义理论内部提出了空间转向问题，那么，哈维则从外部提出了这种要求。作为一名地理学家，他并没有像苏贾那样完全抛掉历史唯物主义，而是试图借助于它来寻求空间理论的突破，进而将地理学与历史唯物主义嫁接起来，建构一种大众的

---

① 参见［美］苏贾：《后现代地理学》，商务印书馆2007年版，第16页。
② 同上书，第12页。

"历史－地理唯物主义"。从这点来看，哈维的贡献还是值得肯定的：一方面，他通过对《共产党宣言》《资本论》等重要著作的解读，深层挖掘了蕴含在历史唯物主义中的空间思想[①]；另一方面，哈维并不像列斐伏尔、苏贾那样，把空间从特定的历史语境中剥离出来，建构一种本体化的空间理论，相反，他始终坚持从资本积累和阶级斗争的视角来丰盈马克思主义的空间维度，积极推进历史唯物主义的空间化建构。这一思路为我们新时期深化对这一问题的研究提供了有益借鉴。但是，如果进一步分析的话，我们可以看出，哈维的整个出发点并不是剩余价值的生产，而是"使用价值"的生产。[②] 正如胡大平教授评价的那样："哈维最重要的理论贡献，并不在于元理论，而是在长期研究中发展起来的那种对当代社会分析具有冲击力的理论质点，例如从使用价值的社会生产角度对《资本论》重构而提出的危机理论、不平衡的地理发展、时空压缩、空间定位、剥夺性积累等等。"[③]

在这里，一个新的问题也由此凸显出来，即当下我们究竟如何来推进历史唯物主义的空间化研究。我以为，在这一问题上，《资本论》仍然具有不可超越的时代价值，能够为我们积极推进对空间问题的研究提供一条可行的路径。

首先，《资本论》表明，马克思的历史唯物主义是蕴含着丰富的空间思想的，因此，我们必须要立足于理论与现实双重维度来深化对这一问

---

① 参见［美］哈维：《希望的空间》，南京大学出版社 2006 年版；*The Limits to Capital*，Basil Blackwell，1982。

② David Harvey，*The Limits to Capital*，Basil Blackwell，1982，p.5.

③ 胡大平：《马克思主义与空间问题》，《哲学动态》2011 年第 11 期。

题的研究，切不可片面地坚持传统框架，用生产方式范式来拒斥空间理论，这样就会阻碍历史唯物主义的当代发展。但另一方面，《资本论》的分析表明，空间本身绝不具有自主的发展动力，它只是社会生产方式演变的历史结果，有什么样的生产形式，就有什么样的空间形式，我们只有立足于特定的生产方式，才能从根本上理解空间生产的本性。因此，我们绝不能像列斐伏尔、苏贾那样把空间从特定的社会形态中抽离出来，建构一种本体化或绝对化的空间理论，用空间逻辑取代生产逻辑，这既是对历史唯物主义的扭曲，也是对空间问题的误读，其结果只能是对历史唯物主义的消解而不是发展。

其次，《资本论》表明，在资本主义条件下，空间绝不是一种纯粹使用价值的生产空间，也不是那种外在于人的自然空间，而是剩余价值生产和流通的领地，是统治阶级用来统治和分化工人阶级的有力武器，它在本性上已经打上了经济和政治的双重烙印。因此，我们对空间的分析，绝不能停留在纯粹的使用价值的生产上，更不能停留在抽象空间的讨论上，而应当从资本主义的社会形态出发，实现对空间问题的政治经济学批判，换言之，必须要把对空间问题的研究与当代资本批判有机结合起来，才能切实有效地推进历史唯物主义的空间化研究。

再次，《资本论》表明，马克思也追求一种空间解放，但他并不是从一种抽象的伦理批判出发的；同样，马克思也追求空间正义，但他也不是以一种空间本体论的方式追求的，而是以一种历史唯物主义的方式将其内置于历史自身矛盾发展之中予以追求的，只有将空间问题内置于历史本身的逻辑之中，才能真正实现人类的自由，这也是马克思历史唯物主义空间革命的真实意蕴所在。因此，在当下推进空间问题研究的过程中，绝不能抽象地谈论空间解放和空间正义，因为只要空间生产背后的奴役性关系没有改变，一切空间解放的欢呼都只是一种乌托邦的幻象。

第二节 《资本论》与马克思历史发展道路理论①

自《资本论》出版以来，关于马克思历史发展道路的误解和批评始终不绝于耳。具体而言，主要表现为三种范式：一是"泛资本主义道路"。俄国学者米海洛夫斯基认为，《资本论》所揭示的资本主义起源理论不仅适用于西欧，而且也适用于一切其他民族，是一种普适性的历史发展道路。二是"西欧专利论"。安德烈·贡德·弗兰克指出，在《资本论》中，马克思完全将资本主义视为西欧的专利，彻底否认了其他民族走资本主义道路的可能性，今天的事实已证明，这一观点是完全错误的。三是"线性发展观"。保罗·巴兰、吉登斯等人一致认为，《资本论》及其手稿中的历史发展道路理论，实际上是一种目的论式的线性发展观，整个历史表现为一种直线式的发展过程，每一个社会阶段既不能取消，也无法跨越，只能遵循不同的社会形态，一个接着一个地往前发展。面对这些误解和批评，我们如何回应？这要求我们必须回到《资本论》及其手稿之中，清晰厘定马克思历史发展道路理论的真实内涵，唯有如此，方能从本源上澄清这些观点的谬误之处；也唯有如此，才能真正理解中国道路的科学内涵及其世界历史意义。

---

① 衷心感谢我的学生赵立为本节初稿写作提供的资料和帮助。

一、资本主义的起源：马克思对资本主义道路的历史认知

在《大纲》的"资本主义生产以前的各种形式"中，马克思着重分析了三种前资本主义生产形式：

第一种所有制形式是亚细亚的所有制形式。由于此时马克思对于原始社会的了解还不够深入，所以在马克思的设想中，这一时期的人们首先过着游牧的生活，随后以家庭和结合为部落的家庭自然形成了共同体这一实体。共同体的成员具有血缘、习俗等方面的直接联系，共同占有和利用共同体的土地。这些土地是共同体生存、发展的基础，共同体成员在这些公有地上面开展游牧、狩猎和耕种的生产活动。单个的人作为共同体的一员完全不具有独立性，更不拥有私人土地和财产。单个的人以家庭为单位耕种分配的土地，在劳动的过程中占有土地而非拥有土地。共同体完全凌驾于单个的人之上，单个的人以一定的劳动成果来供给共同体的整体活动。共同体以成员创造、上交的财产来维系自身的自给自足。在这个过程中，共同体实现了自身的再生产和扩大再生产活动。

第二种所有制形式是古代的所有制形式，代表有古代罗马、希腊等，所以又被称为古罗马的所有制形式。马克思认为，随着历史运动的发展和对于土地需求的扩大，自然性质的共同体开始解体。在全新的生产条件下共同体的结构发生了改变，以军事方式组织起来的共同体保障了成员的生命、财产安全。成员以城市为依托组织起来，土地成为了城市的固有领土，被平均分配给共同体的成员。在这个构成国家的实体中，个人所有制是以国家这个共同体为中介的。在这个基础上，成员之

间享有自由、平等的关系，个人的能力得以在更高的程度上发展起来，但是成员依然只是共同体中的一员。这些都清楚地表明，私有制在这个所有制形式中虽然已经逐渐发展了起来，共同体财产和个人私有财产有了明显的界限，但共同体成员依然通过在自己私有土地上进行生产与再生产的活动来维系着国家共同体的存续。

第三种所有制形式被称为日耳曼的所有制形式，因为这种所有制形式在日耳曼人那里获得了典型的发展。日耳曼人立足于乡村，所以不像上面两种所有制形式中的共同体那样有一个密切的联合，公社成员只有在集会的时候才会汇合成为一个集体。公社在这个时候只是表现为一种联合，而不是表现为一种联合体；只是表现为以土地所有者作为独立主体的一种统一，而不是表现为一种统一体。共同体的成员都是自由的土地所有者，每个家庭都是一个完整的经济整体，与古罗马的所有制形式不同，个人所有制不再以共同体为中介，而是相反，共同体必须以个人所有制为其存在的基础和前提。虽然依然存在不同于私有土地的公有土地，比如林地、草地等生产用地，但是成员总是以个人所有者的身份来使用这些共同财产，后者只不过是个人成员私有财产的公共附属物而已。

通过对这三种前资本主义所有制形式的梳理，马克思明确指出：在亚细亚的所有制形式中，共同体是至高无上的实体，成员只是共同体中的一员，在共同体中集体劳作；在古罗马的所有制形式中，共同体的统治地位虽然有所下降，但它依然是成员进行各种活动的前提；在日耳曼的所有制形式中，共同体只不过是成员之间活动的平台，而不再是凌驾于成员之上的实体，成员间的个人所有是共同体得以存在的基础和前提。由此马克思得出结论：资本主义生产方式既不能从亚细亚式的所有制形式中产生，也不能在古罗马式的所有制形式中产生，而只能够在日耳曼式的所有制形式中产生。这一结论在后来的《资本论》第一卷（特别是法文版）中得到了进一步阐发。

在《资本论》第一卷第二十五章"现代殖民理论"中，马克思开门见山地说道："政治经济学在原则上把两种极不相同的私有制混同起来了。其中一种以生产者自己的劳动为基础。另一种以剥削他人的劳动为基础。它忘记了，后者不仅与前者直接对立，而且只是在前者的坟墓上成长起来的。"①马克思在此明确区分出了两种私有制：一种是以个人劳动成果为基础的私有制；一种是以占有为基础的私有制。以个人劳动成果为基础的私有制恰恰是在日耳曼式的所有制形式中得到了充分发展。资本主义生产方式则是以占有、剥削他人的劳动成果为标志的私有制，它是在前者的坟墓上成长起来的：资本家使用暴力手段清除了日耳曼式的生产方式和占有方式，从而完成了资本主义生产方式的"原始积累"，这是一个充满"血与火"的历史性过程。

马克思在《资本论》第一卷第二十四章中详细地介绍了"原始积累"的概念，从中我们可以窥探资本主义生产方式起源的秘密。首先，马克思引入了"原始积累"概念来解释资本主义生产方式的产生。"资本积累以剩余价值为前提，剩余价值以资本主义生产为前提，而资本主义生产又以商品生产者握有较大量的资本和劳动力为前提。因此，这整个运动好像是在一个恶性循环中兜圈子，要脱出这个循环，就只有假定在资本主

---

① 马克思：《资本论》第1卷，人民出版社2004年版，第876页。

义积累之前有一种'原始'积累，这种积累不是资本主义生产方式的结果，而是它的起点。"①接下来的问题是"原始积累"是如何快速成长起来的。马克思通过对历史材料的分析与考察，勾勒出了真实历史环境中资本主义"血与火"的生成史。资产阶级通过"掠夺教会地产，欺骗性地出让国有土地，盗窃公有地，用剥夺方法、用残暴的恐怖手段把封建财产和克兰财产转化为现代私有财产——这就是原始积累的各种田园诗式的方法"②。马克思的描述撕开了政治经济学家掩盖在资本主义生成史上的温情面纱，告诉人们资本一旦产生，就充斥着各种罪恶行径与残酷剥夺。正是通过这样的方式，资本家获得了对土地的占有权，被从土地上驱逐出去的农民失去了全部的生产生活资料，被迫投入到资本家的怀抱之中。这一过程从 15 世纪最后 30 多年和 16 世纪最初的几十年开始，经历了"圈地运动"、"宗教改革"和"光荣革命"等划时代的历史事件，最终确立了资本主义生产方式在西欧的统治地位。

在此基础上，马克思总结说："资本的原始积累，即资本的起源，究竟是指什么呢？既然它不是奴隶和农奴直接转化为雇佣工人，因而不是单纯的形式变换，那么它就只是意味着直接生产者的被剥夺，即以自己劳动为基础的私有制的解体。"③这表明，经过"原始积累"发展起来的资本主义生产方式是在日耳曼式的所有制形式的基础上产生出来的。"原始积累"使处于封建制度下的生产者获得了"人身解放"，不过，这种"解放"的后果，却是他们被剥夺得一无所有，只剩下了自身的劳动力。

---

① 马克思：《资本论》第 1 卷，人民出版社 2004 年版，第 820 页。
② 同上书，第 842 页。
③ 同上书，第 872 页。

没有任何准备，无产阶级就从"天堂"落入"地狱"，从"黄金时代"陷入"黑铁时代"。

通过考察，马克思进一步证明了《大纲》的结论：资本主义生产方式只能从日耳曼式的所有制形式中产生。但随后他对这一结论进行了更为科学的界定。在《资本论》法文版以及《给维·伊·查苏利奇的复信》中，他明确指出："在分析资本主义生产的起源时，我说过，它实质上是'生产者和生产资料彻底分离'（《资本论》法文版第 315 页第 1 栏），并且说过，'全部过程的基础是对农民的剥夺。这种剥夺只是在英国才彻底完成了……但是，西欧的其他一切国家都正在经历着同样的运动'（同上，第 2 栏）。可见，我明确地把这一运动的'历史必然性'限于西欧各国。"①这清楚地表明，马克思关于资本主义起源的分析是有明确限定的：从日耳曼式的所有制形式中产生的资本主义，仅仅局限于西欧各国。他从来没有把《资本论》中的资本主义起源模式，放大为一切民族必须经过的历史道路，更没有把这种特殊模式即西欧道路，夸大为资本主义发展的一般道路。因此，当米海洛夫斯基把《资本论》关于资本主义起源的分析，诠释为适用于一切民族的历史哲学时，恰恰扭曲了马克思历史道路理论的真实内涵。针对这一点，马克思在《给〈祖国纪事〉杂志编辑部的信》中做出了尖锐批判："他（米海洛夫斯基——引者注）一定要把我关于西欧资本主义起源的历史概述彻底变成一般发展道路的历史哲学理论，一切民族，不管它们所处的历史环境如何，都注定要走这条道路……但是我

---

① 《马克思恩格斯选集》，2 版，第 3 卷，人民出版社 1995 年版，第 761 页。也可参见马克思：《资本论》第 1 卷法文版，中国社会科学出版社 1983 年版，第 769—770 页。

要请他原谅。他这样做，会给我过多的荣誉，同时也会给我过多的侮辱。"①

与米海洛夫斯基相反，安德烈·贡德·弗兰克提出了另一种独特的解读思路。在《白银资本——重视经济全球化的东方》中，他指出："马克思认为，亚洲比欧洲更为倒退，欧洲自身的'封建主义'至少内生了'转为资本主义'的种子。作为对照，'亚细亚生产方式'依然还在等待着'转型'的欧洲将它拉出社会发展停滞的境地。"②弗兰克认为，马克思之所以作出这一判断，根本原因在于，他认为资本主义只能产生于西欧，而其他地方则无法产生资本主义，由此指责马克思将资本主义视为欧洲的特权。通过这种变型，弗兰克实际上也就把《资本论》关于资本主义起源道路的分析，错误地诠释为马克思关于资本主义起源的全部认识了。那么，《资本论》关于资本主义起源道路的分析，能否代表马克思关于资本主义的一般认识呢？或者说，西欧模式是资本主义起源的唯一模式吗？答案是否定的。在《哲学的贫困》中，马克思明确指出，在苏里南、巴西和北美南部，直接奴隶制构成了"资产阶级工业的基础"③，这与西欧模式存在本质差别。此外，19世纪70年代以后，通过对俄国社会的具体研究，马克思明确意识到，俄国资本主义的起源道路恰恰是通过对农民土地的"赎买"实现的，而不是西欧式的原始积累。

这清楚地表明：第一，《资本论》所揭示的"西欧模式"实际上只是资

---

① 《马克思恩格斯选集》，2版，第3卷，人民出版社1995年版，第341—342页。

② Andre Gunder Frank, *Reorient·Global Economy in the Asian Age*, Berkeley and Los Angeles: University of California Press, 1998, p. 15.

③ 《马克思恩格斯选集》，2版，第1卷，人民出版社1995年版，第143页。

本主义起源的一种特殊模式，决不能用它来套用其他民族国家的资本主义模式，更不能将其夸大为资本主义起源的一般模式（米海洛夫斯基）。第二，《资本论》关于资本主义起源的分析的确局限于西欧，但我们决不能像弗兰克那样，将这一判断扭曲为西欧是资本主义的唯一发源地，进而指责马克思将资本主义视为西欧的专利，这显然是错误的。在他看来，资本主义不仅可以产生于西欧，而且也可以在其他民族国家中生根发芽。就此而言，资本主义决不是西欧的专利。第三，实际上，米海洛夫斯基和弗兰克共同构成了一枚硬币的两面：前者是用西欧道路套用其他民族国家的理解模式，是一种典型的欧洲中心主义；而后者则与前者相对，是反欧洲中心主义的欧洲中心论。而马克思的历史发展道路理论，显然是对这两种欧洲中心主义的共同拒斥。在马克思看来，由于各国的具体国情不同，它们在资本主义发展道路上也不尽相同，资本主义的起源模式不是唯一的，而是存在多种可能。

二、马克思对落后国家发展道路的认识转变

在几十年的理论生涯里，马克思关于落后国家发展道路的思考，是一个持续不断的过程。具体而言，以《人类学笔记》和《历史学笔记》为界，我们可以将马克思关于这一论题的思考划分为两大阶段：

一是 19 世纪 40—70 年代，这是马克思落后国家发展理论的积淀期。马克思的世界历史理论首先形成于《德意志意识形态》。他指出，随着人类世代积累下来的生产力的进步，人类文明之间相互接触的可能性就大大增加了，各个民族国家原有的封闭状态，被发展起来的生产方式和随之而来的民族交往所打破，人类历史从此走向真正的世界历史。但

不论是在《德意志意识形态》还是《共产党宣言》中，马克思所认识到的波澜壮阔的世界历史，都只不过是资本在全球范围内的单向度的扩张过程。以资本为主导的世界体系的建立，一举将旧时代遗留下来的"僵化的关系"和"素被尊崇的观念"消解殆尽，将一切落后国家卷入到全球化的浪潮之中，充当资本主义发展的垫脚石。"正像它使农村从属于城市一样，它使未开化和半开化的国家从属于文明的国家，使农民的民族从属于资产阶级的民族，使东方从属于西方。"①在此基础上，马克思指出，作为世界历史的开创者和推动者，西欧资本主义必然迫使落后国家——如果不想灭亡的话——被动地接受资产阶级的生产方式，并按照它的要求和面貌来融入这个"新世界"。

这一观点在他于 19 世纪 50 年代以来写的一系列政论性评论中得到了进一步的展开，尤其表现在他对中国和印度社会的认识上。他指出，印度社会自远古以来就产生了一种特殊的社会制度即村社制度，它"始终是东方专制制度的牢固基础……使人的头脑局限在极小的范围内，成为迷信的驯服工具，成为传统规则的奴隶，表现不出任何伟大的作为和历史首创精神"②。直到 19 世纪初为止，都没有在社会层面产生变革。这种制度虽然看起来温和无害，实际上却严重束缚了东方社会的前进，是导致东方社会停滞不前、从属于西方社会的罪魁祸首。"这样一个国家，这样一个社会，难道不是注定要做征服者的战利品吗？"③因此，虽然英国的殖民活动是血腥的、残暴的，但它却具有重要的历史进步意

---

① 《马克思恩格斯选集》，2 版，第 1 卷，人民出版社 1995 年版，第 277 页。
② 同上书，第 765 页。
③ 同上书，第 767 页。

义，它成功地"在亚洲造成了一场前所未闻的最大的、老实说也是唯一的一次**社会**革命"①。"如果亚洲的社会状态没有一个根本的革命，人类能不能实现自己的命运？如果不能，那么，英国不管干了多少罪行，它造成这个革命毕竟是充当了历史的不自觉的工具。"②通过英国的殖民侵略，印度旧式的生产方式被彻底打碎。在殖民扩张时代，这种"阵痛"虽然值得同情，但对落后国家而言，却是它们为实现自己的进步和发展必须付出的代价。

关于马克思的这一判断，存在一种普遍的观点，即认为此时马克思是完全站在西方立场上来看待东方社会发展的，是一种典型的欧洲中心主义。③ 他们的论据大致包括以下几个方面：（1）他们认为，马克思像黑格尔一样宣扬西方资本主义文明优越论，将其他落后国家看成是"半开化的国家"或"野蛮民族"。④（2）鼓吹"东方社会停滞论"，认为东方国家从自己的内部长不出先进的生产力，英国的侵略虽然在道义上值得谴责，但在客观上却给这些落后国家输入了先进生产力。这一观点明显带有为英国殖民侵略辩护的嫌疑。（3）马克思认为，如果一切落后国家或民族不想灭亡的话，就必须沿着资本的面貌重新创造一个新世界，走西方资本主义式的发展道路。这些指责看似合理，实际上却包含着对马克思的诸多曲解。在此，我们一一展开剖析。

① 《马克思恩格斯选集》，2版，第1卷，人民出版社1995年版，第765页。

② 同上书，第766页。

③ 参见[美]保罗·巴兰：《增长的政治经济学》，蔡中兴等译，商务印书馆2000年版，第228页。

④ 参见《马克思恩格斯选集》，2版，第1卷，人民出版社1995年版，第276、277页。

　　首先，马克思是西方文明优越论和文明冲突论的鼓吹者吗？或者说，马克思是在何种意义上承认西方文明的进步意义的？要理解这一问题，必须搞清楚历史评价与道德评价之间的内在关系。历史唯物主义主张从历史进程出发，客观公正地评价历史事件的意义和作用，反对抛开历史进程，单纯基于道德维度进行所谓的批判或颂扬，道德评价只有以历史评价为基础，才是合理的。此时马克思关于东方国家和西方文明的认知本身就是建立在客观的历史评价之上的：他既没有一味地否定东方文明的积极意义，也没有一味地从道德维度谴责资本主义的罪行，而是从历史评价和道德评价相统一的角度，客观公正地分析了**它们在世界历史形成过程中的地位和作用**。在马克思看来，资本的原始积累和殖民扩张虽然充满了暴力和血腥，但它开创了一个崭新的时代：它所创造的生产力比过去所有时代创造的全部生产力还要多还要大；它开拓了世界市场，打破了过去自给自足和闭关自守的状态，实现了从地域性到世界历史的转变，"只有资本才创造出资产阶级社会，并创造出社会成员对自然界和社会联系本身的普遍占有。由此产生了资本的伟大的文明作用；它创造了这样一个社会阶段，与这个社会阶段相比，一切以前的社会阶段都只表现为人类的地方性发展和对自然的崇拜"①。

　　那么，马克思是如何看待西方文明与东方文明之间的冲突的？或者说，马克思与亨廷顿一样是文明冲突论的鼓吹者吗？答案是否定的。在马克思看来，东西文明冲突的根源并不在于文明本身，而是由西方文明赖以存在的基础即资本的本性决定的：资本为了开拓世界市场，必然会

---

　　①　《马克思恩格斯全集》，中文2版，第30卷，人民出版社1995年版，第390页。

以国家暴力为后盾进行殖民扩张，从而导致东西文明之间的较量和冲突。由于资本开创的先进生产力，使其在东方古老文明面前，具有先天优势，能够破坏或摧毁东方文明的社会基础。"不列颠的蒸汽机和科学在印度斯坦全境彻底摧毁了农业和制造业的结合"①，"不列颠人是第一批文明程度高于印度因而不受印度文明影响的征服者。他们破坏了本地的公社，摧毁了本地的工业，夷平了本地社会中伟大和崇高的一切，从而毁灭了印度的文明"②，使其"同它的一切古老传统，同它过去的全部历史，断绝了联系"③，导致印度文明的断流。同样，面对英国的侵略，以清政府为代表的封建王朝注定是要失败的，"一个人口几乎占人类三分之一的大帝国，不顾时势，安于现状，人为地隔绝于世并因此竭力以天朝尽善尽美的幻想自欺。这样一个帝国注定最后要在一场殊死的决斗中被打垮"④。这是两种不同的生产力、生产方式、社会形态，以及以它们为基础的两种不同的文明形态之间的较量，资本通过对外扩张和殖民侵略，确立了它的世界霸权，开启了东方从属于西方的世界格局。因此，马克思的上述断言，并不是基于欧洲立场虚构出来的一种假象，而是世界历史的客观进程彰显出来的事实，这与黑格尔基于欧洲立场，将人类文明的演进过程理解为从中国、印度、阿拉伯文明到希腊、古罗马文明再到日耳曼文明的线性发展过程存在天壤之别。⑤ 更为重要的是，

---

① 《马克思恩格斯选集》，2版，第1卷，人民出版社1995年版，第764页。
② 同上书，第768页。
③ 同上书，第762页。
④ 同上书，第716页。
⑤ 参见[德]黑格尔：《历史哲学》，王造时译，上海世纪出版集团2006年版。

黑格尔将日耳曼式的西方文明理解为人类文明的最后形态，将资本主义制度理解为人类社会的最终制度，这才是一种典型的欧洲中心主义，或者说，是"历史终结论"在近代哲学上的终极体现。而马克思虽然肯定了资本主义文明的历史进步意义，但他并没有像黑格尔那样将其视为人类历史的最终形态，而是认为资本主义包含着不可避免的矛盾和悖论，不可能是人类社会的终结形态，随着资本主义内在矛盾和世界历史的进一步发展，这种社会形态必将被一种更高级的文明形态所超越。这也是他毕生从事资本主义批判、不断探索资本主义向何处去的重要原因。从这个角度而言，那种不分青红皂白、一股脑地将马克思装扮成为西方文明优越论的代言人的做法，是完全错误的：马克思对西方文明的肯定，只是他站在世界历史进程之中对西方文明进行辩证分析的一个方面，在这种肯定的背后蕴含的是一种历史的批判和超越，因此，决不能将这种辩证肯定说成是鼓吹西方文明优越论，与其说马克思是西方文明的鼓吹者，倒不如说他是西方资本主义文明的坚定批判者。

其次，马克思在何种意义上谈论东方社会的"停滞"？他是如何看待英国对东方国家的殖民侵略的？或者说，马克思是英国殖民侵略的辩护者吗？马克思指出，东方亚细亚生产方式的主要特征是，共同体完全凌驾于个体之上，个人根本不具有自主性，而个人的财产直接表现为共同体的财产；另一方面，就公社而言，每个公社都处于自给自足的孤立状态。这种生产方式"始终是东方专制制度的牢固基础"①，"这些自给自足的公社不断地按照同一形式把自己再生产出来，当它们偶然遭到破坏

_____

① 参见《马克思恩格斯选集》，2版，第1卷，人民出版社1995年版，第765页。

时，会在同一地点以同一名称再建立起来，这种公社的简单的生产有机体，为揭示下面这个秘密提供了一把钥匙：亚洲各国不断瓦解、不断重建和经常改朝换代，与此截然相反，亚洲的社会却没有变化。这种社会的基本经济要素的结构，不为政治领域中的风暴所触动"①。譬如，"从遥远的古代直到 19 世纪最初 10 年，无论印度过去在政治上变化多么大，它的社会状况却始终没有改变"②，这是"它过去处于停滞状态的主要原因"③。再比如，中国经历了两千多年的封建制度，王朝更迭虽频繁，但构成王朝统治基础的生产方式和所有制形式却没有改变。以此来看，马克思所说的东方社会"停滞"，并不是就政治、文化等领域而言的，而是从"社会的基本经济要素的结构"来说的。同样，当马克思说英国殖民侵略"在亚洲造成了一场前所未闻的最大的、老实说也是唯一的一次**社会**革命"④时，他的意思是说英国殖民侵略从根本上破坏或摧毁了东方社会这种不变的经济基础，从而在社会层面引发了一场前所未有的社会变革。

那么，这是否意味着马克思在有意为英国殖民侵略辩护呢？答案是否定的。他指出："我们不要像道貌岸然的英国报刊那样从道德方面指责中国人的可怕暴行，最好承认这是保卫社稷和家园的战争，这是保存中华民族的人民战争。虽然你可以说，这场战争充满这个民族的目空一

---

① 《马克思恩格斯全集》，中文 2 版，第 44 卷，人民出版社 2001 年版，第 414—415 页。

② 《马克思恩格斯选集》，2 版，第 1 卷，人民出版社 1995 年版，第 763 页。

③ 同上书，第 769 页。

④ 同上书，第 765 页。

切的偏见、愚蠢的行动、饱学的愚昧和迂腐的野蛮,但它终究是人民战争。"①但是,马克思清楚地意识到,面对这场侵略斗争,一味地从道德立场谴责英国的暴行是远远不够的;更为重要的是,要从历史唯物主义出发,客观分析英国的侵略给东方国家可能带来的后果及其发展趋势。他指出:"英国在印度要完成双重的使命:一个是破坏的使命,即消灭旧的亚洲式的社会;另一个是重建的使命,即在亚洲为西方式的社会奠定物质基础。"②对于前一个使命,我们很容易理解,即破坏或摧毁东方社会的经济基础,英国侵略确实完成了这一任务;对于第二个使命,国内外学界存在种种质疑声,认为马克思的这一论断似乎是说东方社会不可能自动长出先进生产力,只有通过英国殖民侵略,才能为这些落后国家输入先进的生产力,因而纷纷谴责马克思在为英国殖民侵略辩护,是一位不可饶恕的欧洲中心主义者。那么,如何看待这一观点呢?

在这里,我们必须注意一点,即此时马克思作出这一论断的参照系:他是从**世界历史的形成过程**出发,来分析西方资本主义与东方落后国家、英国侵略与东方社会的关系的。19世纪四五十年代,资本主义正处于全球扩张和上升时期,在两种不同的生产力和社会形态的对抗中,东方封建社会所固有的经济基础,在某种程度上,已渐渐丧失了它们的进步性和"历史首创精神":它们既不可能自动地长出西方式的先进生产力,也不会自发地实现社会形态的根本变革,因而在与英国的殊死决斗中,注定是要被打垮的。就此而言,此时马克思所说的东方社会不

---

① 《马克思恩格斯选集》,2版,第1卷,人民出版社1995年版,第710页。
② 同上书,第768页。

能自发地长出先进生产力，是指东方封建社会不能自发地长出资本主义式的生产力。这一断言是有其特定内涵的，是马克思在具体语境中所作的具体分析，决不能将其无原则地扭曲为：东方社会，不论其社会形态如何，不论其发展程度如何，在任何时候都无法长出先进的生产力，这才是典型的欧洲中心主义。那么，英国的殖民侵略能否给东方国家直接输入先进的生产力呢？能否直接有利于东方国家的人民解放呢？答案都是否定的。马克思以印度为例，明确地指出这一点："英国资产阶级将被迫在印度实行的一切，既不会使人民群众得到解放，也不会根本改善他们的社会状况，因为这两者不仅仅决定于生产力的发展，而且还决定于生产力是否归人民所有。"[1]在殖民侵略的初始阶段，这种生产力一定会牢牢掌控在帝国主义和官僚资产阶级手中，成为它们剥夺农民和无产阶级的重要手段，根本不可能转化为后者解放的有力武器。

那么，英国侵略在何种意义上有利于东方社会的重建呢？第一，会破坏或摧毁旧社会的经济基础，加速旧社会的瓦解，为未来社会革命和人民重新占有生产力创造物质前提；第二，会进一步加重农民的负担，激发农民的革命性；第三，会加速东方国家民族资产阶级和无产阶级的形成；最后，为工人阶级和农民的内在联盟，提供重要的社会基础；等等。那么，究竟什么时候，东方国家的人民才能收获胜利的果实呢？马克思给出了答案：当西方无产阶级革命与东方社会革命相互补充时，或无产阶级最终支配资产阶级创造的社会成果时，才有可能，"只有在伟大的社会革命支配了资产阶级时代的成果，支配了世界市场和现代生产

---

[1] 《马克思恩格斯选集》，2版，第1卷，人民出版社1995年版，第771页。

力，并且使这一切都服从于最先进的民族的共同监督的时候，人类的进步才会不再像可怕的异教神怪那样，只有用被杀害者的头颅做酒杯才能喝下甜美的酒浆"①。因此，"在大不列颠本国现在的统治阶级还没有被工业无产阶级取代以前，或者在印度人自己还没有强大到能够完全摆脱英国的枷锁以前，印度人是不会收获到不列颠资产阶级在他们中间播下的新的社会因素所结的果实的。但是，无论如何我们都可以满怀信心地期待，在比较遥远的未来，这个巨大而诱人的国家将得到重建"②。对于中国的未来发展，马克思则预言道："过不了多少年，我们就会亲眼看到世界上最古老的帝国的垂死挣扎，看到整个亚洲新纪元的曙光。"③以此来看，此时马克思决不是要为英国侵略歌功颂德，而是要客观分析英国侵略给东方国家带来的可能后果及其未来的发展趋势。不可否认，中国后来的革命及发展历程证明了马克思预言的正确性。

再次，马克思真的认为一切落后国家都必须走西方资本主义的发展道路吗？在《共产党宣言》中，马克思恩格斯指出："资产阶级，由于一切生产工具的迅速改进，由于交通的极其便利，把一切民族甚至最野蛮的民族都卷到文明中来了。……它迫使一切民族——如果它们不想灭亡的话——采用资产阶级的生产方式；它迫使它们在自己那里推行所谓的文明，即变成资产者。一句话，它按照自己的面貌为自己创造出一个世界。"④此时马克思恩格斯想表达的意思是，资本必然把那些落后国家卷

---

① 《马克思恩格斯选集》，2 版，第 1 卷，人民出版社 1995 年版，第 773 页。
② 同上书，第 771—772 页。
③ 同上书，第 712 页。
④ 同上书，第 276 页。

入到世界历史的进程之中，将那些异质于资本的空间，转化为资本的同质空间，并按照资本的面貌为自己开创出一个新世界，使那些落后国家服从于资本的统治，这是资本的全球扩张和空间拓展的必然要求。在这里，马克思恩格斯只是从世界历史和全球化的角度论证落后国家被迫卷入这一过程的必然性，并不是说一切落后国家都必然会主动选择西方资本主义道路，更没有将资本主义视为任何落后国家都必须经过的一个历史阶段。一个国家究竟走什么道路、能否走得通，完全是由这个国家的具体国情决定的。即使到了后期，马克思的这一观点依然没有改变，甚至以更加明确的方式表达了出来。在《给维·伊·查苏利奇的信》和《给〈祖国纪事〉杂志编辑部的信》中，他指出，谁要是把他关于西欧资本主义的起源道路，看成是任何一个民族国家都必须经历的发展阶段，那就是对他的巨大侮辱。①

综上所述，可以看出，在这一阶段，马克思关于世界历史的分析，更多的是立足于西方资本主义国家，着重分析资本在全球的拓展，而落后国家并没有构成此时马克思关注的主线。② 但不可否认，此时马克思从历史唯物主义出发，结合资本全球化和世界历史进程，对西方资本主义与东方国家之间的关系，作出了较为客观的辩证分析。那种指责马克思是西方文明优越论的鼓吹者、英国殖民侵略的辩护者和欧洲中心主义者的看法，是完全错误的。

---

① 参见《马克思恩格斯选集》，2 版，第 3 卷，人民出版社 1995 年版，第 341—342 页。

② 参见叶险明：《马克思超越"西方中心论"的历史和逻辑》，《中国社会科学》2014 年第 1 期。

二是从 19 世纪 70 年代中期到 1883 年，这是马克思落后国家发展理论的成熟和深化期。19 世纪 70 年代后期，马克思在深入剖析资本主义内在矛盾的基础上，进一步深化了前期的认识，并从**世界历史的未来发展趋势**出发，重新分析了落后国家在世界历史中的地位、作用和发展途径，这主要体现在《人类学笔记》和《历史学笔记》中。[①]

之前马克思认为，以自给自足为基础的农村公社，是东方社会体制僵化、发展停滞的罪魁祸首。后者要想发展，就必需一场"毁灭性的革命"，来彻底打碎旧社会的基础。然而，随着他对俄国农村公社的深入了解，他对这一判断产生了怀疑。作为资本主义的一种特殊模式，西欧道路实质上代表了从以个人劳动为基础的私有制向以剥削他人劳动为基础的私有制的一种转型。而俄国并没有像西欧那样，通过血腥的原始积累走上资本主义道路，而是以"赎买"土地的方式，完成了资本主义的准备工作。这种起源模式上的差异，就为马克思重新思考俄国农村公社的未来提供了可能空间。面对俄国资本主义的发展，作为"在全国范围内把'农业公社'保存到今天的欧洲唯一的国家"[②]，是否要重蹈西欧国家的覆辙，就是马克思不得不面对的一个问题。

第一，落后国家是否具有发展的内在潜力呢？此时马克思改变了前期的"停滞论"，在他看来，作为从原始公社发展起来的社会形态，俄国农村公社具有天然的生命力：首先，即使经历了中世纪以来的种种波折，农村公社依然分布在各个地方，而俄国农村公社更是在全国范围内

---

① 参见姚顺良：《马克思晚年东方社会发展道路新思想的实质》，《江海学刊》2012 年第 3 期。

② 《马克思恩格斯选集》，2 版，第 3 卷，人民出版社 1995 年版，第 765 页。

存留了下来。其次，农村公社的优越性也清晰地体现在它的公社特征上。虽然原始公社已逐渐在历史的发展中被淘汰，但作为这一形态的最后阶段，农村公社依然凭借自身发展出来的新特征保留到现在，避免了消亡的命运。它不再像早期原始公社那样只依靠血缘关系联结起来，扩大了的社会关系使农村公社的存在基础更为稳固。在农村公社中，原来作为公有的房屋，现在成了农民的私有财产，包括房屋的附属园地；虽然土地依然是公社的公有财产，但不再进行集体生产，而是定期在社员之间分配土地，生产成果归社员所有。这些新特征赋予了农村公社强大的生命力，"一方面，公有制以及公有制所造成的各种社会联系，使公社基础稳固，同时，房屋的私有、耕地的小块耕种和产品的私人占有又使那种与较原始的公社条件不相容的个性获得发展"①。那么，既然农村公社具有如此生命力，那它为什么会走向衰落呢？对此，马克思的回答是，农村公社走向衰落并不是自然原因，而是由统治阶级的残酷剥削导致的：统治阶层为了获得更大利益，通过土地赎买的方式，走上了资本主义道路，这才是农村公社逐渐走向衰落的根本原因。

第二，在俄国资本主义的浪潮中，农村公社将走向何方呢？针对这一问题，马克思给出了辩证解答。他指出，与其他形式相比，俄国农村公社具有得天独厚的优势：俄国土地先天适合大规模的机器作业；土地公有制使得土地集中得以可能；农民也在历史中养成了集体劳作的习惯；等等。但只有这种内生优势，还不足以抗衡俄国资本主义的发展浪潮，如果这种优势无法得到外部条件的支撑，它的唯一结局就是被资本

---

① 《马克思恩格斯选集》，2版，第3卷，人民出版社1995年版，第764页。

主义所吞并。"如果俄国继续走它在 1861 年所开始走的道路，那它将会失去当时历史所能提供给一个民族的最好的机会，而遭受资本主义制度所带来的一切灾难性的波折。"①反之，"假如俄国革命将成为西方无产阶级革命的信号而双方互相补充的话，那么现今的俄国土地公有制便能成为共产主义发展的起点"②。换言之，只要客观条件具备，俄国农村公社将有可能直接跨越"卡夫丁峡谷"，成为未来社会的新起点。虽然后一观点是一种条件断言，但它至少反映了此时马克思对落后国家发展道路认识的变化：只要条件具备，落后国家完全可以借助自身所处的社会环境，依靠"后发优势"实现对资本主义的超越，而不必走上资本主义的"老路"。

最后，此时落后国家在世界历史中将发挥什么作用呢？还是被动接受吗？在这一问题上，马克思也改变了前期的视角和看法：在前期，马克思主要从世界历史的形成视角出发，分析了资本主义与落后国家在其中的各自作用和地位，从而提出了所谓的"从属论"和"依附论"；而此时，马克思则是从世界历史的未来发展趋势，来理解资本主义与落后国家之间关系的。马克思始终坚信，西欧资本主义虽然开辟了世界历史，但它却不是世界历史的最终完成者：资本主义由于自身不可克服的内在矛盾，终将被社会主义和共产主义所取代；而资产阶级也必将被无产阶级所取代。到了 19 世纪 70 年代中后期，资本主义的内在矛盾已充分暴露了出来，资产阶级已成为世界历史的反动力量。在此背景下，马克思

---

① 《马克思恩格斯选集》，2 版，第 3 卷，人民出版社 1995 年版，第 340 页。

② 《马克思恩格斯选集》，2 版，第 1 卷，人民出版社 1995 年版，第 251 页。

认为，无产阶级革命已成为世界历史的发展潮流，世界历史的真正主体已从资产阶级转移到无产阶级身上；而在发达资本主义国家无产阶级革命的感召下，落后国家的无产阶级和农民也必将承担起时代赋予他们的神圣使命，与西方无产阶级交相呼应，成为世界历史发展的中心力量。届时，落后国家将不再是世界历史的被动参与者，而将成为世界历史的真正主导者和最终完成者。

基于上述分析，可以看出，马克思在落后国家发展道路问题上存在一个重要转变。只有将这两个阶段结合起来，才能真正理解马克思落后国家发展道路理论的精神实质，有效回应西方学者对马克思历史道路理论的批判和扭曲。

三、马克思社会形态理论的再认识

厘清了资本主义起源和落后国家发展道路理论，有助于我们更准确地理解马克思社会形态理论的科学内涵。

"形态"本来是地质学上的名词，是用来说明在不同时代形成的地质情况的不同特征，马克思借用这一概念来表达人类社会经历的不同阶段。他关于人类社会发展阶段的认识，大致起源于《黑格尔法哲学批判》。在这一文本中，他做了一个粗浅的历史分期。到了《德意志意识形态》，马克思恩格斯从分工出发，将人类社会划分为五种所有形式：部落所有制、古典古代的公社所有制和国家所有制、封建的或等级的所有制、资产阶级所有制与共产主义所有制。随后在《雇佣劳动和资本》中，他又从生产关系入手，将古典古代社会、封建社会和资产阶级社会，界划为人类历史发展的不同阶段。在《大纲》中，除了提出"三大社会形态"

之外，还通过对前资本主义生产方式的考察，逐渐明晰了人类社会历史发展的线索，回溯了前资本主义的社会形态，并说明了未来社会的发展走向。在这些研究的基础上，马克思最终在 1859 年出版的《〈政治经济学批判。第一分册〉序言》中提出了四种"经济的社会形态"理论："大体说来，亚细亚的、古代的、封建的和现代资产阶级的生产方式可以看作是经济的社会形态演进的几个时代。"①那么，何谓经济的社会形态呢？马克思指出，经济的社会形态的发展是不以人的意志为转移的客观过程，"我的观点是把经济的社会形态的发展理解为一种自然史的过程"②。作为经济的社会形态，即使揭示了它的运动规律，人们也无法逃脱这些规律的限制，更不可能取消这些规律，他们所能做的只是"缩减和减轻分娩的痛苦"。

然而，自这一理论产生以来，就遭到了西方学者的强烈批判。巴兰认为，马克思的社会形态理论实际上是一种欧洲中心主义的线性发展观。吉登斯也认为，马克思"虽然在其晚年著作中修正了一些关于社会发展理论的观点——尤其值得注意的是引入了'亚细亚生产方式'这一概念。但是马克思对于在《德意志意识形态》中得出的社会演变理论终身都不曾放弃"③。在他那里，人类社会发展表现为亚细亚生产方式－部落社会－古代公社－封建主义－资本主义－社会主义这样一种"演化图景"，是一种典型的线性发展逻辑。莱尔因也指出，在马克思这里，"历

---

① 《马克思恩格斯选集》，2 版，第 2 卷，人民出版社 1995 年版，第 33 页。

② 《马克思恩格斯全集》，中文 2 版，第 44 卷，人民出版社 2001 年版，第 10 页。

③ Anthony Giddens, *A Contemporary Critique of Historical Materialism*, Berkeley and Los Angeles：University of California Press，1981，p. 69.

史表现为一种直线发展的普遍的过程:各个社会经济阶段以其自然必然性一个接一个地向前发展,最后必然导致共产主义社会"①。那么,如何回应这些指责呢?马克思的社会形态理论真的是一种目的论式的线性发展观吗?答案当然是否定的。

首先,马克思的社会形态理论只是对人类所经历的几种社会形态的科学抽象,决不能将其教条化为一种普遍的社会发展模式,更不能将其庸俗化为每个民族国家都必须一一经历的具体发展道路。在《给〈祖国纪事〉杂志编辑部的信》中,马克思就曾以古罗马的情况为例,作出了系统说明。他指出,古罗马曾经发生过生产资料和生存资料相分离的运动,产生了"除了劳动力以外,其他一无所有的自由人"和"占有全部财富的人",这一情况和西欧相类似,但古罗马并没有走上资本主义道路,而是走向了奴隶制。"因此,极为相似的事变发生在不同的历史环境中就引起了完全不同的结果。如果把这些演变中的每一个都分别加以研究,然后再把它们加以比较,我们就会很容易地找到理解这种现象的钥匙;但是,使用一般历史哲学理论这一把万能钥匙,那是永远达不到这种目的的,这种历史哲学理论的最大长处就在于它是超历史的。"②任何民族国家的具体发展道路,都要取决于本民族国家的具体情况,由于它们具体国情的差异,决定了它们在世界历史进程中所呈现出来的面貌也有所不同,从而表现为历史发展道路的多样性。而人类社会发展作为一个整体进程,是由生产力生产关系、经济基础上层建筑之间的矛盾运动所决

① [英]莱尔因:《重构历史唯物主义》,姜兴宏等译,中国社会科学出版社1991年版,第32页。

② 《马克思恩格斯选集》,2版,第3卷,人民出版社1995年版,第342页。

定的，这又是社会发展的统一性。就此而言，马克思的社会形态理论决不是——更替的线性发展观，更不是每个民族国家都必须经历的具体道路，而是一种尊重不同民族国家具体差异的科学抽象，是统一性与多样性的辩证统一。在这一问题上，笔者非常赞同吴晓明教授的观点。他指出，马克思的经济的社会形态理论，正如他的"生产一般"理论一样，只不过是在特定历史条件下的一种"科学抽象"。与一般历史哲学不同，它决不提供适用于各个历史时代的药方，也不会为我们理解具体的社会形态提供现成答案；而要做到这一点，就必须要深入到具体社会形态的物质生产方式的差异之中，通过对这些差异的比较研究，才能找到适合每个社会形态的发展道路。① 因此，当吉登斯等人把马克思的社会形态理论，诠释为每个国家的具体发展道路时，恰恰犯了教条主义的错误。

其次，就亚细亚生产方式和古希腊罗马式的生产方式而言，它们之间的关系也不是线性的替代关系，而是在时间和空间上并存的关系，马克思在"资本主义生产以前的各种形式"中已经明确指认了这一点。此外，在马克思看来，资本主义起源道路不仅包括西欧模式，而且也包括俄国、巴西等不同发展道路。在西欧，资本主义的确是从封建制度中产生的，但这并不是说所有的资本主义都要从封建制度中产生，苏里南、巴西和北美南部就是典型例证。另一方面，就落后国家而言，它们既可以按照相应模式一个接着一个地向前发展，也能够在条件具备的情况下，实现社会形态的跨越式发展。再者，亚细亚生产方式的确产生不了

———————————

① 参见吴晓明：《马克思的历史道路理论及其具体化承诺》，《哲学研究》2013年第7期。

西欧式的资本主义，但我们并不能就此断言，说它产生不了其他类型的资本主义。比如，日本就通过"明治维新"，走上了资本主义道路。这也再次证明，将马克思的"经济的社会形态"理论，教条化为每个民族国家都必须线性经历的具体发展道路，是错误的！

最后，这一理论也告诫我们，要真正把握中国道路的实质，就必须沉降到当下中国社会的物质生产方式之中，把握中国道路形成的必然性及其特殊性，这是马克思历史道路理论具体化的必然要求，决不能仅仅依据"经济的社会形态"这一科学抽象，将中国道路诠释为资本主义发展道路，彻底否认中国道路的社会主义属性，这一做法本身就是建立在对马克思社会形态理论的曲解之上的。从这个角度而言，中国社会能够直接跨越"卡夫丁峡谷"，实现从半殖民地半封建社会到社会主义社会的转变，并成功开创具有世界历史意义的中国道路，决不是对马克思社会形态理论的证伪，而是对这一理论的科学证明。以此来看，只有准确理解马克思的社会形态理论，才能避免落入西方学者构建的意识形态陷阱，在新的世界历史条件下把握社会发展的前进方向，毫不动摇地坚持走中国特色社会主义道路。

四、中国道路与马克思历史道路理论的当代发展

在党的十九大报告中，习近平总书记指出："中国特色社会主义进入新时代，意味着近代以来久经磨难的中华民族迎来了从站起来、富起来到强起来的伟大飞跃，迎来了实现中华民族伟大复兴的光明前景；意味着科学社会主义在21世纪的中国焕发出强大生机活力，在世界上高高举起了中国特色社会主义伟大旗帜；意味着中国特色社会主义道路、

理论、制度、文化不断发展，拓展了发展中国家走向现代化的途径，给世界上那些既希望加快发展又希望保持自身独立性的国家和民族提供了全新选择，为解决人类问题贡献了中国智慧和中国方案。"[1]中国从一个积贫积弱、一穷二白的落后国家发展为当今世界的第二大经济体，从列强欺凌的半殖民地半封建社会转变为走向世界舞台中心的社会主义大国强国，中华民族发生了翻天覆地的历史剧变。在此背景下，如何结合中国变革，重新理解和反思马克思的落后国家和东方社会发展理论，诠释中国道路的科学内涵、哲学意蕴及其世界历史意义，进一步深化和发展马克思的历史道路理论，就显得尤为重要。

习近平总书记指出："当代中国的伟大社会变革，不是简单延续我国历史文化的母版，不是简单套用马克思主义经典作家设想的模板，不是其他国家社会主义实践的再版，也不是国外现代化发展的翻版，不可能找到现成的教科书。"[2]以此来看，中国特色社会主义道路，既不是传统"儒化"道路的延续，也不是苏东社会主义模式的再版，更不是西方道路的翻版，而是马克思主义中国化即科学社会主义原理与中国具体实际结合的产物。[3] 它超越了苏东模式的实践经验，开启了一种超越西方现代化道路的新方案，实现了对马克思历史道路理论和落后国家发展理论的创造性发展。

---

① 习近平：《决胜全面建成小康社会 夺取新时代中国特色社会主义伟大胜利》，人民出版社2017年版，第10页。

② 习近平：《习近平谈治国理政》第2卷，外文出版社2017年版，第344页。

③ 参见陈先达、孙乐强：《发展21世纪马克思主义与当代中国学者的历史使命——陈先达教授访谈录》，《南京社会科学》2018年第1期；陈先达：《历史唯物主义与中国道路》，《光明日报》2016年9月7日。

（一）中国社会转型证明了社会形态"跨越论"的科学性，创造性地发展了社会主义革命论

历史唯物主义认为，生产关系一定要适合生产力状况、上层建筑一定要适合经济基础状况的规律，是一切社会发展的基本规律，这决定了人类社会发展具有内在的统一性，但这绝不是说每个民族国家都要走一样的道路。在马克思看来，由于具体国情、历史条件和文化传统等方面的不同，每个民族国家不可能走同样的道路，世界上根本不存在放之四海而皆准的普适道路。历史唯物主义之普遍性与社会发展道路之多样性决不是相互矛盾的，而是内在统一的整体，是科学抽象与现实具体的辩证统一，这在马克思的落后国家发展理论方面得到了集中体现。马克思认为，只要条件具备，落后国家完全可以凭借自己的后发优势，实现社会形态的跨越式发展。晚年他曾以俄国农村公社为例来说明这种跨越的可能性。他指出，只有当东西方社会革命相互支撑的时候，俄国农村公社才有可能跨越"卡夫丁峡谷"，成为未来共产主义发展的新起点，否则的话，必将为资本主义的洪流所淹没。恩格斯也曾指出："不仅可能而且毋庸置疑的是，当西欧各国人民的无产阶级取得胜利和生产资料转归公有之后，那些刚刚进入资本主义生产而仍然保全了氏族制度或氏族制度残余的国家，可以利用公有制的残余和与之相适应的人民风尚作为强大的手段，来大大缩短自己向社会主义社会发展的过程，并避免我们在西欧开辟道路时所不得不经历的大部分苦难和斗争。"①然而，令人遗憾的是，马克思恩格斯当年所设想的条件并没有出现，俄国农村公社也没

---

① 《马克思恩格斯文集》第 4 卷，人民出版社 2009 年版，第 459 页。

有实现这种跨越式转变，逐渐被资本主义发展所瓦解。1894年，恩格斯指出："随着农民的解放，俄国进入了资本主义时代，从而也进入了土地公有制迅速灭亡的时代。"①十月革命胜利之后，经过近20年的探索实践，苏联于1936年建立了社会主义制度。但不可否认，俄国的确经历过一个独立的资本主义阶段(1861—1917)，因此，苏俄后来的社会形态转变在一定程度上并没有证明跨越论的有效性。而中国的社会变革却为之提供了最好例证。

1840年鸦片战争以来，长期领先世界的东方大国渐渐沦为西方列强欺凌的对象，中国的社会性质也发生了重大变化。毛泽东指出："帝国主义列强侵入中国的目的，决不是要把封建的中国变成资本主义的中国。帝国主义列强的目的和这相反，它们是要把中国变成它们的半殖民地和殖民地。"②这种侵略一方面破坏了中国封建社会的经济基础，促使中国发生了资本主义因素，使封建社会转变为半封建社会；另一方面，帝国主义列强"又残酷地统治了中国，把一个独立的中国变成了一个半殖民地和殖民地的中国"③。19世纪四五十年代，马克思指出，对亚洲社会而言，英国的殖民侵略发挥了破坏和重建双重作用。与马克思的分析相一致，毛泽东指出，帝国主义侵略产生了如下结果：(1)破坏了封建社会的自然经济基础，引发了一场前所未有的社会革命，即经济基础的变革。(2)民族资本主义有了某些发展，但没有成为中国社会经济的主要形式，力量还比较软弱；此外，促进了中国工人阶级的形成。

① 《马克思恩格斯选集》，2版，第4卷，人民出版社1995年版，第444页。
② 《毛泽东选集》第2卷，人民出版社1991年版，第628页。
③ 同上书，第630页。

(3)封建政权被推翻，代之而起的先是地主阶级的军阀官僚，接着是地主阶级和大资产阶级联盟的专政。(4)进一步加重了农民的负担，加速了工农联盟的形成。① 以毛泽东为代表的中国共产党人带领中国人民，走农村包围城市的武装革命道路，最终推翻了压在人民头上的"三座大山"，建立了中华人民共和国，经久磨难的中华民族从此站起来了。

中华人民共和国成立之后，如何实现从新民主主义向社会主义的过渡，就是当时中国面临的首要问题。马克思恩格斯认为，无产阶级夺取政权之后，必须借助暴力，消灭资本主义制度，完成向社会主义的过渡；后来列宁和苏联正是依照马克思恩格斯的指示，利用暴力消灭了资本主义剥削制度，最终完成了社会主义革命，建立了社会主义制度。与此不同，以毛泽东为代表的中国共产党人，既没有照搬马克思恩格斯的书本，也没有简单移植苏联经验，而是从自身国情出发，开创了一条和平的社会主义改造之路，创造性地发展了马克思主义的社会主义革命论。② 1956 年，"一化三改造"的完成，标志着社会主义制度的建立，从而实现了社会形态的根本变革。与俄国相比，中国没有经历过独立的资本主义阶段，直接从半殖民地半封建社会经新民主主义过渡到社会主义社会，实现了社会形态的跨越式发展，从根本上证明了马克思社会形态跨越论的正确性。以此来看，中国共产党领导的革命决不是传统封建王朝的政权更替，而是一次彻底的社会形态变革，因此，那种将中国道路理解为传统儒化道路延续的看法，是完全错误的。

---

① 《毛泽东选集》第 2 卷，人民出版社 1991 年版，第 630—631 页。
② 参见刘林元：《中国的社会主义改造：一条非暴力的社会主义革命新路》，《南京社会科学》2017 年第 11 期。

(二)中国道路开创了落后国家和平崛起的现代化之路，创造性地发展了马克思落后国家和东方社会发展理论

要搞清楚这一问题，首先必须厘清以下几个要点：(1)有些学者指出，马克思晚年已明确承认，革命的重心已从西方转移到东方。在笔者看来，这一判断是值得商榷的。实际上，马克思始终认为，东方国家的革命必须以西方无产阶级革命为支撑，才能取得成功。因此，不论在理论上还是在实践中，马克思晚年一直坚信，西方无产阶级革命依然具有优先性。(2)落后国家能否取得社会主义革命的胜利，并最终建成社会主义？在马克思恩格斯看来，社会主义只有在推翻资本主义并充分吸收它们成就的基础上，才可能实现。虽然他们晚年也认为，如果条件具备，俄国农村公社可以跨越"卡夫丁峡谷"，成为未来社会主义和共产主义的起点，但这种跨越只是就生产关系而言的，在生产力方面，依然是无法跨越的。因此，如果没有西方无产阶级革命作为支撑，落后国家很难取得社会主义革命的胜利，也很难真正建成社会主义。(3)落后国家在何种情况下会成为世界历史的主导力量？马克思认为，资本主义是世界历史和全球化的开创者，但它决不是世界历史的真正完成者，更不可能是人类历史的终点，由于其自身存在不可克服的内在矛盾，决定了它终将被一种更高的社会形态所代替。因此，马克思认为，随着西方无产阶级革命的共同胜利，世界历史的主体将从资产阶级转移到无产阶级和农民身上，届时，落后国家将不再是世界历史的被动参与者，而会成为世界历史的真正完成者，成为世界历史的中心力量。

然而，令人遗憾的是，当时马克思恩格斯设想的西方无产阶级共同胜利论并没有变为现实。基于19世纪末20世纪初的世界格局和俄国自

身的实际情况，列宁提出了"一国胜利论"，十月革命的成功在实践上证明了这一理论的正确性。在此影响之下，革命的重心也开始从西方转移到东方。虽然俄国取得了社会主义革命的胜利，但一国究竟能否建成社会主义，此时列宁还存在疑虑。他指出："一个落后的国家开始革命比较容易，因为在这个国家里敌人已经腐朽，资产阶级没有组织起来，但是要把革命继续下去，就需要万分谨慎、小心和坚忍不拔。"①一个落后国家要建成社会主义，或取得社会主义革命的最终胜利，还需要世界各国社会主义革命的支撑。但列宁认为，落后国家虽然是农业经济占据主导的国家，但在无产阶级的正确领导下，完全可以加速社会生产力的发展，形成比资本主义更加高效的生产率，逐步实现社会主义的工业化和现代化，充分彰显社会主义制度的优越性，从而将社会主义奠基于先进的生产力之上，逐步瓦解帝国主义，取得社会主义在世界范围内的最终胜利。不可否认，"一国胜利论"的提出，进一步丰富和发展了马克思的落后国家发展理论，后来苏联的建设实践及其所取得的伟大成就，证明了列宁判断的正确性：即使没有西方无产阶级革命作为支撑，落后国家也完全可以基于自身国情，率先取得社会主义革命的胜利，并在一国范围内建设社会主义。随着社会主义阵营的不断壮大，落后国家在世界舞台上也发挥着越来越重要的作用。然而，由于苏联模式的内在缺陷，以及教条主义和修正主义的泛滥，最终导致苏东剧变。落后国家走社会主义道路并力图实现自己的强国梦，似乎被证明是走不通的，资本主义道路似乎才是落后国家的唯一选择。一时间，各种版本的"历史终结论"开

---

① 《列宁全集》，中文 2 版，第 34 卷，人民出版社 1985 年版，第 233 页。

始粉墨登场了。

但是，中国的发展却粉碎了这一切谣言。苏东的失败并不是马克思主义和社会主义的失败，而是教条主义、修正主义和僵化体制的失败。中国共产党没有简单照搬苏东经验，而是始终坚持实事求是的思想路线，立足中国国情，将马克思主义普遍原理与中国具体实际结合起来，在革命、建设和改革实践中，探索出了一条不同于其他社会主义国家的、具有中国特色的革命和发展之路。在此指引下，我国不仅取得了新民主主义革命的胜利，成立了新中国，也顺利完成了从新民主主义到社会主义的过渡，实现了社会形态的根本变革；经过社会主义建设和改革开放几十年的发展，特别是党的十八大以来，我国在各方面都取得了举世瞩目的成就，从一个积贫积弱的落后国家发展成为当今世界的第二大经济体，逐步走向世界历史的中心，在国际舞台上发挥着越来越重要的作用，迎来了从站起来到富起来再到强起来的伟大飞跃。在苏东剧变之后，中国以一己之力扛起了社会主义的大旗，使马克思主义和科学社会主义在 21 世纪重新焕发出前所未有的生命力。

中国道路的成功证明，落后国家不仅可以取得社会主义革命的胜利，建成社会主义，而且也能够在资本主义世界体系的夹缝中，走出一条和平崛起的发展道路，实现从落后国家到现代化强国的转变。它证明，我国社会主义现代化的动力是内生的，所谓"输入论"和"外生论"是完全错误的。它表明，任何照搬照抄别国模式的做法，都是走不通的，只有深深扎根于本民族本国家的大地之中，找到适合自己的自主创新道路，才能开创现代化建设的新局面。它表明，只要道路走得对，落后国家完全可以释放出巨大的发展潜力，凭借后发优势，实现社会的跨越式发展。就此而言，中国道路成功开创了落后国家在资本主义世界体系中走社会主义道路并实现跨越式发展的典型范例，创造性地发展了马克思落后国家和东方社会发展理论。

(三)中国道路开创了一种超越西方现代化的新方案

西方资本主义道路究竟是一条什么样的道路？(1)从资本的起源来看，它是建立在血腥的原始积累之上的：对内"用最残酷无情的野蛮手段，在最下流、最龌龊、最卑鄙和最可恶的贪欲的驱使下"①，完成了对直接生产者的剥削；对外通过奴隶贸易、殖民侵略、战争等，到处掠夺财富，制造了一系列的人间惨案。这是一部用血和泪书写的野蛮史。(2)从资本主导的发展理念来看，资本的目的是最大限度地获取利润，它构成了资本主义生产的主导逻辑。结果，人与自然、人与社会、国家与市场的关系等，都屈从于以资本为主导的发展逻辑，社会发展的成果最终落入到少数人的口袋之中，国家沦为资本利益的保护伞。(3)从现代西方文明的实质来看，资本开创了现代性和世界历史，开启了一种全新的文明形态，这是资本主义的进步意义。然而，由于资本的内在本性，决定了现代西方文明在本质上是一种扩张文明，它必然将资本的文明形态宣告为世界上最高级的文明，到处鼓吹西方文明优越论，贬低、抹黑甚至要取代其他文明，进而引发了不同文明之间的内在冲突。黑格尔的欧洲中心主义文明观，就是这种文明优越论的典型体现。而亨廷顿的文明冲突论，只不过是以一种理论方式表达了资本文明的内在本质；然而，他的错误之处在于，他将这种冲突理解为所有文明的内在本质，

---

① 《马克思恩格斯全集》，中文2版，第44卷，人民出版社2001年版，第873页。

恰恰本末倒置了，现代文明之间的冲突，决不是由文明本身造成的，而是资本扩张的必然结果：资本才是当今世界文明冲突的罪魁祸首。(4)从现代世界秩序和全球治理来看，西方式的市民社会是由原子式的个人组成的，每个人为了追求私利的最大化，必然会把市民社会变成一切人反对一切人的战场，最终发展为资本掠夺财富、大资本吞并小资本的强权社会；而以此为基础的国际社会也必然演化为原子式的国家之间的利益战争，由此所确立起来的现代世界秩序，必然是弱肉强食的霸权体系。(5)从意识形态来看，作为一种特殊的以太，资本不仅要把世间的一切纳入到自己的统治之下，宣告自己的至高无上性，而且也会在思想领域制造出一种与之相配套的形而上学理念，将资本主义的意识形态宣告为全世界的"普世价值"，到处进行"和平演变"和"文明输出"。以此来看，所谓"普世价值"实质上就是鼓吹资本主义制度优越论，将资本主义道路夸大为人类社会发展的共同道路或唯一道路，完全是西方话语霸权和欧美中心主义的产物。

习近平总书记说："一个国家发展道路合不合适，只有这个国家的人民才最有发言权。正像我们不能要求所有花朵都变成紫罗兰这一种花，我们也不能要求有着不同文化传统、历史遭遇、现实国情的国家都采用同一种发展模式。"①中华民族是爱好和平的民族，对和平的渴望浸透在每个中国人的灵魂之中。近代以来，中国的历史遭遇使中国人民更加明白，和平来之不易，要倍加珍惜；更为重要的是，中国是社会主义国家，我们的现代化是社会主义现代化。这些都决定了，我们决不可能

————————

① 习近平：《习近平谈治国理政》第1卷，外文出版社2014年版，第315页。

走西方资本主义的发展道路。走和平主义的发展道路，不仅是中华文明精神的内在诉求，而且也是中国人民和历史的必然选择，更是中国特色社会主义的必由之路。

第一，中国道路开创了一条不同于西方资本主义的和平发展之路。西方资本主义道路是一条对内掠夺、对外殖民侵略的扩张之路，西方资本主义的发展是以落后国家的痛苦和灾难为代价的。与之相反，作为社会主义国家，我国没有侵略过任何国家，没有掠夺过任何国家的财富，我们所取得的伟大成就，完全是依靠党的领导和中国人民的"勤劳革命"、艰苦奋斗得来的：我国在资本主义世界的封锁下，完成了"一化三改造"，确立了社会主义基本制度；在资本主义世界体系的夹缝中，取得了社会主义建设的重大成就；改革开放以来，我国打开国门，逐渐融入世界，经过几十年的不懈努力，我国在政治、经济、文化、社会等各个方面都取得了举世瞩目的成就，开辟了社会主义现代化建设的新局面；党的十八大以来，中国特色社会主义事业取得了全方位的、开创性的历史成就，党和国家事业发生了根本性的历史变革，中国特色社会主义进入新时代，迎来了从站起来、富起来到强起来的历史飞跃。我国在几十年的时间里所取得的成就，比西方资本主义国家几百年的成就还要多还要大。这充分证明，和平主义发展道路是一条符合中国国情和中国人民根本利益的人间正道，是一条被实践证明正确的康庄大道。

第二，中国的发展道路决不是西方发展模式的翻版。以资本扩张为基础的大国崛起之路，完全是以战争和争霸的方式完成的，无法避免"修昔底德陷阱"；资本主义只能在一定程度上缓解矛盾，但却无法从根本上解决矛盾，经济危机和"塔西佗陷阱"（信任危机）始终如影随形，就是典型例证；虽然战后资本主义国家进行了一系列调整，但却始终无法避免"中等收入陷阱"，贫富差距、两极分化不断加剧，阶层固化日益明显。这三大陷阱是以资本为中心的发展模式无法避免的。习近平总书记说："为什么人的问题，是检验一个政党、一个政权性质的试金石。"[①] 新中国成立至今，我国的建设实践已充分证明，我们的道路决不是西方发展道路的翻版。作为中国共产党领导的社会主义国家，我们的发展是社会主义的发展，我们的改革是社会主义的改革，我们的道路是社会主义道路，我们的现代化是社会主义的现代化。在党的十九大报告中，习近平总书记指出，中国特色社会主义，始终坚持以人民为中心的发展思想，坚定不移地贯彻落实新发展理念，建构人与自然和谐共生的生命共同体，构建以共享发展为核心的人民利益共同体，不断促进人的全面发展和全体人民的共同富裕；中国始终高举和平发展、合作共赢的旗帜，坚持走和平发展道路，"推动建设相互尊重、公平正义、合作共赢的新型国际关系"[②]，打造人类命运共同体。这种发展理念和道路完全不同于西方以资本为中心的发展模式，能够有效避免和解决三大陷阱。

第三，中国道路提供了一种全新的文明观。西方文明优越论和文明冲突论完全是以资本为主导的文明观，它必然导致不同文明之间的相互排斥。西方国家为了获得文明上的主导霸权，甚至不惜一切代价去同化、改造或取代不同于自己的异质文明，结果，给世界文明带来了沉重

[①] 习近平：《决胜全面建成小康社会 夺取新时代中国特色社会主义伟大胜利》，人民出版社 2017 年版，第 44—45 页。

[②] 同上书，第 58 页。

灾难。中国始终主张，每一种文明都有自己的长处、特色和优势，世界上不存在十全十美的文明，也不存在一无是处的文明，只有秉持开放包容、兼容并蓄的原则，"尊重世界文明多样性，以文明交流超越文明隔阂、文明互鉴超越文明冲突、文明共存超越文明优越"①，才能实现世界文明的共生发展。那种鼓吹文明优越论，试图通过强制或暴力手段来解决文明差异的做法，只会南辕北辙，进一步加剧世界的动荡和冲突。

最后，中国道路提供了一种新的全球治理方案。以资本为主导的现代世界秩序是一种弱肉强食的对抗逻辑和霸权体系。当前，和平发展、合作共赢已成为当今时代不可逆转的发展趋势，"世界潮流，浩浩荡荡，顺之则昌，逆之则亡。要跟上时代前进步伐，就不能身体已进入 21 世纪，而脑袋还停留在过去，停留在殖民扩张的旧时代里，停留在冷战思维、零和博弈老框框内"②。"世界长期发展不可能建立在一批国家越来越富裕而另一批国家却长期贫穷落后的基础之上。"③以霸权主义和殖民主义为基础的现代世界秩序已陷入重重危机，各种弊端积重难返。新时代的国际秩序不可能再回到过去殖民地式的强权政治，也不可能再走冷战框架下对抗式的发展模式。在此背景下，习近平总书记提出来的人类命运共同体思想，无疑顺应了时代发展潮流，为新时代新型国际关系以及新型世界秩序的建构，提供了新方案。

---

① 习近平：《决胜全面建成小康社会 夺取新时代中国特色社会主义伟大胜利》，人民出版社 2017 年版，第 59 页。
② 习近平：《习近平谈治国理政》第 1 卷，外文出版社 2014 年版，第 273 页。
③ 同上书，第 273 页。

那么，中国道路和中国方案意味着什么？首先，这意味着中国道路提供了一种超越西方现代化的新方案。马克思毕生致力于资本主义批判事业，力图从根本上超越资本现代性，建构一种新的现代性。虽然在后来的发展中，苏东模式提供了一种选择路径，在一定程度上也取得了重要成效，但由于这一模式的内在弊端，最终被实践证明是行不通的。而中国道路恰恰开启了这种可能性。通过上述分析，可以发现，中国方案的方方面面都不同于西方现代化道路，或者说，中国道路在本质上开创了一种超越西方现代性的全新方案。① 因此，力图在西方现代性的框架中来理解中国方案，是根本不可能的。当前，国际上一直鼓吹什么"国强必霸"，到处散播"中国威胁论"，这种做法实际上就是基于西方现代性来错位理解中国道路的结果。其次，中国方案拓展了发展中国家走向现代化的途径，证明了现代化道路决不是唯一的。"世界上没有放之四海而皆准的具体发展模式，也没有一成不变的发展道路。历史条件的多样性，决定了各国选择发展道路的多样性。人类历史上，没有一个民族、没有一个国家可以通过依赖外部力量、跟在他人后面亦步亦趋实现强大和振兴。那样做的结果，不是必然遭遇失败，就是必然成为他人的附庸。"② 不同民族国家要实现现代化，单纯照搬照抄西方经验是行不通的，只有立足本土，找到适合自己的道路，才可能实现华丽转身，开启民族国家复兴的新征程。最后，中国道路证明"普世价值论"是完全错误的。资本主义道路决不是人类发展的共同道路或唯一道路，随着中国的

---

① 参见吴晓明：《"中国方案"开启全球治理的新文明类型》，《中国社会科学》2017年第10期。

② 习近平：《习近平谈治国理政》第1卷，外文出版社2014年版，第29页。

和平崛起，中国方案将会为发展中国家和人类社会探索更美好的社会制度，做出非凡的中国贡献。

第三节 《资本论》与马克思的平等理论

平等问题构成了马克思政治哲学关注的核心问题之一，当代西方学者正是通过对平等问题的阐述，实现了马克思哲学研究的政治转向。然而，综观这些研究路径，可以发现，他们的阐述实际上是建立在对马克思平等理论的误解和扭曲之上的。在此，本节就以平等观为切入点，基于对文本的细致分析，全面揭示马克思平等理论的发展脉络及其科学内涵，并在此基础上，客观评估这些解读路径的理论贡献和不足之处，以期为新时期进一步推进对《资本论》政治哲学思想的研究提供有益思考。

一、马克思平等理论阐述的三种路径

当代西方学界关于马克思平等理论的研究已汗牛充栋。在这里，笔者主要根据自己的研究需要，系统评述以下三种代表性的路径。

（一）马克思与卢梭的平等观：新实证主义马克思主义的政治哲学转向

以德拉-沃尔佩和卢西奥·科莱蒂为代表的新实证主义马克思主义学派认为，马克思的平等理论甚至是整个政治理论，都是从卢梭那里"抄袭"过来的。这一学派一开始试图用自然科学的方法来证明马克思哲

学的科学性，然而，由于他们自身理论的贫乏和困境，在后期逐渐放弃了对纯理论的研究，把关注重心转变到对马克思政治哲学思想的挖掘上来，这种研究的结晶主要体现在《卢梭和马克思》(1957)、《从卢梭到列宁》以及《政治哲学札记》(1975)中。在这些著作中，他们着重挖掘了马克思与卢梭之间的内在继承关系。他们认为，在平等问题上，卢梭有三个重要贡献：第一，卢梭区分了两种不同的"不平等"，揭示了政治不平等产生的根源。他在《论人类不平等的起源和基础》中指出："我认为在人类中有两种不平等：一种，我把它叫作自然的或生理上的不平等，因为它是基于自然，由年龄、健康、体力以及智慧或心灵的性质的不同而产生的；另一种可以称为精神上或政治上的不平等，因为它是起因于一种协议，由于人们的同意而设定的，或者至少是它的存在为大家所认可的。第二种不平等包括某一些人由于损害别人而得以享受的各种特权，譬如：比别人更富足、更光荣、更有权势，或者叫别人服从他们。"①第一种不平等是顺应自然的，是天生的；而第二种不平等则是人类历史发展的产物，并随着私有制和法律的建立而根深蒂固，这种不平等是不合理的，必须要予以扬弃。第二，提出了不同于"公民自由"的"平等主义自由"的理想。德拉-沃尔佩指出，所谓公民的自由是由洛克、孟德斯鸠等人提出来的，是为了保护私有财产的资产阶级式的自由；而卢梭提出来的自由则与此不同，它不是为了保护资产阶级的私有权利，而是为了每一个个体成员的自由，这是一种更大的自由，是人民主权式的自由，

---

　　①　［法］卢梭：《论人类不平等的起源和基础》，李常山译，商务印书馆 1979 年版，第 70 页。

德拉-沃尔佩将其称为"平等主义的自由"。第三,揭示了资产阶级拉平式的平等与真正平等之间的本质差异。资产阶级的平等实际上是把同样的平等标准分别应用于不同的人身上,从而得出了空洞的形式主义的平等,它是完全建立在抹杀个人的自然生理不平等之上的,因而是一种不顾一切个体差别的拉平式的平等,在其背后掩盖的是一种真正的政治不平等。而真正的平等绝不是资产阶级这种拉平式的平等,而是建立在尊重每个个体差异之上的:既然每个个体在自然生理上都是不平等,这就意味着,真正的平等应当是不平等,因此,社会应当按照每个人的自然生理上的差异以及他对社会的实际贡献来赋予个体应有的平等,在两种不平等之间寻求一个相称的综合。

在此基础上,德拉-沃尔佩和科莱蒂指出,虽然马克思、恩格斯、列宁从来没有公开承认他们对卢梭平等观的继承关系,但不可否认,他们之间的传承关系已经渗透到他们政治著作的字里行间。首先,在《黑格尔法哲学批判》中,马克思在反对黑格尔君主制时所倡导的真正"民主制",实际上就来源于卢梭,由此将这一著作判定为卢梭主义的延续,是"一部自始至终渗透着典型的卢梭人民主权思想的著作"①。其次,他们认为,卢梭关于两种不平等的学说,成为支配马克思《哥达纲领批判》的核心思想,因此,《哥达纲领批判》无疑是一部典型的卢梭主义的著作。再次,不论是恩格斯《反杜林论》还是列宁的《国家与革命》,在平等观上都像马克思一样继承了卢梭的观点。基于此,德拉-沃尔佩最终得

---

① ［意］德拉-沃尔佩:《卢梭和马克思》,赵培杰译,重庆出版社1993年版,第136页。

出结论说："从列宁、马克思、恩格斯和卢梭的这一系列论述中，我们可以作出以下推论：马克思列宁主义对于(共产主义)社会在经济上、从均衡的观点出发承认个体及其能力和需要的不平等或差异这个问题的深切关心，在一个新的历史水平上体现了对卢梭反对－拉平的平等主义思想的继承和发展。"①科莱蒂更直接地指出："我的观点是：自从卢梭以来所发展的革命政治理论都已预示和包含在《社会契约论》之中了，说得更准确些，从政治理论的严格意义上来讲，马克思和列宁除了对国家消亡的'经济基础'的分析外(这当然是相当重要的)，没有给卢梭增添任何东西。"②马克思完全承袭了卢梭的平等理论。

(二)自我所有与"优势可及平等"：柯亨对马克思平等理论的当代反思与重构

作为分析马克思主义的主要代表，柯亨早期主要专注于历史唯物主义研究，但随着他的现实意识的不断深化，在后期的著作中，逐渐实现了以平等问题为核心的政治哲学转向。他之所以会转向平等问题的研究，主要目的在于反思和修正马克思的平等理论，力图在不平等的社会条件下，寻求社会主义平等的规范性基础。

柯亨认为，马克思的平等理论是建立在两个错误前提之上的：第一，是关于实现平等条件的错误假设。柯亨指出，在马克思看来，实现真正的平等需要两个条件：一是无产者在斗争中联合起来，发动无产阶级革命，彻底推翻不平等产生的社会根源；二是生产力的充分发展，使

---

① [意]德拉-沃尔佩：《卢梭和马克思》，赵培杰译，重庆出版社 1993 年版，第 135 页。

② Lucio Colletti，*From Rousseau to Lenin*，Monthly Review Press，1972，p. 185.

得财富像泉涌一样不断地喷发出来。柯亨认为，今天，这两个条件都已经被证伪了。他指出，马克思主义对工人阶级的印象是：工人阶级构成了社会的大多数，生产了社会财富，是社会的受剥削者，是社会的穷人，没有什么可失去的，势必会起来革命。如果用词汇来概括的话，那就是"多数、生产、剥削、贫穷、没有什么可失去以及革命"①。然而，当代现实却表明，"任何其他地方的任何人都不具备"这些特征②，无产阶级已经不再是马克思当年所预想的大无畏的革命者了，而是已经沦为资本主义制度的同谋者了。另一方面，生态环境的发展已证明，物质资源本身是匮乏的，财富不可能像马克思所期望的那样如泉涌般地喷发出来，这是一种建立在"技术麻醉剂"之上的虚假幻想。马克思当年所假定的实现平等的两个条件都已被证明是虚妄的，那么，以这两个条件为基础的平等理论自然就失去了它的现实生命力。

第二，柯亨认为，马克思的平等理论是建立在错误的理论基础之上的。他指出，所谓自我所有是指个体对自己的身体、才能、劳动力以及由此产生的结果的自我所有，它构成了自由主义平等理论的根本基础。在自我所有原则的主导下，任何人都没有责任和义务去帮助其他人，最终所导致的结果，只能是马太效应。这表明，平等主义与自我所有权是完全不兼容的，要实现真正平等，就必须彻底否定自我所有权。也是在此基础上，柯亨反思了马克思的平等理论。

---

① ［英］G. A. 柯亨：《自我所有、自由和平等》，李朝晖译，东方出版社 2008 年版，第 175—176 页。

② 同上书，第 175 页。

（1）自我所有是马克思主义和自由主义的共同基础。柯亨指出，作为自由主义的对手和批判者，马克思追求的是共产主义式的真正平等，因此，他必须坚决批判自由主义的自我所有权。然而，令人遗憾的是，他并没有真正完成这一任务，毋宁说，他与自由主义有着共同的理论前提，即都是建立在自我所有权之上的。换言之，马克思主义虽然猛烈批判了自由主义，但这种批判是不坚决的、不彻底的，因为它们分享了共同的理论前提，或者说是以自我所有权为基础衍生出来的两种不同路径，在本质上是一枚硬币的两面，是殊途同归。就此而言，马克思主义对自由主义的批判并没有真正切中后者的要害，而是在承认自我所有权的前提下所进行的一种表面批判。

（2）自我所有权是马克思资本主义剥削批判理论的基础。柯亨指出，马克思关于资本主义剥削是不公正的这一判断，是完全建立在自我所有原则之上的，"马克思主义有关资本家剥削工人的论断必须依靠这一命题：人都是他们自己的能力的合法所有者。这一命题就是自我所有论，我认为它（与它类似的命题）是马克思主义关于资本主义关系在本质上是剥削关系的论断的基础。其中包含的基本观点是，人们在使用自己的能力方面应该自主。他不应该像奴隶一样在别人的指挥下使用自己的能力并让自己的部分产品或全部产品被别人无偿拿走"①。柯亨认为，马克思之所以会作出这一判断，其根本依据就是工人的自我所有论，即工人应当是自己能力及其产品的所有者，只有由此出发，他才可以闭上眼

---

① ［英］G. A. 柯亨：《自我所有、自由和平等》，李朝晖译，东方出版社 2008 年版，第 167 页。

睛、毫无顾忌地宣布一切资本主义剥削都是不公正的，至于是哪类资本家或哪类工人则是无关紧要的。对此，柯亨批判道，在这里，马克思完全混淆了两种不同的资本家：一是通过血腥的原始积累而形成的资本家，即出身肮脏的资本主义；一是通过自己的努力奋斗而形成的资本家，即出身干净的资本主义。对于前者，马克思的批判有其合理性，但对于后者而言，却是无能为力的，因为后者所依靠的"既不是强力也不是欺骗，而是节俭或才能"①，本身就是建立在自我所有权之上的。因此，那种基于自我所有原则对资本主义所展开的批判，是不适用于这类资本家的，在这里，马克思主义者搬起了石头，结果却砸了自己的脚，遭遇了滑铁卢，在自由主义面前显得不堪一击。

(3)马克思关于未来社会的设想也是建立在自我所有原则之上的。柯亨指出，社会主义的分配原则本身就是自我所有权的直接践行(按劳分配)，而共产主义的分配原则(按需分配)表面上看是对自我所有权的否定，实际上却完全相反，"因为在马克思的理想社会里，生产性资源是无偿地归一切人所有的，而个体仍然有效地拥有对于自身的所有权"②，"共产主义的公民可以'随自己的心愿'，是其自身有力的主宰者"③，是完全自主的自我所有者，这正是"重建个人所有制"的全部内涵。在这里，马克思并不是要彻底否定自我所有权，而是力图通过"技术麻醉剂"(财富像泉涌一样喷发出来)使自我所有权成为次要因素，无

---

① ［英］G. A. 柯亨：《自我所有、自由和平等》，李朝晖译，东方出版社 2008 年版，第 182 页。

② 同上书，第 141 页。

③ 同上书，第 179 页。

需再发挥作用而已。"根据马克思，只要富裕还没有实现，那么取消自我所有原则就是不可能的。但是，一旦达到富裕状态，取消自我所有的可能性出现，采取这一步骤也就没有必要性了。富裕的美妙之处并不在于它使取消自我所有成为可能，而在于它使得这么做成为多余。"①因此，在马克思的骨髓里，自我所有权仍被深深地保留了下来，而不是被彻底扬弃了。

也是在此基础上，柯亨指出，马克思的平等理论不仅存在着不可避免的内在缺陷，而且也遇到了不可克服的物质和资源限制，已经失去了既有的现实解释力。因此，如果还想维护社会主义事业和平等主义的话，就必须抛弃马克思的"技术麻醉剂"和物质财富上的乐观主义，从现实条件出发，重新修正马克思的平等理论。柯亨说，在这种背景下，"我们不得不在稀缺的条件下去寻求平等，因此，我们必须比过去更为清楚地了解，我们所要寻求的是什么，为什么我们的寻求是合理的，如何才能以制度的形式把它加以实施"②。在阶级解体和资源稀缺的条件下，要实现真正平等，就必须彻底抛弃自我所有原则，从平等主义的高度和立场出发，公平地占有和分配一切资源，包括自我资源和其他资源。也是基于此，柯亨提出了自己的"优势可及平等"理论，完成了对马克思的平等理论和社会主义平等理论的当代重构。

总体来看，这一理论包括三个原则：首先，在确定平等的尺度时，

———————————

① ［英］G. A. 柯亨：《自我所有、自由和平等》，李朝晖译，东方出版社 2008 年版，第 153 页。

② 同上书，第 13 页。

必须要把个体的内在差异包含在内。虽然每个人的体质、能力和才华上的不平等是一种自然生理上的不平等，似乎与社会无关，但是，在特定的社会结构和权力结构中，这些自然上的不平等必然会转化为政治上的不平等，从而固化为个体不平等的内在原因。因此，社会主义平等必须要把个人的内在差异纳入进来，作为考量平等的重要尺度。其次，平等还必须考虑到个人的意愿问题。在社会主义社会中，的确存在不平等。但是，在界定某种不平等是否是不正义的时候，必须考虑到个人的意愿问题：如果这种不平等是个人自主选择的结果，那么，这种不平等就不是不公正的，而是一种具有正当性的价值存在，反之，则是一种不公正。再次，对非自愿不平等进行补偿的原则。柯亨指出："按照我对平等主义的理解，平等并不要求对不利本身进行纠正或补偿。毋宁说，平等主义关注的是非自愿的不利，即那种不反映出主体选择的不利。与优势可及平等下的选择模式相反，当不平等反映出优势可及不平等时，人们的优势就是不正当的不平等。"①因此，社会必须要对这种非自愿的不平等进行补偿，消除这种非自愿不平等带来的社会后果。以此来看，柯亨的优势可及平等理论实际上是在马克思和诺齐克之间进行的一种理论折中。

(三)自治主义的自由平等理论：古尔德对《大纲》的新解读

古尔德立足于《大纲》深层挖掘了马克思的历史观，并在此基础上，阐述了她对马克思平等理论的理解。具体而言，她的观点可以概括为以

① [英]柯亨：《马克思与诺齐克之间——G. A. 柯亨文集》，江苏人民出版社2007年版，第131页。

下几个方面：

第一，个人或社会本体论。古尔德是以亚里士多德的实体观为后盾来建构马克思的历史观的。在她看来，社会是由个人构成的，个人是社会的第一实体，因此，"和亚里士多德一样，马克思给予个人以本体论的优先性"①。"对马克思来说，第一位的本体论主体就是社会的个人。"②马克思就是从这种个人本体论出发来建构他的社会本体论的。所以，马克思首先是"一个亚里士多德主义者"③。在《德意志意识形态》中，马克思的确强调了历史唯物主义的出发点是现实的个人，但他并没有赋予个人以本体论的优先性，因为他清楚地认识到，个人作为个人能够凸显出来，恰恰是近代以来的事情。这一点在《大纲》中得到了明确阐述："我们越往前追溯历史，个人，从而也是进行生产的个人，就越表现为不独立，从属于一个较大的整体：最初还是十分自然地在家庭和扩大成为氏族的家庭中；后来是在由氏族间的冲突和融合而产生的各种形式的公社中。只有到 18 世纪，在'市民社会'中，社会联系的各种形式，对个人说来，才表现为只是达到他私人目的的手段，才表现为外在的必然性。但是，产生这种孤立个人的观点的时代，正是具有迄今为止最发达的社会关系（从这种观点看来是一般关系）的时代。"④因此，"被斯密和李嘉图当作出发点的单个的孤立的猎人和渔夫，属于 18

---

① ［美］古尔德：《马克思的社会本体论》，北京师范大学出版社 2009 年版，第 15 页。
② 同上书，第 41 页。
③ 同上书，第 3 页。
④ 《马克思恩格斯全集》，中文 2 版，第 30 卷，人民出版社 1995 年版，第 25 页。

世纪的缺乏想象力的虚构"①。也是在此基础上，马克思进一步指出了历史唯物主义的出发点："摆在面前的对象，首先是物质生产。在社会中进行生产的个人，——因而，这些个人的一定社会性质的生产，当然是出发点。"②虽然古尔德也引用了这段话，但是她并没有真正理解这段话的含义，而是将其扭曲为一种过分夸大个人历史地位的本体论，完全偏离了马克思的初衷。

第二，历史规律问题。既然个人本体论构成马克思历史观的出发点，一个新的问题也由此引发出来，即历史规律问题。个人作为个人，他们都是差异性的存在，而由这些充满差异的个体所形成的社会活动必然是多样性的。因此，社会的发展绝不具有历史的内在必然性，而是一种开放的充满偶然性的选择过程，马克思"反对客观社会发展具有内在逻辑必然性的观点。宁可说，仅仅在追溯中，人们才可能重建这种可能发生的以已有事实为基础的逻辑。与此相似，人们也只能期望根据目前把握的但是还要为人类选择和行动所决定的偶然的可能性来构想未来"③。因此，与黑格尔的历史概念不同，马克思视域中的历史绝不是具有内在必然性的宿命论历史，而是自由的代理人自主选择的产物，所以，真实的历史发展过程实际上是充满可能性和偶然性的过程。在这里，古尔德扭曲了几个问题：首先，个人决不是自主的主体，无论在资本主义社会还是前资本主义社会，个人都不脱离社会关系强制的自治主

---

① 《马克思恩格斯全集》，中文 2 版，第 30 卷，人民出版社 1995 年版，第 22 页。
② 同上书，第 22 页。
③ ［美］古尔德：《马克思的社会本体论》，北京师范大学出版社 2009 年版，第 35 页。

体，而是负载着特定社会角色的代理人，比如，农民和地主，雇佣工人和资本家。所以，他们的选择并不是自由的，而是由特定的社会关系决定的。其次，从社会发展来看，生产力和生产关系构成了社会历史发展的根本动力，任何个人都无法选择生产力，而只能在接受既有生产力的前提下从事社会活动，古尔德显然是不愿意承认这一点。再次，古尔德完全扭曲了马克思历史辩证法的精髓，历史绝不是一个盲目的发展过程，它有其自身的客观规律，在经济的社会形态中，经济关系形成了一种不以人的意志为转移的客观总体，而个人只能作为一种附属力量屈从于经济必然性。也正是以此为基础，马克思才"把经济的社会形态的发展理解为一种自然史的过程"。而古尔德显然曲解了这一观点。最后，她没有科学地澄清黑格尔的必然性和马克思的必然性的根本差异，当她反对一切必然性时，实际上，也把马克思的历史辩证法等同于形而上学一同抛弃了，她这样做的结果，必然是走向了以偶然性和碎片化为特征的经验因果论。

第三，劳动因果论。那么，个人如何走向自由呢？在这里，古尔德引出了她的劳动本体论。劳动是个体的积极活动，在这种活动中，亚里士多德所说的四因，即目的因、动力因、形式因和质料因实现了有机结合，从而形成了一种积极的能动的因果关系。"劳动不仅为因果概念提供了依据，而且更为根本的是，就人们所关心的人类事务而言，劳动构成了因果性本身的本体论领域。因此，对马克思关于劳动本身的分析的解释也许可以使我们继续进行对马克思因果理论的重建。"①以此为基础，她提出了对马克思因果观的独特理解。在她看来，在哲学史上存在三种因果论：一种是机械因果论，它把因果关系看作是原因和结果之间的外在关系。这种因果论完全阉割了事物之间的内在联系，将其转化为两个独立实体之间的机械关系，是完全非法的。第二种是唯心主义的因果论，它用理由或意图与行动的关系来代替原因和结果之间的关系，比如柏拉图、黑格尔等都是如此，这种因果观完全陷入到唯意志论的泥潭之中。与上述两种因果论相反，马克思开创了一种全新的因果论，"马克思把因果性解释为代理人的活动与活动的客体之间的一种内在关系"。而劳动就是这种因果关系联结的中介，只有在劳动的基础上，人的能动性才得到真实体现，才真正实现了与原因和结果之间的内在连接，因此，"对马克思来说，只有人的能动性才可以被称为真正的因果性"②。它既克服了机械因果论的外在性，也克服了唯心主义因果论的唯意志论性质，实现了因果观上的革命性变革。以此来看，古尔德实际上把马克思的历史观变成了一种因果观，这种解读既扭曲了马克思历史辩证法的精髓，也阉割了马克思历史唯物主义的革命意义。

第四，自由、平等和正义的辩证法。在这里，也由此引出一个重要问题，即何谓自由？在古尔德看来，马克思的自由存在两个维度：一是对外强制的克服，这是消极意义上的自由；二是自治性，即积极意义上

———————

① ［美］古尔德：《马克思的社会本体论》，北京师范大学出版社 2009 年版，第 74 页。

② 同上书，第 74 页。

的自由。"对马克思来说，自由是通过与这些经验条件的相互作用而出现的，也就是说，要通过这样一个转换性过程：在这个过程中，最初表现为他治的主体通过实现对自然的控制以及免于社会支配的自由而成为自治的。"①因此，作为代理人，工人的活动本身就是一种自治的活动，因而，应当从自治的劳动中产生出一种完全内在的自由，即作为目的本身的自主性自由，这才是马克思自由理论的真正内涵。然而，在资本主义条件下，劳动变成了独立于人的外在强制劳动，在其中，主体与客体的关系不再是一种内在关系，而是变成了客体支配主体的异化关系。虽然工人一开始是作为"自由人"进入劳动过程，但这种自由完全是作为前提的消极自由，它不可能真正产生积极的自由，而只能是消解于资本主义强制性的生产关系。因此，在资本主义社会中，所谓的"自由"变成了以异化为根本特征的外在性的因果关系。这与马克思所讲的作为内在因果结果的自由存在着根本差异。这也由此引出另外一个问题，即何谓平等和正义？既然真正的自由是内在因果关系的完美体现，而资本主义却把这种内在关系变成了一种外在强制的异化和剥削关系，完全抹杀了代理人的自治性以及他们之间的交互性。因此，这种制度本身就是一种非正义的制度。而要想实现平等和正义，就必须消除这些外在强制关系，恢复主体之间的交互性关系，"正义是指没代理人在其中能够剥夺任何其他人获得他们积极自由的条件的社会关系……除此之外……马克思的正义概念有着更深一层的含义，即正义是指代理人在其中彼此相互提高

---

① ［美］古尔德：《马克思的社会本体论》，北京师范大学出版社 2009 年版，第 98 页。

的社会关系。在互依性这个意义上的正义，将被看作是积极自由得以全面或彻底发展的一个深层的必要条件"①。因此，正义的实现就取决于积极自由的实现，即取决于交互关系的全面实现；同样，只有个体达到这种交互性自由时，他们之间的平等才是真正意义上的平等。

除此之外，意大利自治主义马克思主义者奈格里也提出了一种新的实现自由平等的政治哲学。在奈格里看来，"自由"就是"工人阶级的自主的自治"②。但这种自治并不是独立于资本主义社会之外的，而是内生于资本主义生产关系之中的。在机器大工业阶段，资本在加重对工人剥削的同时，也把工人作为独立的主体生产出来，"一个质的飞跃诞生了：工人阶级行动的联合开始变成自我充分的……因此，我们看到了与资本的总体力量及其扩展形式的对立的爆发：一个新的主体出现了"③。自治工人与资本形成了一种你死我活的对抗逻辑，工人将会获得最终胜利，迎来自由和平等的曙光。由此看出，在自治主义看来，自由和平等并不是社会关系变革的产物，而是工人自治的必然结果，由此，把自治主义的宣言贯彻到底。

二、马克思平等理论的发展脉络及其精神实质

上述三种路径看似分散，实际上则是内在联系在一起的：第一种路

---

① ［美］古尔德：《马克思的社会本体论》，北京师范大学出版社 2009 年版，第 150 页。

② ［意］奈格里：《〈大纲〉：超越马克思的马克思》，北京师范大学出版社 2011 年版，第 229 页。

③ 同上书，第 162—163 页。

径实际上提出了一个核心问题，即马克思的平等观究竟是什么，它与卢梭的平等观存在何种差异？而第二种路径则是在面对现实困境的情况下，在理论上所做的一种后撤，试图从规范性维度出发来"修正"和发展马克思的平等理论。第三种路径则是从当代资本主义的最新变化出发，来重新思考自由平等的可能实现路径问题。总体来看，这三种路径分别从不同的角度对马克思的平等理论作出了一些积极探讨，为我们新时期进一步推进和深化对马克思政治哲学思想的研究提供了一定的理论借鉴。但是，我们也必须看到，这些研究在一定程度上也扭曲了马克思的平等理论。在这里，为了客观评价这些研究的理论贡献和不足之处，我们不妨先粗略梳理一下马克思平等观的发展历程及其科学内涵。

在政治立场上，马克思一开始是一位革命民主主义者，这点在《博士论文》到《黑格尔法哲学批判》的著作中得到了明确的印证。此时，马克思认为，要想真正消除封建专制制度，应当采取双重改革：第一，废除等级代议制，扩大选举权①；第二，废除君主制，实行"真正的民主制"。作为一位革命民主主义者，此时马克思把选举权和民主制视为德国发展的必然选择，这在一定程度上并没有超出资产阶级的民主改良道路。然而，随着马克思政治立场的转变，他逐渐改变了对选举权和民主制的看法，这在《德意志意识形态》和《1848年至1850年的法兰西阶级斗争》中得到了明确表达。这一时期可以概括为两个结论：第一，自由和

---

① 参见《马克思恩格斯全集》，中文1版，第1卷，人民出版社1956年版，第396页。

平等只不过是资产阶级制造出来用于蒙蔽无产阶级的意识形态而已，"在资产阶级统治时期占统治地位的则是自由、平等，等等"，它们不过是"统治阶级自己为自己编造出……的幻想"①。第二，所谓议会和选举权只不过是资产阶级麻痹人民的工具，无产阶级绝不能陷入到这种政治欺骗之中，他们要想改变目前的状况，就必须用而且只能用暴力革命的方式来推翻资产阶级统治，打碎资产阶级的国家机器，建立无产阶级政权。

但随着马克思经济学研究的不断深入，他逐渐深化了对平等问题的理解，这主要表现在以下几个方面：首先，在《资本论》及其手稿中，马克思已经清楚地意识到，资产阶级的自由平等并不是资产阶级从头脑中任意虚构出来的，而是有其客观的历史基础的。"如果说经济形式，交换，在所有方面确立了主体之间的平等，那么内容……则确立了自由。可见，平等和自由不仅在以交换价值为基础的交换中受到尊重，而且交换价值的交换是一切平等和自由的生产的、现实的基础。作为纯粹观念，平等和自由仅仅是交换价值的交换的一种理想化的表现；作为在法律的、政治的、社会的关系上发展了的东西，平等和自由不过是另一次方上的这种基础而已。"②其次，马克思虽然看到，这种平等只是一种形式上的平等，在其背后掩盖的是真正的不平等，但马克思认识到，这种形式平等并不是完全无用的，在一定程度上，它可以积极地影响工人阶级的政治实践。也正是立足于此，马克思改变了前期将议会和选举权看

---

① 《马克思恩格斯选集》，2版，第1卷，人民出版社1995年版，第100页。
② 《马克思恩格斯全集》，中文2版，第30卷，人民出版社1995年版，第199页。

作是资产阶级欺骗工人的工具的看法。在 1880 年写的《法国工人党纲领导言》中，他已经正面肯定了普选权的功能，认为普选权已经由"向来是欺骗的工具变为解放工具"①，并告诫无产阶级必须使用一切手段，为无产阶级革命事业积蓄力量。不过，在这里，我们必须强调一点：这种转变并不意味着，马克思已像伯恩施坦所说的那样放弃了暴力革命，把选举和形式平等看作是工人斗争的唯一手段；相反，他绝没有退回到《黑格尔法哲学批判》的政治立场中去，而是主张在坚持暴力革命的同时，力图通过合法选举的方式，为革命的最终决战积蓄力量。此时，马克思已经看到了资产阶级形式平等在政治斗争中的历史作用。再次，马克思揭示了真正平等与资产阶级法权平等的本质差异，指出了平等观的精神实质。在《哥达纲领批判》中，马克思指出："一个人在体力或智力上胜过另一个人，因此在同一时间内提供较多的劳动，或者能够劳动较长的时间；而劳动，为了要使它能够成为一种尺度，就必须按照它的时间或强度来确定，不然它就不成其为尺度了。这种**平等**的权利，对不同等的劳动来说是不平等的权利。它不承认任何阶级差别，因为每个人都像其他人一样只是劳动者；但是它默认不同等的个人天赋，因而也就默认不同等的工作能力是天然特权。**所以就它的内容来讲，它像一切权利一样是一种不平等的权利。**权利，就它的本性来讲，只在于使用同一的尺度……要避免所有这些弊病，权利就不应当是平等的，而应当是不平等的。"②资产阶级的法权平等实际上是把同一个尺度运用于不同的人

① 《马克思恩格斯全集》，中文 1 版，第 19 卷，人民出版社 1963 年版，第 264 页。
② 同上书，第 22 页。

身上，就像法律面前人人平等一样，它忽略了这些个体在能力和天赋上的自然差异，采用这种尺度，带来的结果只能是马太效应，强者越强，弱者越弱。与资本主义相比，社会主义的按劳分配原则无疑具有重要的历史进步意义，但在本质上，它仍是一种"资产阶级的法权"。在马克思看来，真正的平等恰恰是在消除不平等产生的政治—社会根源后，按照个体的社会化差异来"不平等"地对待每个个体，实行"各尽所能，按需分配"，彻底实现个体的自由全面发展。可以说，这才是马克思平等观的精神实质。

三、迷雾的澄清：对当代国外学者的批判性反思

有了这些背景之后，我们再来评价上述三种路径的理论贡献和不足之处。

可以说，在西方马克思主义发展史上，从政治哲学向度来深层挖掘卢梭和马克思之间学术渊源的著作并不多见，而德拉-沃尔佩和科莱蒂的这种理论努力无疑弥补了政治思想史上的一块空白，深层揭示了二者之间的学术渊源，这种学术贡献必须要予以肯定。但是，当他们这样做的时候，又走向了另一个极端，抹杀了马克思与卢梭在平等观上的本质差异。首先，在《黑格尔法哲学批判》中，马克思的确受到了卢梭思想的启发，但这种影响只是暂时的，随着马克思政治立场的转变，即由革命民主主义转向共产主义，马克思逐渐意识到卢梭政治思想的局限性和弊端：卢梭的政治思想始终没有超出"资产阶级共和国"的范围，在根基上仍然是资产阶级性质的，因此，必须要予以扬弃。所以，当他们不分青红皂白地把马克思的平等理论看作是卢梭思想的延续时，已经抹杀了二

者在政治立场上的本质差异。其次，他们预设了一条同质性的解读逻辑，当他们仅仅依据字面意思将《哥达纲领批判》看作是《黑格尔法哲学批判》的继续时，已经阉割了这两个文本之间的质性区别。再次，他们忽视了马克思前后期对资产阶级平等的态度转变，马克思并没有一味地否定资产阶级平等的消极意义，而是在一定的范围内，肯定了资产阶级选举权和平等在议会斗争中的积极作用。最后，虽然马克思和卢梭都预见了一种尊重个体自然差异的平等，但是二者在实现途径上却存在着本质性的差异。卢梭天真地以为，只要采取公平的分配制度，就能够协调好生理不平等与社会不平等的关系，从而建立一种真正公平的制度，这显然是资产阶级的一种美好幻想，根本不具有现实性。马克思则清晰地看到，在阶级社会中，由于生产关系的阶级本性，注定了个人生理的不平等必然会转化为政治上的不平等，只要这个制度还存在，不论在分配领域采取何种激进的改革，都必然无法实现卢梭平等主义的幻想。而要想做到这一点，只有通过无产阶级革命，彻底消灭一切阶级，这是实现真正平等的根本途径，显然卢梭是达不到这种高度的。

同样，柯亨从当代视域出发，基于规范性，力图修正马克思主义的平等理论，以此来批判自由主义、捍卫社会主义的平等主义原则，这种理论努力和动机是值得肯定的。更为重要的是，他看到了个体差异和个人意愿在不平等的再生产中所引发的消极后果，主张把个体差异和个人意愿纳入到平等尺度的考量之中，这一点也是值得肯定的。然而，他的缺陷在于：第一，他的优势可及平等理论实际上是建立在这种假设之上的，即每个人的自我选择都是符合理性的，这一点显然是一种幻想。今天，"理性人"的假设已被证明是资产阶级意识形态的预设，是不可能实现的。第二，他的平等理论是要在不平等的社会中，探讨平等实现的可能路径；然而，他所开出的药方恰恰为三种不平等的存在提供了合法性证明：一是由于个体的自我选择造成的不平等；二是由于个体选择所付出的努力程度不同引发的不平等；三是由于运气差异引发的不平等。单从这点来看，他的优势可及平等理论实际上只不过是在马克思和诺齐克之间所做的一种理论折中，这与马克思的平等理论存在天壤之别。第三，他的这一理论实际上是一种以选择和运气为核心的机会主义，他把平等的希望寄托在个人的善良意志之上，显然忽视了社会关系的制约性，是一种一厢情愿的道德主义和掷骰子式的平等主义。最后，从可行性来看，他的优势可及平等理论只是一种规范性分析，在现实中根本不具有操作性。只要不平等的社会关系没有消除，再美好的愿望也只能是水中镜像，可望而不可即。

这也由此引出另一个问题，即如何才能实现真正的平等？马克思后期虽然肯定了选举权在争取政权过程中的积极作用，但是马克思并没有放弃暴力革命的途径，因为他清楚地认识到，即使夺取了政权，也不可能在资产阶级国家机器的基础上建立平等思想，相反，必须要彻底碾碎资产阶级的生产关系和国家机器，这是实现真正平等的第一步。但除此之外，还必须有另一个条件，即高度发达的生产力。从这个角度来看，柯亨正确地指出了马克思平等观实现的两个前提条件。然而，他的缺陷在于，他放弃了生产力与生产关系的内在矛盾线索，仅仅停留在单纯的外在现象上来否认无产阶级革命的可能性，这一点显然是不足取的。而古尔德更是放弃了马克思的历史唯物主义，从阶级逻辑退却到个体的本体论维度，既否认了历史发展的必然性，也扭曲了自由和平等的科学内涵，最终走上了以个体自治为主导的交互性逻辑。等待她的绝不是自由平等的美好天堂，而只能是个体反抗资本逻辑的无助和绝望。奈格里的自治主义也是如此，他完全低估了资本关系对工人的全面建构。马克思明确地指出了这一点："发达的资本主义生产过程的组织粉碎一切反抗；相对过剩人口的不断产生把劳动的供求规律，从而把工资限制在与资本增殖需要相适应的轨道以内；经济关系的无声的强制保证资本家对工人的统治……在通常的情况下，可以让工人由'生产的自然规律'去支配，即由他对资本的从属性去支配，这种从属性由生产条件本身产生，得到这些条件的保证并由它们永久维持下去。"①资本主义生产关系的内在强制必然会把工人作为劳动力再生产出来，即使出现了工人自治，那也是资本为了便于统治而制造出来的新的统治方式。自治不可能给工人带来真正的自由和平等，只要资本主义生产方式没有被彻底根除，再好的自治也不过是在不影响资本主义生产关系的前提下，对工人统治方式的一种转型。就此而言，马克思的暴力革命理论依然具有不可超越的时代价值。

四、自我所有权与平等：对柯亨的再反思

上面笔者只是从不同的方面，评析了三种路径的不足。在这里，还有一个更为根本的问题有待澄清，即如何理解自我所有权与平等的关系？马克思真的像柯亨指责的那样，是从自我所有权出发来论证平等理

---

① 《马克思恩格斯全集》，中文 2 版，第 44 卷，人民出版社 2001 年版，第 846 页。

论的吗？笔者认为，答案是否定的。[①]

(一)马克思如何看待自我所有权?

首先，马克思认为，以自我所有和生产资料私有为基础的生产方式，是西欧资本主义私有制产生的历史前提。马克思指出，历史上存在两种不同的私有制：一种是以自己的劳动为基础的私有制，一种是以剥削他人的劳动为基础的私有制。前者是以生产资料个人私有和劳动自我所有为基础的私有制，后者则是以占有为基础的资本主义私有制，它"不仅与前者直接对立，而且只是在前者的坟墓上成长起来的"[②]。以此来看，以自我所有权为基础的生产形式在历史上是客观存在的，"劳动者对他的生产资料的私有权是小生产的基础……这种生产方式在奴隶制度、农奴制度以及其他从属关系中也是存在的。但是，只有在劳动者是自己使用的劳动条件的自由私有者，农民是自己耕种的土地的自由私有者，手工业者是自己运用自如的工具的自由私有者的地方，它才得到充分发展，才显示出它的全部力量，才获得适当的典型的形式"[③]。在前资本主义的各种生产形式中，生产资料私有和自我所有构成了日耳曼式生产方式的主导原则(在亚细亚和古罗马式的生产方式中，这种所有权也存在，但并没有得到充分发展)，而西欧资本主义私有制就是从这种所有制形式中产生出来的，"个人的分散的生产资料转化为社会的积聚的生产资料，从而多数人的小财产转化为少数人的大财产，广大人民群众被剥夺土地、生活资料、劳动工具，——人民群众遭受的这种可怕的

---

① 参见姚顺良：《〈资本论〉与"自我所有权"》，《学习与探索》2013 年第 4 期。

② 《马克思恩格斯全集》，中文 2 版，第 44 卷，人民出版社 2001 年版，第 876 页。

③ 同上书，第 872 页。

残酷的剥夺，形成资本的前史。这种剥夺包含一系列的暴力方法，其中我们只考察了那些具有划时代意义的资本原始积累的方法。对直接生产者的剥夺，是用最残酷无情的野蛮手段，在最下流、最龌龊、最卑鄙和最可恶的贪欲的驱使下完成的。靠自己劳动挣得的私有制，即以各个独立劳动者与其劳动条件相结合为基础的私有制，被资本主义私有制，即以剥削他人的但形式上是自由的劳动为基础的私有制所排挤"①。在《资本论》第一卷法文版和《给维·伊·查苏利奇的信》中，马克思明确指出，这种以血腥的原始积累为代表的资本主义起源道路仅仅局限于西欧，决不能将其夸大为资本主义起源的共同道路，更不能将其视为资本主义起源的唯一模式，否则，就完全扭曲了马克思的原意，米海洛夫斯基和弗兰克就是典型代表。②

其次，作为一种法权形式，自我所有权在资本主义社会仍然存在，但只是一种表面形式，而不是资本主义社会的主导原则。马克思说："从资本主义生产方式产生的资本主义占有方式，从而资本主义的私有制，是对个人的、以自己劳动为基础的私有制的第一个否定。"③换言之，资本主义私有制是在以自我所有和生产资料个人所有为基础的私有制的坟墓上成长起来的，但这决不是说自我所有权到了资本主义社会就彻底消失了，而是以流通领域的法权形式被保留了下来，继续发挥作用，"现在执行职能的资本，不管它经过的周期的再生产和先行积累的系列多么长，总是保持着它本来的处女性。尽管每一个单独考察的交换

① 《马克思恩格斯全集》，中文2版，第44卷，人民出版社2001年版，第873页。
② 参见本章第二节第一目。
③ 《马克思恩格斯全集》，中文2版，第44卷，人民出版社2001年版，第874页。

行为仍遵循交换规律，但占有方式却会发生根本的变革，而这丝毫不触犯与商品生产相适应的所有权。这同一所有权，在产品归生产者所有，生产者用等价物交换等价物，只能靠自己劳动致富的初期，是有效的；在社会财富越来越多地成为那些能不断地重新占有别人无酬劳动的人的财产的资本主义时期，也是有效的"①。最为典型的例子，就是劳动力的自我所有权。马克思说，劳动力的买卖确实是天赋人权的伊甸园，在这里，占统治地位的是自由、平等、所有权和边沁：一方是劳动力所有者，另一方是货币所有者，他们都是各自商品的所有者，为了实现自己的利益，他们会根据自己的意愿进行平等交换。以此来看，与奴隶、农奴不同，工人完全是自己劳动力的法权所有者；同时，在商品交换和流通领域，这种自我所有权仍然有效，资本主义的商品交换依然符合所有权规律。不过，马克思认为，这只是一种表面现象，并不构成资本主义生产的主导原则，因为在后者那里，所有权规律将会被一种新的规律所代替。

最后，商品生产的所有权规律向资本主义占有规律的转化。在以自己劳动为基础的私有制中，劳动的自我所有权是与生产资料的个人私有紧密联系在一起的，这足以保证个人对劳动条件、劳动过程和劳动产品的最终所有，这是商品生产的所有权规律。然而，在资本主义条件下，劳动力的自我所有已经沦为与生产资料所有相分离的所有权，只是一种活的可能性。为了生存，工人只能通过交换把自己的劳动力转让给资本家，即将劳动力的支配权转让给他人，进而实现劳动与生产资料的内在

① 《马克思恩格斯全集》，中文2版，第44卷，人民出版社2001年版，第677页。

统一。"现在，所有权对于资本家来说，表现为占有他人无酬劳动或它的产品的权利，而对于工人来说，则表现为不能占有自己的产品。"①以此来看，生产资料所有权与劳动力所有权的分离，必然导致商品生产的所有权规律向资本主义占有规律的转变，结果，"以商品生产和商品流通为基础的占有规律或私有权规律，通过它本身的、内在的、不可避免的辩证法转变为自己的直接对立物"②。因此，构成资本主义生产方式基础的，决不是以自己劳动为基础的私有制，更不是简单商品生产或商品流通中居于主导地位的所有权规律，而是以剥削和占有他人劳动为基础的私有制。而资产阶级政治经济学家的错误之处就在于，"他们把以劳动为基础的私有制的意识形态硬搬到以剥夺直接生产者为基础的所有制上来"③，"把资本主义以前世界的法的观念和所有权观念应用到这个已经完成的资本世界"④，将两种完全不同的私有制混淆了起来。

以此来看，柯亨的这一判断——自我所有权是马克思政治哲学与自由主义的共同基础——彻底抹杀了二者在这一问题上的根本差异，是完全错误的。基于此，我们可以明确澄清诺奇克、柯亨和马克思在这一问题上的根本分歧。诺奇克认为，自我所有是绝对权利，以此来宣扬自由主义正义论；而柯亨则相反，他彻底否定自我所有权，宣扬平等主义正义论。与他们不同，马克思没有抽象地讨论自我所有权，而是采取历史唯物主义的态度，将自我所有权还原到具体的语境之中，辩证地历史地

---

① 《马克思恩格斯全集》，中文 2 版，第 44 卷，人民出版社 2001 年版，第 674 页。
② 同上书，第 673 页。
③ 《马克思恩格斯全集》，中文 1 版，第 49 卷，人民出版社 1982 年版，第 144 页。
④ 《马克思恩格斯全集》，中文 2 版，第 44 卷，人民出版社 2001 年版，第 876 页。

分析自我所有权。他不像诺奇克那样抽象地承认自我所有的绝对权利，而是结合特定的社会形态，分析以自我所有为基础的私有制以及资本主义条件下劳动力自我所有的相对合理性及其历史性，反对任何将自我所有权夸大为绝对权利的自由主义。另一方面，马克思也决不像柯亨指责的那样，将自我所有权作为自己理论建构的基础。他对自我所有权的承认，只是在特定的语境中对自我所有权具体表现形态的一种辩证的历史的承认，与诺奇克的那种绝对承认存在天壤之别；更为重要的是，马克思分析了自我所有权在不同社会形态中的具体表现、演变过程及其发展趋势，与其说马克思是以自我所有权为基础来建构自己的平等理论的，倒不如说马克思是要从根本上彻底超越自我所有权和资本主义私有制，力图在生产资料公有制的基础上，重新建立个人所有制。因此，那种简单地将马克思对自我所有权的相对承认混同于自由主义的绝对承认的做法，是完全错误的；而那种将自我所有权视为马克思理论建构基础的看法，则是错上加错。

(二)自我所有权是马克思批判资本主义剥削的核心依据吗？

柯亨指出，当马克思批判资本主义剥削是不公正的时候，他的判定依据实际上是自我所有原则，并认为马克思的批判只适用于出身肮脏的资本家，而不适用于出身干净的资本家。如何看待这一观点呢？

在马克思看来，血腥的原始积累是资本形成的主要方式，但决不是唯一方式；他并不否认有些人可以通过自己的勤劳或节俭成为资本家，这也就是柯亨所说的出身干净的资本家。他们之所以"干净"，主要在于他们最初的货币不是通过血腥的剥夺得来的，而是自己省吃俭用或勤劳的结果。但问题在于，即使有了这干净的"第一桶金"，就能使他们成为资本家吗？显然不能。此时他们最多只能算是货币所有者，还不能称为资本家。他们若要完成从货币所有者到资本家的转变，就必须想方设法地使自己的货币成为资本，实现自我增殖，而要做到这一点，就必须在市场上购买劳动力。因此，澄清这种交换对劳动力所有者、货币所有者以及整个社会再生产分别意味着什么，就具有至关重要的实质意义。

首先，从劳动力所有者的角度看，这意味着劳动力支配权的转让。上文已经指出，在资本主义社会，劳动力的自我所有权是与生产资料的所有权分离的，货币所有者与劳动力所有者之间的商品交换，首先意味着劳动力支配权的转移，即通过交换，劳动力所有者将劳动力的支配权转移到货币所有者手上。然而，一旦进入生产过程，这种所有权上的形式转让就会发生一种质变，转化为一种具有实质内容的真实异化：货币所有者不仅获得了对劳动力的支配权，而且也获得了对最终产品的支配权，"这一点意味着：工人并不占有他自己劳动的产品，这个产品对他来说表现为他人的财产，反过来说，他人的劳动表现为资本的财产。资产阶级所有权的这第二条规律（占有规律——引者注）是第一条规律（所有权规律——引者注）转变来的，并通过继承权等等而长期存在下去，不受单个资本家的易逝性的影响；它同第一条规律一样被承认为规律。第一条是劳动和所有权的同一性；第二条是劳动表现为被否定的所有权，或者说，所有权表现为对他人劳动的异己性的否定"①，即转化为资本主义的占有规律。

其次，从货币所有者来看，所有权规律依然成立，但占有规律也已

———————————

① 《马克思恩格斯全集》，中文2版，第30卷，人民出版社1995年版，第463页。

经开始发挥作用。对出身不好的资本家来说，他们的原始积累本身就是建立在剥夺他人之上的，完全是血腥的、肮脏的、非正义的。但对于出身干净的资本家而言，他们最初的货币是自己勤劳和节俭的结果，他们的生产资料或者是自己积攒下来的，或者是在市场上购买的；同样，劳动力也是他们花自己的钱在市场上买到的，已经支付了一定的货币，从劳动力所有者手上获得了劳动力支配权。这些似乎都符合商品生产和商品流通的所有权规律，因此，货币所有者理所当然地拥有最终产品的所有权。如马克思所说："可见，货币最初转化为资本，是完完全全符合商品生产的经济规律以及由此产生的所有权的。"①这正是柯亨指责马克思，说他对资本主义的批判不适用于这类资本家的重要原因。如果仅仅停留在这个层面，柯亨的分析似乎很有道理，但令人遗憾的是，柯亨忽视了马克思接下来的分析。马克思指出，劳动力是一种独特的商品，它不仅能够将货币所有者支付给它的价值生产出来，同时也会创造一个余额，即剩余价值。后者没花费货币所有者分文，但却被他无偿地占有了，成为他的合法财产。正是由于这种无偿的占有关系，才使得最初与活劳动相对立的货币所有者转化为资本家，由此可见，"使他得以成为资本家的，不是交换，而是这样一个过程：他在这个过程中不经过交换就得到了**对象化的劳动时间**，即**价值**。半个工作日**没有花费资本分文**；也就是说，资本没有付出任何等价物就得到一个价值"②。正是由于这一过程，原来的劳动力出卖者被生产为雇佣工人；而货币所有者与劳动

---

① 《马克思恩格斯全集》，中文2版，第44卷，人民出版社2001年版，第675页。
② 《马克思恩格斯全集》，中文2版，第30卷，人民出版社1995年版，第285页。

力所有者之间的关系，也不再是商品流通或所有权意义上的平等关系，而是被转化为资本家与雇佣工人之间的剥削关系，这是比一切物质过程更为重要的结果。以此来看，即使是出身干净的货币所有者，妄想通过自己的劳动而成为资本家，是完全不可能的；若要实现这种转变，就必须要无偿霸占他人创造的剩余价值。干净的外表已经退去，肮脏的实质已显露无遗。因此，对于出身干净的货币所有者而言，他向资本家的最初转化，表面上是符合商品生产和商品流通的所有权规律的，但实质上却是他对别人无酬劳动的占有过程，与前者相比，后者才是最关键的、最本质的。

最后，从再生产过程来看，资本主义的占有规律和剥削本质得到了充分彰显。在马克思看来，资本主义再生产过程不仅是剩余价值的生产和再生产过程，更是用剩余价值再生产剩余价值的过程。因此，如果说就单次生产而言，这种占有规律还是以隐性的方式存在的；那么，一旦从再生产过程入手，所有隐藏的本质就会充分地显现出来。在马克思看来，再生产包括两种形式：一是简单再生产，一是扩大再生产。所谓简单再生产是指资本家把所获得的剩余价值，全部用于个人消费，在原有的规模上进行再生产。从表面上看，这种再生产似乎是资本家不断将自己的货币投入到生产过程以养活工人和他自己，似乎是资本家的自力更生。对此，马克思说这只是一个假象。虽然在开始时，表现为资本家把自己的资本投入流通，但随着再生产过程的继续，每次生产的剩余价值都被资本家无偿地占有了，并用于个人消费。经过一段时间以后，他的原初价值额早就被他消费掉了，而存留下来的只是工人创造出来的无酬劳动。"因此，撇开一切积累不说，生产过程的单纯连续或者说简单再生产，经过一个或长或短的时期以后，必然会使任何资本都转化为积累的资本或资本化的剩余价值。即使资本在进入生产过程的时候是资本使用者本人挣得的财产，它迟早也要成为不付等价物而被占有的价值，成为无酬的他人劳动在货币形式或其他形式上的化身。"①起初只是起点的东西，后来通过过程的单纯连续，即通过简单再生产，就作为资本主义生产本身的结果而不断地再生产出来，最终演变为用无酬的剩余价值来生产剩余价值的过程。

第二种是扩大再生产，即把剩余价值转化为资本，重新投入生产。马克思把从最初生产过程中产生的剩余价值，称为**剩余资本Ⅰ，把由剩余资本Ⅰ生产出来的剩余价值，称为剩余资本Ⅱ**。就前者而言，它的前提表现为货币所有者用自己的货币在市场上购买原料、工具，并与工人进行交换，这些最初投入流通的货币都是货币所有者自己的。"剩余资本Ⅰ的前提是归资本家所有的并由他投入流通的价值，更确切地说，由他在同活劳动能力的交换中投入的价值。剩余资本Ⅱ的前提无非就是剩余资本Ⅰ的存在，换句话说，就是这样一个前提：资本家不经过交换就占有他人劳动。这使资本家能够不断地重新开始过程。固然，为了创造剩余资本Ⅱ，资本家必须用剩余资本Ⅰ的一部分价值在生活资料的形式上同活劳动能力相交换，但是，他这样拿去进行交换的东西，从一开始就不是由他从自己的基金中投入流通的价值，而是他人的对象化劳动，他没有支付任何等价物就占有了这种对象化劳动，并且现在又用它来同

---

① 《马克思恩格斯全集》，中文 2 版，第 44 卷，人民出版社 2001 年版，第 657—658 页。

他人的活劳动相交换；同样，这种新的劳动借以实现自己并创造剩余价值的材料等等，不经过交换，通过单纯的占有便落入资本家的手中。"①这表明，不论是哪种形式的再生产，资本主义的生产过程最终都会演化为用剩余价值再生产剩余价值的过程，这是资本主义占有规律的必然结果。

基于上述分析，可以看出，第一，不论是出身肮脏的资本家还是出身干净的资本家，只要他想成为资本家，就必须要无偿霸占他人的剩余劳动，否则，他就不可能成为资本家。从这个角度而言，资本主义的剥削是内生于资本之中的：不论何种资本，只有通过无偿占有别人的剩余劳动，它才能实现自我增殖。就此而言，当柯亨说，马克思对资本主义剥削的批判只适用于出身肮脏的资本主义而不适用于出身干净的资本主义时，显然是错误的。第二，马克思的批判支点是自我所有原则吗？答案也是否定的。在马克思看来，自我所有权决不是从来就有的，而是历史发展到一定阶段的产物，因此，马克思从来不会抽象地讨论自我所有权，而是结合特定的历史语境，分析自我所有权的具体形式。这种自我所有在奴隶制、农奴制以及其他从属关系中也可能存在，但只是到了在以自己劳动为基础的私有制中，才获得充分发展（日耳曼式的生产方式）。在这里，自我所有与生产资料所有具有同一性；但到了资本主义社会，自我所有则转化为法权意义上的劳动力所有。这是自我所有权在不同社会形态中的具体表现和特定内涵，决不能将其从历史的语境中剥

---

① 《马克思恩格斯全集》，中文 2 版，第 30 卷，人民出版社 1995 年版，第 448—449 页。

离出来，抽象地将其放大为适用于一切人类社会的普遍原则，更不能用"每个人都是自己的所有者"这种空洞的教条，来诠释不同社会形态中自我所有权的特定内涵。就此而言，虽然柯亨与诺奇克在立场上是对立的，但他们对自我所有权的理解却是一样的，都陷入到非历史主义的窠臼之中。如果按照柯亨的逻辑，也可以说原始社会是非正义的，因为在那里，每个人都服从于共同体，根本不是所谓的自我所有者，显然，这一逻辑是极其荒谬的。马克思对资本主义剥削的批判，不是单纯基于人性的道德—伦理批判，更不是以抽象的自我所有权为基础的外在批判，而是立足于历史唯物主义和政治经济学批判的内在的历史批判，柯亨显然没有看到这一点。第三，柯亨将出身干净的资本生产过程界定为符合商品所有权规律的过程，完全忽视了所有权规律向占有规律的转化，更没有厘清资本主义再生产过程的本质，犯了同资产阶级政治经济学家一样的错误，即"把资本主义以前世界的法的观念和所有权观念应用到这个已经完成的资本世界"①。

(三)"重新建立个人所有制"是回归自我所有权吗

柯亨说，马克思对未来社会的设想也是以自我所有原则为基础的，进而将马克思的"重新建立个人所有制"理解为重建自我所有权。真的是这样的吗？

在回答这一问题时，首先要厘清马克思提出这一命题的历史语境。这一命题是在《资本论》第一卷的"原始积累"章提出来的，不过，德文版和法文版的表述略有区别。在德文版中，马克思的原话是这样的："从

---

① 《马克思恩格斯全集》，中文 2 版，第 44 卷，人民出版社 2001 年版，第 876 页。

资本主义生产方式产生的资本主义占有方式，从而资本主义的私有制，是对个人的、以自己劳动为基础的私有制的第一个否定。但资本主义生产由于自然过程的必然性，造成了对自身的否定。这是否定的否定。这种否定不是重新建立私有制，而是在资本主义时代的成就的基础上，也就是说，在协作和对土地及靠劳动本身生产的生产资料的共同占有的基础上，重新建立个人所有制。以个人自己劳动为基础的分散的私有制转化为资本主义私有制，同事实上已经以社会的生产经营为基础的资本主义所有制转化为社会所有制比较起来，自然是一个长久得多、艰苦得多、困难得多的过程。"①在修订的法文版中，马克思对这段话做了一些修改："同资本主义生产方式相适应的资本主义占有，是这种仅仅作为独立的个体劳动的必然结果的私有制的第一个否定。但是，资本主义生产本身由于自然变化的必然性，造成了对自身的否定。这是否定的否定。这种否定不是重新建立劳动者的私有制，而是在资本主义时代的成就的基础上，在协作和共同占有包括土地在内的一切生产资料的基础上，重新建立劳动者的个人所有制。当然，作为个人劳动的目的的分散的私有制转化为资本主义私有制，同事实上已经以集体生产方式为基础的资本主义所有制转化为公有制比较起来，必然有更长的时间、更多的努力和痛苦。"②

以此来看，第一，马克思所说的"重新建立个人所有制"或"重新建立劳动者的个人所有制"，决不是要重新回到以个体劳动为基础的私有

---

① 《马克思恩格斯全集》，中文2版，第44卷，人民出版社2001年版，第874页。
② 马克思：《资本论》第1卷法文版，中国社会科学出版社1983年版，第826页。

制，更不是要回到以自我所有为基础的小生产时代。如果说资本主义私有制是对以个体劳动为基础的私有制的否定，那么，重建个人所有制则是否定之否定，是对这两种私有制的全面扬弃，这是一种螺旋式的上升和发展过程，而不是一种简单的幼稚的复古主义。"如果单个工人作为单独的人要再恢复对生产条件的所有制，那只有将生产力和大规模劳动发展分离开来才有可能。资本家对这种劳动的异己的所有制，只有通过他的所有制改造为非孤立的单个人的所有制，也就是改造为联合起来的社会个人的所有制，才可能被消灭。"①

第二，在这里，马克思已经明确指出，重建个人所有制是在公有制即"在协作和共同占有包括土地在内的一切生产资料的基础上"进行的，决不能将这里的"个人所有制"理解为"个人私有制"。在《反杜林论》中，恩格斯准确地阐述了这段话的真实含义："靠剥夺剥夺者而建立起来的状态，被称为以土地和靠劳动本身生产的生产资料的社会所有制为基础的个人所有制的恢复。对任何一个懂德语的人来说，这也就是说，社会所有制涉及土地和其他生产资料，个人所有制涉及产品，那就是涉及消费品。"②显然柯亨没有理解这段话的真实内涵。

第三，个人所有制在社会主义和共产主义阶段的表现形式是否一样？关于这一问题，马克思在《哥达纲领批判》和《资本论》第3卷中已经说得很清楚了。在社会主义阶段，人们所能达到的最大自由就是"社会化的人，联合起来的生产者，将合理地调节他们和自然之间的物质变

---

① 《马克思恩格斯全集》，中文1版，第48卷，人民出版社1985年版，第21页。
② 《马克思恩格斯选集》，2版，第3卷，人民出版社1995年版，第473页。

换，把它置于他们的共同控制之下，而不让它作为一种盲目的力量来统治自己；靠消耗最小的力量，在最无愧于和最适合于他们的人类本性的条件下来进行这种物质变换。但是，这个领域始终是一个必然王国。"①在这里，劳动仍是一种谋生活动，因此，在社会主义阶段，必须采用按劳分配原则，它在本质上并没有真正扬弃自我所有权，用马克思的话来说，即它仍是一种"资产阶级的法权"。"在共产主义社会高级阶段上，在迫使人们奴隶般地服从分工的情形已经消失，从而脑力劳动和体力劳动的对立也随之消失之后；在劳动已经不仅仅是谋生的手段，而且本身成了生活的第一需要之后；在随着个人的全面发展生产力也增长起来，而集体财富的一切源泉都充分涌流之后，——只有在那个时候，才能完全超出资产阶级法权的狭隘眼界，社会才能在自己的旗帜上写上：各尽所能，按需分配！"②到了这时，劳动将从物质生产中解放出来，从手段上升为目的本身③；届时，人们才能真正超越资产阶级法权（按劳分配），按照个体的社会化差异"不平等"地对待每一个人，真正促进每个人的自由全面发展，这才是马克思所说的平等主义。而柯亨的平等主义显然只不过是一种伦理式的平均主义，或者说至多是西方福利国家的另类翻版。

---

① 《马克思恩格斯全集》，中文 2 版，第 46 卷，人民出版社 2003 年版，第 928—929 页。

② 《马克思恩格斯全集》，中文 1 版，第 19 卷，人民出版社 1963 年版，第 22—23 页。

③ 关于这一问题，请参见第三章第三节。

第四节 《资本论》与马克思的分配正义理论

当前国外学界一直存在一种声音,认为马克思的正义理论实际上是建立在人性之上的道德批判。单纯就《1844 年经济学哲学手稿》而言,这一批判似乎具有一定的合理性,因为它的整个理论基础毕竟是建立在抽象的异化逻辑之上的。但当他们把这顶帽子扣到《资本论》头上时,恰恰抹杀了这一著作的独特贡献。在这里,马克思不仅揭示了资本主义的分配过程,更从生产关系入手,揭示了这种分配不公正产生的历史基础。这种批判既不是以人性为基础的道德批判,也不是一种空洞的意识形态控诉,而是建立在历史唯物主义之上的政治经济学批判。

一、工资的政治经济学批判与分配不平等

马克思指出,工人首先以"劳动力价值"的形式参与产品的价值分配,因此,要想理解工人与资本家之间的分配形式,必须要准确界定"劳动力价值"的含义,没有这一点作为基础,就不可能真正理解工人和资本家之间的分配过程。

在重农学派那里,"劳动商品"的价格被定义为满足工人及其后代的自然需求所需要的最低工资额。马克思指出:"从事分析资本主义生产的现代政治经济学的基础,就是把**劳动能力的价值**看作某种固定的东西,已知的量,而实际上它在每一个特定的场合,也就是一个已知量。

所以，**最低限度的工资**理所当然地构成重农学派的学说的轴心。"①既然"劳动商品"的价格是由满足人的自然需求的最低量决定的，这样无形之中也就把工资的社会属性阉割掉了，将其视为由自然因素决定的不变量，马克思后来评价道："他们（重农学派——引者注）错误地把这个**最低限度**看作不变的量，在他们看来，这个量完全决定于自然，而不决定于本身就是一个变量的历史发展阶段。"②这一学说到了斯密和李嘉图那里得到了进一步发展。斯密指出："需要靠劳动过活的人，其工资至少须足够维持其生活。在大多数场合，工资还得稍稍超过足够维持生活的程度，否则劳动者就不能赡养家室而传宗接代了……上述工资是符合一般人道标准的最低工资。"③不过，他又作出了两重设定：一是将"工资"视为商品价值的决定因素。他指出，在资本积累和土地所有权产生之前，商品的价值是由商品包含的内在劳动量决定的，但在资本积累和土地所有权产生之后，商品的价值将由其在市场上交换到的劳动量（工资）来决定，这是一种庸俗的劳动价值论。第二，他假定了劳动价值的永恒不变性，这也是错误的，"只有本身价值绝不变动的劳动，才是随时随地可用以估量和比较各种商品价值的最后和真实标准。劳动是商品的真实价值，货币是商品的名义价格"④。按照这一假定，工人的名义工资可能会发生变化，但它的真实价值却是固定不变的。这就意味着，不论

---

① 《马克思恩格斯全集》，中文1版，第26卷第一册，人民出版社1972年版，第16页。

② 同上书，第16—19页。17—18页是插图。

③ ［英］亚当·斯密：《国民财富的性质和原因的研究》上卷，郭大力等译，商务印书馆2008年版，第62—63页。

④ 同上书，第29页。

产品的价值有多大，工人分得的份额始终被限制在满足自己生理需求的最低限度之内。这种学说把工人永远钉在了金字塔的最低层，使他们既看不到真实工资增长的希望，也找不到现实的出路，只能屈从于资本的摆布，进而放弃对资本主义分配制度的抵抗。

而李嘉图则对上述问题做了进一步的修正和补充。他指出，劳动价值绝不像斯密断言的那样是固定不变的，而是"和其他一切物品一样，要受始终随着社会状况的每一变动而变化的供求比例的影响，而且也要受用劳动工资购买的食物与其他必需品的价格变动的影响"①。通过这一批判，李嘉图彻底粉碎了"价格由工资来决定"的庸俗理论，将劳动价值论推进到一个新的高度。另一方面，李嘉图进一步指出，由于劳动价值是变动的，因此，"劳动的自然价格不能理解为绝对固定和恒常不变的，即使用食物和必需品价值也是如此。它在同一国家的不同时期中是有变化的，在不同的国家差别就十分大。这一点基本上取决于人民的风俗习惯"②。以此来看，李嘉图清楚地认识到工资的差异性和变动性：不仅不同国家的工资水平存在差异，即使是同一国家在不同历史时期也存在明显差异。从这个角度来看，李嘉图似乎不再像重农学派和斯密那样，把工资（劳动价值）理解为一个不变量，克服了最低限度工资理论，实际上，这只是一种错觉。他指出："劳动正象其他一切可以买卖并且可以在数量上增加或减少的物品一样，具有自然价格和市场价格。劳动的自然价格是让劳动者大体上能够生活下去并不增不减地延续其后裔所

---

① 《李嘉图著作和通信集》第 1 卷，斯拉法主编，郭大力等译，商务印书馆 1997 年版，第 10 页。

② 同上书，第 80 页。

必需的价格。"①以此来看，李嘉图的工资理论仍然是最低限度工资的延续，他所讲的变动只是**工资最低额**的变动。由于发展水平的差异，在不同历史时期或不同国家中，这个最低量也是不一样的，但在一定时期内，它又是一个固定的已知量，即"不增不减地延续其后裔所必需的价格"，这是由自然需求所决定的最低量。从这个角度来讲，李嘉图并没有克服最低限度工资理论，而是像他的前辈们一样，把工资完全理解为满足自然生理需求的最低额，可以说这是不准确的。根据马克思后来的看法，工资实际上包含两部分：一是维持工人及其后代所需要的生存费用，这是所谓的最低限度工资，二是为了实现工人发展所需要的教育费用。前者是自然生理需要，后者是社会发展需要，二者共同构成了工资的有机组成部分。然而，最低限度工资理论仅仅抓住了第一部分，完全忽视了第二部分。

从马克思的思想发展历程来看，他一开始并没有认识到最低限度工资理论的谬误之处，而是把它当作正确的理论接受了下来。例如，在《哲学的贫困》中，他指出，"劳动的自然价格无非就是工资的最低额"。而在《雇佣劳动与资本》中则进一步阐释说："简单劳动力的生产费用就**是维持工人生存和延续工人后代的费用**。这种维持生存和延续后代的费用的价格就是工资。这样决定的工资就叫作**最低工资额**。这种最低工资额，也和商品价格一般由生产费用决定一样，不是就**单个人**来说的，而是就整个**种属**来说的。"②与李嘉图一样，马克思也看到了最低限度工资

---

① 《李嘉图著作和通信集》第 1 卷，斯拉法主编，郭大力等译，商务印书馆 1997 年版，第 77 页。

② 《马克思恩格斯选集》，2 版，第 1 卷，人民出版社 1995 年版，第 343 页。

的变动性和差异性，他指出："虽然平均最低工资是由最必需的生活资料本身的价格所决定的，但还是应该指出：**第一**，不同国家的最低额各不相同，例如，爱尔兰的马铃薯。**第二**，不仅如此。最低额本身有自己的历史运动，它愈来愈降低到绝对最少的水平。以烧酒为例。最初用葡萄渣酿制，后来用谷物，再以后用马铃薯酒精。"①此时马克思并没有超出最低限度工资理论，这一点对他的理论逻辑产生了非常消极的影响。

第一，在《哲学的贫困》中，马克思虽然制定了科学的生产关系范畴，但这种"科学性"显然是从一般哲学的层面来界定的。由于此时他还没有真正摆脱资产阶级政治经济学的局限性，创立科学的劳动价值论和剩余价值理论，这导致他无法揭示资产阶级生产关系的科学内涵，最终只能从由财富的"不平等分配"②所导致的阶级斗争这条政治线索，来寻求资本主义灭亡的证据。但笔者想强调的是，这里的财富不平等分配虽然也是对资本主义现实情况的一种抗诉，但这种不平等分配与后期的不平等分配在内涵和依据上存在本质差异：后期的不平等分配是建立在资本家剥削工人剩余价值之上的，而此处的不平等分配显然是以"最低限度工资"为根基的。从这种分配理论出发，是不可能找到资本主义灭亡的科学依据的。第二，这种最低限度工资理论束缚了马克思的思想，使他低估了工人罢工的经济学意义。作为"工人阶级的政治经济学"，马克思的经济学一开始就体现了自己独特的政治立场，他始终不遗余力地运用他所取得的经济学理论来指导工人的实践运动。就最低限度工资理论

① 《马克思恩格斯全集》，中文 1 版，第 6 卷，人民出版社 1961 年版，第 645 页。
② 《马克思恩格斯全集》，中文 1 版，第 4 卷，人民出版社 1958 年版，第 95 页。

也是如此，他不仅把这一学说当作正确的理论接受下来，而且还从中引出了它对工人运动的影响。他指出，虽然罢工对工人**政治运动**产生了积极的影响，但是它对提高工资、改变工人的经济状况而言并不具有积极意义：自然生理需求决定的最低工资是资本主义竞争产生的铁的规律，是一种不以人的意志为转移的规律，它不可能通过工人的联合和罢工等人为因素而改变。"联合会要求工人负担的费用，在大多数情况下比联合会想争取提高的收入要多。它们不能长久地与竞争规律对抗。"①恩格斯甚至把1851年12月底工人为了取消加班和改善经济状况而进行的罢工称为"愚蠢的罢工"②。以此来看，正是这种最低限度工资理论，使马克思恩格斯低估了工人罢工的经济学意义。第三，在工作日缩短的问题上，马克思依然是消极的。在一定的工作日内，工人通过艰苦劳动只能取得生理上的最低需要，那么一旦工作日缩短，这就意味着，工人为了获得以前这个最低限度工资，就必须在比以前更短的时间内从事更加艰苦的劳动，工作日的缩短带来的是劳动强度的增加，因此工作日的缩短对工人而言不是一种幸福，而是一种不幸，"最低工资所产生的结果是：例如，取消星期日对工人来说纯粹是损失。他必须在更加恶劣的条件下挣得工资"③。因此，此时马克思恩格斯并不是从积极的意义上来认识和评价1844年6月8日通过的十小时工作法案的，而是认为它是对工

① 《马克思恩格斯全集》，中文1版，第6卷，人民出版社1961年版，第658页。
② 《马克思恩格斯全集》，中文1版，第28卷，人民出版社1973年版，第34页。
③ 《马克思恩格斯全集》，中文1版，第6卷，人民出版社1961年版，第645页。

人更深的掠夺，是反动的措施。① 这与后来马克思在 1864 年《国际工人协会成立宣言》和《资本论》第一卷中的如下评价形成了鲜明对比："十小时工作日法案不仅是一个重大的实际的成功，而且是一个原则的胜利；资产阶级政治经济学第一次在工人阶级政治经济学面前公开投降了。"②

随着经济学研究的深入，马克思逐渐克服了资产阶级劳动价值论的局限，实现了"劳动商品"到劳动力商品的转变。此时他才意识到，决定劳动力价格的绝不只是自然生理需求，而且还包括一定的社会因素。在 1865 年的《工资、价格和利润》中，他明确指出：**"劳动力的价值或劳动的价值**由于某些特点而与其他一切商品的价值不同。劳动力的价值由两种要素所构成：一种是纯生理的要素，另一种是历史的或社会的要素。"③而劳动力价值的最低限度是由第一种因素决定的，工人为了维持自己的生存，必须获得绝对必需的生活资料，而这些生活资料的价值，就构成劳动力价值的最低界限。除了纯粹生理因素外，劳动力价值还取决于每个国家的生活水平：它不仅包括生理的需求水平，而且还包括满足人们的文化教育或道德规范所需要的社会水平。④ 这一观点在两年后的《资本论》第一卷中得到了全面阐述："由于一个国家的气候和其他自然特点不同，食物、衣服、取暖、居住等等自然需要本身也就不同。另一方面，所谓必不可少的需要的范围，和满足这些需要的方式一样，本

① 参见《马克思恩格斯全集》，中文 1 版，第 7 卷，人民出版社 1959 年版，第 271—272 页。

② 《马克思恩格斯全集》，中文 1 版，第 16 卷，人民出版社 1964 年版，第 11—12 页。

③ 同上书，第 164 页。

④ 同上书，第 164 页。

身是历史的产物，因此多半取决于一个国家的文化水平，其中主要取决于自由工人阶级是在什么条件下形成的，从而它有哪些习惯和生活要求。因此，和其他商品不同，劳动力的价值规定包含着一个历史的和道德的要素。"①因此，劳动力价值是由两部分构成的：一是工人生理需求决定的工资数额，二是工人为了适应社会发展所花费的教育或训练费用。这时马克思才从根基上克服了最低限度工资理论的缺陷，建立起科学的劳动力价值理论。

以此来看，劳动力价值最终是由社会历史发展水平决定的，而不是单纯地由自然生理因素决定的。由于资本家的目的是最大限度地掠夺工人的剩余价值，因此，资本家必然会想尽一切办法来压低工人的工资，直至降低到生理上的最低界限。所以，工人绝不能束手就擒，必须要通过罢工和联合的方式同资本家斗争，去争取工资的提高；如果工人放弃对资本剥夺的斗争，那"他们就会沦为一群听天由命的、不可挽救的可怜虫"②。工资的实际水平和工作日的实际长度"只是通过资本与劳动之间的不断斗争来确定……归根结底，这是斗争双方力量对比的问题"③。显然马克思已经改变了前期关于罢工的消极判断，鼓励工人通过罢工的方式同资本家展开斗争，来争取工资的提高和工作日的缩短。这种观点上的转变，显然是以科学的劳动力价值理论为基础的，也只有从这一理论出发，我们才能准确理解资本家与工人之间的分配过程。

———————————

① 《马克思恩格斯全集》，中文 2 版，第 44 卷，人民出版社 2001 年版，第 198—199 页。

② 《马克思恩格斯全集》，中文 1 版，第 16 卷，人民出版社 1964 年版，第 168 页。

③ 同上书，第 166 页。

　　为了生产，资本家必须在市场上购买生产资料和劳动力商品，前者构成了资本的不变部分，后者构成了可变部分。当工人的实际劳动开始时，这种劳动力也就不再属于工人本身，而是作为雇佣劳动并入资本。在劳动过程中，工人本身的劳动时间分为必要劳动时间和剩余劳动时间：在前一部分中，工人一方面把生产资料的价值即不变资本部分转移到商品中，另一方面他又把自身的价值即可变资本生产了出来；而在后一部分时间中，他生产出全新的剩余价值。单纯从分配形式来看，工人以货币形式参与产品价值的分配，这样原初作为购买劳动力价值的可变资本部分就转化为工资形式，它的数额等于可变资本部分，而那些在剩余劳动时间内生产出来的剩余价值却无偿地落入了资本家的腰包，可以说，这种不平等分配，构成了资本主义分配制度的实质。然而，这种不平等的根源并不在于分配本身，而在于分配背后的生产关系，正因为工人以雇佣劳动形式参与生产，他才以工资形式参与分配。因此要想推翻这种分配制度，绝不能像汤普逊和霍吉斯金那样只在分配领域中来寻求分配关系的革命，相反，必须要深入到分配关系背后的生产关系之中，才能真正解决分配的不平等问题。可以说，马克思的这一理论为无产阶级革命指明了方向。

　　然而，在资本家及其代理人的眼中，这种分配过程却不是以本质形式呈现出来的，而是采取了一种虚假的、外在的形式。由于他们把"劳动"而不是劳动力当作商品，这样，他们就把劳动力的价值看作为"劳动的价值"或"劳动的自然价格"。因此，原初等于可变资本量的报酬，现在就不再表现为必要劳动部分的价值，而是表现工人全部劳动的工资，如果用公式来表示就是"劳动—工资"，这种形式完全掩盖了工人为资本家生产剩余价值的真相，掩盖了这种不平等分配的实质，对工人产生了极大的迷惑作用。"**劳动力的价值**以这种歪曲的和派生的形式呈现在资产阶级社会的表面，获得了自己的日常表现（自己的公开的形式），即劳动的**价值**或以货币表现的劳动的**价格**，在这种歪曲的和派生的形式中，**有酬**劳动与**无酬**劳动之间的差别完全消失了，因为工资就是**工作日**的报酬和它的等价物——实际上是它的产品的等价物。因此，实际上不得不把包含在产品中的剩余价值解释为某种看不见的、神秘的属性，不得不从不变资本中引出剩余价值。由于有这种表现，就造成了雇佣劳动与徭役劳动之间的差别，**在工人**中产生了**幻想**。"①"工人和资本家的一切法的观念，资本主义生产方式的一切神秘性，这一生产方式所产生的一切自由幻觉，庸俗经济学的一切辩护遁词，都是以这个表现形式为依据的。"②起初，工人是看不出这种假象的，他只是通过过程本身及其不断的重复，才逐渐地"弄清了真象：工人以工资形式从资本家那里所取得的只是他本人劳动的一部分。后来工人和资本家也都意识到这一点"③。以此可见，分配虽然起到了某种实证作用，但它本身也是一个假象丛生的领域，会对工人产生极大的迷惑作用。

二、超额利润向地租的转化

在分配中，工人只以工资的形式获得了等于可变资本的数额，至于

---

① 《马克思恩格斯全集》，中文 1 版，第 47 卷，人民出版社 1979 年版，第 631—632 页。

② 《马克思恩格斯全集》，中文 2 版，第 44 卷，人民出版社 2001 年版，第 619 页。

③ 《马克思恩格斯全集》，中文 2 版，第 30 卷，人民出版社 1995 年版，第 600 页。

剩余价值部分，工人是得不到任何一个原子的。它的分配完全是在工人以外的群体中进行的，这个群体包括土地所有者、商业资本家、借贷资本家和产业资本家（根据马克思的论述，只有产业资本家才是资本主义的生产当事人）。在这里，我们先从土地所有者展开分析。在马克思看来，土地所有者是以地租的形式参与剩余价值的分配的。因此，要想准确理解土地所有者参与分配的过程，首先必须明确地租的内涵。

在斯密那里，地租表现为两种互为矛盾的规定：一种是地租是由工人生产出来的、被土地所有者占有的那部分。他认为，一切商品的价值最终可以分解为工资、利润和地租，虽然这一论断忽视了不变资本部分，但它却揭示了地租的来源，消除了地租的独立性。第二种规定则是第一种规定的颠倒，他把一切商品价值分解为工资、利润和地租这一论断倒置了过来，得出了工资、利润和地租构成了一切交换价值的源泉的结论①，在这里，地租被当作一切商品自然价格的必要组成部分，这样，地租就成了与工人完全无关的部分，取得了一个独立的存在。这是一种完全庸俗化的规定，以这种错误教条为基础的分配理论必然也是错误的。

与斯密不同，李嘉图则认为，地租绝不是商品价格的必要组成部分，它本身是由投在最坏的土地上的资本收益和投在较好土地上的资本收益之间的差额决定的，这是李嘉图级差地租理论的核心思想。从这一理论中，我们可以得知：（1）最坏土地所生产出来的产品价格决不包括

---

① 参见［英］亚当·斯密：《国民财富的性质和原因的研究》上卷，郭大力等译，商务印书馆 2008 年版，第 47 页。

地租，它只是由工人的工资和资本的利润构成的，这种最坏土地的所有者不会而且绝不可能从产品价值中分得一丝一毫的地租；（2）地租绝不是始终与利润并存的项目，只有超过资本利润的超额部分，才会转化为与利润相对的地租；（3）地租绝不是由土地自发地生长出来的，而是由工人生产出来的。从某种意义上来讲，李嘉图的地租理论比斯密前进了一大步，他看到了地租的本质，即地租只是由工人生产出来、被土地所有者占有的超过资本利润的超额部分。这在一定程度上为我们厘清土地所有者参与产品分配的过程提供了帮助。

但是，我们必须看到，他的这种进步仍是残缺的：首先，他的级差地租理论是以下述条件为前提的，即等量资本投在面积相等但因土地的自然肥力或位置不同而导致的生产率的不同。这一前提带来了一个消极结果：既然所有土地只具有自然肥力，那么随着耕作时间的推迟，这种自然肥力必然会无限下降，因此，地租产生的方式必然是以一种下降序列（一等地、二等地、三等地……）的形式呈现的，即随着人口的增加和自然肥力的下降，必然会不断扩大土地耕作范围，把原来肥力较差的土地，比如三等地、四等地等等，纳入耕种。以此来看，李嘉图的级差地租理论完全忽视了资本生产力的作用，他看不到，随着资本连续投在同一块土地或不同土地上，由于资本生产率本身的不同，仍会产生级差地租。第二，李嘉图完全否定了绝对地租的存在，错误地强调最坏土地所有者不可能获得地租，显然他根本不理解资本主义地租的本性。以此来看，如果没有科学的地租理论，就不可能科学解剖土地所有者与资本家之间的分配关系，而这一点恰恰是由马克思完成的。

他认为，地租存在两种形式：（1）级差地租，它由两种方式产生：

一是由同量资本投在面积相等的土地上，但由于土地的肥力不同而导致资本收益的差额，这是一种下降序列的运动；二是由资本连续投在同一块土地和同时投在不同土地上，由于资本自身生产率不同而产生的差额，这是上升序列的运动。所以，级差地租实际上就是投在土地上的等量资本所具有的不同生产率的结果。（2）绝对地租。马克思指出，李嘉图之所以会否认绝对地租的存在，是以错误的假定即**生产价格等于商品价值**为基础的。我们知道，生产价格等于预付资本加平均利润，因此，如果农产品的价格能够提供一个超过一般利润的余额，那么，这就意味着农产品的价格高于它的生产价格，根据李嘉图的假设，这就意味着商品价格高于它的价值。这样就会产生一个矛盾：同量劳动在工业生产中只提供一般利润，而在农业生产中除了提供平均利润外，还提供一个超过平均利润的超额部分，结果，"在农业中生产的价值会比在工业中生产的价值**高**。因而商品的价值就**不**是由商品中包含的劳动量来决定了。这样一来，政治经济学的整个基础就被推翻了。因此，李嘉图理所当然地得出结论说，不存在绝对地租"①。对此，马克思批判道，资本主义的现实本身已经证明了绝对地租的存在，这在实践中宣告了李嘉图地租理论的破产，因此，如何从理论上为绝对地租的存在提供合法依据呢？这恰是马克思要解决的任务："我必须**从理论上**证明唯一的一点，是绝对地租在不违反价值规律的情况下的**可能性**。这是从重农学派起直到现在的**理论**论战的中心点。李嘉图否认这种可能性；我断定有这种可能

---

① 《马克思恩格斯全集》，中文 1 版，第 26 卷第二册，人民出版社 1973 年版，第 269 页。

性。同时我还断定，他否认这种可能性，是基于一种理论上错误的、从亚·斯密那里继承下来的教条，即假设**商品的费用价格**和**价值**是同一的。"①

马克思指出，资本主义农业生产是以下述两个事实为前提的，即土地所有权的垄断和农业的资本有机构成低于工业。后一事实表明，资本主义农业生产力水平远远落后于工业，这意味着，农业中创造的剩余价值在某种程度上必然会超过资本主义占主导地位的平均利润水平。而土地所有权的存在则是一种障碍，是对资本权力的一种外在限制，它必然会阻碍资本的竞争把一切剩余价值按比例分配于资本所剥削的一切部门，把一部分剩余价值排除在平均利润之外。这就意味着，在农业生产中，产品的生产价格即预付资本和平均利润之和必然会小于产品的总价值，因为后者还包括土地所有权所要求的一部分剩余价值，它并不进入商品的生产价格之中。因此，农产品只要按其市场价值出售，它就会产生一个高于产品生产价格的余额，而这个余额就构成了土地所有者的地租。这种地租与级差地租完全不同，它不以各级土地的肥力或同一土地上连续投资的资本的不同生产率为转移，"一句话，即在概念上不同于级差地租，因而可以称为**绝对地租**"②，"因此，绝对地租的本质在于：不同生产部门内的各等量资本，在剩余价值率相等或劳动的剥削程度相等时，会按它们的不同的平均构成，生产出不等量的剩余价值。在工业上，这些不同的剩余价值量，会平均化为平均利润，平均分配在作为社

---

① 《马克思恩格斯〈资本论〉书信集》，人民出版社 1976 年版，第 167 页。
② 《马克思恩格斯全集》，中文 2 版，第 46 卷，人民出版社 2003 年版，第 860 页。

会资本的相应部分的各个资本上。在生产上要用土地时，不论是用在农业上还是用在原料的开采上，土地所有权都会阻碍投在土地上面的各个资本的这种平均化过程，并攫取剩余价值的一部分，否则这一部分剩余价值是会进入平均化为一般利润率的过程的。这样，地租就成了商品价值的一部分，更确切地说，成了商品剩余价值的一部分，不过它不是落入从工人那里把它榨取出来的资本家阶级手中，而是落入从资本家那里把它榨取出来的土地所有者手中。"①地租决不参与一般利润率的形成，它本身就是产品价值与生产价格的差额。所以，斯密和李嘉图把产品的生产价格直接等同于商品的价值是绝对错误的。最后，马克思总结道，除了级差地租和绝对地租外，虽然也存在由单纯的垄断价格产生的垄断地租，但这种形式只是一种例外，它必然会随着生产力和竞争的加剧而转化为级差地租和绝对地租，因此，它不可能构成资本主义地租的常态，级差地租和绝对地租这两个形式，才是资本主义"正常的地租形式"。

通过上述论述，可以看出：第一，不论是级差地租还是绝对地租，都是工人创造出来的产品价值的一部分。工人的剩余劳动是一切剩余价值的源泉，因此也是一切地租的根本来源。

第二，地租决不像李嘉图所说的那样是由土地等级（自然因素）决定的，相反，它是资本主义土地所有制关系的必然结果，"资本主义生产方式的巨大成果之一是……它一方面使土地所有权从统治和从属的关系下完全解脱出来，另一方面又使作为劳动条件的土地同土地所有权和土

---

① 《马克思恩格斯全集》，中文 2 版，第 46 卷，人民出版社 2003 年版，第 872 页。

地所有者完全分离，土地对土地所有者来说只代表一定的货币税，这是他凭他的垄断权，从产业资本家即租地农场主那里征收来的"①。因此，在资本主义生产关系下，只要存在土地私有制，不论土地的肥力如何，土地所有者必然会依据土地所有权向租地农场主征收一定的货币税，"这种所有权是收入的一个源泉。它是一种权利，一种手段，使这一生产条件的所有者能够在他的所有物作为生产条件加入的生产领域中占有被资本家榨取的无酬劳动的一部分"②，从而使其转化为地租，所以资本主义土地私有制才是超额利润转化为地租的根本原因。土地所有者就是以地租的形式参与产品价值分配的，后者表现为前者的**收入形式**。

但是，地租的货币形式也引发了一种假象，就像工资表现为"劳动的价格"一样，地租在这里表现为"土地的价格"，如果用公式来表示就是"土地—地租"，这是一种虚假的公式，"资本化的地租形成土地的购买价格或价值，一看就知道，它和劳动的价格完全一样，是一个不合理的范畴，因为土地不是劳动的产品，从而没有任何价值"③。然而，庸俗经济学家却把这一公式当作永恒的真理，直接将地租视为土地的自然产物，掩盖了地租的真实起源，这是一种极大的神秘倒错。

第三，从分配主体来看，地租实际上是在土地所有者和产业资本家之间发生的分配过程。土地所有者凭借土地所有权把产业资本家的一部

---

① 《马克思恩格斯全集》，中文 2 版，第 46 卷，人民出版社 2003 年版，第 696—697 页。

② 《马克思恩格斯全集》，中文 1 版，第 26 卷第二册，人民出版社 1973 年版，第 36 页。

③ 《马克思恩格斯全集》，中文 2 版，第 46 卷，人民出版社 2003 年版，第 702—703 页。

分利润扣留下来，转化为地租，"于是剩余价值现在就在资本家和土地所有者之间进行分配。因此，土地所有权，就象资本一样，变成了支取无酬劳动、无代价劳动的凭证。在资本上，工人的物化劳动表现为统治工人的权力，同样，在土地所有权上，土地所有权使土地所有者能从资本家那里扣下一部分无酬劳动的这种情况，表现为土地所有权似乎是价值的一个源泉"①。这是一种假象，土地所有权只是土地所有者参与分配、取得地租收入的一种手段，它本身并不创造任何价值。另一方面，地租表现为土地所有者和资本家之间的一种分配关系，这在外表上也造成了一种假象：地租似乎只是土地所有者和资本家讨价还价的结果，使人们无法看到地租的真正起源。资本家和土地所有者之间的分配关系，掩盖了土地所有者、资本家和工人之间的对立关系。

三、平均利润、企业主收入与利息：利润在资本家之间的分配

地租并不参与一般利润率的形成，因此，平均利润的分配主要发生在资本家之间。在这里，我们先探讨一下平均（一般）利润率的形成过程，然后在此基础上，详细分析利润在资本家之间的分配过程。

利润是剩余价值在流通领域中获得的外在形式，它不再与可变资本相比，而是和总资本相比，于是，剩余价值率被转化为利润率。利润的形成使人忘记了剩余价值的真实源泉，掩盖了资本主义生产的秘密。这是利润形式对本质关系的初级颠倒，但这种倒置并没有停留于此，而是

---

① 《马克思恩格斯全集》，中文1版，第26卷第二册，人民出版社1973年版，第36页。

进一步加深了。在资本主义社会中，由于竞争的存在，极不相同的利润必然会转化为平均利润，这是资本的平均化过程。马克思说："资本的竞争力图把每个资本作为总资本的一部分来对待，并且根据这一点来调节每个资本取得剩余价值的份额，也就是说，调节利润。竞争通过它的平均化作用或多或少达到了这个目的……直截了当地说，这无非是资本家们努力（而这种努力就是竞争）把他们从工人阶级身上榨取的全部无酬劳动量（或这个劳动量的产品）在他们相互之间进行分配，而且这种分配不是根据每一个**特殊**资本直接生产多少剩余劳动，而是根据：**第一**，这个特殊资本在总资本中占多大部分；**第二**，总资本本身生产的剩余劳动总量。资本家们既作为同伙又作为敌手来瓜分赃物——他们所占有的别人劳动，于是他们每个人占有的无酬劳动，平均说来，同其他任何一个资本家占有的一样多。"①一般利润率就是在这种情况下形成的。

马克思指出，平均利润首先是在不同的生产部门（产业资本）中形成的，"平均利润，从而一般利润率，首先必须作为不同生产部门的产业资本实际生产的利润或剩余价值的平均化来说明"②，"不同生产部门中占统治地位的利润率，本来是极不相同的。这些不同的利润率，通过竞争而平均化为一般利润率，而一般利润率就是所有这些不同利润率的平均数"③。因此，平均利润首先表现为剩余价值在产业资本家之间的分配，等量的资本得到等量的利润。在这里，利润似乎已经不再由劳动量

---

① 《马克思恩格斯全集》，中文1版，第26卷第二册，人民出版社1973年版，第21页。

② 《马克思恩格斯全集》，中文2版，第46卷，人民出版社2003年版，第317页。

③ 同上书，第177页。

决定了，而是由资本量决定，平均利润似乎与价值规律发生了矛盾。这恰恰是古典经济学家们没有科学解决的问题。对此，马克思解释道，这种矛盾只是一种表面的现象，在平均利润中，商品价值这个本质规定仍是最基础的东西，只有从这个基础出发，才能科学说明平均利润这个外在形式。"如果我们不以价值规定为基础，那末，**平均利润**，从而费用价格，就都成了纯粹想象的、没有依据的东西。各个不同生产部门的剩余价值的平均化丝毫不改变这个总剩余价值的绝对量，它所改变的只是剩余价值在不同生产部门中的**分配**。但是，这个**剩余价值**本身的**规定**，只有来自价值决定于劳动时间这一规定。没有这一规定，平均利润就是**无中生有的**平均，就是纯粹的幻想。"①可是，在这个平均化过程中，起调节作用的竞争却完全遮蔽了这个本质层面，把日常生活的假象当作最真实的真理，于是，在平均利润的作用下形成了一种区别于商品价值的价格即生产价格，它等于预付资本加上平均利润。它所涉及的只是"**总资本所赚得的剩余价值**在不同部门之间或在不同生产领域的各个资本之间的**分配**"②问题，而不是价值的来源问题。可是，不论古典经济学家还是庸俗经济学家，都无法识别这二者之间的本质差异，结果，他们竟将商品价值等同于商品的生产价格，于是价值就取得了一个完全表面化的存在形式，掩盖了价值的起源。产业资本家之间的利润分配，完全掩盖了资本家对工人的剥削。这是平均利润分配的第一阶段。

在产业资本家生产出自己的商品之后，必须要投入流通，它构成了

---

① 《马克思恩格斯全集》，中文 1 版，第 26 卷第二册，人民出版社 1973 年版，第 210 页。

② 同上书，第 221 页。

产业资本的必要职能，没有这一过程，再生产将无法持续下去。因此，除了存在一定的生产资本外，还必须存在不断作为购买手段在市场上流通的资本，以保证整个再生产过程的连续性。马克思把这部分专门从事商品流通的资本称为商业资本，而把专门从事这种活动的主体称为资本的流通当事人，他是产业资本家即资本生产当事人的必要补充。这是商品的流通过程，在这段时间内，既不会增加价值也不创造剩余价值，这种本性决不会因执行这种流通的主体不同而发生任何质变。但是，商业资本作为一种资本必定具有资本的本性，必然也要攫取利润。这就产生了一个疑问，即商业资本的利润从何而来？

在一些经济学家看来，这种利润是通过商品加价的形式，即按照高于商品价值的价格出卖，从而把加价的余额作为自己的利润装入自己的口袋之中。对此，马克思指出，从正常情况看，这只不过是一种假象。这种观点是以如下假定为前提的，即商业资本不参加一般利润率的形成。马克思认为，这一点是不对的。一旦商业资本作为独立运营的资本呈现出来，它就必然要从产业资本的利润中分得一定的利润，在这种情况下，"商人资本会按照它在总资本中所占的比例，作为一个决定的因素参加一般利润率的形成"①。因此，此时"总商品资本的实际价值或实际生产价格＝k＋p＋h(在这里，h 代表商业利润)。所以，生产价格或者说产业资本家本人出售商品的价格，小于商品的实际生产价格；或者，就商品的总体来看，产业资本家阶级出售全部商品的价格，小于这

---

① 《马克思恩格斯全集》，中文 2 版，第 46 卷，人民出版社 2003 年版，第 318 页。

全部商品的价值"①。此时，一般利润率的形成范围已经不再局限于生产资本，而是囊括了商业资本，正是通过这种更大范围的一般利润率，商业资本才从产业利润中扣掉归自己所有的那部分利润。以此来看，商人资本和剩余价值的关系完全不同于产业资本和剩余价值的关系。"产业资本通过直接占有无酬的他人劳动来生产剩余价值。而商人资本使这个剩余价值的一部分从产业资本手里转移到自己手里，从而占有这部分剩余价值。"②它表现为对产业利润的一种扣除，在这种形式上，剩余价值取得了一个更加荒唐的存在即商业利润，看不出它的任何起源。因此，总利润在产业资本家和商业资本家之间的分配，进一步掩盖了剩余价值的来源。这是利润分配的第二个阶段。

到了这里，利润的分配过程还没有完结。除了产业资本和商业资本外，还存在另一种形式的资本即借贷资本。如果说，前两种资本表现为在资本再生产过程中执行职能的资本，那么，这种资本在本性上并不直接加入资本的再生产过程，只有当产业资本家和商人通过借贷这种资本以便投入再生产过程时，它才会转化为产业资本或商业资本。因此，借贷资本作为借贷资本本身并不加入一般利润率的形成。但如果产业资本或商人资本是从借贷资本家手中借过来的，那么，这种借贷资本就转化为产业资本或商业资本，并作为一个要素参与一般利润率的形成，此时他们所分得的利润就不再是产业资本家或商人的纯利润，因为他们还必须向借贷资本家支付一定的利息，这样利润本身还必须再次分割，只有

① 《马克思恩格斯全集》，中文 2 版，第 46 卷，人民出版社 2003 年版，第 318 页。
② 同上书，第 327 页。

在支付完借贷资本的利息之后，剩下的部分才是真正的产业利润或商业利润。

在这里，马克思使用了两个专业术语来称谓这种分配形式，即利息和企业主收入。其中，利息表现为资本所有权的果实，它"把资本的所有权，或者说单纯的资本所有权，表现为占有别人劳动产品的手段，表现为支配别人劳动的权力。但是，它是把资本的这种性质表现为某种在生产过程本身之外属于资本的东西，而不是表现为这个生产过程本身的独特的规定性的结果。它不是把资本的这种性质表现为同劳动对立，而是相反地同劳动无关，只是表现为一个资本家对另一个资本家的关系，也就是说，表现为一种存在于资本对劳动本身的关系之外的、与这种关系无关的规定性。利润在资本家之间的分配，与工人本身毫无关系。因此，在**利息**上，在利润的这个形态上，资本的**对立性质**固然得到了特殊的表现，但是表现成这样：这种对立在其中已经完全消失，而且明显地被抽掉了。"①而企业主收入则表现为执行资本职能的资本家的果实，它的份额等于所有的利润去掉补偿借贷资本的利息后所得到的收入。这原本只是量上的一种区分，但它却以无比敏感的心智刺激着资本家的神经，把它作为一种必然的结果予以质的形式固定下来。于是，利润分割为企业主收入和利息，就表现为剩余价值形式的独立化运动，完成了对剩余价值的硬化。在这种二元划分中，资本家与工人之间的对立，被作为所有权的资本和作为职能的资本——借贷资本和职能资本——之间的

_____

① 《马克思恩格斯全集》，中文1版，第26卷第三册，人民出版社1974年版，第549页。

对立所代替，剩余价值的源泉完全被淹没在这种表面的对立之中。如果用公式来表示就是"资本—利润（息）"，这成为资本家及庸俗经济学家眼中的绝对真理。

在利润的最后分配中，即利息与企业主收入的分割中，借贷资本家与职能资本家之间的这种表面对立，已经完全取代了资本家与工人的对立，"由于这种对立，人们完全忘记了：资本家作为资本家，他的职能是生产剩余价值即无酬劳动……人们忘记了，二者不过是剩余价值的不同部分，并且它的分割丝毫不能改变剩余价值的性质、它的起源和它的存在条件……由于在再生产过程中的资本职能同在再生产过程外的资本的单纯所有权的对立，人们忘记了：能动资本家只有作为生产资料的代表同工人相对立，才能执行职能，才能使工人为他的利益而劳动"①。表层的分配关系完全代替了内在的生产关系，资本家与工人之间的对立完全被消解殆尽。

四、分配正义何以可能

从上述分析来看，整个分配过程表现为假象丛生的过程，它的最终体现就是庸俗经济学的"三位一体"公式：土地—地租，资本—利润（息），劳动—资本。在这一公式中，"剩余价值的各种不同形式和资本主义生产的各种不同形态，不是作为异化形式相互对立，而是作为相异的和彼此无关的形式、作为只是彼此不同但**无对抗性**的形式相互对立。不同的收入来自完全不同的源泉，一个来自土地，另一个来自资本，第

① 《马克思恩格斯全集》，中文 2 版，第 46 卷，人民出版社 2003 年版，第 427 页。

三个来自劳动。因此，它们不是处于相互敌对的关系，因为它们根本没有任何内在联系"①。生产过程中呈现出来的资本家、土地所有者和工人之间的对立，全部被消解殆尽，变成了以劳动、土地和资本等自然要素的形式参与分配的过程，结果，"这些分配关系被认为是自然的关系，是从一切社会生产的性质，从人类生产本身的各种规律中产生出来的关系"②，于是，工资、地租和利润（息）完全被当作脱离社会关系的、纯粹的自然形式。一切本质联系都消失了，一切都被神秘化了。

对此，马克思展开了尖锐批判。他指出，古典政治经济学虽然对资本主义分配过程的分析存在庸俗成分，但至少在起源上，工资、地租和利润（息）还被看作为工人创造出来的价值，而不是被当作三个完全独立的分配形式，"古典政治经济学力求通过分析，把各种固定的和彼此异化的财富形式还原为它们的内在的统一性，并从它们身上剥去那种使它们漠不相关地相互并存的形式；它想了解与表现形式的多样性不同的内在联系。因此，它把地租还原为超额利润，这样，地租就不再作为特殊的、**独立的**形式而存在，就和它的虚假的源泉即土地分离开来。它同样剥去了利息的独立形式，证明它是利润的一部分。于是，它把非劳动者借以从商品价值中获取份额的一切收入形式，一切独立的形式或名义都还原为利润这一种形式。但是利润归结为剩余价值，因为全部商品的价值都归结为劳动；商品中包含的有酬劳动量归结为工资；因此，超过这一数量的余额归结为无酬劳动，归结为在各种名义下被无偿地占有的、

---

① 《马克思恩格斯全集》，中文1版，第26卷第三册，人民出版社1974年版，第559页。
② 《马克思恩格斯全集》，中文2版，第46卷，人民出版社2003年版，第993页。

然而是由资本引起的剩余劳动。"①可是，在庸俗经济学这里，那种内在的统一性完全消失了，工资、地租和利润(息)完全被当作彻底独立的存在形式，这不仅是错误的，而且是完全荒谬的。工资、地租和利润(息)在本质上都是工人创造的价值，因此，它们绝不是相互独立的，而是内在联系在一起的。

其次，工资和利润也不是单纯的分配形式，比如工资，从工人的角度看，它表现为分配关系，但从资本家的角度看，"工资是单纯的**生产关系**"②；再比如利润，单纯从结果来看，它"表现为**分配形式**"③；但是，因为资本只有通过利润再转化为资本，才能增长，因此，"**在现存的市场价格情况下**，即在过程的直接结果中，是否得到平均利润，得到的利润是大于还是小于平均利润，——这一点决定着再生产，或者更确切地说，决定着再生产的规模；决定着现有资本以怎样的量抽出或投入这一或那一生产领域，也决定着新积累的资本以怎样的比例流入这些不同领域，最后，决定着这些不同领域在什么程度上作为买者出现在货币市场上"④，"所以利润也是**资本的生产形式**"⑤。

再次，利润(息)、工资和地租更不是永恒的自然的分配形式，它们是与资本主义生产关系对应的形式。利息和利润之所以能够作为分配形

① 《马克思恩格斯全集》，中文 1 版，第 26 卷第三册，人民出版社 1974 年版，第 555—556 页。

② 《马克思恩格斯全集》，中文 2 版，第 31 卷，人民出版社 1998 年版，第 160 页。

③ 同上书，第 160 页。

④ 《马克思恩格斯全集》，中文 1 版，第 26 卷第二册，人民出版社 1974 年版，第 569—570 页。

⑤ 《马克思恩格斯全集》，中文 2 版，第 31 卷，人民出版社 1998 年版，第 160 页。

式，是因为资本本身作为生产要素进入生产过程；工人之所以能够以工资形式参与分配，是因为工人以雇佣劳动的形式参与生产；土地所有者之所以能够取得地租，是因为土地作为生产要素加入农业生产。"可见，所谓的分配关系，是同生产过程的历史地规定的特殊社会形式，以及人们在他们的人类生活的再生产过程中相互所处的关系相适应的，并且是由这些形式和关系产生的。这些分配关系的历史性质就是生产关系的历史性质，分配关系不过表现生产关系的一个方面。"①所以，这种分配形式绝不是永恒的自然形式，"相反，对资本主义生产方式的科学分析却证明：资本主义生产方式是一种特殊的、具有独特历史规定性的生产方式；它和任何其他一定的生产方式一样，把社会生产力及其发展形式的一个既定的阶段作为自己的历史条件，而这个条件又是一个先行过程的历史结果和产物，并且是新的生产方式由以产生的既定基础；同这种独特的、历史地规定的生产方式相适应的生产关系，——即人们在他们的社会生活过程中、在他们的社会生活的生产中所处的各种关系，——具有一种独特的、历史的和暂时的性质；最后，分配关系本质上和这些生产关系是同一的，是生产关系的反面，所以二者共有同样的历史的暂时的性质。"②随着资本主义生产关系的消逝，这种分配关系也将随之消逝。

---

①　《马克思恩格斯全集》，中文 2 版，第 46 卷，人民出版社 2003 年版，第 999—1000 页。

②　同上书，第 994 页。

第五章　回到《资本论》：
对当代西方社会思潮的批判性反思

作为一部伟大的著作，往往是"誉满天下，谤满天下"，《资本论》也是如此。如果说以哈维为代表的一些西方左派学者，力图通过回到《资本论》，来重塑和拯救当代左派批判理论，那么，以意大利自治主义学派、莱博维奇、鲍德里亚、皮凯蒂等为代表的一些学者则恰恰相反，他们认为《资本论》已无法适应当前阶级斗争的新形势，或根本无法为当代资本主义批判理论提供合法支点，因而主张超越《资本论》。在本章中，笔者就以后一路径为研究对象，通过对他们的批判性分析，客观评估他们的理论贡献和不足之处，并在此基础上，有针对性地回应他们提出的问题，在对话和交流中，重新彰显《资本论》的当代价值。

第一节 超越"机器论片断"：《资本论》哲学意义的再思考

20世纪六七十年代以来，沉寂百年的《大纲》开始在西方学界引起广泛关注，甚至成为意大利自治主义者重构马克思哲学的主导依据。在这一过程中，"固定资本和社会生产力的发展"①一节（这也就是他们津津乐道的"机器论片断"）更是发挥了不可替代的历史作用，被他们誉为是一段"圣经式的文本"②。由此出发，建构了一种既不同于正统马克思主义又不同于经典西方马克思主义的自治主义流派，在世界范围内产生了重大影响。在他们这里，《大纲》，特别是其中的"机器论片断"，被看作是马克思思想发展的顶点，而《资本论》则被视为是这一手稿的历史倒退，进而将《大纲》与《资本论》完全对立起来。针对这种解读，国内外学界也积极地做出了批判性回应，但始终有一个核心问题未能得到澄清，即"机器论片断"能否作为马克思思想发展的最终标杆？或者说，该如何理解"机器论片断"与《资本论》之间的内在关系？笔者认为，这一片断固然重要，但它只不过是马克思思想发展中的一个过渡环节，在许多问题上还存在明显的历史局限性，决不能将其夸大为马克思思想发展的最高

---

① 《马克思恩格斯全集》，中文2版，第31卷，人民出版社1998年版，第88—110页。

② Franco Piperno, "Technological Innovation and Sentimental Education", *Radical Thought in Italy：A Potential Politics*, ed. Paolo Virno, Michael Hardt, Minneapolis：University of Minnesota Press, 1996, p. 123.

点，更不能以此为依据来建构马克思的革命理论。在《资本论》中，他全面超越了这一片断的历史局限性，建立了科学的资本主义生产方式批判理论，为无产阶级革命提供了内在依据。就此而言，完整地把握从"机器论片断"到《资本论》的发展，不仅有助于我们准确定位《大纲》和《资本论》在马克思哲学发展史上的历史地位，为我们全面理解历史唯物主义的方法论实质提供重要启示，而且也能为当前国内学界进一步深化对《资本论》哲学思想的研究提供有益借鉴。

一、作为"圣经"的"机器论片断"：意大利自治主义学派对马克思形象的政治重构

相较于《1844 年经济学哲学手稿》和《德意志意识形态》，《大纲》在世界范围内的传播和接受过程则相对滞后，直到 1939—1941 年才首次在莫斯科公开出版，并于 1953 年由东柏林狄茨出版社再版。然而，令人遗憾的是，当时这一著作并没有引起西方学界的重视。直到 1968 年罗斯多尔斯基的《马克思〈资本论〉的形成》一书的出版，才使西方学者认识到《大纲》的重要性，积极推动了这一著作在西欧的传播与研究。[①] 但就当时的反响来看，它在意大利产生的轰动效应尤为突出。

20 世纪 60 年代，意大利爆发了大规模的学生和工人运动，在此背景下，出现了一股极左思潮，即工人主义或自治主义，它的主要代表人物有莱尼奥洛·潘兹尔瑞、马里奥·特隆蒂、安东尼奥·奈格里、保罗·

[①]　参见［意］马塞罗·默斯托主编：《马克思的〈大纲〉——150 年后看政治经济学批判的创立》，闫月梅等译，中国人民大学出版社 2010 年版，第 226 页。

维尔诺、拉扎拉托等。与其他左翼思潮不同，这一流派的直接指向并不是为了反抗右翼势力，相反，而是为了对抗意大利共产党及其所支配的工会传统。哈里·克里弗指出："在法国和意大利，工人运动的发展主要表现为大量工业工人、学生和知识分子对强大的共产党的对抗和拒斥。在美国，'回到马克思'是在反抗新马克思主义的主导影响下出现的；与此不同，在意大利和法国，它是在对抗共产党及其所支配的工会传统中生长起来的。"[1]在他们看来，意大利共产党和工会已经完全站在了工人的对立面，成为资本力量的帮凶，企图镇压工人的反抗运动。也是在此背景下，自治主义者认为，要想真正实现工人的解放，就必须摆脱一切幻想，既不能依靠意大利共产党，也不能依靠工会组织，更不能寄希望于资本家，相反，惟有依靠工人自身，才能将自己的命运牢牢地掌控在自己手上。这一点决定了他们必然反对那种强调客观规律的正统马克思主义，也必然会反对西方马克思主义的那种脱离工人运动的纯学术研究，主张建构一种以工人自治为核心的激进政治哲学。这种工人中心主义构成了这一左翼思潮的核心特征。如特隆蒂所言："我们的工人主义和意大利共产党官方工人运动的真正区别在于，工人这一概念在政治上的核心地位。"[2]

而《大纲》的出现恰恰满足了他们的理论和实践需要。就像奈格里指出的那样："一方面，《大纲》突出了 60 年代以来我们在'工人自治'运动中发展起来的马克思主义话语的方法论（因此也是主观的、认识论上的）

---

[1]　Harry Cleaver, *Reading Capital Politically*, Leeds: Antitheses, 2000, pp. 64-65.

[2]　Mario Tronti, "Our Operaismo", *New Left Review*, January-February, 2012.

特征；另一方面，在从大众工人向社会工人转型的过程中，《大纲》对理论话语的相应转型也是非常重要的，它有助于重估生产性社会的本质。"①也是在此基础上，他们主张抛弃正统马克思主义和西方马克思主义的理论幻想，从《大纲》出发，重构马克思的政治形象。在这一过程中，被他们称为"机器论片断"的这一手稿恰恰发挥了至关重要的作用，甚至被誉为是一段"圣经式的文本"。维尔诺指出："在西方，当英雄遇到巨大困境时，他们经常会从《旧约》中引出一段经文，或者来自《诗篇》或者来自《以西结书》，并把它们从各自的语境中抽离出来，顺其自然地将其融入到当下的偶然处境中，成为解释当下困境的有力预言……20世纪60年代早期以来，马克思的'机器论片断'就是以这种方式不断被阅读和引用的。"②可以说，这一片断在整个自治主义运动过程中始终发挥了举足轻重的作用。然而，在不同发展阶段，他们对这一片断的解读重心又有所不同。

(一)从辩证逻辑到自治对抗：资本与劳动的真正分离

20世纪60—70年代，工人主义运动的目标是为了反抗意大利共产党和工会传统，从而建构一种以工人自治为轴心的激进政治哲学，以此来证明，共产主义决不是正统马克思主义所强调的生产力与生产关系矛盾运动的结果，也不是政党领导下的革命行动的产物，相反，而是现实主体对抗和工人自治的必然结果。这一点决定了他们对《大纲》和"机器

---

① ［意］奈格里、亨宁格：《马克思主义的发展与社会转型——内格里访谈》，肖辉译，《国外理论动态》2008年第12期。译文有所改动。

② Paolo Virno, "Notes on General Intellect", *Marxism beyond Marxism*, ed. Saree Makdisi, Cesare Casarino and Rebecca E. Karl, New York: Routledge, 1996, p. 265.

论片断"的解读一开始就不是纯学术性的，而是具有明确的政治导向，即为真正革命主体的生成提供合法性论证。这一点在奈格里的著作《〈大纲〉：超越马克思的马克思》(1979)中得到了充分体现。[1] 他指出，与充斥着客体主义的《资本论》不同，《大纲》完全"是一个确立革命主体性的文本"[2]，其中到处充满了对抗。如果说在价值和货币阶段，这种对抗还是潜在的，那么，经过剩余价值阶段，这一逻辑最终在"机器论片断"中彻底成熟。因此，如果说《大纲》是马克思思想发展的顶点，那么，"机器论片断"则是《大纲》的顶点。"《大纲》是以'机器论片断'……结束，因此马克思论证的逻辑性达到完满"[3]，这一片断"可能是在马克思所有著作中所能找到的运用矛盾而且建构辩证法的最高级例子"[4]。在这里，奈格里重点抓住了马克思关于劳动与生产过程的分离所导致的资本主义崩溃理论，并由此引出了他的自治主义哲学。

在这一片断中，马克思指出，随着自动化机器体系的引入，不论是从价值增殖形式还是从物质形式来看，劳动都不再像前期那样是支配整个生产过程的主导因素，而是沦为生产过程的一个次要环节。这就意味着，在机器大生产阶段，劳动在财富生产中的作用越来越小，结果，

---

① 1978 年，美国学者古尔德出版了她对《大纲》的系统研究著作《马克思的社会本体论》。正是基于这一手稿的解读，她建构了一种与历史辩证法相对的、强调偶然性和个人主体能动性的自治哲学，与奈格里的研究具有异曲同工之处。参见[美]古尔德：《马克思的社会本体论》，王虎学译，北京师范大学出版社 2009 年版。

② [意]奈格里：《〈大纲〉：超越马克思的马克思》，北京师范大学出版社 2011 年版，第 25 页。

③ 同上书，第 165 页。

④ 同上书，第 178 页。

"现实财富的创造较少地取决于劳动时间和已耗费的劳动量，较多地取决于在劳动时间内所运用的作用物的力量，而这种作用物自身——它们的巨大效率——又和生产它们所花费的直接劳动时间不成比例，而是取决于科学的一般水平和技术进步，或者说取决于这种科学在生产上的应用"①。于是，资本主义生产遇到了不可克服的矛盾：一方面，资本主义生产的"前提现在是而且始终是：直接劳动时间的量，作为财富生产决定因素的已耗费的劳动量"②，只要生产还是资本主义的生产，劳动时间就永远是财富的唯一尺度和源泉；但另一方面，机器体系的资本主义运用又竭力把劳动时间压缩到最低限度，以便使财富的创造不取决于耗费在这种创造上的劳动时间。随着这一矛盾的不断发展，资本主义将会遭遇自身不可克服的界限，最终趋于崩溃。

在这里，马克思实际上是想通过资本的矛盾运动，来论证交换价值生产制度崩溃的可能性（这一论证还存在重要缺陷，下文将着重分析）。然而，奈格里却完全忽视了这一点，径直将其转化为主体对抗的生成逻辑。

首先，他指出，"劳动在生产过程中地位的不断下降"表明，劳动与资本遵循的是两种不同的逻辑：自我稳定逻辑与价值稳定逻辑。所谓自我稳定逻辑根源于使用价值，是工人集体需要的自主体现；而价值稳定逻辑则根源于价值，是资本从生产过程中剥夺剩余价值的稳定机制。③而"劳动地位的不断下降"表明，资本的稳定逻辑越来越脱离劳动，成为

---

① 《马克思恩格斯全集》，中文2版，第31卷，人民出版社1998年版，第100页。
② 同上书，第100页。
③ 陈培永：《"自治主义马克思主义"全景图绘》，《学术月刊》2012年第9期。

外在于劳动的一种独立机制；劳动也越来越摆脱资本的限制，成为一种独立于资本之外的自治逻辑。因此，劳动与生产过程的分离，最终必然导致劳动与资本的彻底分离。

其次，随着劳动与资本的分离，一种新型的自治主体也被生产出来了。劳动不再内含于资本关系之中了，而是挣脱了资本的统治，成为一个与它相对立的自治主体，于是，"一个质的飞跃诞生了：工人阶级行动的联合开始变成自我充分的……因此，我们看到了与资本的总体力量及其扩展形式的对立的爆发：一个新的主体出现了"①。在劳动与生产过程的分离中，工人获得了彻底的发展，确立了自己的主体地位。于是，劳动与资本的关系不再是相互依存的辩证关系，也不再是前期那种潜在的斗争关系，而是演化为两个真正主体之间的对抗关系。

再次，一种完全不同于辩证法的对立逻辑被生产了出来。后者不再强调资本与劳动之间的相互依存，而是强调彻底的分离与对抗；它也不再强调一个矛盾的解决带来的是另一个矛盾的产生，而是主张对立面的彻底消失。这种"对立主义不再是辩证法的一种形式，而是其自身的否定"②。它"终结了所有二元论，绝不在其范围里接受敌人的经济现实。它拒绝辩证法，哪怕是在简单范围内。它拒绝所有两面性的客套话。对立过程在此倾向于发展为霸权：它要摧毁、镇压其敌人。拒绝辩证法：

———————————

① ［意］奈格里：《〈大纲〉：超越马克思的马克思》，北京师范大学出版社 2011 年版，第 162—163 页。

② 同上书，第 233 页。

这是犹太教和基督教思想的主导原则，或者委婉地说是(西方世界的)理性"①。可以说，在意大利马克思主义发展史上，主张抛弃辩证法，走向"真正对立"的做法，并不少见。意大利新实证主义马克思主义的代表人物德拉-沃尔佩、科莱蒂等都持这种观点。在这点上，奈格里无疑继承了意大利马克思主义的这种传统。但与他们不同的是，如果说德拉-沃尔佩、科莱蒂是通过对亚里士多德和康德的解读，来达到超越黑格尔和正统马克思主义的辩证法，走向"真正对立"的话，那么，奈格里则是从马克思的思想资源之中来寻求这种解构路径的，而这个支点恰恰就是"机器论片断"。犹如他自己所说的那样，"机器论片断"为"这个道路提供了根本基础。在这个基础上前进，重新发现把马克思思想向前推进的机制，那么我们最终会达到一个中心点，即对所有强调辩证法的马克思主义的批判。只有在那里，我们才能找到马克思思想的实践特征。终结辩证法？是的，因为思想行为在这里并没有任何来自集体力量的自治，来自使主体能动地朝向共产主义集体实践的自治"②。辩证法在本质上仍是西方形而上学的残余，而《大纲》则开创了一条全新的历史道路，彻底终结了一切辩证法。因此，如果说黑格尔是辩证法和近代哲学的集大成者，那么，马克思则是这一模式的批判者和终结者，是后现代主义的同路人。

最后，劳动主体的斗争策略问题。既然劳动已经成为外在于资本的对立主体，那么，对工人而言，要想保持自身的主体性，必须做到两个

① [意]奈格里：《〈大纲〉：超越马克思的马克思》，北京师范大学出版社 2011 年版，第 234 页。

② 同上书，第 234 页。

方面：第一，从直接层面来看，工人必须拒绝劳动，因为一旦他们直接
参与到劳动过程之中，就会丧失自身的独立性，成为依附于资本的劳
动，所以，"不劳动，拒绝劳动就成为工人们的主张，成为价值规律被
颠覆的基础"①。第二，单纯的"拒绝劳动"还不够，这只是维持他们在
资本关系中主体性的一种必要条件，而要想彻底完成这一点，还必须要
"废除资本主义劳动"，解放人的劳动本身。那么，如何做到这一点呢？
答曰：既不是依靠国家，也不是依赖政党，更不是依靠马克思所讲的无
产阶级革命，而是工人的自治和对抗。"唯物主义成为唯一的水平线，
完全由对抗逻辑和主体性赋予活力。共产主义过渡在这个阶段上遵循从
自我稳定到自治的道路。"②

　　到了这里，奈格里的整个逻辑已经非常清楚了：所谓的"自由"其实
就是"工人阶级的自主的自治"③，但这种自治并不是独立于资本主义社
会之外的，而是内生于资本主义生产关系之中的，任凭资本主义生产过
程的发展，就能自发地长出自治主体，长出专属于工人的自由。正是基
于"机器论片断"，奈格里颠覆了马克思的传统形象，重构了一个"超越
马克思的马克思"，建立了一种以工人自治为核心的革命主体政治学，
打开了一条通往共产主义的自主之路，完成了对"机器论片断"作为一种
圣经式文本的全面论证。

　　也是在此基础上，奈格里提出了一个重要问题，即如何看待《大纲》

---

　　① ［意］奈格里：《〈大纲〉：超越马克思的马克思》，北京师范大学出版社 2011 年
版，第 189 页。

　　② 同上书，第 211 页。

　　③ 同上书，第 229 页。

与《资本论》之间的关系？在这里，他重点批判了两种倾向：一是以法国结构主义马克思主义为代表，他们把《大纲》视为是马克思完成"认识论断裂"之前的"最后一本著作"，是一部不成熟的幼稚著作，"这个文本只不过是在重复马克思早年的人道主义中已经提出的观点。《大纲》只是一个散发着唯心主义和个体式伦理臭味的草稿；我们在'机器论片断'中找到的对共产主义定义的描绘只是 18 世纪客观唯心主义和个体主义与自由主义的姿态的综合"①。二是以罗斯多尔斯基为代表，奈格里指出，他仅仅把《大纲》看作是《资本论》的准备材料，一味地强调它们之间的线性连续性，完全忽视了二者之间的断裂和异质性，把《大纲》所散发出来的、具有天才性质的主体政治学消融于《资本论》的客体逻辑之中。这种解读实际上是以一种目的论预设为前提的，即"《资本论》构成了马克思思想中最成熟的要点"②，这是一种"非马克思主义的历史编纂学方法"③。这两种观点共同构成了一枚硬币的两面，完全贬低了《大纲》的历史地位。与此不同，奈格里认为，《大纲》既不是早期逻辑的延续，也不是《资本论》的准备草稿，而是马克思思想发展过程中一部具有独立地位的革命性著作，其中彰显出来的对抗逻辑完全体现了马克思哲学的本质和精髓，只有从这一文本出发，才能还原一个"真实的马克思"。也正是基于此，他将《大纲》视为"马克思理论发展过程的中心点"，"是马克

①　[意]奈格里：《〈大纲〉：超越马克思的马克思》，北京师范大学出版社 2011 年版，第 34 页。

②　同上书，第 23 页。

③　同上书，第 33 页。

思革命思想的顶点"①。于是，一个新的问题出现了，即如何理解《资本论》的历史地位？他指出，决不能像正统马克思主义或罗斯多尔斯基那样，把《资本论》预设为马克思最成熟的著作，以此来解读《大纲》，这样不仅会阉割后者的革命意义，而且也会进一步加剧《资本论》的客体主义倾向，相反，必须抛弃这种目的论预设，以《大纲》为轴心来重新解读《资本论》，"如果我们根据《大纲》的批判来理解《资本论》，如果我们通过《大纲》的概念体系重新阅读《资本论》……我们就能恢复对《资本论》的正确理解（不是为了知识分子的勤勉治学，而是为了群众的革命意识）"②。而克里弗的《政治性地阅读〈资本论〉》(1979)就是这一理论努力的积极尝试。③

（二）从"一般智力"到"非物质劳动"：自治主义的大众哲学

到了 20 世纪 80—90 年代，随着计算机和人工智能的迅速发展，当代资本主义生产方式发生了重人转变，即从福特制转向了后福特制。如何理解这一转型的本质，并为这一时期的工人自治运动提供理论指南，就是摆在意大利自治主义者面前的一项重大任务。在此背景下，他们再次回到了"机器论片断"来寻找灵感。如果说在 20 世纪 60—70 年代，他们更多地集中于马克思关于劳动与生产过程的分离所导致的资本主义崩溃理论，那么，此时他们更多地强调了马克思关于"一般智力"（也翻译为"普遍智能"）的论述。

---

① ［意］奈格里：《〈大纲〉：超越马克思的马克思》，北京师范大学出版社 2011 年版，第 37—38 页。

② 同上书，第 38 页。

③ 关于克里弗的研究，请参见本章第二节。

在这一片断中，马克思指出，随着科学知识在财富生产中的作用越来越突出，资本必然会最大限度地追求科学技术的发展，将固定资本的生产和科学技术的发明提升到更加突出的位置，从而导致"一般智力"的形成，"固定资本的发展表明，一般社会知识，已经在多么大的程度上变成了**直接的生产力**，从而社会生活过程的条件本身在多么大的程度上受到一般智力的控制并按照这种智力得到改造。它表明，社会生产力已经在多么大的程度上，不仅以知识的形式，而且作为社会实践的直接器官，作为实际生活过程的直接器官被生产出来"①。实际上，此时马克思清楚地认识到，一般智力决不是自然产生的，而是劳动的产物。然而，在资本主义条件下，资本必然会把这种一般智力转化为剩余价值生产的工具，"知识和技能的积累，社会智力的一般生产力的积累，就同劳动相对立而被吸收在资本当中，从而表现为资本的属性，更明确些说，表现为固定资本的属性"②。结果，就引发了一个新的问题：资本对一般智力的追求，直接危及以直接劳动为基础的财富生产本身。随着这一矛盾的发展，"资本也就促使自身这一统治生产的形式发生解体"③。于是，一般智力也就摆脱了资本的限制，成为未来社会财富生产的基础，"在这个转变中，表现为生产和财富的宏大基石的，既不是人本身完成的直接劳动，也不是人从事劳动的时间，而是对人本身的一般生产力的占有，是人对自然界的了解和通过人作为社会体的存在来对

① 《马克思恩格斯全集》，中文 2 版，第 31 卷，人民出版社 1998 年版，第 102 页。
② 同上书，第 92—93 页。
③ 同上书，第 95 页。

自然界的统治，总之，是社会个人的发展"①。届时，每个个体都将成为一般智力的主人，实现了一般智力的社会化与个体化的内在统一。

在所有著作中，这是马克思唯一一次提到"一般智力"概念。而自治主义者就紧紧抓住了这一概念，将其建构为透视当代资本主义的核心范畴。不过，与 20 世纪 60—70 年代相比，这一时期的理论建构不再是基于对这一片断的毫无保留的肯定式阅读，而是在批判反思的基础上进行的理论重构。具体表现在：

首先，对一般智力范畴的重构。维尔诺指出："马克思完全把**一般智力**（即作为主导生产力的知识）等同于固定资本，等同于内化为机器体系的'客观科学力量'。结果，他完全忽视了今天绝对居于主导的另一维度，即**一般智力**表现为活劳动本身。"②在后福特制时代，一般智力已经越出了固定资本的限定，不再表现为对象化的知识力量，而是表现为主体自身所具有的思考能力和潜能，"包括正式和非正式的知识、想象力、伦理倾向、思维习惯和'语言游戏'"③。也是基于此，维尔诺认为，在后福特制时代，一般智力已经远远超越了马克思的理解，变成了主体自身所具有的内在潜能，即"智力一般"。

其次，是对劳动范畴的重构。他们指出，在"机器论片断"中，马克思曾预测到，随着一般智力的发展，劳动在财富生产中的作用将逐渐下

---

① 《马克思恩格斯全集》，中文 2 版，第 31 卷，人民出版社 1998 年版，第 100—101 页。

② Paolo Virno，*The Grammar of Multitude*，Los Angeles/New York：Semiotext[e]，2004，p. 106.

③ Ibid.，p. 106.

降，最终导致交换价值生产制度的崩溃。然而，当代资本主义的发展已
证明马克思预言的虚假性：在后福特制时代，普遍智能已经实现，但资
本主义并没有灭亡，而是产生了一种更加稳定的统治形式。① 马克思为
什么会得出这种错误的结论呢？他们认为，根本原因在于，他对劳动的
理解过于简单了。他所理解的劳动完全是一种物质劳动或体力劳动，随
着一般智力的发展，这种劳动在财富生产中的作用自然会逐渐趋于下
降，但这并不意味着交换价值生产制度的崩溃，因为一般智力的发展孕
育了一种全新的劳动形式，即非物质劳动。哈特、奈格里指出："在资
本主义发展的某一点上，马克思只瞥见为未来而劳动的种种力量充满了
科学、交流和语言的力量。一般智力是由累积起来的知识、技能和技巧
所创造出的一种集体、社会智力。劳动的价值由此被一种新的普遍而具
体的劳动力经过占用及自由使用新型生产力加以实现。马克思所视为未
来的正是我们的时代。劳动力的这种激烈的转换和将科学、交流与语言
融入生产力的行为业已重新定义了整个劳动的现象学和全世界的生产景
象。"②如果说，马克思那个时代的劳动主要表现为一种物质形态的劳
动，那么，在今天，劳动已转变为一种非物质形态的劳动；如果说，马
克思那个时代的劳动是一种生产物质产品的劳动，那么，在今天，劳动
已转变为生产非物质产品的劳动；如果说，马克思那个时代的劳动是指
在生产场所的劳动，那么，在今天，劳动已经打破了生活与生产的界

---

① Paolo Virno, *The Grammar of Multitude*, Los Angeles/New York: Semiotext
[e], 2004, pp. 100-101.

② ［美］哈特、［意］奈格里：《帝国——全球化的政治秩序》，江苏人民出版社 2003
年版，第 343 页。

限，成为人类生命的全部。那么，何谓非物质劳动呢？拉扎拉托指出："非物质劳动概念有两个不同的方面：一方面是商品的'信息内容'，它直接指向在工业和第三产业中大公司里工人劳动过程所发生的变化，在那里，直接劳动所需的技能逐渐变成神经机械学和计算机管控的技能（以及水平与垂直的信息沟通技能）。另一方面，关于生产商品'文化内容'的行为，非物质劳动包括一系列活动，这些活动不再是一般意义上的'工作'，换句话说，这类活动包括界定和确定文化与艺术标准、时尚、品味、消费指南以及更具有策略性的公众舆论等不同信息项目的活动。"[①]对此，哈特和奈格里提出了尖锐批评，认为这一定义遗漏了"生产和操控情感的劳动"，因而无法深入到生命政治的肌理之中。[②] 也是在此基础上，他们提出了自己对非物质劳动的理解。他们认为，所谓非物质劳动主要是指"生产一种非物质商品的劳动"，它包括三种类型：一是融合了通信技术的信息化大生产；二是创造性的和日常象征性劳动；三是生产和操控情感的劳动。[③] 从这里的论述来看，哈特和奈格里对非物质劳动的理解显然还是不成熟的，因为第一种劳动改变的只是生产方式，而其最终产物仍是一种物质产品；其次，劳动本身就是体力和智力的综合耗费，因此，任何一种劳动都必然具有物质性和非物质性的一面，而此时他们尚未对这一概念的模糊性做出系统说明。这些

---

① ［意］拉扎拉托：《非物质劳动》，霍炬译，见《帝国、都市与现代性》，许纪霖主编，江苏人民出版社 2006 年版，第 139 页。

② 参见［美］哈特、［意］奈格里：《帝国——全球化的政治秩序》，江苏人民出版社 2003 年版，第 30 页。

③ 同上书，第 279 页。

到了《大众》中都得到了清晰阐释。在这里，他们将非物质劳动界定为"生产非物质产品，譬如知识、信息、交往、关系或者情感反应的劳动"，并将其缩减为两种类型：一是智力或语言劳动；二是情感劳动。①另一方面，他们已经就"非物质劳动"概念的模糊性做出了澄清，主张用"生命政治的劳动"②来指称这一劳动形式。至此，他们对劳动的重构才真正完成。

再次，是对劳动霸权的重新界定。哈特、奈格里指出，随着后福特主义的兴起，"我们社会中的劳动正在转向非物质劳动"③，后者已经取代了传统工业劳动成为今天的新霸权。在此，他们首先对这一判断的方法论做出了说明。他们指出，这一指认并不是基于统计计量学方法，而是马克思的历史趋势方法，"当我们说非物质劳动正在占据霸权地位时，并不是说当今世界的绝大多数工人主要生产的是非物质产品。相反，许多世纪以来，农业劳动一直都在数量上居于主导地位，全球范围内的工业劳动在数量上也没有降低。非物质劳动只占全球劳动的一小部分，而且只集中在地球上的某些支配性地区。我们的观点是非物质劳动的霸权是就质的维度而言的，它决定了其他劳动形式和社会本身的发展

① Michael Hardt, Antonio Negri, *Multitude*, New York: The Penguin Press, 2004, p. 108.

② Ibid. , p. 109.

③ Michael Hardt, Antonio Negri, *Labor of Dionysus*, Minneapolis: University of Minnesota Press, 1994, p. 10.

趋势"①。就像当年马克思所处的时代一样，当时工业劳动也只占了全球劳动的一小部分，而且也只集中在世界的少部分地区，但马克思却依然将这种劳动视为决定着其他劳动和社会发展趋势的主导霸权形式。同样，在当代，虽然非物质劳动没有在量上取得绝对优势，但它已经在质上获得了统治地位，成为新时代的主导霸权，所有社会生活只有在它的光照中才能得到光明。

最后，对革命主体和解放道路的再思考。他们指出，马克思意义上的工人阶级是严格按照工业劳动界定的，它仅仅指的是产业工人，这就把那些从事服务业、商业或其他非物质劳动的人排除在工人阶级之外了，这在当代社会中显然是站不住脚的。随着非物质劳动霸权的兴起，必须要改变传统的界定逻辑，依据非物质劳动来重新界定社会阶级。"我们要认识到，劳动与反抗的主体已发生了深刻的变化。无产阶级的构成已经历了转化，故而我们的理解也必须转变。从概念上讲，无产阶级已成为一个十分宽广的范畴，它包含所有那些自己的劳动遭受直接的和间接的剥削，屈从于资本主义生产和再生产规范的人。在过去的一个时代，这个范畴将重心建立在产业工人阶级之上，并一度被实际上纳入后者名下。它的典型形象是男性产业工人大众……时至今日，那个阶级已从我们的视线中彻底消失了。"②代替它的是一个全新的"阶级"，即大众，它是指所有从事非物质劳动和生命政治生产的人。它既不同于单一

①　Michael Hardt，Antonio Negri，*Multitude*，New York：The Penguin Press，2004，p. 109.

②　［美］哈特、［意］奈格里：《帝国——全球化的政治秩序》，江苏人民出版社 2003 年版，第 58 页。

性的"人民"概念，也不同于具有统一意志的工人阶级，它是由多样性的差异构成的，后者"决不会缩减成统一的或单一的身份——不同的文化、种族、族裔、性别和性取向；不同的劳动形式；不同的生活方式；不同的世界观；不同的欲望。大众是所有这些个体差异的多样性集合"①。就这样，一个与帝国对抗的主体正式诞生了。

如果说在《〈大纲〉：超越马克思的马克思》中，对抗的主体是劳动与资本，那么到了这里，则演变为大众与帝国，但对抗的方式却没有改变，依然是那种自治对抗逻辑。至此，他们的大众哲学才真正丰盈起来，获得了"足够"的理论支撑。

(三)从生命权力到生命政治：帝国的辉煌与湮灭

到了这里，他们并没有停止自己的逻辑建构，而是从非物质劳动转向了对生命权力和生命政治的哲学分析，深入剖析了帝国的统治机制及其湮灭之路。不过，通过分析，可以发现，他们的这种转向依然是从对马克思"机器论片断"的批判性分析开始的。

在"机器论片断"中，马克思进一步指出，随着"一般智力"的普遍发展，"资本就违背自己的意志，成了为社会可以自由支配的时间创造条件的工具，使整个社会的劳动时间缩减到不断下降的最低限度，从而为全体[社会成员]本身的发展腾出时间"②。一旦达到一定时刻，以交换价值为基础的生产便会崩溃，届时，"财富的尺度决不再是劳动时间，

---

① Michael Hardt, Antonio Negri, *Multitude*, New York: The Penguin Press, 2004, p. xiv.

② 《马克思恩格斯全集》，中文2版，第31卷，人民出版社1998年版，第103页。

而是可以自由支配的时间"①。人类就实现了自身解放，获得了真正意义上的自由。

对此，哈特、奈格里指出，马克思之所以会得出这样的结论，实际上是与他关于资本对劳动的"形式吸纳"和"实际吸纳"（《马克思恩格斯全集》中译者将其翻译为劳动对资本的"形式从属"和"实际从属"）的理解联系一致的。马克思曾依据绝对剩余价值和相对剩余价值，区分了两种不同的吸纳形式：与前者相对的是"资本对劳动的形式吸纳"，与后者相对的是"资本对劳动的实际吸纳"。所谓形式吸纳是指，劳动过程只是在形式上受到资本的监督和控制，它既没有改变"整个劳动过程的性质"，也没有"改变实际劳动方式的性质"②。而实际吸纳则恰恰相反，它指的是劳动方式的全面变革。"随着劳动在实际上从属于资本，在生产方式本身中，在劳动生产率中，在资本家和工人之间——在生产内部——的关系中，以及在双方彼此的社会关系中，都发生完全的革命。"③也只有到了这时，劳动方式才真正成为资本主义特有的生产方式。不过，在哈特、奈格里看来，马克思关于形式吸纳和实际吸纳的区分存在着严重缺陷：第一，他的这一区分仅仅局限于物质生产过程，严重忽视了资本对整个社会生活的吸纳过程；第二，由于马克思只是将"一般智力"同"固定资本"联系起来，忽视了一般智力对劳动的塑形，因此，他这里所讲的实际吸纳，只不过是资本对物质劳动或体力劳动的吸纳，忽视了资本对非物质劳动的吸纳过程；第三，马克思的这一区分，实际上是建立在

① 《马克思恩格斯全集》，中文 2 版，第 31 卷，人民出版社 1998 年版，第 104 页。
② 《马克思恩格斯全集》，中文 1 版，第 49 卷，人民出版社 1982 年版，第 80 页。
③ 《马克思恩格斯全集》，中文 1 版，第 48 卷，人民出版社 1985 年版，第 20 页。

现代世界关于资本主义内外部的界划之上的，换言之，从形式吸纳到实质吸纳的转变过程，实际上就是资本把原来处于资本主义之外的异质空间吸纳到资本的统治之下，成为资本繁衍的内部空间的过程。他们认为，正是由于上述缺陷，马克思才天真地以为，任凭一般智力的发展，就自然能够冲破资本的内部空间，"为自己创造出一个外部，一个解放的开放空间"①，进而实现劳动的全面解放，开创出一个从未被资本污染过的自由空间。然而，今天的事实已经证明，马克思的这一观点是错误的。"在后福特主义时代，最为明显的事实就是马克思当年所描述的那种趋势已经全部实现，然而，他所预料的那种解放结果却没有到来。知识所发挥的作用与劳动时间的重要性不断下降之间的不平衡性，产生的并不是危机，而是一种全新的、更加稳定的权力形式。"②也是在此基础上，哈特、奈格里重新诠释了马克思的形式吸纳和实际吸纳概念，提出了自己的生命权力和生命政治理论，揭示了帝国的覆灭之路。

首先，他们指出，马克思的吸纳理论实际上是在世界市场尚未形成的背景下对劳资关系的一种思考，是与资本主义的内外界限联系在一起的。然而，在今天，随着世界市场的全面形成，作为严格意义上的外界已经消失了，因此，马克思关于形式吸纳和实质吸纳的区分，自然也就丧失了存在的合法性依据，必须要从当下语境出发来重构这两个范畴。"马克思曾确认某种类似的东西，他称之为资本对劳动力的形式吸纳到

---

① ［美］哈特、［意］奈格里：《帝国——全球化的政治秩序》，江苏人民出版社 2003 年版，第 187 页。

② Paolo Virno, *The Grammar of Multitude*, Los Angeles/New York：Semiotext [e]，2004，pp. 100-101.

实际吸纳的过渡……然而，我们所提到的转变过程与上述过程有着根本区别。"①在他们看来，所谓形式吸纳主要是指，资本对非资本主义环境的"向外吸纳"；而实际吸纳则是指，资本在资本主义内部对整个社会生活和人的生命的吸纳。通过这种界定，他们也就把马克思的形式吸纳和实际吸纳全部划归到"形式吸纳"之中了；同样，从形式吸纳到实际吸纳的转变，也不再是马克思所理解的物质劳动对资本的形式从属到实际从属的转变，而是从物质劳动（身体从属）到非物质劳动（生命从属）的转变，不再是从前现代到现代的转变，而是从现代到后现代的转变。②

其次，他们在实际吸纳理论的基础上，提出了自己的生命权力理论，揭示了帝国的统治机制。他们指出，马克思的论述是建立在劳动时间与非劳动时间的严格区分之上的，他以为，只要工人在生产过程中摆脱了资本对劳动时间的统治，就自然能够实现劳动时间到自由时间的转变。然而，现代到后现代的转变历程表明，这只是马克思的一种乌托邦幻想。在当代社会中，"权力已延伸到社会结构的每一个神经末梢，伸展到社会的发展过程之中。社会已完全被纳入到这种权力之中，如一个个体一般对权力发生反应。权力已表现为一种控制，它延伸到民众的意识和肉体的最深处，同时也跨越社会关系的全部"③。资本已经打破劳动时间与非劳动时间的一切界限，渗透到工人的肉体、智力、交往、情

---

①　［美］哈特、［意］奈格里：《帝国——全球化的政治秩序》，江苏人民出版社2003年版，第25页。

②　同上书，第257页。

③　同上书，第25页。

感、观念和欲望之中，侵入到人的生命的全部。为了准确表达这种最新的统治机制，哈特、奈格里从福柯那里借用了"生命权力"这一概念来指称这一现象。然而，他们与福柯的不同之处在于：福柯仅仅把生命理解为一种生物过程，因此，他所理解的生命权力只是资本对肉体的操控，"它尚未达到饱和、侵彻个体的意识与肉体，处理、组织个体的总体生活境界"①。而哈特、奈格里则把这种操控延伸到生命的全部，"这种权力的最高职能是层层包裹生命，它的基本任务是指导、管理生命。因此，在生命权力所指向的生存状态中，生命本身的生产和再生产已成为权力追逐的猎物"②。帝国就是通过这种生命权力的生产，来实现自己在全球的统治的。从这个意义上说，马克思在"机器论片断"中所断言的"自由时间"，只不过是资本对生命权力建构的必然结果，是一种虚幻的解放。

不过，最后，他们并没有完全陷入到帝国的生命权力之中，而是从自治和激进民主理论出发，揭示了帝国的覆灭之路，实现了由生命权力到生命政治的转变。生命政治学不仅是生命权力的形成学，而且还是生命政治的主体建构学。③ 当帝国把生命权力生产出来的时候，它也就把一个与它相冲突的对立面即大众生产了出来，后者不再是生命权力的俘虏，而是生命政治的真实主体。因此，如果说在福柯那里，生命权力和

---

① ［美］哈特、［意］奈格里：《帝国——全球化的政治秩序》，江苏人民出版社 2003 年版，第 25 页。

② 同上书，第 25 页。引文所有改动。

③ 参见刘怀玉、陈培永：《从非物质劳动到生命政治》，《马克思主义与现实》2009 年第 2 期。

生命政治还是两个比较含混的概念，那么，到了他们这里，则演化为两个有着确切内涵的对立范畴，"我们使用生命权力概念来指代权力的宏观结构和强大效应；我们使用生命政治语境或生命政治来指代这些关系、斗争和生产所能开辟出来的空间。当思考国家权力的源头或起源，以及国家生产的具体技术时……我们谈的是生命权力；当涉及反抗的联合体，以及权力在社会布展上冲突的时机和措施时，我们谈的是生命政治或生命政治语境"①。因此，如果说生命权力是帝国的统治逻辑，那么，生命政治则是主体的生产逻辑。在此，一个新的问题也由此凸显了出来，即如何实现从生命权力到生命政治的转变呢？答曰：民主自治！前期的那条对抗逻辑再次出场了，差别只在于对抗的主体由原来的劳动与资本，演化为今天的大众与帝国。"当大众最终能够自我统治时，民主就变得可能了。"②到了这时，劳动者之间的合作关系也就摆脱了资本权力的建构，成为"内在于劳动而外在于资本了"③。于是，帝国的大厦就要坍塌了，真正的民主社会就要到来了。

这一时期，他们正是通过对"机器论片断"的批判性重构，实现了自身理论逻辑的当代转向。不过，从最终导向来看，他们批判的目的并不是要彻底否定这一片断，而是力图在当代语境中重塑这一片断的理论生命力。如一些学者所言，意大利自治主义者之所以批判这一片断，"其目的并不在于对马克思的简单超越或否定。相反，透过对马克思的超越

---

① Antonio Negri, *Reflection on Empire*, Cambridge：Polity Press，2008，p. 73.

② Michael Hardt, Antonio Negri, *Multitude*, New York：The Penguin Press，2004，p. 340.

③ Ibid. , p. 147.

和否定，他们希望最终在转变了的社会现实条件之上，重新召回马克思有关资本主义价值体系崩溃的预测或愿景"①。就此而言，"机器论片断"依然是给予他们灵感和启示的一部"圣经"。

二、"机器论片断"的历史局限性与《资本论》的超越

2000年，随着《帝国》一书的出版，自治主义已经越出了地域局限，成为世界范围内最火热的一股左翼思潮。针对这一流派，国内外学界都进行了较为深入的研究，客观评估了它的理论贡献和不足之处。然而，始终有一个问题没有得到有效澄清，即究竟如何理解"机器论片断"的历史地位？或者说，能否把这一片断视为马克思思想发展的最终标准？这种"圣经式"的比喻固然突出了它的重要性，但也过分夸大了它的历史地位。实际上，这一片断只是马克思用历史唯物主义来分析资本主义生产方式及其发展趋势的一种积极尝试，它的重要性自不待言，但也必须看到，他这里的分析还存在明显的历史局限性。因此，要想从根本上回应意大利自治主义者对马克思形象的重构，首先必须实现对"机器论片断"的祛魅，准确定位它在马克思思想发展中的历史地位。

在《德意志意识形态》中，马克思已经明确区分了工场手工业和机器大工业。但如何理解机器大工业的运行机制和内在本质，此时他尚未给出科学的分析，而是像舒尔茨、拜比吉等人一样，用斯密的分工逻辑来理解机器大生产，这决定了他必然无法科学解剖机器大生产时代资本主

---

① 张历君：《普遍智能与生命政治——重读马克思的〈机器论片断〉》，见《帝国、都市与现代性》，许纪霖主编，江苏人民出版社2006年版，第187页。

义的内在矛盾，而只能从分工入手引出生产力与交往形式之间的矛盾。这一思路显然是有问题的。在尤尔的影响下，马克思在《哲学的贫困》中做了重要推进，但此时他并没有实现对机器大生产或自动工厂的科学认知，仍将分工视为后者的核心构件，显然是不准确的。

经过《伦敦笔记》的洗礼，到了《大纲》，特别是其中的"机器论片断"，马克思对机器大生产的认识取得了新的突破。在这一片断的开头，马克思一上来就引用了拜比吉和尤尔关于机器和自动工厂的论述。① 这使他充分意识到，与工场手工业不同，在现代工厂中居于主导地位的不再是劳动分工，而是资本与科学力量的联合，是机器体系之间的协作。在这里，分工已经丧失了存在的合法性，而工人也随之丧失了自己的主体地位，沦为机器体系的附属物。但马克思又强调到，在资本主义条件下，这些机器体系决不只是以物质形式存在的，同时也表现为价值增殖的手段，表现为由资本所决定的特殊存在形式，即固定资本。因此，后者的出现，标志着资本主义发展到一个全新的阶段，即机器大生产阶段。"只有当劳动资料不仅在形式上被规定为**固定资本**，而且扬弃了自己的直接形式，从而，**固定资本**在生产过程内部作为机器来同劳动相对立的时候，而整个生产过程不是从属于工人的直接技巧，而是表现为科学在工艺上的应用的时候，只有到这个时候，资本才获得了充分的发展，或者说，资本才造成了与自己相适合的生产方式。"② 此时马克思已清楚地意识到，机器大生产已经消除了工场手工业的劳动分工，因此，

① 参见《马克思恩格斯全集》，中文 2 版，第 31 卷，人民出版社 1998 年版，第 88 页。

② 同上书，第 93—94 页。

要想为无产阶级革命提供科学依据，就不能再像前期那样从分工入手来引出资本主义的矛盾，相反，必须站在机器大工业这一制高点上，来科学解剖资本主义的内在矛盾。也是在此背景下，马克思做了一些积极尝试，试图从资本对科学知识和一般智力的追求，进而导致直接劳动在财富生产中的作用不断下降这一矛盾，来论证交换价值生产制度的崩溃。这也就是上文中被意大利自治主义者奉为"圣经"的那些段落。

不得不承认，与前期相比，"机器论片断"的确做出了重要推进：它超越了前期的分工逻辑，从资本与科学的联合入手，客观分析了现代工厂的运作机制，并试图站在机器大生产之上来揭示资本主义的内在矛盾，这些都是值得肯定的。但是，能否把这一片断视为马克思最成熟的思想呢？答案是否定的。实际上，它只不过是马克思在解剖资本主义矛盾过程中的一种理论尝试，其中还包含着明显的历史局限性。

在这里，必须澄清一点，笔者所强调的历史局限性与哈贝马斯和自治主义者关于这一片断的认知存在本质区别。在《认识与兴趣》中，哈贝马斯指出："在《政治经济学批判》的准备材料中，马克思提出了这样一种看法：类的历史是同自然科学和技术自动转化为社会主体（一般智力）控制物质生活过程的自我意识相联系的。按照这种设想，在先验意识的历史中似乎只有技术史。"①换言之，在他看来，马克思的整个分析完全是建立在技术决定论之上的，因而是不足为信的。同样，自治主义者始终将这一小节命名为"机器论片断"，这本身就忽视了机器体系作为固定资本的关系维度，潜在地将其扭曲为一种技术史观，而他们对这一片断

---

① ［德］哈贝马斯：《认识与兴趣》，郭官义等译，学林出版社1999年版，第42页。

的批判和重构都是以此为基础的。实际上，这些指责根本站不住脚。在这里，马克思从未想过要建立一种技术史观，更没有单纯地从技术维度或工艺学出发来论证交换价值制度的崩溃，而是始终从生产力与生产关系的矛盾运动入手，来揭示资本主义灭亡的可能性。他指出："一方面，资本唤起科学和自然界的一切力量，同样也唤起社会结合和社会交往的一切力量，以便使财富的创造不取决于（相对地）耗费在这种创造上的劳动时间。另一方面，资本想用劳动时间去衡量这样造出来的巨大的社会力量，并把这些力量限制在为了把已经创造的价值作为价值来保存所需要的限度之内。生产力和社会关系——这二者是社会个人的发展的不同方面——对于资本来说仅仅表现为手段，仅仅是资本用来从它的有限的基础出发进行生产的手段。但是，实际上它们是炸毁这个基础的物质条件。"①这清楚地表明，马克思一直力图从历史唯物主义的角度来分析资本主义的内在矛盾及其发展趋势。同样，他也始终坚持从物质形式和社会形式双重维度来分析机器体系，明确区分了作为物质资料的机器体系和作为固定资本的机器体系，并坚决反对单纯地根据前者来认识资本主义；更为重要的是，他不仅分析了科学知识和一般智力在使用价值或物质财富生产中的历史作用，而且也从生产关系入手分析了资本对一般智力的吸纳过程，揭示了后者在价值增殖过程中倒置为统治工人权力的根本原因。以此来看，所谓技术决定论的指控完全是一个"莫须有"的罪名，马克思无须负责。②

①　《马克思恩格斯全集》，中文2版，第31卷，人民出版社1998年版，第101页。
②　就此而言，中文版《马克思恩格斯全集》用"固定资本和社会生产力的发展"来命名这一片断，是非常准确的，它完全克服了"机器论片断"这一称谓的内在缺陷。

那么，这一片断的局限性表现在什么地方呢？在《大纲》中，这一节出现在第二篇"资本的流通过程"中，而在《资本论》中则被放在了"相对剩余价值的生产"的标题下。这种位置上的调整，反映了马克思在一些问题上已经做出了新的思考。在此，笔者就通过《资本论》与"机器论片断"的比较分析，来细致挖掘这种理论上的推进和发展，为我们清晰定位这一片断的历史局限性提供有力支撑。

第一，财富尺度和劳动二重性学说。在这一片断中，马克思指出，资本主义生产的"前提现在是而且始终是：直接劳动时间的量，作为财富生产决定因素的已耗费的劳动量"①。但随着机器体系的采用，财富的创造将越来越少地取决于直接劳动，更多地取决于科学技术和一般智力的发展，"劳动时间——单纯的劳动量——在怎样的程度上被资本确立为唯一的决定要素，直接劳动及其数量作为生产即创造使用价值的决定要素就在怎样的程度上失去作用；而且，如果说直接劳动在量的方面降到微不足道的比例，那么它在质的方面，虽然也是不可缺少的，但一方面同一般科学劳动相比，同自然科学在工艺上的应用相比，另一方面同产生于总生产中的社会组织的、并表现为社会劳动的自然赐予（虽然是历史的产物）的一般生产力相比，却变成一种从属的要素"②。也是在此基础上，马克思做了一个重要推论："一旦直接形式的劳动不再是财富的巨大源泉，劳动时间就不再是，而且必然不再是财富的尺度，因而交换价值也不再是使用价值的尺度……于是，以交换价值为基础的生产

---

① 《马克思恩格斯全集》，中文2版，第31卷，人民出版社1998年版，第100页。
② 同上书，第94—95页。

便会崩溃，直接的物质生产过程本身也就摆脱了贫困和对立的形式。"①一个全新的社会即将到来了。

这些论述正是 20 世纪 60—70 年代被意大利自治主义学派奉为圣经式的段落，也是国内外学界经常反复引用的段落。然而，令人遗憾的是，却很少有人去反思这些段落的缺陷。在这方面，德国学者海因里希的工作是值得肯定的。他认为，马克思之所以会得出这一结论，根本原因在于，他还没有建立起科学的劳动二重性理论。② 我以为，这一判断是非常准确的。在《资本论》中，马克思说："古典政治经济学在任何地方也没有明确地和十分有意识地把表现为价值的劳动同表现为产品使用价值的劳动区分开"③，而这种区分首先是"由我批判地证明的。这一点是理解政治经济学的枢纽"④。其中，生产使用价值的劳动是有用的具体劳动，而生产价值的劳动则是无差别的抽象劳动。就前者而言，任何使用价值都是自然物质和劳动的结合，"因此，劳动并不是它所生产的使用价值即物质财富的唯一源泉"⑤，"自然界和劳动一样也是使用价值（而物质财富本来就是由使用价值构成的！）的源泉"⑥。就后者而言，价值并不取决于直接劳动量，而是由抽象劳动即社会必要劳动时间决定

---

① 《马克思恩格斯全集》，中文 2 版，第 31 卷，人民出版社 1998 年版，第 101 页。

② Michael Heinrich，"The 'Fragment on Machines'：A Marxian Misconception in the *Grundrisse* and its Overcoming in *Capital*"，*In Marx's Laboratory*：*Critical Interpretations of the Grundrisse*，ed. Riccardo Bellofiore，GuidoStarosta and Peter D. Thomas，Leiden/Boston：Brill，2013，pp. 207-209.

③ 《马克思恩格斯全集》，中文 2 版，第 44 卷，人民出版社 2001 年版，第 98 页。

④ 同上书，第 55 页。

⑤ 同上书，第 56 页。

⑥ 《马克思恩格斯全集》，中文 1 版，第 19 卷，人民出版社 1963 年版，第 15 页。

的。根据这一理论，可以看出，此时马克思的分析还存在明显的历史缺
陷：此时他把直接劳动视为资本主义财富生产的决定性因素，将直接劳
动时间理解为财富的唯一尺度和源泉，这一判断显然是有问题的。如果
这里的财富是指物质财富，那么，直接劳动从来都不是它的唯一源泉，
这里面还应包括自然界；如果是指社会财富（价值），那么，抽象劳动才
是它的价值实体，而直接劳动也从来都不是它的尺度和源泉，更不消说
是唯一的尺度和源泉了。因此，马克思据此所做的推论，即一旦直接劳
动不再是财富的巨大源泉，交换价值生产就要崩溃了，资本主义制度就
要解体了，恰恰是站不住脚的，因为他推论的前提本身就是错误的。由
此可见，此时马克思的分析更多地是基于直接劳动做出的，虽然他力图
基于质和量的辩证法，来区分物质财富和价值财富，但实际上二者的参
照系却是一样的，即都是直接劳动，或者说，是后者的两个不同方面，
这与后来的劳动二重性理论所体现的质（具体劳动）和量（抽象劳动）的辩
证法完全不同。这表明，此时他尚未建立起科学的劳动价值论和劳动二
重性理论。

　　第二，"魁奈之谜"和相对剩余价值理论。此时马克思从生产力与生
产关系的矛盾入手，分析了机器大生产阶段资本主义的内在矛盾，即资
本一方面广泛唤起自然科学和一般智力，使财富创造不取决于劳动时
间，另一方面又用劳动时间来衡量这些力量创出来的财富。于是，马克
思指出："资本本身是处于过程中的矛盾，因为它竭力把劳动时间缩减
到最低限度，另一方面又使劳动时间成为财富的唯一尺度和源泉。"①那

---

　　① 《马克思恩格斯全集》，中文 2 版，第 31 卷，人民出版社 1998 年版，第 101 页。

么，这一矛盾真的就是资本主义的内在矛盾吗？答案是否定的。在政治经济学说史上，法国重农学派的代表人物魁奈最先提出了这一问题。他在《关于商业和手工业者劳动的回答》中指出："你们又认为，在工业产品的生产中，只要不损害生产，越能节省费用或昂贵的劳动，这种节省就越有利，因为这会降低产品的价格。尽管如此，你们又认为，由工人劳动创造的财富的生产，在于增大他们产品的交换价值。"①马克思后来在《资本论》中明确指认了这一点，并将其称为"魁奈之谜"。在这一片断中，马克思不仅没有解决这一问题，反而将其指认为资本主义不可克服的内在矛盾，并认为随着它的不断发展，资本主义将最终趋于崩溃。而到了《1861—1863 年经济学手稿》和《资本论》中，他已经认识到，这一"矛盾"实际上并不是资本主义的内在矛盾，而是相对剩余价值生产的客观机制。他指出，在资本主义社会中，生产力的提高具有双重效果：一方面，缩短了"生产某种商品的社会必需的劳动时间，从而使较小量的劳动获得生产较大量使用价值的能力"，使商品的价值降低；另一方面，降低了"劳动力的价值，从而缩短再生产劳动力价值所必要的工作日部分"②，使剩余价值得以提高。"也就是说，因为同一过程使商品便宜，并使商品中包含的剩余价值提高，所以这就解开了一个谜：为什么只是关心生产交换价值的资本家，总是力求降低商品的交换价值；这也就是政治经济学奠基人之一魁奈用来为难他的论敌、而后者至今还没有回答

---

① 　转引自《马克思恩格斯全集》，中文 2 版，第 44 卷，人民出版社 2001 年版，第 372 页。

② 　同上书，第 366 页。

的那个矛盾。"①在这里，马克思把这种通过提高劳动生产力所实现的剩余价值生产形式称为相对剩余价值，并根据提高方式的不同，划分了三种形式：协作、分工（工场手工业）和机器大工业，完成了对相对剩余价值理论的全面建构。那么，反过来，在《大纲》中，他为什么没有解决这一问题呢？我认为，这恰恰是与他对相对剩余价值的理解联系在一起的。譬如，他指出："工场手工业所以取得这样较高的利润率，只是因为同时使用许多工人……在工场手工业中，占优势的是绝对剩余时间，而不是相对剩余时间。"②换言之，此时马克思还是从绝对剩余价值入手来理解工场手工业的，那么，什么才是相对剩余价值的生产呢？答案是机器大工业，它是相对剩余价值生产的唯一形式。由此可见，在《大纲》中，马克思实际上是根据固定资本或机械化的发展程度来区分二者的③，这一思路显然是有问题的。这表明，此时他还没有建立起成熟的相对剩余价值理论，这一缺陷也妨碍了他对魁奈之谜的解决。在此，我们不妨再追问一下，为什么此时他会这样理解相对剩余价值呢？我认为，主要原因在于他尚未完全克服尤尔的影响。后者从生产力维度出发，明确地将机器大生产（机器推动的生产力形式）与工场手工业（分工推动的生产形式）严格地区分开来，超越了舒尔茨、拜比吉等人用分工来理解机器大生产的缺陷，这是尤尔的重大贡献。也是基于此，马克思

① 《马克思恩格斯全集》，中文2版，第44卷，人民出版社2001年版，第372页。
② 《马克思恩格斯全集》，中文2版，第30卷，人民出版社1995年版，第591页。
③ 参见［日］内田弘：《新版〈政治经济学批判大纲〉的研究》，王青等译，北京师范大学出版社2011年版，第248页。

后来评价到，说尤尔是"第一个正确地理解了工厂制度的精神"①的人。但尤尔的缺陷也是非常明显的，由于忽视了生产关系维度，因此，他看不到机器大生产与工场手工业的内在统一性，即都是相对剩余价值生产的有效形式，而是一味地站在生产力维度，将二者对立起来，进而认为只是到了机器大生产阶段，资本主义才建立起与自己相适应的生产方式，而工场手工业只不过是它的前史。② 显然，此时马克思还无法甄别这一判断的错误之处，这也是他为什么会站在机器大生产的角度来理解相对剩余价值的重要原因。

第三，一般智力与剩余价值生产问题。此时马克思指出，一般智力与直接劳动的分离，最终将危及资本主义制度，而大工业就是它崩溃的临界点，"正如随着大工业的发展，大工业所依据的基础——占有他人的劳动时间——不再构成或创造财富一样，随着大工业的这种发展，直接劳动本身不再是生产的基础……在大工业的生产过程中，一方面，发展为自动化过程的劳动资料的生产力要以自然力服从于社会智力为前提，**另一方面，单个人的劳动在它的直接存在中已成为被扬弃的个别劳动，即成为社会劳动。于是，这种生产方式的另一个基础也消失了**"③。这些观点也存在明显的历史局限性：首先，直接劳动被扬弃为社会劳动，意味着资本主义生产的基础消失了吗？恰恰相反，这种转化，即具

---

① 《马克思恩格斯全集》，中文 1 版，第 47 卷，人民出版社 1979 年版，第 526 页。

② Andrew Ure, *Philosophy of Manufactures*, London: Charles Knight, 1835, pp. 19-20.

③ 《马克思恩格斯全集》，中文 2 版，第 31 卷，人民出版社 1998 年版，第 104—105 页。

体劳动向抽象劳动(社会必要劳动)的转变,正是资本主义生产得以存在的基础,而不是它崩溃的依据。其次,在生产过程中,一般智力与直接劳动的分离,能够危及交换价值生产制度吗?答案也是否定的。在《资本论》中,马克思指出:"生产力当然始终是有用的、具体的劳动的生产力,它事实上只决定有目的的生产活动在一定时间内的效率。因此,有用劳动成为较富或较贫的产品源泉与有用劳动的生产力的提高或降低成正比。相反地,生产力的变化本身丝毫也不会影响表现为价值的劳动。既然生产力属于劳动的具体有用形式,它自然不再能同抽去了具体有用形式的劳动有关。"①因此,在资本主义条件下,生产力的提高并不能改变抽象劳动作为价值实体的事实,后者更不会因为科学知识和一般智力的发展就自动消失。这表明,单纯从一般智力与直接劳动的分离来论证资本主义崩溃的逻辑是站不住脚的。在《资本论》中,马克思详细考察了这种分离的产生过程,并基于相对剩余价值理论,准确定位了这一分离的历史地位。他指出,"这个分离过程在简单协作中开始,在工场手工业中得到发展,在大工业中完成"②,"生产过程的智力同体力劳动相分离,智力转化为资本支配劳动的权力,是在以机器为基础的大工业中完成的。变得空虚了的单个机器工人的局部技巧,在科学面前,在巨大的自然力面前,在社会的群众性劳动面前,作为微不足道的附属品而消失了;科学、巨大的自然力、社会的群众性劳动都体现在机器体系中,并

---

① 《马克思恩格斯全集》,中文 2 版,第 44 卷,人民出版社 2001 年版,第 59—60 页。

② 同上书,第 418 页。

同机器体系一道构成'主人'的权力"①。此时马克思已清楚地意识到，一般智力与劳动的分离，不仅不会导致交换价值生产制度的崩溃，而且还会进一步强化这种生产机制；同样，机器大工业也决不是资本主义崩溃的临界点，而是相对剩余价值生产的进一步完善。

最后，自由时间问题。马克思认为，资本主义财富的源泉是直接劳动，而一般智力和机器体系的发展会把这个源泉缩减到最低点，从而为每个成员的全面发展创造出大量可以自由支配的时间，"节约劳动时间等于增加自由时间，即增加使个人得到充分发展的时间……直接的劳动时间本身不可能像从资产阶级经济学的观点出发所看到的那样永远同自由时间处于抽象对立中，这是不言而喻的"②。但另一方面，马克思又指出，机器的资本主义运用必然会"把这些可以自由支配的时间变为剩余劳动"③，变成剩余价值的生产时间。这一矛盾实际上也是经济学史上著名的机器悖论问题。不过，在这里，马克思还是从直接劳动出发来确认这一悖论的，他的主要参照系仍是直接劳动或具体劳动。这就忽视了一个重要问题，即自由时间与作为价值实体的抽象劳动之间的内在关系。在《资本论》中，马克思指出："自由王国只是在必要性和外在目的规定要做的劳动终止的地方才开始"，而"工作日的缩短是根本条件"④。这里的"工作日"概念不单单是指生产使用价值的直接劳动时间，而且也

---

① 《马克思恩格斯全集》，中文 2 版，第 44 卷，人民出版社 2001 年版，第 487 页。

② 《马克思恩格斯全集》，中文 2 版，第 31 卷，人民出版社 1998 年版，第 107—108 页。

③ 同上书，第 103—104 页。

④ 《马克思恩格斯全集》，中文 2 版，第 46 卷，人民出版社 2003 年版，第 928—929 页。

是生产劳动力价值和剩余价值的抽象劳动时间。^① 因此，真正的自由时间决不是指直接劳动时间的缩减，而是对抽象劳动的扬弃。如果只有前者，没有后者，那么，这种自由时间还称不上是真正的自由时间。比如，那些被机器体系排斥的产业工人（马克思将他们称为"产业后备军"），他们的直接劳动时间已经降低为零，他们获得自由了吗？或者说，他们的时间是自由时间吗？答案显然是否定的。他们的这种时间本身就是由相对剩余价值生产制造出来的，并没有真正摆脱资本的强制，"由此产生了现代工业史上一种值得注意的现象，即机器消灭了工作日的一切道德界限和自然界限。由此产生了经济学上的悖论，即缩短劳动时间的最有力的手段，竟变为把工人及其家属的全部生活时间转化为受资本支配的增殖资本价值的劳动时间的最可靠的手段"^②。这表明，抛开抽象劳动或生产关系限制，单纯从具体劳动维度来理解自由时间还是不够的。

三、对意大利自治主义马克思主义的批判性反思

有了这一背景，下面我们就来评价一下意大利自治主义马克思主义的理论得失。

总体来看，奈格里、哈特对"机器论片断"的解读，具有以下几个方面的积极意义：首先，在当代西方左派理论中，社会批评家们往往都是从物化理论出发，强调资本的全面统治，将主体死死地限制在资本的牢

---

① 参见《马克思恩格斯全集》，中文 2 版，第 44 卷，人民出版社 2001 年版，第 266 页。

② 同上书，第 469 页。

笼之中，看不到主体解放的任何希望，最终形成了各种悲观主义的情绪。而奈格里、哈特则从马克思的"机器论片断"出发，通过对"劳动与生产过程的分离"以及"一般智力"的当代解读，发现了曾被忽视的主体政治学，建构出了工人与资本、大众与帝国双重对抗的自治主义逻辑，重新彰显了马克思的阶级主体学说，无疑具有非常重要的理论价值。其次，他们通过对"一般智力"的研究，建构出了一套极具特色的非物质劳动理论，揭示了当代资本主义劳动范式的转型，在一定程度上弥补和发展了马克思的物质生产理论，对于我们准确认识当代资本主义社会提供了有益借鉴。同时，他们从"机器论片断"出发，开拓了一条使马克思走向当代的道路，彰显了马克思哲学的当代生命力，为我们重新审视历史唯物主义的当代价值提供了有益思考。再次，他们深层揭示了当代资本主义社会中资本对劳动吸纳形式的转型。马克思虽然认真考察了从形式吸纳到实际吸纳的转变过程，但由于时代限制，他的分析更多地停留在身体劳动被机器体系所吸纳的过程。而奈格里、哈特的吸纳理论则实现了由身体吸纳到心灵吸纳的转变，揭示了马克思当年没有看到的东西：当前资本对劳动的控制，不再只是身体上的操控，而是深入到劳动者的心灵、智力、语言和情感之中，实现了对劳动者生活和生命的全面操控。这种吸纳要比马克思那个时代更加隐蔽、更加恐怖。而奈格里和哈特看到了这一变化，并把它独立出来，赋予其独特的哲学意义，这在一定程度上深化了"机器论片断"对这一问题的研究。最后，他们的生命权力理论，在一定程度上反映了当代资本主义再生产形式的转型。在马克思那个时代，虽然工人在劳动之外的时间也是服务于资本再生产的，但毕竟工人的劳动时间和生活时间是彼此分开的，从表面上看，资本家所榨取的似乎只是在特定时间、特定地点的劳动，而不是工人的全部劳动。因此，资本统治的重心必然是在生产过程之中对工人的全面规训和控制。而到了这时，情况似乎发生了变化：非物质劳动取消了劳动时间和生活时间的一切界限，人的全部时间都被吸纳到资本的统治之中，人从一出生下来，就无法摆脱资本的殖民，它已经浸透到人的生命的全部。如果说在前者那里，生产关系再生产的核心在于劳动过程的全面规训，在于物的生产；那么，现在则是人的生命的生产，这种机制把原来作为神圣的、纯洁的生命的生产转变为资本关系的再生产，由此实现了从生产的政治经济学到生命政治学的彻底转变。

然而，我们也必须看到，他们的这种理论建构也存在着不可避免的理论缺陷。基于上述分析，可以看出，"机器论片断"本身还存在明显的历史局限性，因此，当自治主义者把这一片断誉为"圣经式的文本"，并以此为据，将《大纲》视为马克思思想发展的顶峰时，无疑夸大了这一片断和《大纲》的历史地位，完全抹杀了《资本论》的理论贡献。这表明，完全秉持目的论思维，线性地解读从《大纲》到《资本论》的发展，固然有错，但完全以断裂性思维为原则，彻底否定《大纲》与《资本论》之间的连续性，甚至将它们对立起来的做法，也是错误的。因此，当他们把"机器论片断"视为马克思思想发展的最终标杆，并以此为据来重构马克思哲学时，必然会导致一系列的缺陷。

首先，他们的种种建构本身就是建立在对这一片断的误读之上的。在这里，马克思实际上是想通过资本主义的内在矛盾，来论证交换价值制度崩溃的可能性，虽然这里的论述还存在局限性，但它至少反映了此时马克思的思路，即从生产力和生产关系的矛盾运动入手来解剖资本主义的发展趋势。而自治主义者们恰恰忽视了这一点，径直将它翻转为一种主体对抗的生成逻辑，实现了从历史辩证法到真正对立的转变，从而建构了一条劳动与资本、大众与帝国的自治对抗逻辑。就此而言，他们对这一片断的解读本身就不是从马克思主义的方法出发的，而是基于尼采、福柯和德勒兹等人的后结构主义。"在我们的武器中，是否存在一种建构分离的方法？是否存在一种建构集体主体性和社会关系的非辩证理论？这些问题直接促使我们思考过去 30 多年以来在反黑格尔主义的旗帜下发展起来的各种理论的政治相关性。在现代性的核心之处，我们发现了一条激进的批判传统——从斯宾诺莎、尼采到福柯和德勒兹——它建构了一种取代辩证法的替代方案，为我们建构一种可供选择的政治方法论提供了开放空间。通过反辩证法的否定运动，这一传统展现了一种肯定性的建构过程。"[1]后来奈格里也明确地指认了这一点："我们已经把马克思和福柯结合在一起了，或者就我自己的发展历程而言，我可以说我在塞纳河里'洗过我的衣服'，把我的工人主义和法国的后结构主义观点结合在一起了……此外，我们确信，而且现在仍然坚信，马克思可以被运用到后现代性的分析方法中来。"[2]通过这种嫁接而建构出来的哲学，决不可能是马克思主义的，而只能是一种充满伦理色彩的后现代主义的主体政治学。

其次，他们的整个建构并没有真正克服这一片断的内在局限性。此

---

① Micheal Hardt, Antonio Negri, *Labor of Dionysus*: *A Critique of the State-Form*, Minneapolis and London: University of Minnesota Press, 1994, p. 286.

② ［意］奈格里：《帝国与大众》（上），黄晓武编译，《国外理论动态》2003 年第 12 期。

时马克思把一般智力与直接劳动的分离视为大工业的主要特征，并试图从中引出资本主义崩溃的可能性。这一逻辑包含两个不同层面的局限性：一是内在局限性，这点上文已经分析过了；一是外在局限性。当年马克思所强调的一般智力与劳动的分离过程，主要是针对机器大生产阶段而言的，自然不可能涵盖一切资本主义发展阶段。随着后福特主义的到来，当代资本主义劳动过程的确出现了重大变化，一般智力与劳动的融合已经取代了二者的分离，成为这一时期劳动过程的主要特征。这一点恰恰构成了 20 世纪 80—90 年代意大利自治主义者批判和重构这一片断的现实基础，也是他们建构大众智能和非物质劳动理论的客观依据。他们的理论贡献自然不能小觑，但他们的缺陷也不容忽视。由于抹杀了《资本论》对这一片断的超越和发展，他们自然也看不到这一片断的内在局限性。因此，当他们立足于后福特制时代，通过一般智力与劳动的融合来重塑这一片断的当代生命力，并从中引出当代资本主义崩溃的可能性时，恰恰犯了与"机器论片断"同样的错误。他们认为，非物质劳动是对马克思物质劳动理论的超越和发展。这一语境表明，他们所理解的非物质劳动仍然停留于直接劳动或具体劳动层面，是不包含任何生产关系的一般主体性劳动。当他们从这种具体劳动（"多"）来界定新的革命主体时，必然会得出一种没有内在同一性的、多样化的大众群体；而当所有大众联合起来时，他们自然也就认为，前者实现了对一般智力的全部占有，成为与帝国和资本相对立的自治主体，届时，后者的末日也就到来了。实际上，这整个逻辑与"机器论片断"一样，都是建立在对直接劳动的分析之上的，完全忽视了抽象劳动。马克思后来指出，抽象劳动才是整个资本主义价值生产的内在基础，这种劳动"既同劳动独有的特殊性毫无关系，也同劳动的这种特殊性借以体现的特殊使用价值毫无关系"①。不论直接劳动采取什么形式，物质劳动还是非物质劳动，只要它生产剩余价值，那都是一种雇佣劳动。针对这一点，马克思在《剩余价值学说史》第一卷的"非物质生产领域中的资本主义表现"中做出了深刻分析。他举例说："例如，在学校中，教师对于学校老板，可以是纯粹的雇佣劳动者，这种教育工厂在英国多得很。这些教师对学生来说虽然不是**生产工人**，但是对雇佣他们的老板来说却是生产工人。老板用他的资本交换教师的劳动能力，通过这个过程使自己发财。戏院、娱乐场所等等的老板也是用这种办法发财致富。在这里，演员对观众说来，是艺术家，但是对自己的企业主说来，是**生产工人**。"②这清楚地表明，所谓非物质劳动只不过是资本追逐剩余价值所建构出来的一种新形式，它在本质上并没有摆脱抽象劳动的控制。

再次，他们天真地以为，随着非物质劳动的发展，就自然能够产生一种不被资本渗透的新型劳动关系，这无疑是一种痴人说梦的幻想。比如，他们在《帝国》中指出："非物质劳动的合作方面并非像以前各种劳动形式那样由外界强加或组织起来；相反，合作完全内在于劳动活动自身。"③再比如，他们在《共有之物》中也说到："虽然资本有可能限制生命政治的劳动力，没收其产品，甚至在某些情况下提供必要的生产工

①　《马克思恩格斯全集》，中文 1 版，第 26 卷第一册，人民出版社 1972 年版，第 151 页。

②　同上书，第 443 页。

③　［美］哈特、［意］奈格里：《帝国——全球化的政治秩序》，江苏人民出版社 2003 年版，第 279 页。

具，但资本决不能对生产合作关系加以组织"①。在所有著作中，他们始终没有对这一问题，即资本为什么就无法组织这种新型的劳动关系，做出令人信服的论证，最终只能求助于充满伦理色彩的价值预设。就像他们自己所说的那样，他们所"强调的是一种伦理工程，一种身处在帝国之中同时也反对帝国的民主政治行动的伦理学"②。既然这只是一种伦理主义的价值预设，那我们还祈求什么呢？再退一步来讲，当他们把主体解放的希望完全寄托在民主自治之上时，显然过分夸大了民主自治的历史作用。他们没有看到，在当代资本主义社会中，所谓的民主自治只不过是资本统治形式的一种转型，而他们却颠倒性地将其视为大众解放的唯一道路，这显然是中了资本的诡计。既然人的生命都成了资本操控的对象，那么，把这些生命组织起来的方式——民主自治——岂能逃脱资本的摆布？显然他们是不愿意承认这一点的。就此而言，要想真正终结帝国和资本的统治，就不能单纯停留在直接劳动（非物质劳动）领域的变革和联合，也不能简单诉诸一般智力的大众化（大众智能的苏维埃），更不能寄希望于主体（大众）的自治，相反，必须回到马克思的历史辩证法，通过对资本主义内在矛盾的分析来寻求无产阶级革命的现实可能性，从而彻底变革资本主义的生产关系。从这个角度而言，意大利自治主义学派所开出的药方无疑是一种乌托邦，而他们在实践中的全面失败，正是这种乌托邦的最好证明。对此，齐泽克评价到，"他们没有能够在当前的条件下去重复马克思的分析，即无产阶

---

① Michael Hardt, Antonio Negri, *Commonwealth*, Cambridge, Massachusetts: The Belknap Press of Harvard University Press, 2009, p. 140.

② Ibid. , p. Ⅶ.

级革命的前途就蕴含在资本主义生产方式的内在矛盾之中"①，而是单纯地诉诸主体权利，企图建立一种"没有革命的革命"，这在本质上又重新退回到"前马克思主义"的立场之中了。这真是一针见血地戳中了他们的要害。

第二节　如何理解《资本论》的阶级斗争理论

如何理解生产力生产关系的矛盾运动（客观公式）与阶级斗争（主观公式）的辩证法，构成了贯穿马克思主义发展史的一根红线。而到了《资本论》中，这一问题则转化为资本逻辑与阶级斗争的关系问题。从第二国际到西方马克思主义再到当代西方左派，都对这一问题做出了积极探讨，然而，对这一问题的不同回答，却导致了个同的《资本论》形象。如何基于当代西方左派的讨论语境，回应他们对《资本论》的种种批判和质疑，全面澄清资本逻辑与阶级斗争之间的辩证关系，就显得尤为必要。

一、超越或重构《资本论》：当代西方左派的理论旨趣

在《具体的辩证法》中，科西克提出了一个极为重要的问题，即如何理解《资本论》的开头（商品）与结尾（阶级）之间的辩证关系？② 他认为，

---

① ［斯洛文尼亚］齐泽克：《哈特和奈格里为 21 世纪重写了〈共产党宣言〉吗？》，何吉贤译，见《帝国、都市与现代性》，许纪霖主编，江苏人民出版社 2006 年版，第 85 页。

② 参见［捷克］科西克：《具体的辩证法》，傅小平译，社会科学文献出版社 1989 年版，第 133 页。

这不是一个主观臆造的问题，而是一个涉及《资本论》精神实质的重大问题。在黑格尔那里，真正的主体即绝对精神，是在伪主体经过"奥德赛式的漂泊历程"之后才真正出场的；与此相类似，《资本论》的阶级主体，恰恰也是商品（价值）经过复杂的"奥德赛式的漂泊历程"之后，才真正出现的。那么，如何理解这种"奥德赛式的漂泊历程"呢？科西克指出，首先，从商品到货币再到资本的漂泊过程，意味着资本主义已成为"一个由无意识主体（价值）的运动构成的系统。这个系统从整体上表现为一个剥削他人劳作的系统，表现为一个大规模地再生产自身的系统，亦即一个死劳动统治或劳动、物统治人、产品统治生产者、神秘的主体统治真实的主体、客体统治主体的机构。资本主义是一个总体物象化和异化的动力系统。'人民'戴着这个机构的官吏和代理人的面具出场，作为它的组成部分和要素行动"①。因此，研究伪主体的运动过程，就是揭示这一系统运行机制的过程。其次，只有通过这一漂泊历程，才能揭示真实主体出场的历史必然性。科西克指出，与绝对精神不同，无产阶级作为革命主体，决不是思维预设的结果，而是资本在"漂泊"过程中必然生成的历史产物，只有在商品和资本逻辑的渲染中，主体才能真正成为名副其实的主体。再次，真实主体的出场意味着批判和革命，它将承担起历史赋予的神圣使命，颠覆伪主体的物化世界。

以此来看，科西克提出的问题，实际上就是如何理解资本逻辑与阶级斗争的关系问题。虽然他最终走向了海德格尔的存在主义，但不得不

---

① ［捷克］科西克：《具体的辩证法》，傅小平译，社会科学文献出版社 1989 年版，第 137 页。

承认，他在一定程度上诠释了二者之间的辩证关系，即只有以资本逻辑为基础，阶级逻辑才具有合法性。也是在此基础上，他最终得出结论说："马克思的《资本论》不是一种关于资本的理论，而是对资本的理论批判或批判理论。除了描述资本的社会运动的客观形态以及与此相符合的资本代理人的意识形式，除了追溯系统运行（包括它的动机和危机）的客观规律，它还要研究将对这个系统实行革命性摧毁的主体的起源和形成过程。"①就此而言，《资本论》不仅是一部资本批判理论，而且也是一部关于阶级斗争的理论，是他的哲学、政治经济学批判与无产阶级革命学说相互融合的光辉典范。

然而，这一定位到了当代西方左派那里则被彻底颠覆了。他们认为，《资本论》在本质上就是一部客体主义的或单纯的经济学著作，根本不存在（成熟的）阶级斗争理论。以此为由，他们指出，要想在当代语境中，重新激活或重塑马克思的革命理论，决不能回到马克思意义上的《资本论》，这注定是徒劳无功的，相反，必须要超越或重构《资本论》。也是在此背景下，他们发动了一场超越或重构《资本论》的理论运动。具体而言，主要表现为以下三种路径：

（一）从资本逻辑到需要逻辑：莱博维奇的超越之路

加拿大左派经济学家莱博维奇指出："《资本论》中的确并没有谈到阶级斗争，或者说没有谈到工人的阶级斗争。因为《资本论》的实质是谈资本，这才是目标，《资本论》也努力实现了这一目标。它的主题既不是

---

① ［捷克］科西克：《具体的辩证法》，傅小平译，社会科学文献出版社1989年版，第140页。

工人（只是提到了资本对工人的影响），也不是工人的目标（只是提到了它们与资本的目标不同），更不是工人的阶级斗争（只是提到了工人受到资本侵犯时的反抗）。即使马克思在《资本论》中偶尔谈到工人，这些也是悬而未决的，并没有像对资本的讨论那样提出合乎逻辑的证明材料。"①因此，要激活马克思的阶级斗争理论，就必须超越《资本论》，以工人而非资本为中心，重建工人阶级的政治经济学，这正是他的著作《超越〈资本论〉——马克思的工人阶级政治经济学》的理论目标。如他自己所言："《超越〈资本论〉》可以看成是对坚持马克思主义的呼唤。通过强调马克思主义的核心方法，并进行切实的运用，本书探讨了马克思未完成的著作（尤其是那本他计划写的关于雇佣劳动的书）中所涉及的对象，集中讨论了《资本论》中缺乏的关于工人的内容。在深入研究了那本未完成之书的寓意之后，《超越〈资本论〉》重新将人（和阶级斗争）作为马克思主义分析的核心。"②如果说科西克坚持从资本逻辑出发，来论证阶级主体出场的必然性，那么，到了莱博维奇这里，这一思路则被彻底抛弃了：阶级主体的形成，根本不需要资本逻辑作为基础。

那么，什么才是阶级逻辑的终极依据呢？莱博维奇给出了自己的回答：工人的发展需要。这包括两层内涵：第一，工人自己的发展需要是阶级斗争和革命主体生成的客观基础。他指出，工人的发展需要"是工人阶级为自身利益进行斗争的基础。然而对这种趋势的讨论却没有出现。既然没有从工人的角度提到阶级斗争的理论基础（即没有提到工人

---

① ［加］莱博维奇：《超越〈资本论〉——马克思的工人阶级政治经济学》，崔秀红译，经济科学出版社 2007 年版，第二版序言第 4 页。

② 同上书，第二版序言第 4 页。

为什么'不断进行反抗'），那么，《资本论》同样不能揭示工人阶级政治经济学的精确特征，这也就不足为奇了"①。在《资本论》中，马克思仅从资本的角度理解工人，将其诠释为一种牲畜般的存在，完全忽视了工人作为人的发展需要，"这就是《资本论》概念片面性的一个方面，也是马克思主义没有超越《资本论》的一个方面"②。从主体的角度来看，工人决不只是资本增殖的一个要素，在这一过程中，他会主动地生成自己的社会需要，因此，"与《资本论》中所描述的画面相反，存在着两个'应然'（ought）——不仅仅存在着资本的增殖需要，还存在着'工人的发展需要'"③。他决不只是资本增殖的工具，更是自己利益的代言人；同时，为了实现自身的利益，他们必然会联合起来，与资本抗争，进而在斗争中，"超越纯粹的经济运动"（即单纯为了提高工资而进行的斗争），上升为政治行为，最终成为一个自为的阶级。"实际上，只存在着一条法则，所有其他的都是对其的注释。正如工人采取每一行动都会把他变成所参与的行动的主体一样，工人为自身斗争的过程也成为了一个生产过程，成了一个有目的的行动的过程，通过这一过程，他们以另一种改变了的方式生产他们自身。在斗争中，他们产生了新的需要，一种不同等级上的需要。即使他们试图去满足的需要在自身上并没有超越资本，但斗争的这一过程却是一个生产新人类的过程，是赋予工人阶级自身全

---

①　[加]莱博维奇：《超越〈资本论〉——马克思的工人阶级政治经济学》，崔秀红译，经济科学出版社 2007 年版，第 115 页。

②　同上书，第 162 页。

③　同上书，第 101 页。

新的概念的过程——工人阶级成为了可以改变他们世界的主体。"①

另一方面，工人的发展需要是扬弃资本的终极动力。莱博维奇指出，需要不是永恒不变的，而是不断变化发展的。当旧的需要满足以后，就会产生新的需要，为了进一步满足新的需要，人们就会不断地发展生产力，改造原有的生产关系，从而推动了历史的进步。这正是马克思强调"需要的首要性"，并将其视为历史发展的内在动力的重要原因。② 由此出发，莱博维奇指出，在资本主义社会中，工人需求的不断发展，必然引发需要与资本之间的内在矛盾，"当现行的社会结构无法满足在这个社会中形成的人类需要的时候，就会发生变革；当生产关系阻碍生产力的发展时，就会发生符合确定人类个体特殊需求的社会变革。因此，在资本主义社会中，应该超越资本的是'劳动者自我发展的需求'"③。因此，随着工人需要的不断发展，阶级斗争必然爆发，资本必将走向湮灭，从而催生一个以总体工人生产来满足总体工人需要的新型社会。

以此来看，莱博维奇直接从资本逻辑退回到需要逻辑，他不仅将后者视为阶级斗争和革命主体形成的内在依据，而且也将其诠释为历史发展和扬弃资本的终极动因。通过这种变型，他最终实现了从政治经济学到阶级斗争、从资本逻辑到工人主体的重心转移，完成了他所谓的《超越〈资本论〉》的理论建构。

---

① ［加］莱博维奇：《超越〈资本论〉——马克思的工人阶级政治经济学》，崔秀红译，经济科学出版社 2007 年版，第 246 页。

② 同上书，第 223 页。

③ 同上书，第 223—224 页。

(二)去政治化：詹姆逊的解构之路

随着金融危机的不断发展，如何理解《资本论》的当代价值，就显得尤为必要。正是从当代视域出发，詹姆逊重新诠释了《资本论》的理论意义，并最终得出结论说：《资本论》依然具有强大的现实生命力。这一判断毋庸置疑，然而，仔细分析不难发现，他的这一定位恰恰是建立在对《资本论》政治思想的解构之上的。在他看来，"《资本论》……不是一部关于政治的书，甚至不是一部关于劳动的书"①，因此，那些企图在这一著作中寻求政治结论的人，完全是异想天开，一厢情愿，"马克思主义理论中政治维度的缺失……是它巨大的原创力量之一。如论如何，第一卷都不会给那些在书中寻找更完美社会制度图景的人多少惊喜，更不用说在其中寻找相应的理论化印迹了。的确，这本书甚至没有从经济角度勾勒任何未来社会主义的图景的轮廓"②。就此而言，一个多世纪以来，全世界都把这一著作诠释为"工人阶级的圣经"，是多么大的误解啊！也是在此基础上，詹姆逊得出结论说，《资本论》根本就不包含任何政治结论，若要了解马克思的政治思想，就必须回到《共产党宣言》。③ 这一论断又重新回到了《资本论》与《共产党宣言》对立的老路上来。那么，《资本论》的核心思想及其当代价值是什么呢？詹姆逊答道，就在于它从根本上证明了失业是资本主义制度的必然产物，只要资本主义存在，不论采取什么样的措施，都不可能真正解决失业问

---

① 　[美]詹姆逊：《重读〈资本论〉》，胡志国等译，中国人民大学出版社 2013 年版，第 2 页。

② 　同上书，第 113 页。

③ 　同上书，第 111 页。

题。因此,《资本论》归根结底"是一部关于失业的书"①,它能够为我们理解今天的全球性失业提供科学指南,这也就是《资本论》的当代价值所在。

以此来看,詹姆逊力图通过对《资本论》的当代解读,来挖掘它的理论价值和当代生命力,这种理论努力是值得肯定的,但"规定即否定",当他做出这种建构时,实际上也已经把《资本论》的政治旨趣彻底解构了。

(三)从资本逻辑到商品—货币逻辑:克里弗的重构之路

作为自治主义马克思主义的重要代表,克里弗在方法论和整体思路上都深受奈格里的影响。后者认为,《资本论》是一部客体主义的著作,到处充满了客观规律和辩证矛盾,根本无法为主体政治学提供有力支撑;相反,《大纲》则强调主体对抗,是马克思革命思想发展的顶点。基于此,他主张回到《大纲》(特别是其中的"机器论片断"),并以此为基础,来重构马克思的政治学②;另一方面,他认为,决不能像罗斯多尔斯基那样,用《资本论》来诠释《大纲》,而是相反,应当根据《大纲》来重

---

① [美]詹姆逊:《重读〈资本论〉》,胡志国等译,中国人民大学出版社 2013 年版,第 2 页。

② 阿根廷学者吉多·斯塔罗斯塔也认为,只有回到"机器论片断",才能为工人阶级斗争提供最终依据,但他的论证逻辑与奈格里完全相反:奈格里是因为《资本论》缺乏主体逻辑,进而主张回到"机器论片断";而斯塔罗斯塔则是因为《资本论》关于资本辩证法的分析存在重大缺陷,不足以支撑整个阶级斗争理论,进而主张回到这一片断。虽然他们的认知逻辑存在明显差异,但结果却殊途同归。Guido Starosta, "The System of Machinery and Determinations of Revolutionary Subjectivity in the *Grundrisse* and *Capital*", *In Marx's Laboratory*: *Critical Interpretations of the Grundrisse*, ed. Riccardo Bellofiore, GuidoStarosta and Peter D. Thomas, Leiden/Boston: Brill, 2013, pp. 236-237.

新激活《资本论》的革命理论。而克里弗的《政治性地阅读〈资本论〉》
(1979)①就是后一主张的最终实现。不过，与莱博维奇、詹姆逊和奈格
里等人不同，他并不否定《资本论》存在阶级斗争理论，问题只是在于，
这种理论还不够彻底，或者说，仍是晦暗不明的，需要重新激活。基于
这一逻辑，他从奈格里的主体对抗理论出发，完成了对《资本论》第一卷
第 1 章的政治化解读，企图以此来恢复《资本论》作为"工人阶级圣经"的
历史声誉。如他所言："在这本书中，通过对《资本论》第一卷第 1 章的
细致研究，我重新考察了马克思关于价值的分析。这一研究的目标，是
通过将第 1 章中的抽象范畴，置于马克思关于资本主义社会中阶级斗争
的总体分析的语境之中，来揭示价值分析的政治效应。我是要回到马克
思的原初目的：他写《资本论》是为了给工人提供斗争武器。"②

　　那么，克里弗为什么选择第 1 章作为自己的研究重心呢？他解释
到，马克思的《资本论》主要是研究资本与雇佣劳动的对立的，而这种对
立就起源于第 1 章，因此，后者构成了马克思阶级斗争逻辑的秘密所
在。然而，在马克思的叙述中，这种意蕴并没有被清晰地揭示出来，
"尽管马克思是这样做的，但商品和阶级斗争之间的关系并不是直接明
了的。为了澄清这种关系，我们必须理解阶级斗争的根源：为了生存和
获得社会财富，人们被迫将生命的一部分即劳动力作为商品来出卖，通
过这种方式，资本家也就把商品形式强加给大部分人。换言之，大多数
人被置于这样一种境地：为了避免饿死，他们被迫劳动，而为了全面控

---

　　①　这一著作初版于 1979 年，由 University of Texas Press 出版。在这里，本文引用
的是英文第 2 版，由 Antitheses 出版社 2000 年出版。
　　②　Harry Cleaver, *Reading Capital Politically*, Leeds：Antitheses, 2000，p. 23.

制社会财富的生产资料，资本家不断创造和维持这种强制状况。商品形式的这种普遍化强制意味着，强制劳动已经成为社会组织和社会控制的根本方式。另一方面，也意味着工人阶级的形成"①。因此，在商品形式中，就隐藏着工人与资本斗争的内在依据。由此出发，克里弗重新诠释了商品形式与阶级斗争之间的内在关系。

他指出，在以往的界定中，都把工人阶级理解为靠出卖劳动力来谋生的无产者，实际上，这是不准确的，这只是从资本的角度所做的界定，完全忽视了工人自身的维度。从后者来看，单纯出卖劳动力决不是工人阶级的全部内涵，相反，只有从根本上超越了劳动力，转化为与资本相对抗的斗争主体时，它才能成为真正的自为阶级。而这种斗争的张力，在商品形式上，就已经清晰地表现了出来。作为价值，它体现的是一种资本增殖逻辑，为了达到这一目的，它必然会把一切使用价值牢牢地掌控在自己手中，全面封死工人获得物质财富的其他途径，并将工人的需要严格控制在维持劳动力再生产所需要的最低限度之内，使它永远作为资本的有机部分即劳动力存在下去。然而，作为一个主体，工人决不会满足于维持劳动力再生产的最低限度，他必然会争取作为一个社会主体的权利，要求全面占有使用价值，就此而言，使用价值体现的恰恰是工人自身的发展逻辑。因此，在商品形式中，工人与资本的对立，直接表现为使用价值与交换价值的对立。而在劳动形式上，则进一步表现为有用劳动与抽象劳动的对立。克里弗指出，在马克思看来，有用劳动是一切社会形式共有的，是体现主体力量的活动，因此，有用劳动生产

---

① Harry Cleaver, *Reading Capital Politically*, Leeds: Antitheses, 2000, p. 82.

的物品，恰恰是工人的需要对象。而在资本主义社会中，这种主体活动却从属于形成价值的抽象劳动；结果，有用劳动生产出来的物品，却成了外在于工人的东西，而劳动生产率的提高，却成了降低劳动力再生产成本、提高剩余价值的有力手段。但这并不是说，这种对立已经成熟了。对此，克里弗指出，在这一阶段上，这种对立还是潜在的、抽象的，因为作为一种幽灵般的对象性，价值还没有在现实中找到自己的真正代言人，工人还只是与一种幽灵进行对抗。只有到了货币阶段，这种对立才充分展现出来。

　　他强调到，在资本主义条件下，获得货币，是每个工人生存下来的唯一途径，因此，货币必然成为资本家控制整个工人阶级的根本武器：通过调节工资来分化在业工人；通过可变资本与劳动力的交换，全面操控雇佣工人和产业后备军，使他们完全服从于资本的统治。在这种情况下，工人更多地会采取罢工或拒绝劳动的方式来同资本抗争，以期提高工资。因此，在这一阶段，工人在斗争方式和目标上都参差不齐，无法成为一种自为的阶级。即便这种斗争成功了，资本也会及时地改变统治策略，诉诸特殊的金融和货币政策，通过贬值或通货膨胀来重塑它对工人的统治。[①] 只要后者仍然使用货币作为交换手段，他们自然就无法摆脱资本关系对他们的强制。因此，对工人而言，仅仅停留在第一个层次，是远远不够的，他们必须将抗争提升到抵制货币的高度，拒绝一切价值关系，唯有如此，这种斗争才够彻底。"阶级斗争的另一途径就是抵制货币中介，拒绝一切价格，实质上，就是直接剥夺劳动力和其他商

品的价格……抵制价格，就是抵制资本的游戏规则，拒绝接受货币，就是拒绝接受一切用货币来衡量的东西，即全部价值关系。这就是工人阶级的复仇视角。"①当所有工人意识到，货币才是他们遭受苦难的根源时，他们就会团结起来，形成一股不可抗拒的力量，将原初的经济斗争转化为废除货币和价值关系的政治斗争，从而真正成为革命的历史主体。

以此来看，如果说《资本论》是从商品—货币逻辑上升到资本逻辑，以此来论证革命主体和阶级斗争的必然性，那么，克里弗则恰恰相反，他直接从资本逻辑退回到商品—货币逻辑，以此来寻求革命斗争的合法性，这就是他对《资本论》政治重构的秘密所在。

综观这些观点，可以发现，虽然他们的逻辑有所不同，但核心观点却存在一致之处：《资本论》根本不存在或缺乏成熟的阶级斗争理论，若要激活这一理论，要么回到《共产党宣言》或《大纲》，要么从资本逻辑退回到需要或商品—货币逻辑，以此来重构阶级斗争理论。面对这些指责，我们该如何回应呢？或者说，如何理解资本逻辑与阶级斗争之间的关系呢？再往大一点说，该如何理解"客观公式"与"主观公式"之间的辩证法呢？我想，惟有科学解答这些问题之后，我们才能准确定位《资本论》的政治意蕴，才能有效回应当代西方左派对《资本论》的批判与重构。

---

① Harry Cleaver, *Reading Capital Politically*, Leeds: Antitheses, 2000, p. 156.

二、"主观公式"与"客观公式"的有机统一：马克思历史辩证法的精神实质

在《社会主义的前提和社会民主党的任务》中，伯恩施坦指出，在革命理论上，马克思没有发言权，他完全承袭了布朗基，因而是一个彻头彻尾的布朗基主义者。"在过高估计革命暴力对于现代社会的社会主义改造的创造力这一点上，它从来没有完全摆脱布朗基主义的见解。"①结果，马克思成了布朗基和雅各宾式的革命恐怖主义者了，这是对马克思革命理论的最大歪曲。针对这种革命恐怖主义，马克思恩格斯生前就曾做过尖锐批判："这些密谋家并不满足于一般地组织革命的无产阶级。他们要做的事情恰恰是要超越革命发展的进程，人为地制造革命危机，使革命成为毫不具备革命条件的即兴诗。在他们看来，革命的唯一条件就是他们很好地组织密谋活动。他们是革命的炼金术士，完全继承了昔日炼金术士的邪说歪念和狭隘的固定观念。"②与这种革命密谋不同，成熟时期的马克思既反对从抽象人性的角度对革命事业进行思辨论证，也反对任何超越历史进程而人为地制造革命的做法，相反，他始终立足于历史发展的内在矛盾，来探求无产阶级革命的现实可能性。可以说，这一思想贯穿了从《德意志意识形态》到《资本论》的整个发展过程，并在后面的文本中得到了进一步的深化和发展。

在《德意志意识形态》中，马克思恩格斯指出，生产力和交往形式之

---

① ［德］伯恩施坦：《社会主义的前提和社会民主党的任务》，殷叙彝译，生活·读书·新知三联书店 1965 年版，第 81 页。
② 《马克思恩格斯全集》，中文 1 版，第 7 卷，人民出版社 1959 年版，第 321 页。

间的矛盾构成了一切历史冲突的根源，随着这一矛盾的爆发，"每一次都不免要爆发为革命"①。到了《哲学的贫困》和《雇佣劳动与资本》，他开始从生产关系入手，来揭示"构成现代阶级斗争和民族斗争的物质基础的经济关系"②。这些思想在《共产党宣言》中得到了集中展现。在这一文本中，马克思似乎更突出了阶级斗争的重要性，这也是一些学者（比如，莱尔因）将其视为"主观公式"的经典之作，进而将其与"客观公式"对立起来的重要原因。③ 实际上，这恰恰是错误的。在 1888 年英文版序言中，恩格斯强调到，这一著作的核心思想就是，"每一历史时代主要的经济生产方式和交换方式以及必然由此产生的社会结构，是该时代政治的和精神的历史所赖以确立的基础，并且只有从这一基础出发，这一历史才能得到说明；因此人类的全部历史（从土地公有的原始氏族社会解体以来）都是阶级斗争的历史，即剥削阶级和被剥削阶级之间、统治阶级和被压迫阶级之间斗争的历史"④。以此来看，阶级斗争决不是外在于客观公式的一条独立逻辑，而是始终奠基在后者之上的。柯尔施正确地指出了这一点，所谓主观公式只是对客观公式的补充和说明，是"同一事物的如实表达"⑤。因此，将《共产党宣言》中的阶级斗争逻辑界定为一条与客观公式相对立的独立逻辑，恰恰是站不住脚的。经过

① 《马克思恩格斯选集》，2 版，第 1 卷，人民出版社 1995 年版，第 115 页。
② 同上书，第 331 页。
③ 参见[英]莱尔因：《重构历史唯物主义》，姜兴宏等译，中国社会科学出版社 1991 年版，第 24 页。
④ 《马克思恩格斯选集》，2 版，第 1 卷，人民出版社 1995 年版，第 257 页。
⑤ [德]柯尔施：《卡尔·马克思——马克思主义的理论和阶级运动》，熊子云等译，重庆出版社 1993 年版，第 149 页。

1848 年欧洲大革命的历史反思，马克思更加明确地得出了如下结论：
"在这种普遍繁荣的情况下，即在资产阶级社会的生产力正以在整个资
产阶级关系范围内所能达到的速度蓬勃发展的时候，也就谈不到什么真
正的革命。只有在**现代生产力**和**资产阶级生产方式这两个要素**互相**矛盾**
的时候，这种革命才有可能……**新的革命，只有在新的危机之后才有可
能发生。但它正如新的危机一样肯定会来临。**"①换言之，只有将革命奠
基于资本主义的内在矛盾之上，这种革命才具有现实可能性。

　　但是，我们能否说这里的阶级斗争理论已经彻底成熟了？笔者持保
留态度。在这里，我们必须严格区分两个不同的层次：一是一般历史观
层面，一是具体社会形态层面。在这些文本中，马克思恩格斯从生产力
与生产关系的矛盾运动入手，揭示了人类历史发展的客观规律，并力图
从中引出阶级斗争的客观基础，这对于批判历史唯心主义和革命唯意志
论而言已经足够。因此，从第一个层面来看，马克思恩格斯的确已经建
立了科学的历史观。但一旦立足于第二个层面，我们就会发现，这里的
分析显然还不够。生产力与生产关系的矛盾运动毕竟只是一个科学抽
象，用这一抽象"不可能理解任何一个现实的历史的生产阶段"②。因
此，要想完成这一任务，就必须超越一般层面，从抽象上升到具体，系
统研究资本主义的运行机制及其发展规律，唯有如此，才能真正为无产
阶级革命提供科学依据。那么，此时马克思对资本主义内在矛盾的分析
是否已经成熟了？显然还不能这样认为。比如，在《德意志意识形态》

①　《马克思恩格斯选集》，2 版，第 1 卷，人民出版社 1995 年版，第 470—471 页。
②　《马克思恩格斯全集》，中文 2 版，第 30 卷，人民出版社 1995 年版，第 29 页。

中，此时他还是从分工入手来分析资产阶级社会的内在矛盾的，从而把无产阶级革命建立在由分工所导致的工人的片面化发展之上，虽然这与思辨主体逻辑存在本质区别，但这一思路还是不够的，因为单纯从分工入手是不可能科学解剖所有制形式演变和资本主义运行机制的。这反映了他当时掌握的经济史知识还完全不够，就像后来恩格斯反思的那样："在这篇稿子（指《费尔巴哈论》——引者注）送去付印以前，我又把1845—1846年的旧稿（指《德意志意识形态》——引者注）找出来看了一遍。其中关于费尔巴哈的一章没有写完。已写好的部分是阐述唯物主义历史观的；这种阐述只是表明当时我们在经济史方面的知识还多么不够。"①再比如，在《共产党宣言》和《1848年至1850年的法兰西阶级斗争》中，虽然此时他明确提出了只有当生产力与资本主义生产关系发生矛盾的时候，无产阶级革命才有可能，但这种矛盾的标志是什么呢？答曰：工商业危机。此时他显然把危机当成了资本主义灭亡的"病理性"标志，从而在革命与危机之间建立了直接依赖关系。

1857年，资本主义社会爆发了第一次世界性经济危机，这促使马克思夜以继日地工作，"为的是在洪水之前至少把一些基本问题搞清楚"②。而这次研究的结晶，就是后来的《大纲》。在这一文本中，马克思的确在"一些基本问题"上取得了重要突破：货币理论、劳动力理论、剩余价值理论、商品二重性理论等。但就"机器论片断"而言，如上所述，马克思关于资本主义内在矛盾的认识显然还存在重要缺陷，虽然它

---

① 《马克思恩格斯选集》，2版，第4卷，人民出版社1995年版，第212页。
② 《马克思恩格斯全集》，中文1版，第29卷，人民出版社1972年版，第219页。

已经超越了前期的分工逻辑，力图站在机器大生产的高度来分析资本主义矛盾，但他并没有真正揭示资本主义的内在矛盾，而是把资本对一般智力的追求，进而导致直接劳动在财富生产中的作用不断下降这一矛盾，视为资本主义崩溃的客观依据，这显然是错误的。那么，此时他为什么会得出这样的结论呢？除了劳动二重性和相对剩余价值理论不足之外，一个重要原因在于，他还没有真正克服革命与危机的依赖模式。在这一片断中，他指出，资本对科学技术和一般智力的普遍追求，必然会提高生产率水平。就使用价值生产而言，这就意味着，人们只需要"用一部分生产时间就足以满足直接生产的需要"①。随着这一趋势的发展，必然会出现生产过剩（危机），届时，必要劳动就会中断，剩余劳动也就失去了存在条件。② 关于这一点，他在《大纲》的另一处说得更为明确："危机。以交换价值为基础的生产方式和社会形式的解体。"③以此来看，此时他不仅把危机视为交换价值崩溃的基础，而且也把它看作是资本主义制度解体的重要依据，因此，他自然会把危机视为无产阶级革命的最佳时机。所以，在危机爆发之后，他就热切地期盼新一轮革命高潮的到来。但遗憾的是，这场危机并没有引发一场"汹涌澎拜的革命高潮"，更没有导致交换价值和资本主义制度的崩溃。这促使马克思不得不重新反思自己的判断。而这种反思的结果就是 1859 年"序言"中的"两个决不

---

①　《马克思恩格斯全集》，中文 2 版，第 31 卷，人民出版社 1998 年版，第 102 页。

②　参见《马克思恩格斯全集》，中文 2 版，第 31 卷，人民出版社 1998 年版，第 103—104 页。

③　《马克思恩格斯全集》，中文 2 版，第 30 卷，人民出版社 1995 年版，第 221 页。

会"①。在此之后，他再一次系统地研究了经济学，写下了数量庞大的《1861—1863年经济学手稿》，超越了《大纲》和"机器论片断"的内在局限性，完善了他对资本主义运行机制和内在矛盾的分析，最终在《资本论》中得到了公开阐述。

基于上述分析，可以看出，马克思的革命逻辑既不是基于人性作出的推论，也不是单纯依靠主体能动性制造出来的密谋运动，而是始终基于生产力和生产关系的矛盾运动，来寻求无产阶级革命的现实可能性。离开客观逻辑，抽象地谈论阶级斗争，或者说，单纯从主体能动性的角度引出阶级斗争，都是非法的。这是马克思对主观公式与客观公式辩证关系的科学认知，也是历史辩证法的精髓所在，离开了这一点，就无法真正把握马克思革命理论的精神实质，更无法将其与革命的庸俗派和唯意志论者区别开来。就此而言，从《德意志意识形态》、《共产党宣言》到《大纲》再到《资本论》的发展历程，决不是莱尔因断言的那样，是主观公式与客观公式的断裂过程，更不是奈格里所说的从纯主体逻辑向纯客体逻辑的倒退过程，而是历史唯物主义从抽象上升到具体的发展过程，是他对资本主义运行机制解剖不断深化的过程，同时，也是他不断丰富、发展和完善革命条件学说的过程。从这个角度而言，《资本论》的出场绝不是偶然的，而是马克思"为我们的党取得科学上的胜利"②所进行的长期探索的理论结晶。

---

① 《马克思恩格斯全集》，中文2版，第31卷，人民出版社1998年版，第413页。
② 《马克思恩格斯全集》，中文1版，第29卷，人民出版社1972年版，第554页。

三、《资本论》在何种意义上为阶级斗争提供了理论依据？

那么，《资本论》在何种意义上为阶级斗争提供了客观基础呢？或者说，资本逻辑与阶级斗争到底存在何种关系呢？我认为，主要表现在以下几个方面：

第一，机器大生产与阶级斗争的普遍化。大卫·洛威尔指出，马克思的无产阶级理论完全是基于黑格尔的形而上学建构出来的一种抽象神话，根本不具有任何现实性。[①] 实际上，这一指责是站不住脚的。在《资本论》中，马克思指出，整个资本主义生产是建立在劳动力成为商品之上的，这就为他的无产阶级概念提供了一个科学基础：所谓无产阶级不再是法权意义上的那些没有财产的人的总称，而是那些没有生产和生活资料，只能靠出卖自己劳动力来维持生活的现代雇佣工人。而剩余价值理论则从根本上揭示了资本家与工人在阶级利益上的对立，为阶级斗争提供了合法的理论依据。但这并不是说，只要单纯基于剩余价值生产，工人就能自觉地形成普遍化的无产阶级，起来反抗资本的统治，恰恰相反，这种生成并不是一蹴而就的，而是取决于资本主义剩余价值生产的客观水平。马克思指出，在工场手工业阶段，由于分工的特殊性，决定了此时工人必然无法超越劳动等级的限制，达到普遍性高度，"工场手工业发展了一种劳动力的等级制度，与此相适应的是一种工资的等级制度。一方面，单个工人适应于一种片面的职能，终生从事这种职

---

① David W. Lovell, *Marx's Proletariat: the Making of a Myth*, London: Routledge, 1988, pp. 214-215.

能；另一方面，各种劳动操作，也要适应这种由先天的和后天的技能构成的等级制度"①。而此时工人联合起来同资本家斗争，"最初目的只是为了维护工资"②，这种斗争还局限于单纯的经济行为。而机器大工业的发展，则彻底消除了工场手工业分工的技术基础，"在自动工厂里，代替工场手工业所特有的专业化工人的等级制度的，是机器的助手所要完成的各种劳动的平等化或均等化的趋势，代替局部工人之间的人为差别的，主要是年龄和性别的自然差别"③。一方面，它用大量妇女和儿童取代了成年工人，造成了庞大的过剩人口和产业后备军，也就为超越等级的普遍化无产阶级的生成提供了客观条件；另一方面，机器大工业消灭了一切手工生产和家庭劳动的存在基础，把他们统统变成了一无所有的无产阶级，这也就"消灭了'过剩人口'的最后避难所，从而消灭了整个社会机制的迄今为止的安全阀"④，为工人超越单纯的经济行为，上升到普遍化的政治斗争，提供了客观条件。

第二，资本的运作机制与拜物教意识的解构。马克思认识到，作为资本主义的生产当事人，工人也必然会像资本家一样受到拜物教观念的束缚，"在作为关系的资本中……实质上具有特征的是，这种关系被神秘化了，被歪曲了，在其中主客体是颠倒过来的，就象在货币上所表现出来的那样。由于这种被歪曲的关系，必然在生产过程中产生出相应的

被歪曲的观念，颠倒了的意识"①。那么，工人如何才能超越这种歪曲
观念，形成革命的阶级意识呢？在《资本论》中，马克思从两个维度对这
一问题做出了解答。首先，从本质层面而言，他指出，整个资本主义生
产完全是建立在对工人的奴役之上的，"在资本主义制度内部，一切提
高社会劳动生产力的方法都是靠牺牲工人个人来实现的；一切发展生产
的手段都转变为统治和剥削生产者的手段……这些手段使工人的劳动条
件变得恶劣，使工人在劳动过程中屈服于最卑鄙的可恶的专制，把工人
的生活时间转化为劳动时间，并且把工人的妻子儿女都抛到资本的札格
纳特车轮下"②。这是资本主义积累的一般规律。这种奴役化的生产实
践必然会使工人认识到资本主义生产过程的本质，破除对资本的一切美
好幻想，进而"迫使他反对所有这种关系，从而反对与这种关系相适应
的观念、概念和思维方式"③。另一方面，马克思在《资本论》第三卷中，
详细分析了资本本质的社会化过程，揭示了工人在日常生活中看到的种
种现象是如何生长出来，并最终以"三位一体"公式固定下来的。通过这
种探讨，马克思实现了对资本主义生产总过程的历史分析，为工人认识
各种颠倒观念的生成机制提供了有力武器。以此来看，工人要想摆脱资
本主义拜物教观念的束缚，单纯依靠主体自觉是行不通的，必须要以资
本的运动和发展为客观前提。

第三，资本的内在界限与革命时机的诊断。在《资本论》中，马克思

_____

① 《马克思恩格斯全集》，中文 1 版，第 48 卷，人民出版社 1985 年版，第 257—
258 页。

② 《马克思恩格斯全集》，中文 2 版，第 44 卷，人民出版社 2001 年版，第 743 页。

③ 《马克思恩格斯全集》，中文 1 版，第 48 卷，人民出版社 1985 年版，第 258 页。

已经不再把经济危机视为资本主义灭亡的病理性标志，而是将其视为资本主义工业发展的生理周期，"工业的生命按照中常活跃、繁荣、生产过剩、危机、停滞这几个时期的顺序而不断地转换"①。经济危机并不意味着资本主义的内在矛盾已经达到了彻底成熟的程度，更不意味着资本主义制度就要灭亡了，相反，它只是资本主义发展的一个生理阶段，因此，决不能把经济危机视为无产阶级革命的最佳时机。在《资本论》中，马克思指出，实际上，存在两种不同的危机：一是由剩余价值实现所导致的外在危机，一是由于剩余价值生产所引发的内在危机。前者的原因具体包括：有支付能力的消费不足、生产部门的比例失调以及流通中的货币量的限制等，虽然它们在本质上也根源于资本主义的内在矛盾，但这种危机并不意味着资本主义已经丧失了发展活力。第二种危机则表现为由资本积累和一般利润率趋于下降规律②引发的内在危机。马克思指出："利润率的下降和积累的加速，就二者都表现生产力的发展来说，只是同一个过程的不同表现。"③它们共同表明，资本生产永远无法克服生产力的绝对限制。资本主义积累的历史趋势必然是生产资料日益集中于少数人手中，这与生产力的社会化发展产生了不可避免的冲

---

① 《马克思恩格斯全集》，中文 2 版，第 44 卷，人民出版社 2001 年版，第 522 页。

② 在《大纲》中，马克思从固定资本的发展引出了两条崩溃逻辑：一是"机器论片断"中的"魁奈之谜"；二是在第三篇"资本作为结果实的东西"中提出来的"利润率趋于下降规律"。在后来的发展中，马克思放弃了第一条逻辑，坚持了第二条逻辑。不过，必须注意一点，《大纲》中的"利润率趋于下降规律"与《资本论》第三卷中的"一般利润率趋于下降规律"还存在一定差异，因为在《大纲》中，马克思还没有科学解决剩余价值向平均利润的转化问题，没有澄清价值和生产价格的差异问题(参见《马克思恩格斯全集》，中文 2 版，第 31 卷，人民出版社 1998 年版，第 630 页注 19)。

③ 《马克思恩格斯全集》，中文 2 版，第 46 卷，人民出版社 2003 年版，第 269 页。

突；而一般利润率下降规律则表明，"资本主义生产方式在生产力的发展中遇到一种同财富生产本身无关的限制；而这种特有的限制证明了资本主义生产方式的局限性和它的仅仅历史的、过渡的性质；证明了它不是财富生产的绝对的生产方式，反而在一定阶段上同财富的进一步发展发生冲突"①。一旦达到一定程度，必然导致资本主义内在矛盾的爆发，引发无产阶级革命。届时，"资本的垄断成了与这种垄断一起并在这种垄断之下繁盛起来的生产方式的桎梏。生产资料的集中和劳动的社会化，达到了同它们的资本主义外壳不能相容的地步。这个外壳就要炸毁了。资本主义私有制的丧钟就要响了。剥夺者就要被剥夺了"②。

基于上述分析，可以看出，《资本论》本身包含着非常明确的政治导向，是全面服务于无产阶级革命的。恩格斯充分肯定了这一点："《资本论》在大陆上常常被称为'工人阶级的圣经'。任何一个熟悉工人运动的人都不会否认：本书所作的结论日益成为伟大的工人阶级运动的基本原则……各地的工人阶级都越来越把这些结论看成是对自己的状况和自己的期望所作的最真切的表述。"③因此，当詹姆逊将《资本论》解读为一部没有政治结论的、纯粹关于失业的书时，恰恰从根本上解构了《资本论》的政治意蕴和实践旨趣。另一方面，这些分析也表明，《资本论》决没有抛弃阶级斗争，而是始终从资本的客观运动中引出阶级斗争。柯尔施正确地指出，《资本论》表明，马克思的革命逻辑既不是忽视阶级斗争的机械决定论，也不是单纯强调主体能动性的革命唯意志论，而是始终强调

---

① 《马克思恩格斯全集》，中文2版，第46卷，人民出版社2003年版，第270页。
② 《马克思恩格斯全集》，中文2版，第44卷，人民出版社2001年版，第874页。
③ 同上书，第34页。

"无产阶级革命的客观前提……这种前提不可能通过纯粹的良好领导、正确的理论或者富有战斗力的革命组织去取代"①。从这个角度而言，科西克关于资本逻辑与阶级斗争关系的诠释是能够站得住脚的。而当奈格里和莱博维奇批判《资本论》没有为阶级斗争理论留下任何空间时，恰恰走向了另一个极端，彻底抹杀了《资本论》的应有贡献。而当后者和克里弗分别从资本逻辑回到需要和货币逻辑来建构阶级斗争理论时，恰恰把马克思革命理论最成熟的客观基础刨掉了。

第三节　鲍德里亚对马克思政治经济学批判的反批判

符号价值(sign value)是鲍德里亚《符号政治经济学批判》一书的核心概念，也是他整个逻辑运演的轴心。正是依据这一逻辑，他向古典政治经济学以及马克思政治经济学发起了猛烈攻击，认为这些理论都不过是政治经济学的初级阶段；也正是凭借这一逻辑，他建构了自己符号政治经济学批判理论。那么，鲍德里亚真的超越了马克思的政治经济学批判吗？后者真的已经过时了吗？厘清这些问题，对于我们深刻把握马克思政治经济学批判理论的精髓及其当代价值，具有至关重要的意义。

---

① ［德］柯尔施：《卡尔·马克思——马克思主义的理论和阶级运动》，熊子云等译，重庆出版社1993年版，第161页。

一、符号价值的生产：一种崭新的逻辑

鲍德里亚指出，物远远不只是一种实用性的东西，它"是一个显现社会意指的承载者，它是一种社会以及文化等级的承载者——这些都至少体现在物的细节之中：形式、质料、色彩、持久性、空间的安置——简言之，物建构了符码，这是确定无疑的"①。在这里，物的存在本身被物的符码、表意关系所代替了。鲍德里亚指出，这种符码并不是单纯的空洞的符号的代名词，在其背后"隐藏着严谨的社会逻辑，虽然它从来不说出来，但却可以依据每种社会地位的特殊逻辑来推断和操控"，这种逻辑就是阶级的逻辑：每个人都只能通过自己所属的阶级的语言来言说它，来操持它。这就决定了符码在本质上并不是一种处于同一平面上平行结构，而是一种具有等级差别的垂直序列。而作为这种等级性符码和意义体系的承载者的物，也由此获得了一种超越有用性的象征性功能，成为一种区分阶级、彰显不同地位的声望逻辑。"这些物的社会功能首先是作为一种**区分符号**(distinctive sign)，作为将不同于别人的那些人与其他人区分开来的物。其他人甚至不可能理解它们。"②"由此，物、它们的句法结构以及它们的修辞指涉的是社会目的以及社会的逻辑。……通过物，每个人以及每个群体都在某种秩序找寻他/她的位置，同时根据个人的发展模式努力地挤入这一序列之中。通过物，一个分层的社会出现了，并且如同大众媒介一样，物似乎在对每个人说话(不再

① Jean Baudrillard, *For a Critique of the Political Economy of the Sign*, trans. By Charles Levin, Telos Press, p. 37.
② Ibid., p. 48.

存在任何具有等级的物）。它试图将每个人放置到某个特定的位置上。"①如果说在过去，人们是通过对物的占有、对物的使用价值的使用来彰显物自身的地位，那么，在现在，这种方式已经过时了。物已经不再停留在单纯的有用性上了，它已经超出了物性的范围，进入到了一个由具有等级结构的意义符码体系之中。物的存在被物的符码和表意关系所代替了，人们对物的操控方式倒过来建构整个社会。这是一种全新的话语，更是一种全新的逻辑。鲍德里亚把这种转变称为"物的革命"，也就是在这种转变中，"诞生了**另外一类价值**"。在这里，人们不再是像过去那样，通过对物的直接占有来显示物的意义，而是通过操控物自身所承载的意义的差异性体系将自身与其他阶级界划开来，以此来凸显一种声望、地位的逻辑。这种逻辑已经超越了使用价值的功能性逻辑，但又不是与经济交换价值相关的单纯价值体系，而是一种表征着地位和名望的象征性价值。这种象征性价值与原始礼物的象征性价值不同，它虽然是一种象征"价值"，但是它却仍然在市场上进行交换，鲍德里亚把这种可以用来交换的象征性价值称为**象征交换价值或符号价值**。从《符号政治经济学批判》这本书来看，这一概念构成了鲍德里亚建构整个理论体系的基点。

那么，究竟是什么生产了这种符号价值呢？鲍德里亚通过对现代艺术品的签名行为和艺术品的拍卖的考察，认为正是类似于签名和拍卖这种象征性的劳动将"符号价值……剥离了出来"，创造了一种独特的价

---

① Jean Baudrillard, *For a Critique of the Political Economy of the Sign*, trans. By Charles Levin, Telos Press, p. 38.

值。他指出：“符号价值（sign value）是被某种特定社会劳动所生产出来的。但是差异的生产（the production of difference），以及差异性的等级体系的生产，都不能与对剩余价值的剥削相混淆，同时也不根源于它。在差异的生产与剩余价值的生产之间，还存在着另一种类型的**劳动**，它将经济价值与剩余价值转换为符号价值：这一过程依据另外一种完全不同的交换，它是一种奢侈（sumptuary）的运作，是一种**挥霍**（devouring）。”①正是这种象征性劳动，“将消费变成了一种富有激情的、令人着迷的游戏……在其中经济价值遭到了破坏，然而却诞生了**另外一类价值**”②，即符号价值（sign value）。鲍德里亚认为，这种符号价值的生产是一种完全不同于马克思物质生产的崭新的逻辑。生产前者的是一种象征性劳动，而后者则是一种生产主义的生产性劳动，鲍德里亚认为，这种生产方式的转变必然产生一种新的统治方式。“在经济秩序之中，剩余价值的占有与积累的控制是最为根本的。在（文化的）符号秩序之中，对于**花费**（expenditure）的掌握是决定性的，也就是说，对在符码的控制下所发生的经济交换价值向符号交换价值（sign exchange value）转变的掌握是决定性的。统治阶级总是或者将它的统治从一开始就建筑于符号价值之上，或者（在资本主义的资产阶级秩序中）努力试图以符号语言的特权去超越、跨越经济特权，并且将后者神圣化，因为它代表着统治的最后阶段。这种逻辑延续了阶级的逻辑，它不再通过对生产工具的所有

① Jean Baudrillard, *For a Critique of the Political Economy of the Sign*, trans. By Charles Levin, Telos Press, p. 115.

② Ibid. , p. 113.

权来定义，而是根据对意指过程的掌控来定义。"①特权阶层就是利用这种象征性劳动不断地创造着符号价值，进而通过占有这种价值将自身同其他阶级区别开来的，以此不断地来操控和建构整个社会。

在这里，一个很明显的问题出现了：我们应该在何种层面上来言说消费？众所周知，在后期经济学著作中，马克思把"消费"定义为为了满足人的需要而对物的使用价值的消费，并且是把消费看作为从属于生产的一个内在环节，"无论我们把生产和消费看作一个主体的活动或者许多个人的活动，它们总是表现为一个过程的两个要素，在这个过程中，生产是实际的起点，因而也是起支配作用的要素。消费，作为必需，作为需要，本身就是生产活动的一个内在要素"②。对此，鲍德里亚指出，这种消费的逻辑在本质上只不过是一种形而上学的设定，是一种需求的神话，它根本无法解释当今景观社会的现实，因而，必须要抛弃这种古典的消费逻辑，从一个更新的层面上来重新界定消费的意义。于是，马克思就成为了鲍德里亚批判的靶子。他指出："消费的行为从来都不仅仅是一种购买（交换价值向使用价值的反复转换）；同样也是一种'**花费**'——马克思的政治经济学完全忽略了这一方面——也就是说，消费是一种财富的**显现**……正是这种价值，在超越交换价值的层面上展现出来，并建筑于后者的解构（destruction）之上，赋予了物的购买、获得、占有以差异性符号价值。在此，并不是货币的数量呈现价值，如同在拥有等价物的经济逻辑之中所认为的那样，而是货币依据某种差异性或者

---

① Jean Baudrillard, *For a Critique of the Political Economy of the Sign*, trans. By Charles Levin, Telos Press, pp. 115-116.

② 《马克思恩格斯全集》，中文2版，第30卷，人民出版社1995年版，第35页。

挑战性的逻辑被花费、被牺牲，被吞噬的过程说明了价值。由此每一个购买行为都同时既是一种经济行为，同时也是差异性**符号价值得以产生的经济转换行为**。"①可以看出，在鲍德里亚的逻辑中，真正构成消费基础的不再是使用价值的功能性逻辑，也不再是交换价值的经济性逻辑，而是一种象征性的交换价值或符号价值。因此，消费不再是传统的政治经济学所界定的"消费"，即为了满足人的需求而对物的使用价值的消费；相反，而是一种对物的象征性价值的消费。它也不再仅仅是一种从属生产的次属逻辑，而是一种在今天社会居于支配地位的**符号和差异的逻辑**，是一种"**符号交换价值体系的大写的消费**"逻辑。

二、符号政治经济学批判：对古典政治经济学的超越

在分析完之后，鲍德里亚总结出了四种不同的逻辑："1，使用价值的功能性逻辑；2，交换价值的经济性逻辑；3，符号价值的差异性逻辑；4，象征交换的逻辑。"②1 和 2 两条逻辑是古典政治经济学具有的逻辑，第 3 条逻辑则是新出现的声望和地位逻辑。第 4 条逻辑是原始礼物交换的逻辑，可以说，这一逻辑构成了他批判其他逻辑的本体论依据。鲍德里亚指出，在今天的社会中，符号价值的逻辑以绝对性的优势压倒了其他三条逻辑，成为了资产阶级文化的核心和"统治阶级的基石"。在这里，物不再被作为使用价值和交换价值再生产出来，而是"**直接作为一种符号，作为一种符号价值被生产出来。**……只能承认这样一个事

① Jean Baudrillard, *For a Critique of the Political Economy of the Sign*, trans. By Charles Levin, Telos Press, pp. 112-113.

② Ibid. , p. 123.

实：今天除非能够被解码为一种符号，任何事物（物、服务、身体、性、文化、知识等等）都不能被生产和交换"①。也正是立足于这一点，鲍德里亚才说："当代的社会……成为了一个符号统治的社会。"可以说，这一结论是鲍德里亚自身逻辑运演的必然结果。

但是，我们进一步追问，鲍德里亚赋予符号价值逻辑如此重要的地位，其目的究竟是什么呢？鲍德里亚指出："如果文化、消费以及符号都必须作为一种意识形态来分析的话，是不能通过消除它们或将它们放逐到某个外在的领域来做到的，相反，而是要通过将它们整合进政治经济学的结构当中才能完成。这就意味着被资产阶级经济学和马克思主义的分析经典化的政治经济学的边界必须要放弃。……在今天，只有一般化的政治经济学（a generalized political economy）能够界定一种革命的理论和实践。"②在这里，鲍德里亚的目的终于出场了：符号价值已经远远溢出了古典政治经济学以及马克思经济理论的边界，那种用使用价值和交换价值为主导逻辑的古典政治经济学已经远远不能解释今天的现实，已经成为一种过去时，因而，必须要从理论上对这种古典政治经济学以及马克思的政治经济学理论进行清算，用一种新的政治经济学理论来填补这一缺环。鲍德里亚把这种新的政治经济学理论命名为**"一般政治经济学"**（General Political Economy）或**符号政治经济学**（Political Economy of the Sign），并将其指认为**"一场政治经济学的革命"**。符号是商品的最高阶段，而符号政治经济学则是政治经济学发展的最高峰。因而，"只

① Jean Baudrillard, *For a Critique of the Political Economy of the Sign*, trans. By Charles Levin, Telos Press, pp. 147-148.

② Ibid., p. 114.

有符号的政治经济学的批判能够分析当下的**统治方式**(mode of domination)如何能够重新获得、整合、同时利用所有的生产方式——不仅仅是资本主义的生产方式，还有所有'之前的'、'古代的'生产和交换方式……只有这种批判能够分析经济的统治模式的核心如何能够再发明(或者再生产)符号、等级、隔离以及区别的逻辑和策略；如何重述那些属人关系构成的封建逻辑，甚至那些礼物交换的逻辑以及交互性逻辑，或者竞争性交换的逻辑——以便能够同时既超越'现代的'社会经济的阶级逻辑，又能够让其成为至高无上的力量。……而对此进行分析的理论基础只能来自于符号政治经济学"①。在这里，我想指出的一点就是，鲍德里亚的根本目的其实并不是要建立一种真正政治经济学理论，相反，而是要从根基上终结政治经济学，这一点他在《生产之镜》中明显地表达了出来，并且公开指认这种所谓的符号政治经济学只不过是一种权宜之计。②

在分析完之后，鲍德里亚开始在符号政治经济学的框架内对上述四种逻辑做出了相应的划界，指出政治经济学的逻辑不仅仅包括使用价值和交换价值的逻辑，而且还包括符号价值的逻辑。在这里，鲍德里亚引入了索绪尔的符号学逻辑，在政治经济学与语言学之间建立了一种等同的关系，将交换价值与使用价值之比等同于能指与所指之比。因而，"在一般的政治经济学框架内形成了某个体系"，将使用价

---

① Jean Baudrillard, *For a Critique of the Political Economy of the Sign*, trans. By Charles Levin, Telos Press, p. 120.

② 参见[法]鲍德里亚：《生产之镜》，仰海峰译，中央编译出版社 2005 年版，第 34—35 页。

值与交换价值的物质生产(商品形式)的过程与能指与所指的符号生产
(符号形式)的过程划归到同一个体系逻辑中,共同构成了整个价值领
域。而象征性交换则被清除到价值领域之外,成为一种与整个价值体
系彻底分裂的无价值的领域。鲍德里亚用下面两个图示表达了他们之
间的关系。

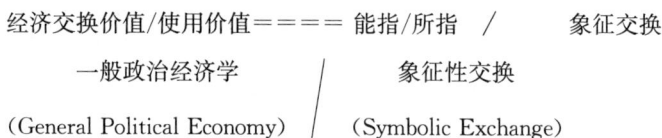

经济交换价值/使用价值====能指/所指 　／　　象征交换
　　一般政治经济学　　　　　　　／　象征性交换
　(General Political Economy)　／　(Symbolic Exchange)

通过这样一个图式,我们可以看出,经济交换价值/使用价值、能
指/所指全包含在**一般政治经济学**之中,因此,要想对政治经济学进行
彻底的批判,仅仅像马克思那样停留于对交换价值的批判是远远不够
的,还必须要对其他问题进行彻底批判。于是,在这里,鲍德里亚提出
了三个最为重要的任务:

第一,去除马克思政治经济学中的需求的神话,将对政治经济学的
批判延伸到**对使用价值的批判中**去,彻底批判使用价值的拜物教。

第二,无论是使用价值的拜物教还是交换价值的拜物教,在本质上
都是一种恋物癖,是一种低级的所指拜物教,在其背后隐藏的是一种更
加深刻能指的游戏,因而,对政治经济学的批判必须延伸到对符号以及
符号体系的批判,即对能指拜物教的批判。

第三,超越符号价值,建立一种象征交换理论,终结政治经济学
本身。

三、使用价值拜物教与能指拜物教:鲍德里亚的符号学还原

在资本主义的今天,符号价值逻辑成为了统治性的逻辑,这就意味

着要想真正地理解物的内涵及其意义，就必须要超越"物的需求所具有的自然的幻象以及超越使用价值优先性的假设"，从符号价值的逻辑来重新诠释物的定义。站在符号价值的逻辑基础上，鲍德里亚反过来对马克思对物和拜物教的理解进行了批判。

首先，鲍德里亚向马克思的使用价值理论发起了攻击。第一，他认为，在马克思那里，使用价值被"表征为一种客观的、终极的内在目的"，被看作为一种"逃脱了阶级的历史决定性"的不可比的质性因素。鲍德里亚认为，这一观点彰显了"马克思的唯心主义"特征，由于他"没有彻底地将使用价值纳入到等价逻辑当中，还将使用价值作为一个不可比(incomparability)的范畴，所以马克思的分析促成了一种神话(一个真正的理性主义的神话)。他将个体与物的关系视为一种具体的、客观的、概而言之即'自然的'人的需求与相应的物的功能之间的关系，其中物被设想为具有使用价值。所有这些被看作为主体与作为交换价值的产品之间抽象的、物化的异化关系的对立面。主体的真理就存在于此，存在于作为私人的关系的具体领域以及与社会的和抽象的市场领域对立的使用当中"①。鲍德里亚认为，这完全是一种形而上学虚构，因为只有在象征交换中所涉及的物以及产品才是真正不具有可比性，除此之外的一切都是体系抽象化的结果，使用价值也不例外。"使用价值，即有用性自身，也可以被拜物教化为一种社会关系，就如同商品的抽象等同一样，使用价值也是一种抽象"，它"是整个形而上学的表达"，因而必须要抛

---

① Jean Baudrillard, *For a Critique of the Political Economy of the Sign*, trans. By Charles Levin, Telos Press, p. 134.

弃这种从使用价值(有用性)来定义物的逻辑，转以符号价值来诠释物的真实内涵。在这里，我发现，鲍德里亚的逻辑出现了一个重大的僭越：将使用价值等同于有用性自身，将对使用价值的批判等同于对有用性原则的批判。从这一点我们可以看出，(1)当鲍德里亚直接拒斥有用性原则的时候，其最终目标必然是反叛整个人类文明史(因为有用性原则是人类文明发展的必然结果)；(2)真正支配鲍德里亚的逻辑运演的在本质上是莫斯—巴塔耶的"无用性"的草根浪漫主义哲学。第二，鲍德里亚认为，马克思赋予了使用价值一种解放的逻辑，"使用价值被交换价值所埋葬，如同天堂中自然的和谐被原罪和灾难所打破一样，在未来救赎的承诺之中，始终被铭刻为在大写的历史的最后阶段被挖掘出来的没有损坏的本质"①，即复归于使用价值。鲍德里亚认为，这纯粹是一种误识，是一种价值的神学。使用价值本身并不具有独立的存在，它是交换价值的结果，因而使用价值本身并不是独立于等价逻辑的解放支点，而是和交换价值一样是被体系抽象化的结果，是一种拜物教，马克思恰恰把这种拜物教看作为解放的出路，这是一种极大的神秘倒错，因而必须要对马克思的使用价值的无罪性进行彻底清算。鲍德里亚指出，使用价值并不是无罪的，它在本质上是一种意识形态的拜物教，然而人们却很难认识到这一点，因为它"被整个地遮蔽在神秘性当中……根植于人类学当中，植根于一个自然化的过程当中，被视为是一个无法超越的原初指涉物"，于是"使用价值和需求借助于唯心主义的人类学逃脱了

---

① Jean Baudrillard, *For a Critique of the Political Economy of the Sign*, trans. By Charles Levin, Telos Press, p. 141.

历史的逻辑，以一种形式的永恒性被铭记：这就是物的有用性的永恒性，拥有需求的人对物的占有的永恒性"①。鲍德里亚认为，所有这些在本质上都只不过是资产阶级意识形态的神话学，可惜的是，马克思从来都没有怀疑过这种"神话学"，而是将其视为一种既定事实，这就注定了马克思以使用价值为逻辑之点的解放理论在本质上必然是资产阶级意识形态的同谋。

其次，他认为马克思的商品拜物教理论已经过时了，必须生发出一种新的拜物教理论。鲍德里亚首先从词源学意义上考察了拜物教一词的含义，他认为，拜物教是一种物恋，一种物质性的物的崇拜，即主体赋予载体(物)一种神性，但主体却把载体本身等同于神性，进而崇拜物本身。鲍德里亚认为，这种拜物教其实就是一种异化与复归的**心理学模式**，是整个西方理性主义形而上学的**设定**。那么如何来看待马克思的拜物教理论呢？鲍德里亚认为，马克思的拜物教理论并没有摆脱这种物恋的异化模式，"马克思的商品拜物教以及货币拜物教的概念描述了资本主义社会的活生生的意识形态，这是一种神圣的、让人着迷的、**心理学意义**上的屈从模式"，在本质上仍然是一种物恋的隐喻。这种拜物教显然是一种低级的拜物教，它不可能解释今天的现实。在这里，鲍德里亚借助于符号价值的逻辑，重新诠释了拜物教理论。他指出，在今天，"物已经被掏空了，失去了它的实体存在和历史，被还原为一种差异的标记"，成为一种负载着文化意义体系的差异性符号，因而，"商品拜物

---

①　Jean Baudrillard, *For a Critique of the Political Economy of the Sign*, trans. By Charles Levin, Telos Press, p. 139.

教不能再依照以往马克思主义者的变戏法(dramaturgy)来理解了"①。拜物教不再是与实体性的物联系在一起的,而是"与符号关联起来"的。所以,"即使存在拜物教,也不是一种所指拜物教,或者一种实体与价值的拜物教(被称之为意识形态的拜物教),……而是**能指拜物教**(fetishism of the signifier)。也就是说,主体陷入到了一个虚假的、差异性的、被编码的、体系化了的物之中。拜物教所揭示的并不是对于实体(物或者主体)的迷恋,而是**对符码的迷恋**(passion),它控制了物以及主体,使他们都屈从于自身,进而将他们移入到抽象的操控之中"②。正是借助于符号价值的逻辑,鲍德里亚实现了对马克思使用价值理论和拜物教理论的批判,将古典政治经济学以及马克思政治经济学判定为一种过去时,实现了自己理论的建构。从这种逻辑出发,我们自然会以为,符号价值成为了鲍德里亚正面论证的东西,但是我想指出的是,这只是一种错觉,鲍德里亚的真实目的并不是以符号价值为支点来建构一种全新的政治经济学理论,相反,而是要彻底超越这种价值,并从根本上来终结一切政治经济学。

四、终结政治经济学:象征交换对"符号价值"的超越

那么,如何才能做到这一点呢?鲍德里亚认为,必须跳到政治经济学之外,寻求一个新的参照系和支点。在这种情况下,莫斯的礼物交换与巴塔耶的耗费逻辑成为他"超越符号价值"的最主要参照系,象征交换

---

① Jean Baudrillard, *For a Critique of the Political Economy of the Sign*, trans. By Charles Levin, Telos Press, p. 92.

② Ibid., p. 92.

终于出场了。鲍德里亚通过对原始社会中物的消费，如库拉和夸富宴的回顾，将象征交换逻辑从前期的依附的地位中解放了出来，成为一条独立运演的逻辑。鲍德里亚指出："在象征性交换中，礼物是我们最为切实的实例，物在此不是一种物：物不能脱离它进行交换的具体关系，同时也不能脱离它在交换中所要转让的部分：物并不那么独立。确切地说，物既没有使用价值，也没有（经济的）交换价值。给定的物所具有的是**象征交换价值**（symbolic exchange value）。"①（鲍德里亚有时也把这种价值称之为"**象征性价值**"）在这里，我必须郑重地指出一点，在鲍德里亚的逻辑布展中，实际上存在着两种象征交换价值：一种是在原始社会的礼物交换中物所具有的象征交换价值；一种是在差异性生产中物所具有的表征着名望和地位的象征交换价值。二者在本质上是完全不同、完全异质的。鲍德里亚指出，前者首先是一种非积累、耗费的活动方式，其追求的是一种理性计算之外的无意义。其次，是一种非功利性的礼物回馈的机制，是一种具有可逆性的回路。再次，这种象征交换指涉的是合作者之间的具体关系，是一种属人的交换，因而，在其中，"物不是自主的，因此也不能作为一种符号而被符码化"，它所具有的仅仅只是一种象征的意义。到了这里，鲍德里亚才幡然醒悟，才真正地意识到"象征性价值"这一术语的自相矛盾之处。他指出："确切地说来，并不存在象征性'价值'，只存在象征性'交换'，它将自身界定为一种与价值和符码不同，并超越了它们的存在。为了创造出象征性交换，所有价值

----

① Jean Baudrillard, *For a Critique of the Political Economy of the Sign*, trans. By Charles Levin, Telos Press, p. 64.

形式(物、商品或者符号)都必须被否定。象征性交换是与价值领域完全割裂的。"①然而，一旦这种象征性交换被打破，那么，不能被**价值化的物**也将被抽象为有用性的价值、商业的价值或地位的价值，具有了一种可被操控的**象征交换价值**。在这里，象征本身也沦为了一种工具，成为了一种完全与象征性交换相左的功利性机制。这种象征交换价值不再是原初那种回馈性礼物逻辑，而是一种垂直性的差异性逻辑，是一种不平等的文化和政治霸权的逻辑，是一种"带有恐怖主义组织的意义操控"。那些特权阶级正是通过对物的这种象征价值的消费来不断地建构他们自身的特权，以此成为统治其他阶层的最隐蔽的、最内在的方式。

经过这种对比之后，本节所提出的问题的答案也已经出来了。在鲍德里亚看来，要想真正超越符号价值(第二种象征交换价值)，就必须要回归到第一种逻辑之中，即回归到象征交换(不是象征交换价值)的逻辑。"在象征性交换中，物或者其他所有的价值都回归于无……正是某种东西，通过给予和回馈，在它的显现或者缺席中消解了或者表征了关系的解体，物，这个 res nulla，根本没有使用价值，它对任何事物都没有益处。由此，只有那些通过持续的交互性交换来设定其意义才能逃离交换价值，而这种交互性交换只存在于礼物以及礼物的回馈之中。"②"只有模棱两可性(作为价值的一种断裂，作为符号价值的另一面，或者作为对符号价值的超越，以及作为象征性的显现)能够让符号的明确性以及透明性、使用价值(理性的解码)，以及交换价值(流通的话语方式)

---

① Jean Baudrillard, *For a Critique of the Political Economy of the Sign*, trans. By Charles Levin, Telos Press, p. 125.

② Ibid., p. 212.

都陷入危机当中"①，彻底摆脱了价值的形式。也就是在这里，鲍德里亚喊出一种令人震撼但又使人心酸的口号："恢复象征性……符号必须被焚烧！"②"只有**大写的象征性**……在根本上颠覆了符号"，"它是**人类学革命的基础**"，只有它才能真正**"终结了符号政治经济学"**，才能真正地展现一个民主、平等的社会。③

五、对鲍德里亚的批判性反思

第一，鲍德里亚从当代"景观社会"的现实出发，以物为立脚点，揭示了实体的物所具有的符号价值的意义。他的深刻之处并不在于，仅仅借助于符号学的逻辑将物直接蒸发为符号，相反，而是通过对物自身内在性的分析，一步一步地过渡到物的意义体系。并且揭示了符号价值在整个社会中得以产生、运转以及反过来建构当下社会的机制，这在理论上无疑是有其重要意义的。但是鲍德里亚的符号价值恰是以现代艺术品的签名与艺术品的拍卖为前提的，这两个事例都是一种特设性的事例，鲍德里亚却把这种特设性放大为所有的物，这是一种灾难性的放大。另一方面，他的这种符号价值很明显是一种特权阶层的逻辑，在第三世界和底层人的生活中根本不具有普遍性。

---

① Jean Baudrillard, *For a Critique of the Political Economy of the Sign*, trans. By Charles Levin, Telos Press, p. 213.

② Ibid., p. 163.

③ 在《关于一般理论的讨论》一章中，鲍德里亚总共列出了12个价值的转化表，其中第3个(使用价值—象征性交换)、第6个(经济性交换价值—象征性交换)和第9个(符号交换价值—象征性交换)集中地表达了鲍德里亚的美好愿望。然而，在这种美好背后掩盖的却是一种理论的幼稚和天真。

第二，鲍德里亚仅仅以这种符号价值为逻辑依据，就将古典政治经济学以及马克思的政治经济学判定为过去时，他的这种做法完全是一种武断的理论强暴，严重地忽视了马克思政治经济学的政治意义。马克思不仅仅是一位理论家，他更是一位革命家，他关心的是人类的解放，这是马克思理论的最终价值旨趣，而他的政治经济学恰恰是以此为己任的，它通过对劳动力商品的分析，深刻地揭示了整个资本主义生产过程的本质，实现了对资本主义内在机制的剖析，阐明了资本主义必然灭亡的科学依据，为无产阶级革命指明了方向，这是马克思政治经济学区别于以往任何政治经济学的最根本的特征。而鲍德里亚是根本不关心这一点的，他仅借助于某一特定的历史结论就宣判马克思的过时，看不到马克思政治经济学的方法论实质，这是一种以偏概全的理论无知。同时，他的符号价值逻辑不可能会为我们提供一种科学解剖资本主义社会的方法，更不可能会给无产阶级指出一种反抗资本主义社会的现实的途径，这恰恰是资产阶级意识形态的最大同谋，也是一种更大的保守主义；再退一步来讲，鲍德里亚的最终旨趣也并不是批判资本主义，而是立足于莫斯—巴塔耶象征交换和无用性的哲学来反叛整个人类文明，这在本质上是一种知识的恐怖主义，是一种历史的反动。

第三，鲍德里亚认为马克思的拜物教理论仍然是在传统的恋物癖的异化与复归的意义上来使用的，因而批判马克思的拜物教理论是一种低俗的拜物教，进而用一种能指的拜物教来超越马克思的理论，这种做法显然没有根本理解马克思拜物教理论的真实内涵。马克思的拜物教理论是以深厚的经济学功底作为后盾的。马克思发现，在资本主义社会中，随着社会化大生产的发展，社会逐渐实现了由过去"多"向"一"的转变：

首先是以工业为基础的生产**一般**、无差别的劳动**一般**，然后是市场交换中出现的价值**一般**，资本成为了一种普照的光，成为一种特殊的以太。整个资本主义社会成为一种"抽象"统治的无人社会，这恰恰构成马克思所说"个人现在受抽象统治"的真实语境。这种"抽象"本身是一种价值关系，当这种关系以物的形态（货币、资本）出现的时候，人们就以为这种物是真实的，于是原本是人创造的产物的物却成为了奴役人的主体，为了描述这种物役的现象，马克思才到宗教世界中寻找了一个比喻并把此叫做拜物教。在这里，马克思已经解释得非常清楚了，他只是在借喻的意义上来使用"拜物教"这一概念的，他已经突破了传统的拜物教的含义，赋予它一种崭新的意义：关系拜物教。因而，马克思语境中的商品拜物教、货币拜物教和资本拜物教决不是鲍德里亚所说的实体性的恋物癖（商品、货币、资本都只不过是抽象关系显现的载体），而是一种更为深刻关系的拜物教，它揭示了资本主义奴役的根源。同时，马克思所论说的这种抽象决不是思维的形而上学的虚构，而"是那些统治个人的物质关系的理论表现"，是资产阶级社会本身发展的客观结果。因而，马克思的拜物教理论也决不是鲍德里亚所说的是人的理性所赋予的一种异化与复归的心理模式，而是资本主义本质特征的真实写照，是资本主义奴役性本质的客观表达。鲍德里亚根本无法透视马克思拜物教批判的深厚的经济学意蕴，而仅仅根据传统的恋物癖逻辑来诠释马克思的三大拜物教，这是不理解马克思政治经济学的一种无知表现，更是对马克思的污辱。

　　第四，就鲍德里亚的"超越"的方法论根基而言，很明显是一种非历史的。他始终没有向我们解释，如果象征交换曾经是占主导地位的消费模式，那么，为什么这一模式会历史性地消失了呢？这样一种象征交换是如何一步一步转化为交换价值和符号价值的形式的呢？更进一步讲，这种交换又是何以可能在"新的阶段上"重新出现，并取代符号价值成为一种主导地位的模式呢？要想真正地解决这些问题，就必须借助于马克思的历史唯物主义的方法论，只有通过历史自身内在矛盾运动的历史发生学的逻辑才能真正揭示这种象征交换自身演变的历程。很显然，鲍德里亚并不是这样做的。他把历史本身机械化了：原始社会是一种象征交换，古典资本主义是使用价值与交换价值逻辑，而当代社会则是符号价值逻辑。要想超越这种符号价值，只需恢复象征性就可以了。① 这种通过把象征性予以本体化，并将其看作为批判一切的依据的做法，只能是故步自封者的异想天开，是一种形而上学的浪漫神话。因为仅仅借助于象征性来对符号价值进行外在的敲打，而不去真实分析现实革命的可行性，就这一点而言，不论他的理论多么深邃、多么令人震撼，它最终的结局必然只会流于荒唐的口号之中，在现实中是绝对找不到出路的。这就是鲍德里亚理论上的幸福与现实中绝望完美的结合。

第四节　皮凯蒂为 21 世纪重写《资本论》了吗

法国学者托马斯·皮凯蒂的著作《21 世纪资本论》，在全球范围内

---

① 同样是关于象征交换，萨林斯与列维-斯特劳斯却走出了一条不同于鲍德里亚的道路。萨林斯从《文化与实践理性》开始就试图调和象征交换与马克思的历史唯物主义，这种努力到了《历史之岛》最终完成；而列维-斯特劳斯则试图通过对象征关系自身的历史演变来建构一种抽象的历史认识论。这些显然都是鲍德里亚所不愿意看到的。

引起了不小的轰动。单纯从书名来看，皮凯蒂似乎有意效仿马克思为21世纪重写《资本论》。我们不禁要问：这一著作能否取代马克思的《资本论》，成为21世纪人们理解资本运行机制的科学指南？在此，笔者就围绕这一核心问题展开探讨，以期为我们重新审视《资本论》的当代价值提供有益借鉴。

一、何谓21世纪的"资本"？

资本是一个既神秘又充满魔力的概念。从词源来看，这一范畴最初指的是牲畜。① 它具有两层含义：一是指资产的物质存在，一是指创造财富的"潜能"，因为作为资本，牲畜可以繁衍，能够带来额外的资产。② 到了古典政治经济学那里，资本被赋予了一种全新的内涵，它不再指称与牛或其他家畜相关的牲畜，而是转化为与生产相关的物质资料。斯密指出，一个人的财富包括两部分：一部分用于个人消费，一部分用于继续生产，以期获得额外的收入或利润，只有后一部分才能称为"资本"。③ 这是斯密对资本和财富所做的最初区分，这一观点直接被李嘉图继承了下来。他指出："资本是国家财富中用于生产的部分，包括

---

① 参见《马克思恩格斯全集》，中文2版，第30卷，人民出版社1995年版，第509页。

② 参见［秘鲁］赫尔南多·德·索托：《资本的秘密》，王晓冬译，江苏人民出版社2005年版，第28—29页。

③ 参见［英］亚当·斯密：《国民财富的性质和原因的研究》，郭大力、王亚南译，商务印书馆2008年版，第255页。

实现劳动所必需的食物、衣服、工具、原料、机器等等。"①以此来看，在古典政治经济学那里，资本并不是泛指一切物品，而是专门指称用于生产过程的那部分财富。在这一定义中，各种自然资源，比如土地、矿山等，是不能作为资本存在的，它们的所有者只能根据所有权向租地农场主或租矿主，收取一定的地租或矿租；同样，作为储备功能的黄金、非生产性的居民住宅等，也不是资本的存在形态，必须将其排除在资本的定义之外。

古典经济学完全把资本理解为一种"物"，这是一种典型的拜物教。也是在批判古典经济学的基础上，马克思形成了自己的资本理论。在他看来，资本决不是物，而"是一种社会生产关系。这是**资产阶级的生产关系**，是资产阶级社会的生产关系"②。就此而言，资本决不是从来就有的，而是人类社会发展到特定阶段的历史产物，是一种暂时的社会规定性，绝不能将其放大到一切社会，古典政治经济学恰恰就犯了这一错误。但作为一种"幽灵般的对象性"，资本是一种抽象关系，为了不断壮大自己，它必须要予以具体化，而物（Ding）就是它的载体。马克思指出，资本虽然"不是一种物（Ding）"，但它本身必须要"以物（Ding）为中介"来展现"人和人之间的社会关系"③。一旦资本把自己物化在某种物上之后，物本身也就取得了一种不同于自然存在的社会属性，成为资

---

① ［英］彼罗·斯拉法主编：《李嘉图著作和通信集》第1卷，郭大力、王亚南译，商务印书馆1997年版，第78页。关于这一问题的分析，请参见白刚：《政治经济学批判与资本现象学》，《学习与探索》2013年第2期。

② 《马克思恩格斯选集》，2版，第1卷，人民出版社1995年版，第345页。

③ 《马克思恩格斯全集》，中文2版，第44卷，人民出版社2001年版，第877—878页。

本。从这个角度而言，不论是劳动资料还是劳动材料并非天生就是资本，只有在资本主义条件下，它们才成为资本关系的载体；而劳动生产出来的产品，也并非天然的资本，只有在资本主义生产关系中，它们才打上了资本的烙印，成为资本。也是在此基础上，马克思科学区分了两对范畴：一是不变资本与可变资本，这是根据资本在剩余价值生产过程中的作用做出的区分，前者只是把自己的价值转移到产品中去，它本身并不创造任何额外的价值，这包括劳动资料和劳动材料；而可变资本则是指能够创造额外价值的资本，即付给工人的工资。另一对范畴是固定资本与流动资本，它们是根据由资本的物质构成所导致的流通方式的不同做出的划分，前者包括劳动资料、机器、厂房等，后者包括劳动原料和工资。在马克思看来，不论是不变资本和可变资本，还是固定资本和流动资本的区分，都只是**"对生产资本并且在生产资本之内**才是存在的"①，越出这一范围，这些划分将会丧失其存在的合法性。马克思进一步指出，既然资本是资本主义社会的特有产物，那么，所有的自然资源，如土地、自然力等，绝不是资本的存在形式；同样，作为人类智慧结晶的科学技术和知识本身也不是资本，虽然它们可以为后者所吸纳，服务于剩余价值的生产。除了生产资本之外，马克思还根据资本的存在形式，将资本划分为商业资本、货币资本、借贷资本或生息资本等；更为重要的是，他看到了虚拟资本的产生。他指出，随着资本积累的迅速发展，必然导致银行和信用的产生，资本家为了突破自身积累的限制，必然会利用商业信用和银行信用，通过发行股票、债券等方式，广泛吸

---

① 《马克思恩格斯全集》，中文2版，第45卷，人民出版社2003年版，第187页。

收资本。马克思将这些由信用制度衍生出来的资本形式称为虚拟资本。在他看来，不论是商业资本、借贷资本还是虚拟资本，它们都不创造任何额外的价值，只是对产业利润（即工人创造的剩余价值）的一种分割。这一理论为马克思科学解剖资本主义的运行机制提供了坚实的理论基础。

然而，随着当代资本主义阶级结构和社会生活的变化，20 世纪 50 年代以来，美国经济学家舒尔茨和贝克尔创立了人力资本理论。该理论认为，物质资本是指物质产品上的资本，包括厂房、机器、设备、原材料、土地、货币和其他有价证券等；而人力资本则是体现在人身上的资本，即对生产者进行教育、职业培训以及他们在接受教育时的机会成本的总和，表现为蕴含于人身上的各种生产知识、劳动、管理技能以及健康素质的存量总和。在马克思看来，就工人而言，劳动力只是一种需要出卖的商品，只有对资本家而言，才会转化为资本的构成部分（可变资本）。然而，根据这一理论，劳动力不仅对资本家而言是一种资本，而且对工人而言也成了一种"资本"；于是，工人也不再是单纯的"生产工人"了，而是成为与资本家一样的"资本拥有者"了。这一理论无疑是对马克思劳动力商品理论的彻底庸俗化，扭曲了马克思资本理论的科学内涵。所谓"人力资本"，只是对于少数高级雇佣劳动者即从事管理工作的阶层才是真实的，而对于广大普通劳动者而言，他们的劳动力仍然只是一种商品，其收入仍然局限于劳动力再生产所必需的生活资料的价值，根本不具有资本的性质。

那么，何谓 21 世纪的资本呢？或者说，皮凯蒂是如何理解资本的？首先，他批判了古典政治经济学的资本理论。他指出："某些定义认为，财富中只有直接用于生产过程的那部分才能称为'资本'。例如，黄金被归为财富而非资本，因为黄金被认为只有储值的功能。"①皮凯蒂认为，这种限制"既不可取也不可行"，因为任何资本都具有双重功能：既具有存储价值，也可以作为一种生产要素参与生产。因此，他反对斯密和李嘉图对资本与财富所做的区分，径直将二者等同起来。"为了简化文字，我这里使用的'资本'与'财富'含义完全一样，两个词可以相互替换。"②这样导致的结果必然是资本概念的泛化，于是，在古典经济学那里被排除在资本之外的土地、自然资源以及非生产性的居民住宅等，都成了资本的特定形态。譬如，他指出，一些观点认为，土地、自然资源"一般被认为是人天生就有的而无须积累。因此，土地被认为是财富的组成部分，但不是资本的组成部分。问题是我们很难将建筑的价值从其所建造的土地上单独剥离出来。更难的是，我们几乎无法排除人们在土地上增加的附加价值……石油、天然气、稀土元素等自然资源的价值也面临着同样的问题，我们很难将人们在勘探采掘中所投入的价值剥离出来，单独计算自然资源的纯粹价值。因此，我将这些形式的财富都归入了'资本'中。"③同样，那些居民住宅也像"'生产性资本'（工业厂房、写字楼群、机器、基础设施等）那样"，可以用"等价的租赁费用来衡量"，因此，也是资本的特定存在形态。④

————————

① ［法］托马斯·皮凯蒂：《21 世纪资本论》，巴曙松等译，中信出版社 2014 年版，第 48 页。

② 同上书，第 47 页。

③ 同上书，第 48 页。

④ 同上书，第 48 页。

其次，他批判了马克思的资本理论。他认为，后者的理论实际上只是古典政治经济学的延续，"马克思将李嘉图的资本价格模型以及稀缺性原则作为强化资本主义动态分析的基础，当时资本主要是工业设备（比如机械、厂房等）而非土地资产"①。换言之，马克思仍像古典政治经济学家一样，把资本理解为工业设备，相对忽视了土地资产和金融资产的重要性，这是马克思资本模型的重大缺陷，这一点决定了他的资本理论根本无法解释21世纪的新情况。今天，"资本的属性已有改变：过去大多是土地（指农业用地——引者注），今天则以住宅加上工业和金融资产为主，但其重要性却丝毫未减"②。因此，必须要抛弃马克思的资本模型，重新建构一种全新的资本理论：一方面要考虑到工业资本的重要性，另一方面要将土地、自然资源、住宅和金融资产等纳入到资本的模型之中。

再次，他批判了人力资本理论。他指出，所谓人力资本通常包括个人的劳动力、技术、熟练程度和能力，它是内含于每个独立主体之中的，因此，不可能将其从主体中剥离出来。一个人虽然可以雇佣另一个人，发挥他的"人力资本"功能，但在民主社会和现代法律体系下，这种雇佣必然会受到明确的时空限制，任何一个人都不可能彻底地拥有另一个人的人力资本，除非在奴隶社会中。也正是基于此，皮凯蒂将人力资本排除在资本的内涵之外，"本书中提到的'资本'均不包括经济学家们经常提及的（在我的印象中）'人力资本'……我们之所以在资本的定义中

① ［法］托马斯·皮凯蒂：《21世纪资本论》，巴曙松等译，中信出版社2014年版，第10页。

② 同上书，第120页。

排除了人力资本是有许多原因的，其中最显而易见的原因是人力资本无论何时都不能被另一个人所有，也不能在市场中永久交易。这是人力资本与其他形式的资本最显著的区别"①。那么，这是否意味着资本就是专指"物质资本"呢？对此，皮凯蒂给出了否定回答。他指出："虽然我对于资本的定义排除了人力资本（由于人力资本不能在任何市场上交换，奴隶社会除外），但是资本并不仅局限于'物质'资本（土地、建筑、基础设施以及其他的一些产品）。我将'非物质'资本（如专利以及其他知识产权）也包括了进来，以两种形式呈现：（1）如果个人直接拥有专利，那么算入非金融资产；（2）如果个人通过持有公司股份来拥有专利（这种情况更为常见），那么这些是金融资产。更广泛来说，通过公司在股票市场上的资本化，许多形式的非物质资本都可以被考虑进来。"②以此来看，在皮凯蒂看来，所谓资本不仅包括物质资本，而且也包括人力资本之外的其他形式的非物质资本。

也是在此基础上，皮凯蒂提出了自己的资本理论。他指出："在本书中，资本指的是能够划分所有权、可在市场中交换的非人力资产的总和，不仅包括所有形式的不动产（含居民住宅），还包括公司和政府机构所使用的金融资本和专业资本（厂房、基础设施、机器、专利等）。"③而所谓"国民财富"或"国民资本"主要是指"在某个时点某个国家的居民与政府所拥有的全部物品的市场价值之和。这包括

---

① ［法］托马斯·皮凯蒂：《21世纪资本论》，巴曙松等译，中信出版社2014年版，第46页。

② 同上书，第49页。

③ 同上书，第46页。

了非金融资产（土地、住宅、企业库存、其他建筑、机器、基础设施、专利以及其他直接所有的专业资产）与金融资产（银行账户、共同基金、债券、股票、所有形式的金融投资、保险、养老基金等）的总和，减去金融负债（债务）的总和。"①这也就是他所理解的21世纪的资本概念。

必须承认，皮凯蒂企图打破过去对资本的一切理解，着力建构一种全新的、大一统的资本模型，这种理论努力是值得肯定的。在某种程度上，他的建构反映了当代资本主义生产关系的新变化。在当代社会中，资本为了最大限度地追逐利润，已经将自己的魔爪渗透到社会生活和生产的方方面面：土地、房地产、自然资源、固定资产、金融资产、专利、知识产权等都已成为资本的吸纳对象，沦为资本增殖的手段和条件。就此而言，他的理论建构反映了21世纪资本积累的新特征，具有鲜明的时代特色。但另一方面，也不得不承认，他的理论建构也存在着重大缺陷：

第一，虽然他批判了古典政治经济学的资本理论，然而，就其实质而言，他们的思路却是内在一致的，即都把资本理解为一种物（不论是物质资产还是非物质资产），这样也就把资本放大到一切社会了，譬如，他指出："在历史上，最早的资本积累形式包括工具以及土地（围栏、灌溉、排水等）和基本居所（洞穴、帐篷、棚屋等）的改善。"②这种理解彻底抹杀了资本的社会规定性和本质属性，是一种典型的拜物教。从这

---

① ［法］托马斯·皮凯蒂：《21世纪资本论》，巴曙松等译，中信出版社2014年版，第49页。

② 同上书，第217页。

个角度而言，马克思对古典政治经济学的批判同样适用于皮凯蒂。第二，皮凯蒂认为马克思的资本理论只不过是古典政治经济学的简单延续，并指责马克思只看到工业资本的重要性，相对忽视了金融资本。这些指责对马克思而言完全是不公平的：在资本问题上，马克思绝不是古典经济学的简单继承者，而是对后者的一种彻底变革；同时，他不仅看到了工业资本的重要性，而且也全面分析了金融资本特别是虚拟资本的运行机制，揭示了金融危机爆发的必然性和现实性。显然，皮凯蒂没有看到这一点。第三，人力资本理论的确曲解了资本的内涵，但它从侧面反映了当代资本主义剥削形式的新变化：如果说在自由竞争年代，资本对工人的统治还仅仅停留在身体的规训上，那么，当代资本主义已经将统治渗透到工人的心灵、智力和生命之中，后者在剩余价值生产中的作用变得越来越突出。哈特和奈格里正是从这一维度入手，建立了自己的非物质劳动和生命政治理论，揭示了帝国的运行机制。而皮凯蒂恰恰错失了这一维度，遮蔽了这一理论背后的哲学意蕴。最后，虽然皮凯蒂主张回到"政治经济学"①，但他所理解的政治经济学显然不是马克思意义上的政治经济学。恩格斯说："经济学所研究的不是物，而是人和人之间的关系，归根到底是阶级和阶级之间的关系。"②马克思的《资本论》是要透过物象来把握现象背后的阶级关系，而皮凯蒂则是以物为中心来探究现象的运作机制，前者是一种本质层面的政治经济学批判，后者是一种现象层面的经验研究，二者是不可

---

① ［法］托马斯·皮凯蒂：《21世纪资本论》，巴曙松等译，中信出版社2014年版，第592页。

② 《马克思恩格斯全集》，中文1版，第13卷，人民出版社1962年版，第533页。

同日而语的。从这个角度而言，皮凯蒂的"资本论"必然与马克思的"资本论"存在天壤之别。单纯以物为中心，是不可能为我们理解21世纪的资本逻辑，提供科学的理论框架的。这一点在他的后续分析中清楚地表现了出来。

二、财富分配不平等为什么会日益加剧

财富分配问题一直是政治经济学和主流经济学研究的焦点话题。在经济全球化日益发展的今天，全球财富的分配状况如何？对于这一问题，当代西方经济学家们纷纷做出了解答。在《不平等的代价》中，诺贝尔经济学奖得主约瑟夫·E·斯蒂格利茨指出："已为公众所知的市场经济最黑暗的一面就是大量的并且日益加剧的不平等，它使得美国的社会结构和经济的可持续性都受到了挑战：富人变得愈富，而其他人却面临着与美国梦不相称的困苦。"①而皮凯蒂更是通过对过去300年来欧美国家财富收入数据的详细研究，全面揭示了财富分配不平等的动态演化过程，进一步证明贫富差距不仅在欧美国家内部日益加剧，而且在全球范围内也日趋扩大。

那么，为什么贫富差距会日益加剧呢？皮凯蒂认为，这是社会、政治、经济等多重因素相互作用的结果。具体来说：首先，就劳动收入而言，这是由超级经理人的崛起导致的。随着当代资本主义生产的进一步社会化，以及资本所有权和使用权的进一步分离，资本主义世界发生了

---

① ［美］斯蒂格利茨：《不平等的代价》，张子源译，机械工业出版社2014年版，第3页。

一场所谓的"管理革命"，出现了一批从事企业管理的"超级经理人"，他们可以自主地设定自己的工资水平，并从中谋取了超高的薪酬待遇，使其与中下阶层的收入差距越来越大。皮凯蒂指出："所有迹象都表明高管薪酬的变化在世界各国工资不平等演化过程中都起到了关键作用"[①]，是导致收入分配不平等的一股强大力量，如果不对这一局面进行有效控制，必将导致越来越严重的不平等。

其次，就总收入而言，根本原因在于资本收益率(r)远远高于经济增长率(g)。如果说劳动收入的不平等还是一种温和的不平等，那么，资本收益的不平等则是一种极端的不平等，即使在前 10％ 的人群内部也划分为两个不同的世界：在 9％ 的人群中，劳动收入占据主导，而在前 1％ 的人群中，则是资本收入居于主导，而且这一趋势变得越来越明显。这也表明，财富正以越来越快的速度聚集到少数人手中。那么，为什么会出现这一状况呢？皮凯蒂认为，根本原因在于资本的收益率远远高于经济和收入的增长率，这是"资本主义的核心矛盾"[②]，也是整个资本主义不平等的内在根源。"贫富差距的根本动因就是本书从头到尾都在强调的以 r＞g 公式表达的不平等。"[③]也是在此基础上，皮凯蒂批评了马克思的一般利润率趋于下降规律。他指出："对马克思来说，'资产阶级自掘坟墓'的核心机制类似于我在导言中所说的'无限积累原则'：资本家积累了越来越多的资本，最终必然导致利润率（即资本收益率）下降

---

① ［法］托马斯·皮凯蒂：《21 世纪资本论》，巴曙松等译，中信出版社 2014 年版，第 340 页。

② 同上书，第 589 页。

③ 同上书，第 437 页。

和自身的灭亡。"①在马克思看来，资本收益率会无限趋于下降，最终会趋于零，届时，将会爆发无产阶级革命，颠覆一切。皮凯蒂指出，资本主义的财富演化史已证明马克思的这一判断是一个"错误的历史预言"②，资本收益率不仅不会趋于零，而且会持续大于经济增长率，不仅过去和现在是这样，将来也会如此。

再次，继承财富也是导致不平等加剧的重要原因。"当资本收益率长期明显高于经济增长率时，继承财富（过去积累的财富）必然会变得比储蓄财富（当下积累的财富）更重要……以 r＞g 表述的不平等从某种意义上说意味着过去对未来的吞噬：过去积累的财富无须劳动即可自我增长，其增速还高于工作挣来的用于储蓄的财富。由此，几乎不可避免的是，过去形成的不平等具有持续性和特殊重要性，即继承财富更为重要。"③这表明当代资本主义已经进入到"拼爹"和"世袭资本主义"时代。

最后，国家政策是导致不平等加剧的政治机制。在一个高度不平等的社会中，政府应当更好地发挥"社会国家"的职能，有针对性地制定一些措施，比如遗产税、累进税和资本税等，有效抑制不平等的扩大；然而，现实恰恰相反，政府不仅没有制定相应的抑制措施，反而采取了有利于前 1％或 10％人群的税收制度，导致收入越高，交的税收比率反而越低，这恰恰是造成不平等加剧的政治原因。如斯蒂格利茨所说："在

---

① ［法］托马斯·皮凯蒂：《21 世纪资本论》，巴曙松等译，中信出版社 2014 年版，第 231 页。
② 同上书，第 53 页。
③ 同上书，第 388 页。

一个存在着高度不平等的民主制度里，政治也会失衡；而让不平衡的政治管理不平衡的经济就会出现毁灭性的结局。"①

　　也是在此基础上，皮凯蒂揭示了新自由主义和当代资本主义的价值悖论：首先，在新自由主义看来，完善的市场机制是保障个人自由的最后堡垒，也是维护民主制度的最后屏障。然而，资本主义的现实表明，这纯粹是一种幻想，市场永远解决不了民主问题，市场机制越完善，资本收益率就会持续高于经济增长率，最终会导致反民主的金融和政治寡头，严重危及个人自由和现代民主社会的基础。就此而言，"民主和社会公正需要其本身的社会机制，而不是依靠市场机制来实现"②。这一观点无疑是对新自由主义的重磅回击，足以令整个华尔街为之愤怒。其次，在新自由主义看来，一旦市场达到了完全竞争状态，不平等就会降低甚至消失，"更加自由的市场以及更加纯粹和完全的竞争就足以确保一个社会的公正、繁荣及和谐"③。对此，皮凯蒂尖锐地批判到，"认为现代经济增长的本质特征或者市场经济法则能够确保降低财富不平等并实现社会和谐稳定是一种幻想"④，不平等的机制与市场竞争不完全没有任何关系，"恰恰相反，资本市场越完善（以经济学家的角度），r＞g

---

　　①　[美]斯蒂格利茨：《不平等的代价》，张子源译，机械工业出版社 2014 年版，第81 页。

　　②　[法]托马斯·皮凯蒂：《21 世纪资本论》，巴曙松等译，中信出版社 2014 年版，第 437 页。

　　③　同上书，第 31 页。

　　④　同上书，第 386 页。

的可能性就越大"①，因此，不平等决不会"因为市场变得更加自由或竞争变得更加完全而消失"，那种"认为完全的自由竞争会让继承财富消失并让世界形成精英治理的公序良俗"的想法，纯粹是一种"危险幻想"②。再次，当代资本主义一直信奉机会平等原则，然而，继承财富的存在使得机会均等原则沦为一句空话。最后，皮凯蒂揭示了传统劳动伦理观的式微。他指出："民主社会的根基在于崇尚奋斗的世界观，或至少是通过奋斗而实现价值的信念。"③它告诫人们，要想致富，就必须勤勤恳恳工作，通过自己的奋斗来实现自己的梦想。然而，当代资本主义的现实已经颠覆了这种价值观：由于资本收益率远远高于经济增长率，这就意味着，继承财富的增长速度会远远高于劳动收入，结果，一个人财富的多寡不再取决于劳动所得，而是取决于继承财富的多少，因而出身要比后天的努力和才能更为重要。在这种社会中，力图通过勤劳来实现自己的致富梦，已经沦为一种不可能的幻象，这与资本主义宣扬的劳动伦理学和社会公正原则完全相悖。

那么，如何改变这种状况呢？皮凯蒂开出了自己的药方。虽然他反对新自由主义，主张限制不平等的扩大，但就其立场而言，他并不是一个马克思主义者或共产主义者，他既不反对资本主义民主，也不反对资本主义制度本身，而是寄希望于前者，建构一个更加公正的社会秩序，以完善当前的资本主义制度。这一点恰恰与自由主义殊途同归。因此，

---

① ［法］托马斯·皮凯蒂：《21世纪资本论》，巴曙松等译，中信出版社2014年版，第28页。

② 同上书，第437页。

③ 同上书，第435页。

他不可能像马克思那样主张无产阶级革命，彻底推翻资本主义制度，相反，而是利用民主来重新控制资本主义，以保证公众利益高于个人利益，其中累进所得税、累进遗产税和全球资本税等就是他所开出的最终药方。

在一定程度上，皮凯蒂的分析无疑切中了当代资本主义的软肋，为我们了解当代资本主义的财富不平等状况及其原因提供了重要启示。也是基于此，诺贝尔经济学奖获得者保罗·克鲁格曼将这本书誉为"近10年来最重要的一本经济学著作"。不过，在肯定之余，我们需要冷静思考一个问题，即这一著作能否为我们认识21世纪的资本逻辑提供一个科学模型？或者说，这一著作能否取代马克思的《资本论》，成为新时期人们认识当代资本主义的科学指南？对此，笔者持一定的保留态度，原因如下：

第一，皮凯蒂虽然指出了贫富差距加剧的多种原因，但他并没有从根本上揭示不平等产生的内在根源。在他看来，虽然导致不平等的原因是多方面的，但归根结底在于资本收益率远远高于经济增长率。那么，资本收益率为什么会高于收入增长率呢？皮凯蒂并没有给出进一步的回答。实际上，他的这一结论只是从分配领域做出的一种解释，并没有从根本上揭示不平等加剧的内在根源。马克思说："分配的结构完全决定于生产的结构……就对象说，能分配的只是生产的成果，就形式说，参与生产的一定方式决定分配的特殊形式，决定参与分配的形式。"①资本收益率之所以远远高于收入增长率，根本原因不在于分配本身，而是在

---

① 《马克思恩格斯全集》，中文2版，第30卷，人民出版社1995年版，第36页。

于资本主义的生产关系。早在两百多年前,卢梭就曾尖锐地指出,私有制才是不平等产生的内在根源。就是在今天看来,这一判断仍然是正确的。在《资本论》中,马克思又进一步揭示了不平等加剧的内在根源。在他看来,资本不是物,而是一种以剥削他人劳动为基础的生产关系,这一点构成了整个资本主义制度的经济基础。为了最大限度地攫取剩余价值,资本必然会动用一切能够动用的力量,在全球范围内掠夺财富,而国家必然会被资本权力所绑架,沦为保护资本利益的一种"虚幻共同体"。因此,随着资本积累的不断加剧,财富将会源源不断地从底层流向上层、从外围流向中心国,最终聚集到少部分人手中,"在一极是财富的积累,同时在另一极,即在把自己的产品作为资本来生产的阶级方面,是贫困、劳动折磨、受奴役、无知、粗野和道德堕落的积累","这就是资本主义积累的绝对的、一般的规律"①。由此可见,在马克思看来,财富分配之所以出现两极分化,根本原因不在于分配本身,而是根源于资本或资本主义的生产关系。虽然这一判断是在 19 世纪 60 年代,针对自由竞争资本主义做出的,但不可否认,它对于理解当代资本主义的财富积累和分配问题,依然具有重要的时代价值。虽然皮凯蒂的研究为我们提供了一些新的思想,但他并没有从根本上推翻或超越马克思的结论,而只是用更加翔实的数据和资料,证实了马克思的判断。从这个角度而言,马克思的分析依然具有强大的当代生命力。

第二,虽然皮凯蒂区分了劳动收入和资本收益,但他并没有从根本

---

① 《马克思恩格斯全集》,中文 2 版,第 44 卷,人民出版社 2001 年版,第 743—744、742 页。

上揭示财富的真实源泉和分配机制。马克思指出，就物质财富或使用价值而言，劳动并不是财富的唯一源泉，"自然界和劳动一样也是使用价值（而物质财富本来就是由使用价值构成的！）的源泉"①；而就价值财富而言，工人才是整个价值财富的创造者，资本家只是窃取了工人的劳动成果而已。因此，马克思主张要严格区分物质财富和价值财富。而皮凯蒂恰恰犯了这一错误，直接将财富和资本等同了起来，将其定义为所有资产（包括物质资产和非物质资产）的总和，这样无形之中也就把物质财富和价值财富混淆了起来，遮蔽了财富的不同性质。另一方面，皮凯蒂认为，作为一种物，资本能够自发地带来额外收益（$G-G'$），这是一种典型的拜物教，完全掩盖了这些收益的真实来源，是对劳动价值论的彻底否定。各种资本收入，如红利、利润、利息、租金等，只不过是中下阶层所创造的价值（包括工资和剩余价值）的一种表面分割，离开了中下阶层的劳动，这些收益将成为无本之末。斯蒂格利茨说："成为富人的方法有两种：要么创造财富，要么掠夺财富。前者为社会增添财富，后者通常减少社会财富。"②对于大部分中下阶层而言，他们才是财富的真正创造者；然而，他们所创造的财富并没有落入自己的口袋之中，而是被各种资本所有者掠夺走了，这是一种赤裸裸的盗窃。所谓超级经理人的"劳动收入"和继承财富只不过是这种盗窃的延续和再生产。从这个角度而言，马克思的劳动价值论依然没有过时，仍是我们理解当代资本主义财富生产和分配问题的科学原则，犹如英国经济学家罗纳德·米克指

① 《马克思恩格斯全集》，中文 1 版，第 19 卷，人民出版社 1963 年版，第 15 页。
② ［美］斯蒂格利茨：《不平等的代价》，张子源译，机械工业出版社 2014 年版，第 30 页。

出的那样:"劳动价值学说不仅在马克思时代是真正的科学,就是在今天来讲也是真正的科学。"①

第三,虽然皮凯蒂从多方面揭示了不平等加剧的原因,但他并没有从根本上诠释新时期资本积累的运行机制。在这方面,大卫·哈维的分析更具有启发意义。他从马克思的原始积累理论出发,提出了"剥夺性积累"概念,揭示了"新帝国主义"的运行逻辑,为我们理解不平等加剧的原因提供了重要的理论框架。② 在哈维看来,新时期资本主要通过四种方式进行资本积累:一是将一切物品彻底商品化,把原本属于公众、自然或人类共同体的一切资产全部私有化,并从中攫取高额利润。从这个角度而言,皮凯蒂的资本定义实际上只是这种私有化的具体反映。二是将一切金融化,通过操控证券和信贷市场在全球范围内掠夺财富。三是危机的管理与操控,在世界范围内有意识地制造危机、管理危机、操控危机,通过这种方式将财富源源不断地从贫穷国家转移到发达国家。最为明显的事例就是债务问题,它已经成为剥夺性积累的"首要方式"。最后是国家的再分配机制,通过制定一系列有利于富人的政策,将财富从底层汇聚到上层手中。这四种方式相互作用,共同构成了当代资本积累的主要形式。③ 虽然皮凯蒂从历史维度和实证数据入手,揭示了财富不平等的演化过程,但他并没有从根本上揭示当代资本积累的核心逻

① [英]罗纳德·米克:《劳动价值学说的研究》,陈彪如译,商务印书馆 2014 年版,原序第 4 页。

② [美]大卫·哈维:《新帝国主义》,初立忠等译,社会科学文献出版社 2009 年版,第 117—124 页。

③ [美]大卫·哈维:《新自由主义简史》,王钦译,上海译文出版社 2010 年版,第 184—188 页。

辑。就此而言，哈维的分析要比皮凯蒂入木三分！

复次，皮凯蒂并没有真正理解马克思的一般利润率趋于下降规律。实际上，马克思的一般利润率与皮凯蒂的资本收益率是两个完全不同的概念：前者指的是利润率经过竞争而形成的一种平均利润率，这里的资本是有着确切内涵的，各种依据所有权而收取的"租金"显然被排除在一般利润率之外；而皮凯蒂的资本收益率则相当宽泛，不仅包括马克思意义上的利润率，而且还包括各种"租金"，特别是垄断租。经过这种变形，皮凯蒂所理解的资本收益率必然会趋于稳定。因此，当他用"资本收益率远远高于收入增长率"来批判马克思的一般利润率下降规律时，实际上他并没有真正理解后者的真实内涵，而是把两种完全不同的规定混淆了起来。另一方面，皮凯蒂误解了一般利润率趋于下降规律的本真含义。在《重读〈资本论〉》中，本·法因和哈里斯指出，"趋势"概念包括两种含义：一是收集到某一确定历史时期的利润率的数据，将会观察到一种确定的向下趋势（或回归线），这种理解是一种经验趋势；另一种是将"趋势"理解为在一定抽象水平上得出的命题，只有抽象本身才能对利润率的发展趋势做出预测，这是一种"抽象趋势"。也是在此基础上，他们强调，马克思的一般利润率趋于下降规律并不是一种看得见的经验运动，而是一种建立在科学方法论之上的本质抽象。[①] 我认为，这一判断是非常准确的。马克思说，一般利润率趋于下降规律绝不是一种理论虚构，也不是单纯的经验归纳，而是"劳动的社会生产力的日益发展**在资**

---

①　参见[英]本·法因、劳伦斯·哈里斯：《重读〈资本论〉》，魏埙等译，山东人民出版社1993年版，第63页。

本主义生产方式下所特有的表现……是根据资本主义生产方式的本质证明了一种不言而喻的必然性"①。因此，决不能将这一规律等同于经验现实本身，显然皮凯蒂无法理解这一点。

最后，虽然皮凯蒂提出了一些有针对性的应对措施，如累进所得税、累进遗产税、全球资本税等，但只要资本主义的生产关系没有改变，这些措施就不可能得到贯彻落实，因而是一种不切实际的幻想，就像他自己意识到的那样，"一项真正的全球范围内的资本税无疑是带有乌托邦色彩的"②。

综上所述，皮凯蒂之所以无法对上述问题做出科学解答，根本原因在于他的资本模型的内在缺陷，这也注定了他的"资本论"不可能为我们理解21世纪的资本逻辑提供科学的理论指南。在这方面，马克思的《资本论》依然具有强劲的现实生命力。

三、金融危机何以爆发

2008年，由美国金融危机引发的经济危机，在全球范围内蔓延开来，导致了世界经济的"大衰退"。这次危机也被认为是自1929年以来资本主义世界爆发的最为严重的一场危机。那么，是什么引发了这次金融危机呢？作为21世纪的"资本论"，必须要对这一问题做出回应。

在皮凯蒂看来，2008年金融危机之所以爆发，主要有以下三个方

---

① 《马克思恩格斯全集》，中文2版，第46卷，人民出版社2003年版，第237页。
② ［法］托马斯·皮凯蒂：《21世纪资本论》，巴曙松等译，中信出版社2014年版，第486页。

面的原因：首先，是收入不平等的扩大。皮凯蒂指出："在我看来，美国收入不平等的扩大一定程度上会引发国家的金融不稳定，这是毫无疑问的。原因很简单：收入不平等扩大的一个后果是，美国中下阶层的购买力出现了实质停滞，这必然增大了一般家庭借债的可能性。特别是，那些不择手段的银行和金融中介机构慷慨地提供了日益增长的授信额度，因为它们免于监管并渴望从流通到体系中的巨额储蓄中赚取优厚的利息收入。"[①]收入不平等的扩大导致美国经济增长更为缓慢，致使中低阶层购买力和消费力趋于停滞，这是引发金融危机的重要原因之一。其次，是美国资本/收入比的内部失衡。皮凯蒂指出："有人认为2008年金融危机，或者更一般意义上的全球金融体系长期不稳定的唯一原因或主要原因，是美国收入不平等的扩大，这种说法总体上是过头了。在我看来，造成这种不稳定的更为重要的原因是资本/收入比的结构性上升（在欧洲尤为如此），再加之国际资产寸头总量的巨额增长。"[②]收入不平等只是诱发金融危机的一个因素，决不能将它夸大为金融危机爆发的主要原因，否则，就本末倒置了。他指出，金融危机之所以爆发，根本原因在于美国内部资本/收入比的严重失衡：截至2007年，美国国民收入增长的15%都流向了前10%的人群，使资本收入在整个国民收入中的比重上升到50%，导致了资本/收入比的严重失调，这一比率是全球资本/收入比的4倍，这才是引发金融危机的根本原因。因此，要想探寻金融危机爆发的根源及其应对措施，应当更"关注美国国内的因素，而

① ［法］托马斯·皮凯蒂：《21世纪资本论》，巴曙松等译，中信出版社2014年版，第303页。

② 同上书，第304页。

不仅仅是将责任推给中国或其他国家"①。再次，是金融监管体制的缺位。美国现行的金融体制是新自由主义的，这导致政府无法对银行和金融系统进行有效监管，使后者沦为一片无人看守的"灰色地带"，严重加剧了金融体系的不稳定性。这种监管体制的缺位也是金融危机爆发的重要因素。也是立足于此，皮凯蒂呼吁西方国家借鉴中国的资本管制体制，运用民主的力量，建立公开、透明的金融监管体制，以规避未来可能发生的危机风险。

皮凯蒂的这些分析固然具有重要的理论价值和现实意义，但不得不承认，由于他的资本模型的内在缺陷，注定了他对金融危机原因的分析仍然停留在表面上，没有深入到资本主义的内在机理之中，揭示金融危机爆发的真实根源。在这方面，马克思的《资本论》依然具有不可替代的当代价值。

在这一著作中，马克思将金融危机划分为两种类型：一是伴随着经济危机发生的金融危机，一是独立发生的金融危机。马克思写到，第一种"货币危机是任何普遍的生产危机和商业危机的一个特殊阶段，应同那种也称为货币危机的特殊危机区分开来。后一种货币危机可以单独产生，只是对工业和商业发生反作用。这种危机的运动中心是货币资本，因此它的直接范围是银行、交易所和金融"②。这两种危机产生的原因存在一定的差异。就第一种危机而言，它必须同时具备两个条件：信用的充分发展和生产过剩。马克思说："现实危机只能从资本主义生产的

---

① ［法］托马斯·皮凯蒂：《21世纪资本论》，巴曙松等译，中信出版社2014年版，第304页。

② 《马克思恩格斯全集》，中文2版，第44卷，人民出版社2001年版，第162页。

现实运动、竞争和信用中引出。"①为了能够在激烈的市场竞争中获得最大化的利润，资本家必然会加快自己的资本积累，一方面进行资本的积聚，使剩余价值资本化，另一方面进行资本的集中和兼并。这一过程必然导致银行和信用的产生，资本家为了突破自身积累的限制，必然会利用商业信用和银行信用，通过发行股票、债券等方式，广泛吸收资本。这一行为必然导致资本积累的畸形化，将资本主义不顾市场需求的生产趋势推进到极限，使生产出现普遍过剩，导致生产和消费矛盾的进一步加剧。"当这一机制整个被打乱的时候，不问其原因如何，货币就会突然直接地从计算货币的纯粹形态观念转变成坚硬的货币……商品和它的价值形态（货币）之间的对立发展成绝对矛盾"②，此时，必然会发生金融危机或货币危机。马克思说："在再生产过程的全部联系都是以信用为基础的生产制度中，只要信用突然停止，只有现金支付才有效，危机显然就会发生，对支付手段的激烈追求必然会出现。所以乍看起来，好像整个危机只表现为信用危机和货币危机。事实上问题只是在于汇票能否兑换为货币。但是这种汇票多数是代表现实买卖的，而这种现实买卖的扩大远远超过社会需要的限度这一事实，归根到底是整个危机的基础。"③信用不仅没有克服资本主义的生产矛盾，反而进一步"加速了这种矛盾的暴力的爆发，即危机"④。

---

① 《马克思恩格斯全集》，中文 1 版，第 26 卷第二册，人民出版社 1973 年版，第 585 页。

② 《马克思恩格斯全集》，中文 2 版，第 44 卷，人民出版社 2001 年版，第 162 页。

③ 《马克思恩格斯全集》，中文 2 版，第 46 卷，人民出版社 2003 年版，第 555 页。

④ 同上书，第 500 页。

也是在此基础上，马克思揭示了全球金融危机爆发的必然性。他指出，作为资本积累的一种手段，信用不仅在资本主义国家内部被发展到极致，而且也会在国际范围内迅速膨胀，成为资本主义世界市场和国际贸易的基础，使各国出现普遍的生产过剩，将信用支持下的债务扩张到全球范围之内。这种普遍过剩和信用的国际扩张，使一切资本主义国家都具备了发生金融危机的条件。马克思说："这时就会清楚地看到，这一切国家同时出口过剩（也就是生产过剩）和进口过剩（也就是贸易过剩），物价在一切国家上涨，信用在一切国家过度膨胀。接着就在一切国家发生同样的崩溃。"①因此，当一国爆发金融危机，已具备条件的其他国家将会依次发生危机。从这个角度而言，金融危机不仅不可避免，而且一旦爆发，就必然会演变为世界性的金融危机。也正是基于此，马克思将"信用制度"称为资本主义"生产过剩和商业过度投机的主要杠杆"②，揭示了金融危机爆发，并成为经济危机导火索的内在根源。

第二种危机是指不伴随经济危机而独立发生的金融危机，它不需要同时具备两个条件。换句话说，这种危机不需要以生产过剩为前提条件，它直接根源于资本主义的信用本身。马克思指出，信用制度的发展，必然导致虚拟资本的出现，它是在借贷资本和银行信用制度、特别是在股份资本的基础上产生的，包括股票、债券等。这种资本可以作为商品买卖，也可以作为资本增殖，但它本身并不具有价值；它代表的实际资本已经投入生产领域或消费过程，而其自身却作为可以买卖的资产

① 《马克思恩格斯全集》，中文2版，第46卷，人民出版社2003年版，第557页。
② 同上书，第499页。

滞留在市场上。由这种虚拟资本衍生出来的经济，称为虚拟经济，它是相对于实体经济而言的。它的形成在一定程度上突破了货币的限制，对资本主义经济起到了巨大的推动作用，然而，也不可避免地加剧了金融系统的风险性：一方面，随着信用制度和虚拟资本的过度膨胀，必然会"再生产出了一种新的金融贵族，一种新的寄生虫，——发起人、创业人和徒有其名的董事；并在创立公司、发行股票和进行股票交易方面再生产出了一整套投机和欺诈活动。这是一种没有私有财产控制的私人生产"①。它把资本主义生产的动力，即靠剥削他人劳动来发财致富的机制，"发展成为最纯粹最巨大的赌博欺诈制度"②，使金融活动越来越具有冒险的性质，而一些"信用冒险家为了扩大他的营业"，必然会"用一种骗人的营业来掩盖另一种骗人的营业"③。这一诊断不由地使人想到了现代金融领域中的"庞式骗局"。另一方面，必然会进一步强化金融系统的不稳定性。信用和虚拟资本的迅速膨胀，使金融体系完全脱离了实体经济和真实货币的束缚，成为一种以债券、股票、证券等为中心的自我循环市场，进一步加剧了金融体制的盲目性。在马克思看来，虚拟资本并不是真正的财富和货币，当信用收缩或完全停止时，所有的虚拟资本必须转化为货币，实现"惊险的一跃"。如果这一过程无法实现，将不可避免地爆发金融危机。马克思说："信用货币的贬值（更不用说它的只是幻想的货币资格的丧失）会动摇一切现有的关系……一旦劳动的社会性质表现为商品的货币存在，从而表现为一个处于现实生产之外的东

---

① 《马克思恩格斯全集》，中文2版，第46卷，人民出版社2003年版，第497页。
② 同上书，第500页。
③ 同上书，第481页。

西，货币危机——与现实危机相独立的货币危机，或作为现实危机尖锐化表现的货币危机——就是不可避免的。"①从这个角度而言，虚拟资本的自我膨胀，构成了第二种金融危机爆发的主要原因。

但在马克思看来，不论哪种金融危机，归根结底都根源于资本主义的生产关系："资产阶级的生产，由于它本身的内在规律，一方面不得不这样发展生产力，就好象它不是在一个有限的社会基础上的生产，另一方面它又毕竟只能在这种局限性的范围内发展生产力，——这种情况是危机的最深刻、最隐秘的原因，是资产阶级生产中种种尖锐矛盾的最深刻、最隐秘的原因。"②资本主义生产的真正限制不是别的，就是资本本身；只要资本主义生产方式还存在，金融危机和经济危机就必然存在。

综上所述，皮凯蒂的《21世纪资本论》虽然具有重要的理论价值和现实意义，但它并没有真正揭示21世纪资本运转的内在机制，也没有从根本上揭示财富分配不平等的内在根源，更无法为我们探寻当前金融危机爆发的原因及其解决路径提供现实可行的道路。就此而言，《21世纪资本论》并不能取代马克思的《资本论》，成为新时期人们理解当代资本主义的科学指南。《资本论》依然具有不可超越的时代价值。基于此，笔者坚决同意大卫·哈维的判断：今天，我们需要皮凯蒂，但更"需要马克思，或马克思的当代化身"③。

————————————

① 《马克思恩格斯全集》，中文2版，第46卷，人民出版社2003年版，第584—585页。

② 《马克思恩格斯全集》，中文1版，第26卷第三册，人民出版社1974年版，第86页。

③ David Harvey, "Afterthoughts on Piketty's *Capital*", http://socialistworker.org/blog/critical-reading/2014/05/18/david-harvey-reviews-thomas-pi.

结语 政治经济学批判的回归与发展 21 世纪马克思主义

从《资本论》第 1 卷(1867)发表至今,已经过去了150 多年。在一百多年的历程中,资本主义经历了风风雨雨,但每次都在危机和曲折中存活了下来,这似乎表明《资本论》已经过时了。而在当代西方的学术发展中,政治经济学批判也遭到了不同程度的质疑和抛弃。如果说资本依然是当今世界的主导霸权,那么,如何进一步深化和发展当代资本主义批判理论呢?又如何基于当代语境,全面推进当代中国马克思主义理论体系的建构呢?面对这些问题,国内外学者已经清楚地认识到,回到政治经济学批判是当今时代的必然选择。

一、回到政治经济学批判是走出西方社会批判理论发展困境的必由之路

第二国际时期，历史唯物主义被诠释为一种"经济决定论"，而政治经济学批判则丧失了原初的内涵，被淹没在实证科学的海洋之中。作为对第二国际的反叛，西方马克思主义开辟了一条崭新的解读路径，恢复了马克思哲学的批判性，形成了多种独具特色的批判范式，比如卢卡奇的物化批判、葛兰西的文化霸权批判、列斐伏尔的日常生活和消费批判、法兰克福学派的工具理性和大众文化批判，等等。不可否定，它们在西方马克思主义发展史上都起到了重要的积极作用，然而，也存在一些不可避免的理论缺陷。安德森指出，"西方马克思主义是第一次世界大战后欧洲资本主义先进地区无产阶级革命失败的产物，它是在社会主义理论和工人阶级实践之间愈益分离的情况下发展起来的"[①]，"从此以后，西方马克思主义就以自己的密码式语言来说话了，它与工人阶级的距离愈来愈远"[②]。就此而言，作为一种理论思潮，西方马克思主义自登上历史舞台伊始，就不再是原初意义上的无产阶级革命理论，而是一种单纯的学院派研究，因此，虽然他们在政治立场上都批判资本主义，但在根基上并没有真正诉诸无产阶级革命，而是单纯停留在理论批判上，是一次重大的立场退却。如果说马克思是从哲学批判逐渐走向政治经济学批判，那么，西方马克思主义则是从政治经济学批判逐步退回到

---

① [英]佩里·安德森：《西方马克思主义的探讨》，人民出版社 1981 年版，第 58 页。

② 同上书，第 44 页。

哲学和伦理批判，在一定程度上放弃或修正了生产力与生产关系内在矛盾的批判线索，转向了以人本主义价值预设为核心的文化批判路径，过分放大了资本的文化霸权。

随着当代资本主义的深入发展，这种批判范式的缺陷也日益明显。在马克思看来，不论是物化批判、日常生活批判还是意识形态批判，它们都根源于资本主义生产方式本身。因此，对它们的批判绝不能单纯地停留在外在现象或人性层面上，必须将它们推进到政治经济学批判的层次上，通过对资本主义生产过程及其内在矛盾的历史梳理，从历史发生学的思路出发，揭示这些现象得以产生的客观原因，只有这样，才能真正找到消除这些外在现象的科学道路，而不是简单地诉诸主客体的思辨统一或人本主义的总体化道路。从这个角度而言，这些批判固然激烈，但它们却不会触动现实本身，只能是一种秀才式的造反和象牙塔革命。就像马克思在批判德意志意识形态家们时指出的那样："如果他们把'人'从这些词句的统治下——而人从来没有受过这些词句的奴役——解放出来，那么'人'的'解放'也并没有前进一步；只有在现实的世界中并使用现实的手段才能实现真正的解放。"①如果仅仅停留在观念层面上，而不付诸实际行动，"那么，正如共产主义的历史所证明的，尽管这种变革的观念已经表述过千百次，但这对于实际发展没有任何意义"②。

随着 1968 年"五月风暴"的爆发，西方马克思主义的文化批判范式遭遇了危机，经典意义上的西方马克思主义也在逻辑上走向终结，在此

---

① 《马克思恩格斯选集》，2 版，第 1 卷，人民出版社 1995 年版，第 74 页。
② 同上书，第 93 页。

之后，西方社会批判理论出现了重大分化和转型，形成了几种典型的批判运动和理论思潮，具体包括意大利自治主义、女权主义马克思主义、生态学马克思主义、晚期马克思主义、新左派运动等，与经典西方马克思主义相比，它们不再停留在单纯的观念批判上，而是力图将理论批判与实践运动结合起来，积极探索全球化时代工人、妇女、少数群体和大众的解放道路，在当代西方世界产生了重大影响。但问题也随之而来，面对资本全球化的今天，谁才是斗争的主体？还是传统意义上的工人阶级吗？传统的工会和政党运动还适应今天的形势吗？如果不适应了，应当采取什么样的斗争策略？所有这些问题的解答，都必须建立在对当代资本主义运行机制的科学解剖之上，若缺少后者作为支撑，必然会陷入到"为斗争而斗争"、"为抵抗而抵抗"的无政府主义和主体政治学之中，这也是 20 世纪 70 年代以来西方左派运动的共同特点之一。这些运动在特定时代中都产生了极为重要的影响，然而，由于理论依据和斗争策略上的缺陷，注定了这些运动所能产生的历史效应：意大利自治主义运动的失败、新左派运动的式微、多元文化主义的破产、种族主义的抬头、生态和女权主义运动的低落，等等，再次宣告了资本依然是当今世界的绝对霸权，对抗资本、反抗资本，任重而道远！如果左派不积极地转变思路，改变斗争策略，继续坚持无政府主义和自发抗争的道路，只会被资本的洪流所淹没，沦为历史的一块遮羞布。

面对当代西方左派的理论和实践困境，哈维不由地发出感慨："左派再不思考自己的理论和战术就晚了。"①那么，如何拯救左派运动呢？哈维提出了自己的方案：一方面，在理论上，必须回到《资本论》，特别是不被传统左派重视的《资本论》第 2 卷。他指出，如果说《资本论》第 1 卷主要是探讨了剩余价值的生产，那么，第 2 卷则是研究剩余价值的实现，在马克思那个年代，生产是最重要的，消费——特别是工人的消费——并不占据重要地位，而在城市化日益发达的今天，消费已经成为剩余价值实现和资本积累的关键环节，成为与每个工人息息相关的日常领域。因此，阶级斗争的主要范围已经由原来工厂内部的斗争扩展为整个社会乃至全球范围内的阶级斗争，已经由原来围绕剩余价值生产的斗争转变为剩余价值实现的斗争。也是基于此，哈维认为，与第 1 卷相比，《资本论》第 2 卷才是马克思走向当代的关键点，也是制定与当前形势相符合的阶级斗争逻辑的核心依据。另一方面，在斗争策略上，必须改变过去无政府主义式的自发抵抗运动，制定明确的反资本主义议程，通过共同的政治筹划或政党组织，来推进社会革命进程。② 与此同时，齐泽克也从理论上开出了药方。他指出："历史唯物主义并不是对历史的一种想象性描述，也不是一门关于历史即存在(社会现实)领域的实证科学，而是一门关于历史真实的科学，也是一种政治经济学批判，即关于资本主义真实的科学。复兴'政治经济学批判'是当代共产主义政治学的要务。'资本逻辑'的'真实硬核'正是当代历史主义文化研究领域普遍缺失的，这不仅体现在内容上(关于政治经济学的批判性分析)，而且在

---

① David Harvey, "Consolidating Power", *Roar Magazine*, Winter 2015.

② 参见[美]戴维·哈维、费舍尔：《哈维访谈录：反思革命》，《文化研究》2014 年第 4 期。

历史主义和所谓历史性的形式区分上表现得更加明显。"①也是在此基础上，他强调到，左派若要摆脱当前的发展困境，就必须从传统论域中走出来，转到资本批判上来，而要完成这一任务，就必须实现范式的转换，重新"回到政治经济学批判"②（当然了，必须看到，他所说的政治经济学批判，实际上是经过拉康中介过的）。在未来发展中，哈维和齐泽克的药方究竟能起到多大作用，我们不得而知，但这毕竟反映了左派内部对传统批判理论和当前左派运动的反思与不满，力图回到《资本论》和政治经济学批判，来重塑当代西方左派批判理论。就此而言，我认为，这一判断是正确的。

二、回到政治经济学批判是解剖当代资本主义发展特质的必由之路

上世纪 70 年代末 80 年代初，英美资本主义国家开始放弃福利国家政策，在指导思想上全面转向新自由主义，在全球范围内引发了新一轮的改革浪潮，资本主义也由此进入到一个新的历史阶段。如何认识这一时期资本主义的发展特质，也构成了当代国外左翼学者关注的焦点问题，从而形成了各种各样的认识范式。具体而言，主要表现为三种：一是技术范式，比如阿格里塔的"后福特主义"、德里克的"弹性生产的资本主义"；二是帝国主义或帝国范式，如哈维、艾伦·伍德的"新帝国主义"、汤林森的"文化帝国主义"、福斯特的"生态帝国主义"、哈特和奈

---

① Slavoj Žižek, *Living in the End Times*, London and New York: Verso, 2010, p. 185.

② Ibid., p. 181.

格里的"帝国"论等；三是垄断资本范式，比如金融垄断资本主义、全球垄断资本主义、国际垄断资本主义等。每种范式的意义自然不容小觑，能够为我们认识当代资本主义的新变化提供有益借鉴，但我们能否不假思索地将它们移植过来，成为我们分析当代资本主义的指导范式呢？要想回答这一问题，必须清晰厘定每种范式的出场语境及其理论得失。

首先，就后福特主义和弹性生产而言，它们的确反映了当代资本主义在劳动过程和技术构成上的变化：自动化、智能化机器的引入，克服了福特制的僵硬性，形成了以弹性和灵活性为标志的生产方式。然而，仔细分析可以发现，实际上这两种范式更多地是从工艺学维度进行的界定，相对忽视了生产关系维度，因此决不能将其夸大为统摄整个资本主义的社会范式。原因在于，后者所蕴含的内涵不仅没有反映出来，反而被消解掉了：在阿格里塔这里，资本与雇佣劳动之间的矛盾，不再被视为资本主义不可克服的内在矛盾，而是被转化为可以通过调节方式解决的经验矛盾，于是，一种新的调节方式催生一种新的生产形式，这正是法国调节学派的核心逻辑。而在弹性生产范式中，由资本主义内在矛盾引发无产阶级革命的逻辑已经被放弃了：所谓的革命主体已经不再是马克思意义上的无产阶级，而是转化为被排斥在资本主义体制之外或生活在资本主义环境下的少数边缘群体（如妇女、有色人种、少数民族等）；而革命范围和方式也不再是世界历史意义上的阶级斗争，而是转化为地域性的日常生活革命，这正是德里克"后革命"理论的核心内涵。这两种阐释模式不仅没有抓住当代资本主义的内在矛盾，反而容易掉进新自由主义的陷阱之中。实际上，当我们使用"后工业社会"、"全球化资本主义"、"后现代资本主义"时，也会遇到同样的问题。资本主义的内在矛盾真的已经被克服了吗？2008 年金融危机的爆发，以及由此引发的更为严重的经济危机、社会危机和政治危机，则充分证明这只是一个幻象。

其次，从理论渊源上讲，帝国主义和垄断资本范式都根源于列宁。在《帝国主义论》中，列宁明确提出，帝国主义就是资本主义的垄断阶段，由此开启了后来西方左翼学者界定当代资本主义的两种范式，即帝国主义和垄断资本范式。而哈维以及哈特、奈格里的阐述则是对前一种范式的修正和反拨。他们指出，与列宁所处的阶段相比，今天资本的扩张方式已经发生了重大转变：在 20 世纪早期，民族国家和军事力量构成了帝国主义扩张的主导力量，它们以武力为后盾，通过血腥的殖民侵略来掠夺其他非资本主义国家，以完成资本在全球的扩张，此时，资本逻辑是依附于国家权力的，脱离了这一点，资本将无法完成这一过程。到了 20 世纪 70 年代末以后，这种扩张方式已经失效了，这一时期，资本已经摆脱了民族国家的控制，成为全球秩序的真正主宰者：整个世界已成为一个没有权力中心的资本帝国。也是基于此，他们并不赞同原封不动地用列宁的帝国主义来概括当前的资本主义，更加反对他把帝国主义与垄断资本主义等同起来的做法，而是进行了重新命名，这也就是"新帝国主义"（哈维、伍德）和"帝国"（哈特、奈格里）的出场语境。他们一致认为，当代资本主义已经不再是民族国家的天下，而是资本的帝国，因此，哈维也将新帝国主义称为"资本帝国主义"，而哈特、奈格里则直接将其称为"帝国"。

实际上，不论是新帝国主义还是帝国，都只是对新自由主义实践的一种理论界定。他们的重要贡献在于，深层揭示了资本统治机制的转型。在哈维看来，当代资本主义最主要的特征就是新自由主义化，后者不仅是一种意识形态，更是一种政治经济实践机制，它所催生的剥夺形式不再是马克思意义上的、通过暴力制造出来的血腥的"原始积累"，而是以私有化、金融化、危机的操控、国家再分配为核心特征的"剥夺性积累"，进而导致财富源源不断地从外围流向中心、从底层流向上层，建构起一个庞大的资本帝国主义。① 更为重要的是，哈维从空间维度入手，深层剖析了资本全球扩张所导致的严重后果，形成了独具特色的历史地理唯物主义、不平衡地理发展、地缘政治学与城市空间理论。不过，在哈特、奈格里看来，资本扩张不只是自然—地理空间意义上的扩张，而且也是对社会内部空间的深度殖民。他们从后福特主义入手，提出了所谓的非物质劳动理论（智力劳动和情感劳动），并将其与福柯的生命政治理论嫁接起来，力图从根本上诠释帝国的统治机制。他们指出，马克思的政治经济学批判虽然揭示了资本的运行机制，但由于时代条件的限制，他对这种统治机制的说明，仍然像福柯一样，仅仅停留在身体的规训上，忽视了资本对整个社会和个体生命的全面殖民。② 一方面，资本的统治已经渗透到社会的每一个角落，政治、经济、文化、社会生活、意识形态、生态等，都已成为资本的统治空间；另一方面，资本对人的统治已经越出了身体层面，进入到智力、情感、语言、交往、思想、灵魂等领域，换言之，人的整个生命都已成为资本的操控对象，由

---

① 参见［美］大卫·哈维：《新帝国主义》，初立忠等译，社会科学文献出版社2009年版，第117—124页。

② 参见［美］哈特、［意］奈格里：《帝国——全球化的政治秩序》，江苏人民出版社2003年版，第25页。

此实现了从物质劳动到非物质劳动、政治经济学批判到生命政治的全面转向。

这些分析无疑具有重要的当代意义，能够为我们客观分析当代资本主义的统治机制提供有益借鉴。不过，他们的理论也存在一些值得思考的地方：第一，当他们用资本帝国主义或帝国来命名当代资本主义时，显然只是对新自由主义实践的一种理论概括。但这种概括真的能够反映当代资本主义的现实吗？资本真的已经全面摆脱国家权力的控制了吗？显然并非如此。当代资本主义虽然在指导思想上全面转向了新自由主义，但这并不意味着资本已经彻底摆脱了国家主权的限制，成为完全自在自为的存在。因此，当他们这样以为的时候，恰恰中了新自由主义的圈套。在这方面，垄断资本范式的分析依然具有合理性。第二，他们对当代资本主义统治机制的分析的确具有启发性，但由于他们放弃了资本主义内在矛盾的发展线索，因此，他们自然无法提供一条超越资本帝国的可行道路。在这方面，哈特、奈格里的分析似乎更具迷惑性。他们指出，马克思的无产阶级概念是建立在物质生产之上的，随着非物质劳动霸权的确立，前者已经丧失了存在的合法性，代替它的将是一个全新的主体即大众，于是，马克思当年所说的资本与雇佣劳动之间的矛盾，在今天已经转化为帝国与大众的对抗。只要后者彻底实现了民主自治，帝国也就走向了湮灭。实际上，这整个逻辑完全是站不住脚的：就方法论而言，它是后结构主义的；就主体理论而言，它是伦理主义的；就政治立场而言，它是无政府主义；就解放道路而言，它是乌托邦主义的。再者，所谓文化帝国主义、生态帝国主义等只不过是资本逻辑在这些领域中的具体体现，而它们的错误之处在于，把单一领域中的表现夸大为整个资本主义的本质特征，显然存在以偏概全之嫌。

最后，如果说帝国范式是对列宁帝国主义论的修正和反拨，那么，垄断资本范式则是对它的具体运用。他们认为，获取最大化利润依然是当代资本主义的主要目标，而垄断就是资本获取利润的主导方式。基于此，他们从垄断资本的发展历程入手，将资本主义划分为自由竞争资本主义、私人垄断资本主义、国家垄断资本主义等几个阶段，并认为当代资本主义已进入到国际垄断资本主义时代。与帝国范式相反，他们认为，资本在全球的扩张决不是自主进行的，而是始终以国家主权为后盾的：国家始终是垄断资本的保护者，一旦垄断资本的利益受到损害，国家就会武力干涉，从而露出狰狞的霸权主义本质。因此，在他们看来，所谓新自由主义只不过是一个掩人耳目的借口，它在本质上并不能改变垄断资本与国家权力的内在同谋。所以，他们并不同意哈特、奈格里把全球秩序理解为一种无中心的网格，相反，而是始终认为垄断组织及其背后的国家权力仍是全球秩序的主导者。不过，它的缺陷在于过分夸大了金融垄断资本的历史作用，就像马克思当年指出的那样，金融资本之所以能够凸显为资本主义的显著特征，原因并不在于金融本身，而是根源于资本主义生产方式和积累方式的转型；同样，金融危机的原因也不能完全归咎于垄断本身，而是根源于资本主义的内在矛盾。

这也由此引出一个问题，即我们如何认识当代资本主义的发展特质？在研究社会发展时，马克思始终强调一个重要原则，即要把社会历史发展理解为一种内在矛盾运动过程。因此，在分析资本主义时，马克思既没有停留在单纯的工艺学上，也没有陷入到对外在现象的经验描述中，而是从社会历史过程入手，通过政治经济学批判，准确揭示了资本

主义内在矛盾的发展和演化过程，实现了对资本主义的总体分析。就此
而言，马克思的"资本主义"理论无疑是一种强调资本关系在整个社会中
居于统治地位的社会范式。不过，由于历史条件所限，马克思对资本主
义的认识不可能面面俱到。随着时代的发展，当代资本主义的确出现了
许多新的变化，但我们在认识这些变化时，必须要坚持马克思的生产方
式分析范式，从社会历史过程入手，依据抽象上升到具体的原则，将其
拓展到政治、空间、生态、文化、意识形态等各个领域，并借助于政治
经济学批判，深层剥离当代资本主义的外在现象，动态地分析这些新变
化出现的内在机制，唯有如此，才能从整体上准确定位当代资本主义的
发展特质，而不能仅仅依据其中的一个环节，就将其夸大为整个资本主
义的本质属性，更不能单纯从经济学、社会学或政治学入手，来理解当
代资本主义的发展特质，这样很容易陷入到经验主义的窠臼之中。从这
个角度而言，马克思的政治经济学批判，依然是我们认识当代资本主义
的根本方法。

三、回到政治经济学批判是揭示资本主义经济危机根源的必由之路

2008 年，由美国次贷危机引发的金融危机，在世界范围内蔓延开
来，导致全球经济的整体衰退，进而引发了更为严重的债务危机、民主
危机和信任危机，这也是 1929—1933 年以来资本主义国家爆发的最为
严重的一次危机。单纯从形式来看，这次危机具有以下几个特征：

第一，过度借贷消费成为危机产生的诱因。次贷全称为"次级按揭
贷款"，主要是指贷款机构向那些信用程度不高或还债能力较差的人提

供的抵押贷款，是相对于优质抵押贷款而言的。在这次危机中，金融市场的崩溃也充当了经济危机的导火索，但在具体的引发方式上似乎又不同于以往的危机。在前几次危机中，金融市场之所以出现崩盘，主要是由于企业为了实现资本积累，向银行大量借贷，或通过发行股票、债券等方式，广泛吸收资本，用于扩大再生产，导致生产过剩，致使企业无力偿还相应债务，进而引发金融危机和经济危机。而此次危机则略有不同，它不是直接爆发于资本积累领域，而是诱发于借贷消费领域。2000年之后，随着金融管制的日益松懈，为了获取巨额利润，美国金融部门开始向中低等收入者提供住房或其他抵押贷款。如果说以往金融机构的利润主要来源于剩余价值的再分配，那么，这种借贷的利润则直接来源于中低等收入群体的工薪或被抵押的房产价值。因此，如果说以往的危机直接根源于生产过剩和有支付能力的需求不足，那么，次贷危机的直接原因则是过度借贷消费。

第二，次贷危机转化为金融危机。对金融机构而言，发放抵押贷款只是第一步，在此之后，它们通过贷款证券化，派生出次级抵押贷款支持证券，然后再进一步证券化，又衍生出大量的资产支持证券，包括担保债务凭证和信贷违约掉期等。为了赚取暴利，金融机构往往采用高杠杠(平均比例 1∶30)进行融资。举例来说，如果说次级贷款是 1 亿美元，通过证券化，能够派生出 2 亿美元的支持证券，通过高杠杆的再证券化，可以衍生出 60 亿美元的信贷违约掉期。正是在这种恶性的金融扩张中，形成了一种全球化的金融网络体系。然而，由于监管的缺失，整个金融市场完全沦为一片"自由特区"，严重加剧了金融体系的风险性和不稳定性。实际上，在整个扩张中，所有金融衍生品的原始价格，都是以最初抵押的房产为基础的，这就使得房地产成为维系整个金融市场持续扩张下去的关键环节。然而，房地产泡沫的紧缩，使整个扩张系统遭受致命打击，形成连锁反应，直接由次贷危机发展为金融衍生品危机，最终演变为全面的金融危机。

第三，金融危机进一步发展为主权债务危机。全球金融危机的爆发，首先对那些长期依赖外资和房地产且没有实体经济支撑的国家产生重大冲击，继 2008 年冰岛宣布国家破产之后，2009 年迪拜也陷入主权债务危机。此外，由于欧元区执行统一的货币政策，各国只能借助于财政政策来刺激经济，但由于缺少统一的机构来协调各国的财政政策，导致各国无视《稳定与增长公约》，盲目扩大财政赤字，增加财政预算，严重削弱了各国对经济的宏观调控能力。当欧洲央行为了抵制膨胀、稳定币值，采取上调利率的货币政策时，恰恰与各国的财政政策相冲突，从而增加了各国的融资成本，导致希腊、西班牙、意大利、葡萄牙、爱尔兰等国家无力应对公共债务，陆续爆发了债务危机。

最后，金融危机进一步加剧了资本主义经济、政治、社会的结构性危机。国际金融危机颠覆了欧美发达经济体借贷消费的发展模式，导致资本市场动荡、需求萎缩、投资不振，迅速波及实体经济，引发了严重的经济危机。而过度消费型国家的经济萧条，进一步挤压国际生产市场，引发生产型国家的经济危机，进一步促发能源型国家的经济衰退，引发了连锁式的全球经济危机。① 而经济危机的爆发，导致国民财富缩

---

① 参见韩志国：《全球金融危机的演化进程与发展趋势》，《光明日报》2009 年 2 月 3 日第 10 版。

水，贫富差距日益加大，又进一步激化了资本主义国家的社会矛盾，出现了大规模的抗议运动和罢工潮。为了转嫁危机，资本主义国家打着自由民主的旗号，到处进行"人道主义轰炸"，引发了难民潮等其他社会、政治问题，进一步催生了民主危机、政治危机和信任危机。而英国"脱欧"无疑是多重危机引发的世界经济政治格局调整的一次缩影。但从目前形势来看，这不会是最后一次。随着资本主义结构性危机的不断深化，未来全球政治经济格局的调整，还将持续发酵。

那么，这次危机为什么会爆发呢？新自由主义认为，根本原因在于政府监管，由此主张废除国家干预，彻底推进市场自由化。面对危机带来的惨痛教训，新自由主义的解释显得苍白无力，令人无法信服。在此背景下，国家干预主义迅速抬头，以大卫·科茨、斯蒂格利茨、皮凯蒂等为代表的干预经济学，分别从各个方面分析了这次危机产生的原因。他们一致认为，危机产生的根源并不在于国家干预和政府监管，而是在于资本主义国家奉行的新自由主义体制，后者完全解除或放松了国家干预和监管职能，最终酿成了今天的惨剧。

他们指出，第一，新自由主义导致了日益严重的贫富差距。上世纪70年代以来，欧美国家一方面削减工人福利，压低工人工资；另一方面，减少企业和富人税收，扶植超级经理人，奉行有利于前 1% 或 10% 人群的再分配和税收政策，导致资本收益率远远高于经济增长率，严重加剧了收入不平等。据统计，截至 2007 年，美国社会最上层的 0.1% 的家庭所拥有的收入是社会底层 90% 家庭平均收入的 220 倍，而最富有的

1％人群拥有的财富超过了国家财富的 1/3。① 这表明，新自由主义的泛滥，导致国民财富正在以越来越快的速度聚集到少数人手中，国民经济发展所产生的红利并没有惠及中低等收入群体。"收入不平等扩大的一个后果是，美国中下阶层的购买力出现实质停滞，这必然增大一般家庭借债的可能性"②，在一定程度上引发了资本主义国家经济的不稳定性。第二，新自由主义加速了次贷泛滥，使家庭债务与可支配收入比日益失调。2000 年之后，新自由主义为美国金融机构的疯狂行为打开了方便之门。马克思指出，资本的本质就是追逐利润。解除管制后的金融机构，为了攫取暴利，向信用程度较低和还债能力较差的中低等收入人群，发放各类次级抵押贷款，再加上媒体和意识形态的大肆宣扬，促使中低等收入人群坚定地相信，花明天的钱来过今天的日子是理所当然的，从而导致借贷消费的过度膨胀。根据美国经济分析局和美联储 2008 年的统计，1990 年，美国家庭债务与可支配收入比是 77.5％，2000 年增长为 91.1％，到了 2007 年则激增为 128.8％。③ 这表明，家庭债务已经远远超过了家庭可支配的全部收入，次贷危机的雏形已具规模。第三，新自由主义进一步加剧了金融市场的盲目性，使虚拟经济完全脱离了实体经济，成为一种独立的自我循环市场。马克思指出，金融资本始终是寄生性的，它不会创造任何额外的剩余价值，它的利润实际上只是

---

① 参见［美］斯蒂格利茨：《不平等的代价》，张子源译，机械工业出版社 2014 年版，第 3 页。
② ［法］托马斯·皮凯蒂：《21 世纪资本论》，巴曙松等译，中信出版社 2014 年版，第 303 页。
③ 参见［美］大卫·科茨：《目前金融和经济危机：新自由主义的资本主义的体制危机》，《河北经贸大学学报》2010 年第 1 期。

对实体经济利润的一种再分配。然而，在新自由主义的推动下，金融资本与实体经济的关系完全出现了变异，它不再为后者服务，而是为自己牟利，它通过次级贷款的证券化，进行高杠杆化融资，层层打包，层层转嫁风险，用别人的钱来套取更多的钱，从而形成了一套独立的、完整的金融产业链。通过这种方式，整个社会创造的财富也就源源不断地流向金字塔顶端的金融寡头手中，使实体经济遭遇融资和发展困境，进而形成虚拟经济与实体经济的二元对立格局。最后，新自由主义进一步推动了资产泡沫的膨胀。脱离了实体经济的支撑，金融机构的利润只能来源于杠杆化操作，为了保证每次金融扩张的顺利进行，它必须制造出更大的资产泡沫，而且一次要比一次疯狂，否则，整个扩张就无法持续下去。[①] 从这个角度而言，制造资产泡沫是金融体系不断扩张的前提条件，而房地产恰恰就是这种泡沫的最佳载体。然而，房地产市场的贬值，导致整个链条的断裂，从而引发了连锁反应。那么，如何应对金融危机呢？这些学者指出，必须放弃新自由主义，回到"政治经济学"[②]，通过国家干预，全面加强经济和金融治理。

如何看待这些观点呢？毫无疑问，它们为我们理解当前金融和经济危机产生的原因，提供了有益思考。但是，笔者想问的是，仅仅停留在这个层面够了吗？如果资本主义国家摒弃了新自由主义，回到凯恩斯主义和政治经济学的道路上来，就能彻底避免危机了吗？答案显然是否定

---

① 参见［美］大卫·科茨：《目前金融和经济危机：新自由主义的资本主义的体制危机》，《河北经贸大学学报》2010 年第 1 期。

② ［法］托马斯·皮凯蒂：《21 世纪资本论》，巴曙松等译，中信出版社 2014 年版，第 592 页。

的，历史已经充分证明了这一点。1929—1933 年经济大萧条之后，新自由主义彻底丧失了主导权，凯恩斯主义占据了绝对上风，成为西方福利国家转向的重要依据。然而，到了 70 年代，随着第一次和第二次石油危机的爆发，西方福利国家的内部矛盾不断加剧，导致整个国家陷入经济停滞和通货膨胀的怪圈之中，从而引发新一轮的经济危机，这才有了后来的新自由主义转向。这也表明，不论是新自由主义还是凯恩斯主义占据主导，资本主义始终无法避免危机：纵观整个资本主义发展历程，可以发现，经济危机始终如影随形，不论资本主义采取什么措施，都无法从根本上彻底克服危机。就此而言，这些学者把此次危机完全归咎于新自由主义，虽然有其合理性，但显然不够彻底。

在《资本论》中，马克思将危机划分为两种类型：一是剩余价值生产危机，主要是由资本有机构成提高所引发的一般利润率下降和资本积累危机；一是剩余价值实现危机，导致这种危机的原因是多方面的，包括生产过剩和有支付能力的消费不足、货币量的限制（即无法找到实现剩余价值的相应等价物）、不同生产部门的比例失调等。与此同时，在《资本论》中，马克思也区分了两种不同的金融危机："货币危机是任何普遍的生产危机和商业危机的一个特殊阶段，应同那种也称为货币危机的特殊危机区分开来。后一种货币危机可以单独产生，只是对工业和商业发生反作用。这种危机的运动中心是货币资本，因此，它的直接范围是银行、交易所和金融。"①前一种是经济危机的一个特殊阶段，这种危机若要爆发，必须同时具备两个条件：生产的普遍过剩和信用的过度膨胀。

---

① 《马克思恩格斯全集》，中文 2 版，第 44 卷，人民出版社 2001 年版，第 162 页。

为了实现最大化的自我增殖，资本必然要突破货币的限制，广泛利用信用，发行债券、股票等吸收资本，无限制地进行扩大再生产，进而导致生产过剩，引发金融危机和经济危机。马克思断言，这种信用机制不仅在资本主义国家内部会被运用到极限，而且必然会延伸到整个资本主义世界市场，成为全球贸易的现实基础。这一点决定了，只要一国爆发金融危机，必然会迅速波及其他国家，产生连锁反应，引发全球经济危机。与此相比，后一种危机主要是在生产过剩这一条件尚不具备的情况下，由于信用的过度膨胀(当然了资本依然是最终根源)所导致的金融危机，它更多地局限于银行、交易所和金融领域，在一定程度上并不会迅速波及实体经济，转化为严重的经济危机。

　　基于上述分析，我们可以得出以下结论：依照类型不同，可以将马克思的危机理论划分为三个层次：(1)剩余价值生产危机。这是资本主义生产的内部危机。(2)剩余价值实现危机。第一种金融危机也属于这一范畴，虽然这类危机产生的原因是多样的，但最关键的则是生产过剩和有支付能力的消费不足，它是其他原因的基础，用马克思的话说："一切现实的危机的最后原因，总是群众的贫穷和他们的消费受到限制。"①(3)独立发生的金融危机，即在尚未出现生产过剩的条件下，由信用的盲目发展引发的危机。不过，在马克思看来，不论哪种危机，归根结底，都根源于资本主义生产关系，即资本本身。只要资本主义生产方式存在，金融危机和经济危机就不可避免。就此而言，资本主义危机的最终根源，并不在于是否存在国家监管，而是在于资本本身。

---

　　① 《马克思恩格斯全集》，中文 2 版，第 46 卷，人民出版社 2003 年版，第 548 页。

　　到了这里，问题并没有结束。首先，马克思的危机理论能否解释这次危机呢？英国经济学家拉帕维查斯指出，这场危机显然"不同于马克思所分析的 19 世纪的那些危机……传统上，银行借钱给生产性的企业，而银行的利润是生产之中产生的剩余价值中以利息支付给它们的那一部分……它们日益进入与价值和剩余价值生产并无直接联系的领域……很明显，这不同于经典的马克思主义分析所描述的那个机制，即资本主义企业借钱过度扩张生产，无力售出其产品，因而无法偿还其欠下银行和其他机构的债务。这些企业进而被迫缩减其产出，甚至可能破产。目前的这次危机具有不同的机制。它对真实经济将造成影响，但影响的路径将会非同寻常"①。换言之，在拉氏看来，这次危机并不是由生产过剩和有支付能力的消费不足引起的，而是由过度借贷消费引起的。因此，他认为，马克思的危机理论在一定程度上不适用于这次危机。实际上并非如此：如果说在以前的危机中，生产过剩和有效需求不足是以显性的方式表现出来的，那么，这次则是隐藏在背后的，大部分中下阶层的人群之所以会过度借贷消费，原因恰恰在于他们的支付能力不足，否则，也没有必要通过次贷或抵押贷款的方式来满足自己的需求了。更重要的是，借贷市场之所以会迅速膨胀，国家监管的松懈自然是其中原因之一，更为根本的原因还是资本无限制地追逐利润的逻辑。从这个角度而言，这次危机不仅不是对马克思危机理论的证伪，而是再次证明了后者的当代生命力。

----

　　① ［英］拉帕维查斯：《次贷危机与当代资本主义危机的新特征》，《国外理论动态》2008 年第 7 期。

其次，如何理解他们所谓的"回到政治经济学"的主张？这与"回到政治经济学批判"存在何种区别？从政治立场来看，虽然他们反对新自由主义，主张国家干预，但在最终立场上，却是与后者内在一致的：他们决不是要推翻资本主义，而是希望通过切实有效的措施，来完善当前资本主义制度。因此，他们所要回到的政治经济学与马克思的批判的、革命的政治经济学存在本质区别。此外，他们虽然也认为资本的本质是追逐利润，也公开批判资本，但他们对资本的理解却不同于马克思：前者将资本理解为一种物，是一种典型的资本拜物教，而后者则把资本理解为一种关系和增殖过程；前者是一种现象层面的经验研究，后者则是一种以阶级利益为轴心的本质批判。这是两种完全不同的理论范式。因此，若要揭示资本主义危机爆发的内在根源，单纯从国家干预的"政治经济学"出发，将其归咎于新自由主义，是远远不够的，相反，必须透过外在现象，深层把握内在本质，通过资本矛盾的当代运动和发展，来揭示和论证资本主义危机的必然性。而要做到这一点，就必须回到马克思意义上的政治经济学批判。

最后，如何理解马克思的政治经济学批判与当代西方左派激进政治经济学的关系？新自由主义和干预主义实际上是西方主流经济学内部的两个派别，他们都以完善资本主义制度为己任，除此之外，还存在一条激进的政治经济学批判线索，如莫里斯·多布、保罗·斯威齐、保罗·巴兰、马格多夫、霍华德·谢尔曼、曼德尔等。这一流派的特点在于，他们始终坚持马克思的政治经济学批判思路，认为经济危机是资本主义矛盾发展的必然结果，单纯停留在资本主义内部，是克服不了危机的，只有通过社会革命，推翻资本主义，才能真正克服危机问题。因此，他们更加注重通过资本主义经济矛盾的分析来展开资本主义批判，而不是像西方马克思主义那样单纯停留在文化批判层面上，过分夸大了资本的文化霸权功能。但他们的缺陷在于，大部分都认为，《资本论》是与自由竞争资本主义相适应的，随着当代资本主义的不断发展，《资本论》已经失去既有的效力，必须结合当代资本主义的最新变化来重新建构马克思的政治经济学批判。比如，巴兰和斯威齐公开放弃马克思的剩余价值理论，提出了经济剩余概念，用经济剩余的不断增长与吸收困难之间的矛盾，代替了资本与雇佣劳动之间的矛盾，由生产范式走向了外在流通，提出了无产阶级消亡论和贫苦大众的世界革命论。再比如曼德尔，他认为，《资本论》已无法解释晚期资本主义的发展机制，为了弥补《资本论》的缺陷，他引入了"六大自主变量"来诠释"晚期资本主义"的运行逻辑；虽然他力图基于一般利润率下降规律来论证资本主义灭亡的必然性，但面对晚期资本主义生产力快速发展和经济增长的现实，他又不得不退回到资本主义生产力对人和自然界的双重破坏的道德立场上来。而法国调节学派更是从资本逻辑退回到货币逻辑，将雇佣劳动与资本之间的矛盾，诠释为劳动与工资之间的矛盾，进而主张通过调节范式来补充马克思的政治经济学批判。① 面对这些趋向，我们不禁要问，马克思的资本批判理论真的已经过时了吗？如何才能更好地推进当代资本主义批判理论呢？我认为，要做到这一点，就必须从外在矛盾的批判，回到资本批判的主题上来，透过资本矛盾的当代发展和演变，揭示当代资本主义的

---

① 关于这一问题的分析，请参见唐正东等：《经济哲学视域中的当代资本主义批判理论》，江苏人民出版社 2009 年版。

发展机制及其内在界限，从而为社会变革提供有力支撑。就此而言，当代西方左派激进政治经济学虽然坚持了马克思的政治立场，但在本质层面上却放弃了政治经济学批判的核心，即资本批判。唯有回到以资本批判为核心的政治经济学批判，才能使当代西方左派激进政治经济学再次焕发新生。

四、回到政治经济学批判是发展当代中国马克思主义的内在要求

恩格斯指出，政治经济学可以分为两个层次：一是狭义政治经济学，它主要是研究资本主义生产方式以及与它相适应的分配和交换形式的科学。作为这样一种学科，政治经济学决不是从来就有的，而是近代市民社会发展的历史产物，这也是马克思所批判的一种政治经济学。二是广义政治经济学，即"研究人类社会中支配物质生活资料的生产和交换的规律的科学"①，或"研究人类各种社会进行生产和交换并相应地进行产品分配的条件和形式的科学"②。不过，在恩格斯看来，这种广义的政治经济学尚未产生。此外，在《哥达纲领批判》中，马克思也曾指出，在后资本主义的社会主义阶段，产品的生产、分配、交换和消费依然是政治经济学研究的重要内容。然而，由于时代条件限制，在他们那个年代，社会主义并没有成为现实，而与社会主义相适应的政治经济学也没有真正建立起来。

---

① 《马克思恩格斯全集》，中文 1 版，第 20 卷，人民出版社 1971 年版，第 160 页。
② 同上书，第 163 页。

随着"十月革命"的胜利，社会主义最终由一门学说变成了一种现实，实现了科学社会主义的第二次飞跃，从而为社会主义政治经济学的发展提供了实践基础。然而，由于多方面的原因，苏联并没有真正处理好这个问题，如习近平同志指出："实际上，怎样治理社会主义社会这样全新的社会，在以往的世界社会主义中没有解决得很好。马克思、恩格斯没有遇到全面治理一个社会主义国家的实践，他们关于未来社会的原理很多是预测性的；列宁在俄国十月革命后不久就过世了，没来得及深入探索这个问题；苏联在这个问题上进行了探索，取得了一些实践经验，但也犯下了严重错误，没有解决这个问题。"①新中国成立以后，我党在不同历史时期，对马克思主义政治经济学做出了创造性发展，特别是改革开放以来，我们党把马克思主义政治经济学原理同我国新时期的历史实践结合起来，进一步丰富和发展了马克思主义政治经济学，形成了具有中国特色的马克思主义政治经济学体系，开创了马克思主义政治经济学的新篇章。当前我国改革已进入深水区，如何"立足我国国情和我国发展实践，揭示新特点新规律，提炼和总结我国经济发展实践的规律性成果，把实践经验上升为系统化的经济学说，不断开拓当代中国马克思主义政治经济学新境界"②，就是一项具有重大战略意义的理论和实践课题。

那么，在这一过程中，政治经济学批判能够发挥何种作用呢？

① 习近平：《切实把思想统一到党的十八届三中全会精神上来》，《习近平谈治国理政》第1卷，外文出版社2014年版，第91页。

② 《立足我国国情和我国发展实践 发展当代中国马克思主义政治经济学》，《人民日报》2015年12月25日第1版。

　　首先，政治经济学批判是把握中国经济问题的重要方法。习近平同志指出："当代中国的伟大社会变革，不是简单延续我国历史文化的母版，不是简单套用马克思主义经典作家设想的模板，不是其他国家社会主义实践的再版，也不是国外现代化发展的翻版，不可能找到现成的教科书。我国哲学社会科学应该以我们正在做的事情为中心，从我国改革发展的实践中挖掘新材料、发现新问题、提出新观点、构建新理论……提炼出有学理性的新理论，概括出有规律性的新实践。"[①] 因此，在这一过程中，立足中国国情，扎根中国实践，是发展当代中国马克思主义政治经济学的根本。那么，如何理解和把握当代中国的经济发展实践呢？必须坚持马克思主义政治经济学的基本原理和方法论，而政治经济学批判恰恰是这一方法的集中体现。它意味着，一方面，在分析事物时，必须透过层层现象，深层把握现象背后的内在本质，实现对经济运动过程的科学解剖；另一方面，依据抽象上升到具体的原则，澄清外在现象与内在本质的辩证关系，准确揭示外在现象的生成过程，实现对经济运动过程的全方位理解。从这个角度来说，政治经济学批判是把握中国经济问题，发展当代中国马克思主义政治经济学的方法论前提。习近平同志强调道："面对极其复杂的国内外经济形势，面对纷繁多样的经济现象，学习马克思主义政治经济学基本原理和方法论，有利于我们掌握科学的经济分析方法，认识经济运动过程，把握社会经济发展规律，提高驾驭社会主义市场经济能力，更好回答我国经济发展的理论和实践问题，提

[①] 习近平：《在哲学社会科学座谈会上的讲话》，《人民日报》2016 年 5 月 19 日第 2 版。

高领导我国经济发展能力和水平。"①

　　其次，政治经济学批判是准确把握当代资本主义政治经济运行机制，深入推进和发展当代中国马克思主义政治经济学的必然要求。在马克思恩格斯看来，社会主义本身是无产阶级革命胜利之后的结果，是以资本主义的彻底覆灭为前提条件的。而当前我国正处于社会主义初级阶段，离马克思恩格斯所预想的后资本主义的社会主义阶段还有一定的距离。更为重要的是，当前资本主义依然是世界体系的轴心。因此，在经济日益一体化的今天，要发展当代中国马克思主义政治经济学，立足中国实践固然是根本，但决不能忽视对当代资本主义政治、经济的批判性研究，因为后者不仅能够为发展当代中国马克思主义政治经济学提供有利支撑，而且也能为后发国家有效规避当代资本主义的发展陷阱，提供有益借鉴。综观当代资本主义发展历程，可以发现，虽然它们依然具有强大的政治经济优势，但它们的问题也日益突出，比如贫富差距、生态危机、经济危机、政治危机等。因此，如何认识当代资本主义政治经济发展的弊端，把握当代资本主义的运行机制，总结经验教训，有效规避当代资本主义的发展陷阱，不仅是发展当代中国马克思主义政治经济学的客观要求，而且也是实现我国经济平稳、健康发展的内在需要。那么，如何做到这一点呢？上述分析已清楚表明，由于各自缺陷，西方主流经济学、西方马克思主义的文化批判路径，以及当代西方左派政治哲学和激进政治经济学，并不能深入到资本主义的内在本质之中，实现对

---

　　① 《立足我国国情和我国发展实践 发展当代中国马克思主义政治经济学》，《人民日报》2015 年 12 月 25 日第 1 版。

当代资本主义运行机制的科学解剖，而要做到这一点，就必须回到政治经济学批判。"有人说，马克思主义政治经济学过时了，《资本论》过时了。这个说法是武断的。远的不说，就从国际金融危机看，许多西方国家经济持续低迷、两极分化加剧、社会矛盾加深，说明资本主义固有的生产社会化和生产资料私人占有之间的矛盾依然存在，但表现形式、存在特点有所不同。国际金融危机发生后，不少西方学者也在重新研究马克思主义政治经济学、研究《资本论》，借以反思资本主义的弊端。"[1]这表明，只要资本主义存在，马克思的《资本论》及其所依托的政治经济学批判，就依然具有不可替代的当代价值。如果说无产阶级政治经济学是在批判资本主义的基础上发展起来的，那么，在资本主义依然活跃的今天，政治经济学批判必然是我们全面批判当代资本主义的锐利武器。

最后，回到政治经济学批判是建构和发展当代中国马克思主义理论体系的必然要求。习近平同志指出："这是一个需要理论而且一定能够产生理论的时代，这是一个需要思想而且一定能够产生思想的时代。"[2]只有真正回应时代问题，把握历史发展的脉搏，才能真正推动理论创新。而作为一种开放的理论体系，马克思主义也只有不断地与新的历史实践结合起来，才能永葆生机，获得持久的生命力。自上世纪 90 年代，特别是进入新世纪以来，国际国内局势发生了重大变化，如何顺应时代发展趋势，全面系统地把握马克思主义的内在精髓，建构具有中国特色的马克思主义叙事逻辑和话语体系，已成为当前国内学者的共同使命。

---

[1]　习近平：《在哲学社会科学座谈会上的讲话》，《人民日报》2016 年 5 月 19 日第 2 版。

[2]　同上。

也是在此背景下，国内学界再次掀起了一场研读《资本论》的理论热潮。经过多年的辛勤耕耘，国内学者已充分认识到，《资本论》既不是单纯的经济学著作，也不是单纯的哲学著作，而是历史唯物主义、政治经济学批判与科学社会主义有机融合的整体。唯有打破传统框架，坚持哲学与政治经济学批判的联盟，才能真正把握《资本论》的精髓及其当代价值。也是在此背景下，国内学者提出了"回归政治经济学批判"①的口号，这在一定程度上也反映了当前国内学界的共同呼唤。

五、建构和发展 21 世纪的政治经济学批判

习近平同志指出："有人说，马克思主义政治经济学过时了，《资本论》过时了。这个说法是武断的。远的不说，就从国际金融危机看，许多西方国家经济持续低迷、两极分化加剧、社会矛盾加深，说明资本主义固有的生产社会化和生产资料私人占有之间的矛盾依然存在，但表现形式、存在特点有所不同。国际金融危机发生后，不少西方学者也在重新研究马克思主义政治经济学、研究《资本论》，借以反思资本主义的弊端。"②因此，如何结合当代资本主义的结构性危机，全面揭示《资本论》的当代生命力，并在此基础上，系统总结和继承《资本论》的理论遗产，深入推进和发展 21 世纪的政治经济学批判，就是时代赋予我们的一项重大而又光荣的历史使命。

20 世纪 70 年代以来，特别是随着欧美国家的自由主义转向，当代

---

① 陈学明：《回归政治经济学批判》，《哲学动态》2014 年第 9 期。

② 习近平：《在哲学社会科学工作座谈会上的讲话》，《人民日报》2016 年 5 月 19 日002 版。

资本主义发生了重大变化，如何认识这一阶段的发展特质，建构更具特色的社会批判理论，就成为当代西方左派面临的首要任务。他们分别从分配、消费、空间、生态、性别、种族、生命政治、意识形态等方面做出了重要探索，形成了一系列具有重要影响的学术流派，在当代西方学界产生了重要影响。但必须看到，第一，它们的这种探讨还存在明显不足。实际上，上述诸领域的变化完全是资本积累方式转型的内在结果，单纯从某一视角出发，的确能够为我们理解当代资本主义新变化，提供重要启示；但仅仅停留在这一层面上，还远远不够，根本无法揭示当代资本主义的运行机制。第二，当它们基于自己的理论分析，提出了相应的实践策略时，恰恰中了新自由主义的圈套。它们认为，今天，真正能够承担起历史使命的不再是马克思意义上的工人阶级，而是多样化的大众或少数边缘化的弱势群体，结果，传统的阶级范式遭到解构，政治立场日益多元化、碎片化。就此而言，与其说，这是一种理论上的重要突破，倒不如说，是它们阶级立场的一次重大退却；与其说，是一种激进的实践运动，倒不如说，是它们在新自由主义的侵蚀下所做的一种策略调整。第三，虽然当代西方左派呈繁荣发展之势，但在整体上却日益学院化，越来越脱离底层民众，实践效果日益式微。而特朗普的上台，也预示了它们的斗争策略即多元民主、大众自治或多元文化主义在理论和实践上的双重破产。

面对这种困境，哈维和齐泽克分别做出了诊断，认为要拯救当代西方左派，就必须在理论上回到资本逻辑批判，在政治上，回归阶级范式。我认为，这一判断是准确的。然而，令人遗憾的是，究竟如何实现这种理论和实践转向，他们并没有给出切实可行的方案。我认为，今天，我们必须沿着马克思所开创的政治经济学批判之路继续前进，全面、系统深化对当代资本逻辑的研究。

第一，必须坚持政治经济学批判的工艺学前提，站在时代发展的制高点上，深刻揭示当代资本主义生产力发展的最新形式。政治经济学研究的是阶级与阶级之间的关系，但在不同的生产力形式下，这种关系具有不同的表现形式。在《资本论》中，马克思依据生产力的发展形式，将相对剩余价值生产区分为三种类型：协作、分工和机器大生产，并依据三种形式，逐一分析了不同阶段阶级关系的内在表现。这意味着，我们不能笼统地谈论资本逻辑批判，必须结合当代生产力的发展形式，历史地、具体地建构政治经济学批判。不论是泰勒制－福特制－后福特制的划分机制，还是弹性生产或工业革命范式，在一定程度上，都较为清晰地反映了当代资本主义生产机制的演变，特别是随着发达国家再工业化浪潮的兴起，智能生产已成为全球发展的主导趋势，我们必须站在这一高度来重新审视和建构 21 世纪的资本逻辑批判理论。

第二，必须坚持政治经济学批判的关系维度，全面深化对当代资本主义生产过程的研究。资本主义生产的智能化转向意味着什么？首先，从最直接层面来看，意味着自动化生产的完成。马克思当年曾预测，随着机器体系的普遍运用，以体力劳动为主导的劳动形式将会逐渐被排斥在生产过程之外，实现劳动过程与生产过程的有效分离，可以说，智能化生产的出现意味着这一过程的完成。其次，意味着一般智力生产已成为资本支配的对象。马克思当年只是分析了资本对科学知识的吸纳过程，并没有分析资本对一般智力生产的渗透过程（用马克思的话来说，即"科学根本不费资本家'分文'，但这丝毫不妨碍他们去利用科学"）。

不过，他却清楚地预测到，随着资本主义生产的发展，资本必然会将自己的触角伸到知识生产过程之中，实现对一般智力的渗透和支配，将发明转化为一种资本化的职业。可以说，到了今天，这一判断已经成为现实。除了政府、学校等公共部门外，资本化的大公司已经实现了对知识和技术生产的渗透。再次，这意味着商品形态和劳动力的转型。马克思当年认为，资本主义财富表现为庞大的商品堆积，资本正是通过对劳动力的无偿占有，完成了商品生产和剩余价值的生产过程，最终实现了资本主义生产关系的再生产。而今天，商品不再单纯表现为有形的物质产品，还表现为以知识或信息等为代表的无形产品；同样，剩余价值的生产不仅表现在有形商品的生产之中，还表现在知识、信息商品的生产之中。这种商品形态的转型，重塑了劳动力的内在特征，使脑力劳动者从属于资本的统治。以此来看，资本主义生产的智能化转向，表明一般智力和物质生产过程已全面沦为资本的统治对象。

　　第三，必须坚持和发展马克思的劳动价值论，深化对当代资本主义生产关系的研究。当代西方学者认为，资本主义生产的智能化转向，意味着马克思的劳动价值论已经走到了尽头，因为在自动化工厂中，马克思意义上的劳动已经不存在了，而所谓劳动创造剩余价值的学说也已经被彻底证伪了。实际上，这是站不住脚的。在《资本论》中，马克思指出，具体劳动只生产商品的使用价值，它可以通过对象化的机器体系来代替；而作为价值实体的劳动则是去除一切质性差异的抽象劳动，因此，即使直接劳动全部退出了生产过程，也不能从逻辑上得出劳动价值论的失效。更为重要的是，自动化生产本身是以一般智力生产为前提的，在此背景下，整个资本主义生产系统已经转化为一种更为复杂的生产体系，包括一般智力生产系统——智能体系生产系统——有形商品生产系统等，其中，每一个环节都包含着剩余价值的生产或转移。我们就以资本主导下的知识生产为例，来说明这一问题。作为商品，知识以及生产知识的劳动同样具有二重性：生产使用价值的是一种不同于传统劳动的非物质劳动；而形成价值的则是去除一切质性规定的抽象劳动。换言之，作为商品，知识的价值并不是由直接形式的非物质劳动创造的，而是取决于整个社会生产这种商品的社会必要劳动。为了生产这种商品，资本必须在市场上找到满足这种商品生产条件的高素质劳动力，也正是在劳动过程中，后者不仅生产出自己的工资，同时也创造出了一个额外的剩余价值，使知识成一种商品资本，并在后续的生产系统中，逐步实现剩余价值的转移或再创造。从这个角度而言，马克思的劳动价值论不仅没有过时，反而是我们理解当代资本主义知识生产过程的一把钥匙。这也表明，今天，资本对劳动力的支配，已不单纯是传统意义上的身体规训（体力劳动），而是已经渗透到人的智力、灵魂乃至整个生命之中，这正是当代西方左派所强调的生命政治批判理论。由此来看，只有从政治经济学批判出发，才能准确理解生命政治理论的科学内涵，妄图用后者来取代前者，恰恰就本末倒置了。而一般智力生产的复杂化和专业化，必然催生劳动力的技能化，从而在劳动者内部形成一种更加稳定的等级制（脑力劳动—体力劳动以及脑力劳动者内部的等级制），这正是当代西方左派鼓吹"工人阶级消亡论"的重要原因。

最后，必须坚持政治经济学批判的总体性要求，实现对当代资本主义总生产过程的研究。在马克思看来，政治经济学批判不只是对资产阶级政治经济学说的批判，更是对资本主义政治、经济现实本身的总体性批判。这就意味着，单纯研究资本主义生产过程还远远不够，必须将流通、分配、消费纳入到考察范围，实现对当代资本主义总生产过程的全面剖析，深入揭示资本对整个社会的殖民过程，特别是商业资本、金融资本、信用资本等在现代社会中的最新发展，以及土地和房地产成为商品之后的社会效应，并在此基础上，实现对资产阶级意识形态的全面批判。唯有如此，才能真正为阶级范式的回归提供客观基础。

基于上述分析，我认为，不论是当代西方左派还是皮凯蒂的《21世纪资本论》，都没有完成这一任务。作为世界马克思主义理论的研究中心和大国，我们有责任也有义务承担起这一历史使命，真正为发展21世纪马克思主义做出有益探索。

六、《资本论》与当代中国马克思主义学术话语体系的创新

自《资本论》第1卷出版至今，已走过了150多个年头。它在西方的命运浮沉，在一定程度上深刻反映了当代资本主义的发展变迁和马克思主义研究的逻辑演变。进入21世纪，特别是金融危机爆发以来，《资本论》研究呈复兴之势，逐渐凸显为当前国内马克思主义研究的焦点话题。站在时代发展的今天，我们如何基于中国实践，从理论和现实双重维度出发，系统反思150多年来《资本论》研究的理论得失，建构具有中国特色的《资本论》研究体系，不断开拓当代中国马克思主义研究的新境界，就具有至关重要的学术价值和现实意义。

第一，凸显中国立场，构建中国特色的《资本论》文献学研究体系。到目前为止，《马克思恩格斯全集》历史考证版（MEGA2）第二部分"《资本论》及其手稿卷"已经全部出齐，这为国内外学界全面深化对《资本论》

的形成史研究提供了坚实的文献支撑。然而，也出现了一些值得警惕的现象。第一，解构主义倾向。在 MEGA2 编委看来，最终定稿的《资本论》第2、第3卷并不是马克思的原初思想，而是经过恩格斯整理、编辑、修订后的思想，因而主张去除恩格斯的编辑痕迹，结果，原本作为艺术整体的《资本论》被肢解为各自独立的"手稿片断"，解构了《资本论》存在的合法性。第二，重新制造了"马克思恩格斯对立论"的新形态。在西方马克思主义那里，"马克思恩格斯对立论"往往表现为历史辩证法与自然辩证法的对立，而西方"马克思学"则将其转化为两种世界观或哲学原则的对立，但如论如何，这种对立仍表现在哲学内部。然而，在MEGA2 的影响下，这种对立被扩展到经济学领域，引发了两种不同的政治经济学批判原则的对立。第三，文本关系研究的新动向。在传统视域中，研究者往往把《资本论》及其手稿视为内在一贯的、同质化的思想体系，这种做法在一定程度上过分强化了它们之间的思想连续性，忽视了它们的思想差异。然而，在 MEGA2 的影响下，现在又出现了另一种相反倾向，即有意识地制造手稿与《资本论》之间的思想断裂，过分抬高前者，贬低后者，甚至将它们对立起来。在当前国外学界，这三种趋向愈发明显，如何有效回应这些问题，就是摆在中国马克思主义研究者面前的一项重要任务。

经过多年的辛勤耕耘，在这些问题上，我国学界已取得了一些重要进展，形成了一批具有显示度的研究成果。然而，不得不承认，我们在总体上并没有突破西方文献学的研究范式，致使一些学者缺乏明晰的判断能力，试图将西方"马克思学"或 MEGA2 作为范本来指导我国《资本论》文献学研究，忽视了背后的意识形态导向。实际上，文献学研究只是马克思主义理论研究的一项基础工作，它虽能为思想史研究提供有力支撑，但它本身并不能代替思想史研究。因此，在推进文献学研究的过程中，我们必须坚持马克思主义基本原则，既要反对传统的解读模式，也要反对西方"马克思学"和 MEGA2 的解构主义倾向，从中国立场出发，建构一套具有中国特色的《资本论》文献学研究体系，全面梳理《资本论》的形成史，系统揭示《资本论》各个版本之间、刊行本与手稿之间、各个手稿之间的差别与联系，全面回应当代西方学者打着文献学研究或"价值中立"的旗号，制造出来的各种"断裂说"或"对立论"，为新时期的《资本论》研究提供坚实的文献支撑和方法论依据。

第二，强化中国问题，建构《资本论》研究的当代中国范式。回顾 150 多年的发展历程，可以发现，在西方学界，《资本论》的形象经历了重大转变：首先，原来被誉为"工人阶级圣经"的《资本论》，现在则被理解为一种失效的政治范式，它所包含的阶级斗争理论和政治旨趣遭到全面解构。其次，原本作为总体范式的《资本论》逐渐被分化，或被理解为单纯的经济学著作，或被视为唯物史观在经济学领域中的具体运用，形成了哲学、政治经济学与科学社会主义相互分裂的现状格局。再次，《资本论》的科学价值遭到解构，被理解为古典政治经济学和黑格尔形而上学的近代残余。在此背景下，我们如何回应西方学者对《资本论》的批判和质疑，全面深化对《资本论》的思想研究，建构具有中国特色的《资本论》研究范式，就是当务之急。

首先，必须强化中国问题意识，建构《资本论》研究的中国学派。随着我国改革开放和社会现实的深入发展，中国学者已清楚地意识到，我国马克思主义研究既不能固守传统的研究范式，也不能照搬照抄国外模式，必须以中国问题为中心，"从我国改革发展的实践中挖掘新材料、发现新问题、提出新观点、构建新理论……提炼出有学理性的新理论，概括出有规律性的新实践"，形成独立自主的学术话语体系和叙事逻辑，构建《资本论》研究的中国学派。其次，必须坚持高度自觉的方法论，全面深化对《资本论》的整体性研究。《资本论》在本质上是历史唯物主义、政治经济学批判与科学社会主义的内在统一，新时期我们必须坚持这种整体性范式，全面深化对《资本论》的理论研究，开创中国《资本论》研究的新局面。再次，必须建构独特的思想史叙事逻辑，全面深化对《资本论》的理解史研究。任何一种解读模式都是特定时代的产物。我们应当基于当代中国语境，全景式地梳理第二国际、苏联、西方马克思主义、西方左派经济学和资产阶级对《资本论》的研究，客观评估它们的理论得失，建构中国特色的思想史叙事逻辑。最后，坚定理论自信，总结概括我国《资本论》研究的理论成就与特色，深入挖掘中国范式的世界历史意义，提升我国《资本论》研究的国际话语权。

第三，打造中国方案，为发展21世纪资本论贡献中国智慧。如何认识当代资本主义的发展变化，建构更具时代特征的当代资本主义批判理论，就是摆在当代西方左派面前的一项重要任务，其中，如何理解《资本论》的当代价值，就是他们首先必须回答的问题。有些西方学者认为，《资本论》是与自由竞争资本主义相适应的，它根本无法解释当代资本主义的发展变化，因而主张彻底抛弃《资本论》，重写21世纪的资本论，法国学者皮凯蒂就是典型代表；还有一些学者认为，《资本论》依然具有重要的当代生命力，并从不同视角出发，建构了一系列富有特色的当代资本主义批判理论。必须承认，这些理论具有重要的学术价值，能够为我们深化对当代资本主义的认知提供重要借鉴，但也必须看到，这些建构还存在明显不足。毋庸置疑，资本依然是当代资本主义的主导霸权，资本批判依然是政治经济学批判的核心任务，虽然他们从不同视角揭示了资本逻辑的当代发展，但不得不承认，他们并没有从根本上揭示 21 世纪资本逻辑的运行机制，更无法为我们解剖当代资本主义的生理机制提供科学指南。从这个角度而言，不论是皮凯蒂还是当代西方左派，他们并没有完成建构和发展 21 世纪资本论的时代任务。在这方面，中国学者应当勇于担当，积极贡献中国智慧，为发展 21 世纪资本论提供中国方案。

一方面，应当立足于当代中国的伟大实践，实现对《资本论》的创造性继承和发展。习近平总书记指出，当代中国的伟大社会变革，不是简单延续我国历史文化的母版，不是简单套用马克思主义经典作家设想的模板，不是其他国家社会主义实践的再版，也不是国外现代化发展的翻版，不可能找到现成的教科书，我们必须立足我国国情和我国发展实践，揭示新特点新规律，提炼和总结我国经济发展实践的规律性成果，把实践经验上升为系统化的经济学说，不断开拓当代中国马克思主义政治经济学新境界，实现从批判性维度到建设性维度、从资本主义的政治经济学批判到当代中国社会主义政治经济学的创造性转化，为发展 21 世纪马克思主义贡献中国智慧。另一方面，要沿着马克思所开创的政治经济学批判道路，站在当代资本主义发展的制高点上，实现对当代资本主义生产、分配、交换、消费过程的全景式研究，系统剖析资本对当代社会的渗透和殖民过程，全面揭示 21 世纪资本逻辑运转的总体机制，建构和发展 21 世纪的政治经济学批判，真正在实践中坚持和发展《资本论》。

参考文献

一、外文文献

英文文献

1. Aglietta, Michel. *A Theory of Capitalist Regulation*. trans. , David Fernbach. London: NLB, 1979

2. Babbage, Charles. *The Economy of Machinery and Manufactures*. London: Cambridge University Press, 2009

3. Baudrillard, Jean. *For a Critique of the Political Economy of the Sign*. trans. , Charles Levin. St. Louis: Telos Press, 1981

4. Carver, Terrell. *Marx and Engels: The Intellectual Relationship*. Bloomington: Indiana University Press, 1983

5. Cleaver, Harry. *Reading Capital Politically*. Leeds: Antitheses, 2000

6. Cohen, G. A.. *If You're an Egalitarian, How Come You're so Rich?* Cambridge: Harvard University Press, 2000

7. Colletti, Lucio. *Marxism and Hegel*. London: NLB, 1973

8. Della Volpe, Galvano. *Logic as a Positive Science*. London:

NLB, 1980

9. Frank, Andre. *Reorient-Global Economy in the Asian Age*. Berkeley and Los Angeles: University of California Press, 1998

10. Giddens, Anthony. *A Contemporary Critique of Historical Materialism*, Berkeley and Los Angeles: University of California Press, 1981

11. Gorz, André. *A Farewell to the Working Class*. London and Sydney: Pluto Press, 1997

12. Hardt, Michael and Negri, Antonio. *Labor of Dionysus: A Critique of the State-Form*. Minneapolis and London: University of Minnesota Press, 1994

13. Hardt, Michael and Negri, Antonio. *Commonwealth*, Cambridge, Massachusetts: The Belknap Press of Harvard University Press, 2009

14. Hardt, Michael and Negri, Antonio. *Multitude*. New York: The Penguin Press, 2004

15. Harvey, David. *The Limits to Capital*. Basil Blackwell, 1982

16. Harvey, David. "Consolidating Power", *Roar Magazine*, Winter 2015

17. Heinrich, Michael. "The 'Fragment on Machines': A Marxian Misconception in the *Grundrisse* and its Overcoming in *Capital*", *In Marx's Laboratory: Critical Interpretations of the Grundrisse*. ed. Riccardo Bellofiore, GuidoStarosta and Peter D. Thomas, Leiden/Boston: Brill, 2013

18. Hunt, Geoffrey. "The Development of the Concept of Civil Society in Marx". in *Socialism: Critical Concepts in Political Science*. edited by Jeremy Jennings. London: Routledge, 2003

19. Lefebvre, Henri. *The Production of Space*. trans., Donald Nicholson-Smith. Oxford: Blackwell Ltd, 1991

20. Lefebvre, Herri. *The Survival of Capitalism*. London: Allison & Busby, 1978

21. Lemke, Thomas. *Biopolitics: An Advanced Introduction*, New York, 2011

22. Lipietz, Alain. *Mirages and Miracles: The Crises of Global Fordism*. London: Verso, 1987

23. Lipietz, Alain. *The Enchanted World: Inflation, Credit and the World Crisis*. Trans., Ian Patterson. London: Verso, 1985

24. Lovell, David. *Marx's Proletariat: the Making of a Myth*. London: Routledge, 1988

25. Lukács, Georg. *The Young Hegel: Studies in the Relations between Dialectics and Economics*. London: Merlin Press, 1975

26. Meek, Ronald. *Studies in the Labour Theory of Value*. London: Lawrence & Wishart, 1979

27. Moulier-Boutang, Yann. *Cognitive Capitalism*. Cambridge: Polity Press, 2012

28. Negri, Antonio. *Reflection on Empire*, Cambridge: Polity Press, 2008

29. Piperno, Franco. "Technological Innovation and Sentimental Educa-

tion", in *Radical Thought in Italy: A Potential Politics*. ed. Paolo Virno, Michael Hardt, Minneapolis: University of Minnesota Press, 1996

30. Postone, Moishe. "Rethinking Marx's Critical Theory", in *History and Heteronomy*. Japan: UTCP, 2009

31. Postone, Moishe. *Time, Labor and Social Domination: A Reinterpretation of Marx's Critical Theory*. New York: Cambridge University Press, 1993

32. Starosta, Guido. "The System of Machinery and Determinations of Revolutionary Subjectivity in the *Grundrisse* and *Capital*", In *Marx's Laboratory : Critical Interpretations of the Grundrisse*. ed. Riccardo Bellofiore, GuidoStarosta and Peter D. Thomas, Leiden/Boston: Brill, 2013

33. Tronti, Mario. "Our Operaismo", *New Left Review*, January-February, 2012.

34. Ure, Andrew. *The Philosophy of Manufactures*. London: Charles Knight, 1835

35. Virno, Paolo. *The Grammar of Multitude*. Los Angeles/New York: Semiotext[e], 2004

36. Virno, Paolo. "Notes on General Intellect", *Marxism beyond Marxism*. ed. Saree Makdisi, Cesare Casarino and Rebecca E. Karl, New York: Routledge, 1996

37. Watson, James. "Karl Korsch: Development and Dialectic". *Phi-

losophy Social Criticism, 1981(8)

38. Žižek, Slavoj. *Living in the End Times*. London and New York: Verso, 2010

德文文献

1. Grab, Walter. *Ein Mann der Marx Ideen gab: Wilhelm Schulz*, Düsseldorf, 1979, S. 211

2. Haug, Wolfgang Fritz. *Das "Kapital" lesen - aber wie?: Materialien zur Philosophie und Epistemologie der marxschen Kapitalismuskritik*, Hamburg: Argument, 2013

3. Hecker, Rolf. "Die Entstehungs-, Überlieferungs- und Editionsgeschichte der ökonomischen Manuskripte und des Kapital", in: *Kapital. doc*, Hg. Elmar Altvater u. a. , Münster: Westfälisches Dampfboot, 1999. Thomas Marxhausen. "Kapital-Editionen " in: *Historisch-kritisches Wörterbuch des Marxismus*, Bd. 7/I, Hamburg: Argument, 2008

4. Heinrich, Michael. *Kritik der politischen Ökonomie: eine Einführung*, Stuttgart: Schmetterling, 2004

5. Heinrich, Michael. *Wie das Marxsche "Kapital" lesen? : Leseanleitung und Kommentar zum Anfang des "Kapital"*, Stuttgart: Schmetterling, 2008

6. Kurz, Robert. *Geld ohne Wert. Grundrisse zu einer Transformation der Kritik der politischen Ökonomie*, Berlin: Horlemann, 2012

7. Kurz, Robert. *Marx lesen. Die wichtigsten Texte von Karl Marx*

für das 21. Jahrhundert，Frankfurt a. M.：Eichborn，2000

8. *Marx-Engels-Gesamtausgabe*，Ⅱ/6，Berlin：Dietz，1987，S. 72

9. Wolf，Dieter. *Der dialektische Widerspruch im Kapital：ein Beitrag zur Marxschen Werttheorie*，Hamburg：VSA，2002

10. Wolf，Dieter. *Zur Konfusion des Wertbegriffs：Beiträge zur "Kapital"-Diskussion*，Berlin：Argument，2004

11. Vollgraf，Carl-Erich. "Marx erstmals veröffentlichte Manuskripte zum 2. und 3. Buch des. Kapitals' von 1867/68 im MEGA-Band Ⅱ/4. 3. Zu neuralgischen Punkten in der Ausarbeitung des,Kapitals'", in：*Beiträge zur Marx-Engels Forschung Neue Folge* 2010，Hamburg：Argument，2011，S. 77ff. , Einführung ", in：*Marx-Engels-Gesamtausgabe*，Ⅱ/4. 3，Apparat，Berlin：Akademie，2012

12. Schulz，Wilhelm. *Die Bewegung der Production*，Zürich，1843

13. Stützle，Ingo. "Marx' innerer Monolog：Vor 150 Jahren schrieb Karl Marx die ,Grundrisse", In：Z. , Nr. 73，März 2008

二、经典文献和重要文献

1. 马克思恩格斯全集. 中文第 1 版第 1～50 卷. 人民出版社，1956—1985

2. 马克思恩格斯全集. 中文第 2 版第 30 卷. 人民出版社，1995

3. 马克思恩格斯全集. 中文第 2 版第 31 卷. 人民出版社，1998

4. 马克思恩格斯全集. 中文第 2 版第 44 卷. 人民出版社，2001

5. 马克思恩格斯全集. 中文第 2 版第 45 卷. 人民出版社，2003

6. 马克思恩格斯全集. 中文第 2 版第 46 卷. 人民出版社，2003

7. 马克思恩格斯选集. 中文第 2 版第 1～4 卷. 人民出版社，1995

8. ［德］马克思. 1844 年经济学哲学手稿. 人民出版社，2000

9. 马克思. 资本论. 第 1 卷. 法文修订版. 中国社会科学出版社，1983

10. 马克思. 资本论. 第 1 卷. 德文第 1 版. 经济科学出版社，1987

11. 恩格斯. 家庭、私有制和国家的起源. 人民出版社，2009

12. 马克思恩格斯《资本论》书信集. 人民出版社，1976

13. 列宁专题文集 论辩证唯物主义和历史唯物主义. 人民出版社，2009

14. 列宁专题文集 论马克思主义. 人民出版社，2009

15. 马克思恩格斯研究. 第 1～24 期. 中共中央编译局马克思恩格斯研
   究室

16. 马克思恩格斯列宁斯大林研究. 第 1～8 期. 中共中央编译局

17. 马恩列斯研究资料汇编（1980）. 书目文献出版社，1982

18. 马列主义研究资料. 第 1～58 期. 中共中央编译局编. 人民出版社，
   1978—1990

19. 毛泽东文集. 第 7 卷. 人民出版社，1999

20. 邓小平文集. 上中下卷. 人民出版社，2014

21. 江泽民文选. 1～3 卷. 人民出版社，2006

22. 胡锦涛. 坚定不移沿着中国特色社会主义道路前进 为全面建成小康
   社会而奋斗. 人民出版社，2012

23. 习近平. 决胜全面建成小康社会　夺取新时代中国特色社会主义伟
   大胜利. 人民出版社，2017

24. 习近平. 习近平谈治国理政(第一卷). 外文出版社，2014

25. 习近平. 习近平谈治国理政(第二卷). 外文出版社，2017

26. 习近平. 在哲学社会科学座谈会上的讲话. 人民日报，2016 年 5 月 19 日

27. 立足我国国情和我国发展实践 发展当代中国马克思主义政治经济学. 人民日报，2015 年 12 月 25 日

28. 中共中央关于全面深化改革若干重大问题的决定. 人民出版社，2013

三、中文译著和译文

[法]阿尔都塞. 哲学与政治. 陈越编. 吉林人民出版社，2003

[法]阿尔都塞. 保卫马克思. 顾良译. 商务印书馆，2006

[法]阿尔都塞. 读《资本论》. 李其庆，冯文光译. 中央编译出版社，2003

[意]阿里吉. 亚当·斯密在北京. 路爱国等译. 社会科学文献出版社，2009

[美]阿伦特. 马克思与西方政治思想传统. 孙传钊译. 江苏人民出版社，2007

[埃及]阿明. 资本主义的危机. 彭姝炜等译. 社会科学文献出版社，2003

[英]安德森. 西方马克思主义探讨. 高铦等译. 人民出版社，1981

[苏]巴加图利亚. 马克思的第一个伟大的发现. 陆忍译. 中国人民大学出版社，1981

[美]巴兰，斯威齐. 垄断资本. 南开大学政治经济系译. 商务印书馆，1977

［法］巴利巴尔. 马克思的哲学. 王会吉译. 中国人民大学出版社，2007

［法］鲍德里亚. 符号政治经济学批判. 夏莹译. 南京大学出版社，2009

［法］鲍德里亚. 生产之镜. 仰海峰译. 中央编译出版社，2005

［法］鲍德里亚. 消费社会. 刘成富等译. 南京大学出版社，2001

［意］理查德·贝洛菲尔等. 重读马克思. 东方出版社，2010

［德］伯恩施坦. 社会主义的前提和社会民主党的任务. 殷叙彝译. 生活·
    读书·新知三联书店，1965

［英］波兰尼. 大转型：我们时代政治与经济起源. 冯钢，刘阳译. 浙江人
    民出版社，2007

［法］布尔迪厄. 再生产. 邢克超译. 商务印书馆，2002

［苏］布哈林. 帝国主义与资本积累. 柴金如，梁丙添译. 黑龙江人民出版
    社，1982

［德］梅格纳德·德赛. 马克思的复仇. 王澄清译. 中国人民大学出版
    社，2007

［意］德拉-沃尔佩. 卢梭和马克思. 赵培杰译. 重庆出版社，1993

［英］本·法因. 重读《资本论》. 魏埙等译. 山东人民出版社，1993

［德］费尔巴哈. 基督教的本质. 荣震华译. 商务印书馆，1997

［德］费尔巴哈. 费尔巴哈著作选集（上下卷）. 商务印书馆，1984

［法］米歇尔·福柯. 必须保卫社会. 上海人民出版社，2010

［法］米歇尔·福柯. 生命政治的诞生. 上海人民出版社，2011

［意］葛兰西. 狱中札记. 曹雷雨等译. 中国社会科学出版社，2000

［日］广松涉. 物象化论的构图. 彭曦等译. 南京大学出版社，2002

［美］古尔德. 马克思的社会本体论. 王虎学译. 北京师范大学出版

社，2009

[德]哈贝马斯. 现代性的哲学话语. 译林出版社，2005

[德]哈贝马斯. 认识与兴趣. 郭官义等译. 学林出版社，1999

[美]哈维. 希望的空间. 胡大平译. 南京大学出版社，2006

[美]哈维. 新帝国主义. 初立忠等译. 社会科学文献出版社，2009

[美]大卫·哈维. 新自由主义简史. 王钦译. 上海译文出版社，2010

[美]哈特，[意]奈格里. 帝国——全球化的政治秩序. 江苏人民出版社，2003

[德]海德格尔. 存在与时间. 陈嘉映，王庆节译. 生活·读书·新知三联书店，2000

海德格尔选集（下卷）. 孙周兴编. 上海三联书店，1996

[德]豪格. 十三个尝试——对马克思主义思想的再阐释. 朱毅译. 东方出版社，2008

[德]黑格尔. 精神现象学（上下卷）. 贺麟译. 商务印书馆，1961

[德]黑格尔. 法哲学原理. 范扬，张企泰译. 商务印书馆，1982

[美]怀特海. 分析的时代——20世纪的哲学家. 商务印书馆，1981

[英]M. C. 霍华德，J. E. 金. 马克思主义经济学史. 第2卷. 郑吉伟等译. 中央编译出版社，2003

[日]见田石介. 《资本论》的方法. 沈佩林译. 山东人民出版社，1992

[德]柯尔施. 卡尔·马克思. 熊子云等译. 重庆出版社，1993

[英]G. A. 柯亨. 自我所有、自由和平等. 李朝晖译. 东方出版社，2008

[英]G. A. 柯亨. 劳动价值论与剥削概念. 载吕增奎编. 马克思与诺齐克之间：G. A. 柯亨文选. 江苏人民出版社，2007

［捷克］科西克. 具体的辩证法. 傅小平译. 社会科学文献出版社，1989

［德］库诺. 马克思的历史、社会和国家学说. 袁志英译. 上海译文出版社，2006

魁奈经济著作选集. 吴斐丹等译. 商务印书馆，2007

［加］莱博维奇. 超越《资本论》：马克思的工人阶级政治经济学. 崔秀红译. 经济科学出版社，2007

［英］莱姆克等. 马克思与福柯. 陈元等译. 华东师范大学出版社，2007

［日］栗本慎一郎. 经济人类学. 孙传钊译. 商务印书馆，1997

李嘉图著作和通信集. 第1卷. 斯拉法主编. 郭大力等译. 商务印书馆，1997

［美］杰里米·里夫金. 工作的终结：后市场时代的来临. 王寅通等译. 上海译文出版社，1998

［法］卢梭. 论人类不平等的起源和基础. 李常山译. 商务印书馆，1979

［匈］卢卡奇. 历史与阶级意识. 杜章智等译. 商务印书馆，1996

［匈］卢卡奇. 卢卡奇文学论文集(I). 中国社会科学出版社，1980

［匈］卢卡奇. 青年黑格尔. 王玖兴译. 商务印书馆，1963

［德］卢森堡. 资本积累论. 彭尘舜，吴纪先译. 生活·读书·新知三联书店，1959

［德］罗斯多尔斯基. 马克思《资本论》的形成. 魏埙等译. 山东人民出版社，1992

［德］洛维特. 从黑格尔到尼采. 李秋零译. 生活·读书·新知三联书店，2006

［美］马尔库塞. 现代文明与人的困境. 李小兵等译. 上海三联书店，1989

［美］马尔库塞. 爱欲与文明. 黄勇等译. 上海译文出版社，2008

［比］曼德尔. 晚期资本主义. 马清文译. 黑龙江人民出版社，1983

［英］罗纳德·米克. 劳动价值学说的研究. 陈彪如译. 商务印书馆，2014

［奥］冯·米塞斯. 官僚体制，反资本主义心态. 冯克利等译. 新星出版社，2007

［意］默斯托主编. 马克思的《大纲》. 中国人民大学出版社，2010

［德］曼弗雷德·缪勒. 通往《资本论》的道路. 钱学敏等译. 山东人民出版社，1992

［意］奈格里.《大纲》：超越马克思的马克思. 张梧等译. 北京师范大学出版社，2011

［美］诺齐克. 无政府、国家和乌托邦. 中国社会科学出版社，1991

［法］托马斯·皮凯蒂. 21世纪资本论. 巴曙松等译. 中信出版社，2014

［美］萨林斯. 文化与实践理性. 赵丙祥译. 上海人民出版社，2002

［德］施密特. 马克思的自然概念. 欧力同，吴仲昉译. 商务印书馆，1988

［英］斯密. 国民财富的性质和原因的研究（上卷）. 郭大力，王亚南译. 商务印书馆，2008

［美］斯蒂格利茨. 不平等的代价. 张子源译. 机械工业出版社，2014

苏共中央马克思列宁主义研究院编著. 围绕马克思《资本论》所进行的思想斗争史概论. 山东人民出版社，1983

［美］苏贾. 后现代地理学. 商务印书馆，2007

［英］W. 斯退士. 黑格尔哲学. 鲍训吾译. 河北人民出版社，1986

［美］斯威齐. 资本主义发展论. 陈观烈等译. 商务印书馆，1997

［秘鲁］赫尔南多·德·索托. 资本的秘密. 王晓冬译. 江苏人民出版

社，2005

[德]图赫舍雷尔. 马克思经济理论的形成与发展. 马经青译. 人民出版社，1981

[日]望月清司. 马克思历史理论的研究. 韩立新译. 北京师范大学出版社，2009

[苏]维戈茨基. 《资本论》的创作史. 刘品大等译. 福建人民出版社，1982

[加]艾伦·伍德. 民主反对资本主义——重建历史唯物主义. 吕薇洲等译. 重庆出版社，2007

[苏]伊林柯夫. 马克思《资本论》中的抽象和具体的辩证法. 孙开焕等译. 山东人民出版社，1993

[捷]泽勒尼. 马克思的逻辑. 荣新海等译. 中共中央党校科研办公室，1986

[美]詹姆逊. 后现代主义与文化理论. 唐小兵译. 北京大学出版社，1997

[美]詹姆逊. 重读《资本论》. 胡志国等译. 中国人民大学出版社，2013

中国社科院哲学研究所西方哲学史研究室编. 国外黑格尔哲学新论. 中国社会科学出版社，1982

《资本论》研究资料与动态. 第1～6辑. 江苏人民出版社，1981—1985

[德]弗洛姆. 马克思关于人的概念. 西方学者论《1844年经济学哲学手稿》. 复旦大学出版社，1983

[德]福尔格拉夫. 对《资本论》的新认识——写在MEGA2第2部分结束之际. 马克思主义与现实，2014年第3期

[美]戴维·哈维，费舍尔. 哈维访谈录：反思革命. 文化研究，2014年

第 4 期

[德]霍耐特. 对物化、认知、承认的几点误解. 世界哲学，2012 年第
　　5 期

[美]大卫·科茨. 目前金融和经济危机：新自由主义的资本主义的体制
　　危机. 河北经贸大学学报，2010 年第 1 期

[意]拉扎拉托. 非物质劳动. 霍炬译，帝国、都市与现代性. 许纪霖主
　　编. 江苏人民出版社，2006

[英]拉帕维查斯. 次贷危机与当代资本主义危机的新特征. 国外理论动
　　态，2008 年第 7 期

[澳]约翰·朗德尔. 卡尔·柯尔施：历史化的辩证法. 广西大学学报，
　　2016 年第 5 期

[苏]亚·马雷什. 1850—1853 年期间的经济学研究. 马列主义研究资
　　料，1982 年第 2 辑

[意]内格里，亨宁格. 马克思主义的发展与社会转型——内格里访谈.
　　肖辉译. 国外理论动态，2008 年第 12 期

[意]奈格里. 帝国与大众（上）. 黄晓武编译. 国外理论动态，2003 年第
　　12 期

晚期海德格尔的三天讨论班纪要. 丁耘摘译. 哲学译丛，2001 年第 3 期

[日]平子友长. "物象化"与"物化"同黑格尔辩证法的联系. 马克思主义
　　与现实，2012 年第 4 期

[日]田中史郎. 读广松涉《资本论的哲学》——以价值形态论为中心. 社
　　会批判理论纪事（第 1 辑）. 中央编译出版社，2006

[苏]维戈茨基. 关于马克思制定价值理论和剩余价值理论问题. 马克思

主义研究参考资料，1982 年第 8 期

[斯洛文尼亚]齐泽克. 哈特和奈格里为 21 世纪重写了《共产党宣言〉吗》，何吉贤译. 载许纪霖主编. 帝国、都市与现代性. 江苏人民出版社，2006

四、中文著作和论文

陈岱逊. 从英国古典经济学到马克思. 上海人民出版社，1981

陈先达. 走向历史的深处. 北京出版社，1992

顾海良. 马克思"不惑之年"的思考. 中国人民大学出版社，1993

候才. 青年黑格尔派与马克思早期思想发展. 中国社会科学出版社，1994

刘小枫. 走向十字架上的真. 上海三联书店，1995

倪梁康. 自识与反思. 商务印书馆，2006

孙伯鍨. 探索者道路的探索. 南京大学出版社，2002

孙伯鍨哲学文存. 第 4 卷. 江苏人民出版社，2010

孙承叔. 打开东方社会秘密的钥匙：亚细亚生产方式与当代社会主义. 东方出版中心，2000

孙承叔. 真正的马克思. 人民出版社，2009

唐正东. 斯密到马克思. 南京大学出版社，2002

吴晓明. 形而上学的没落. 人民出版社，2006

吴易风. 英国古典政治经济学研究. 商务印书馆，1988

熊子云，张向东. 唯物史观形成史. 重庆出版社，1988

杨耕. 为马克思辩护. 黑龙江人民出版社，2002

俞吾金. 问题域的转换. 人民出版社，2007

张亮. 阶级、文化与民族传统. 江苏人民出版社，2008

张一兵. 马克思历史辩证法的主体向度. 南京大学出版社，2002

张一兵. 回到马克思. 江苏人民出版社，1999

张一兵. 文本的深度耕犁. 第 1 卷. 中国人民大学出版社，2004

张一兵. 文本的深度耕犁. 第 2 卷. 中国人民大学出版社，2008

张一兵主编. 马克思哲学的历史原像. 北京：人民出版社，2009

张一兵. 无调式的辩证想象. 生活·读书·新知三联书店，2001

张一兵，周嘉昕. 马克思恩格斯资本主义科学批判构架的历史生成. 江
    苏人民出版社，2009

刘森林. 物与无. 江苏人民出版社，2013

张钟朴，冯文光. 法文版《资本论》介绍. 中国社会科学出版社，1984

白刚. 政治经济学批判与资本现象学. 学习与探索，2013 年第 2 期

陈培永. "自治主义马克思主义"全景图绘. 学术月刊，2012 年第 9 期

陈先达. 历史唯物主义与中国道路. 光明日报，2016 年 9 月 7 日

陈先达，孙乐强. 发展 21 世纪马克思主义与当代中国学者的历史使命.
    南京社会科学，2018 年第 1 期

陈学明. 回归政治经济学批判. 哲学动态，2014 年第 9 期

陈晏清，王新生. 当前我国马克思主义政治哲学研究的几个问题. 哲学
    研究，2010 年第 7 期

邓纯东，辛向阳. 马克思主义国家学说的基本内涵及现实价值. 中国社
    会科学报，2015 年 1 月 14 日第 692 期

丰子义. 关于财富的尺度问题. 哲学研究，2005 年第 6 期

韩志国. 全球金融危机的演化进程与发展趋势. 光明日报, 2009 年 2 月 3 日

何怀远. 生产主义批判的历史和逻辑. 哲学动态, 2006 年第 1 期

何增科. 市民社会概念的演变. 中国社会科学, 1994 年第 5 期

贺来. 马克思的哲学变革与价值虚无主义课题. 复旦大学学报, 2004 年
   第 6 期

胡大平. 马克思主义与空间问题. 哲学动态, 2011 年第 11 期

刘怀玉, 陈陪永. 从非物质劳动到生命政治. 马克思主义与现实, 2009
   年第 2 期

孙伯鍨, 刘怀玉. "存在论转向"与方法论革命. 中国社会科学, 2002 年
   第 5 期

唐正东. 马克思拜物教批判理论的辩证特性及其当代启示. 哲学研究,
   2010 年第 7 期

唐正东. 社会——空间辩证法与历史想象的重构———以爱德华·苏贾
   为例. 学海, 2016 年第 1 期

王金林. 历史生产与虚无主义的极致. 哲学研究, 2007 年第 12 期

吴晓明. 论马克思对现代性的双重批判. 学术月刊, 2006 年第 2 期

吴晓明. 马克思的历史道路理论及其具体化承诺. 哲学研究, 2013 年第
   7 期

吴晓明. "中国方案"开启全球治理的新文明类型. 中国社会科学, 2017
   年 10 期

俞吾金. 作为全面生产理论的马克思哲学. 哲学研究, 2003 年第 8 期

杨耕. 形而上学批判、意识形态批判和资本批判的统一. 社会科学战线,
   2011 年第 9 期

姚顺良.《资本论》与"自我所有权". 学习与探索, 2013 年第 4 期

姚顺良. 马克思晚年东方社会发展道路新思想的实质. 江海学刊, 2012
年第 3 期

仰海峰. 生产理论与马克思哲学范式的新探索. 中国社会科学, 2004 年
第 4 期

仰海峰. 政治经济学批判中的历史唯物主义. 中国社会科学, 2010 年第
1 期

叶险明. 马克思超越"西方中心论"的历史和逻辑. 中国社会科学, 2014
年第 1 期

张盾. 重新辨析马克思创立历史唯物主义的理论本意. 哲学研究, 2005
年第 6 期

张历君. 普遍智能与生命政治——重读马克思的《机器论片断》. 载许纪
霖主编. 帝国、都市与现代性. 江苏人民出版社, 2006

张雄. 政治经济学批判: 追求经济的"哲学和政治实现". 中国社会科学,
2015 年第 1 期

张一兵, 周嘉昕. 市民社会: 资本主义发展的自我认识. 南京大学学报,
2009 年第 2 期

张钟朴. 从《伦敦笔记》到 1857—1858 年手稿的货币理论. 马列主义研究
资料, 1983 年第 2 辑

后 记

在写博士论文的过程中，脑海中就一直在思考一个问题，即如何理解《资本论》的哲学思想。在完成博士论文之后，我就转向了对《资本论》的研究。可以说，本书是近几年来思考的一个结果。

我的博士论文主要是基于文本，全面分析马克思再生产理论的形成过程、科学内涵及其哲学效应，对当代国外马克思主义的关注明显不足。而本书则弥补了这一缺陷，完全以问题为中心，系统评述了当前国外学界关于《资本论》研究的最新进展。可以说，本书所涉及的每一个问题，都是对当前国外学界关注论题的一种概括和凝练，并尽可能地在理论分析的基础上给出有针对性的反思。为了避免重复，博士论文已经全面阐述的问题，本书就没有过多涉及；但在一些具体问题上，比如"机器论片断"与《资本论》的关系、马克思思想发展中的工艺学线索等，都做了新的拓展，或者说给出了更为准确的判断。

作为马克思毕生心血的结晶，《资本论》包含着无比丰富的思想。作为一本研究著作，本书不可能面面俱到。在今后的研究中，我将重点围绕"当代西方左派对马克思'机器论片断'的理论重构与社会批判范式的当代转型"这一问题做深入拓展。本书是我主持的国家社科基金项目和全国优秀博士学位论文作者专项基金项目的最终结项成果。由于学识有限，书中难免存在不妥之处，敬请各位专家学者批评指正！

孙乐强
2019 年 10 月

图书在版编目（CIP）数据

《资本论》的哲学思想及其当代效应研究/孙乐强著. —北京：北京师范大学出版社，2022.8
（《资本论》与当代社会发展研究丛书）
ISBN 978-7-303-23955-9

Ⅰ. ①资…　Ⅱ. ①孙…　Ⅲ. ①《资本论》－马克思著作研究
Ⅳ. ①A811.23

中国版本图书馆 CIP 数据核字（2018）第 160901 号

营 销 中 心 电 话　010-58805385
北 京 师 范 大 学 出 版 社
主题出版与重大项目策划部　http://xueda.bnup.com

ZIBENLUNDE ZHEXUE SIXIANG JIQI DANGDAI XIAOYING YANJIU
出版发行：北京师范大学出版社　www.bnup.com
　　　　　北京市西城区新街口外大街 12-3 号
　　　　　邮政编码：100088
印　　刷：北京盛通印刷股份有限公司
经　　销：全国新华书店
开　　本：787 mm×1092 mm　1/16
印　　张：36.25
字　　数：420 千字
版　　次：2022 年 8 月第 1 版
印　　次：2022 年 8 月第 1 次印刷
定　　价：142.00 元

策划编辑：饶　涛　祁传华　　　责任编辑：祁传华
美术编辑：王齐云　　　　　　　装帧设计：王齐云
责任校对：陈　民　　　　　　　责任印制：赵　龙